国家社科基金
后期资助项目

清代盗律的
古今之辨

谢晶 著

治盗之道

商务印书馆
The Commercial Press

图书在版编目（CIP）数据

治盗之道：清代盗律的古今之辨 / 谢晶著．— 北京：商务印书馆，2024
ISBN 978-7-100-23947-9

Ⅰ.①治… Ⅱ.①谢… Ⅲ.①盗窃—刑事犯罪—研究—中国—清代 Ⅳ.① D924.354

中国国家版本馆 CIP 数据核字（2024）第 093686 号

权利保留，侵权必究。

治盗之道
清代盗律的古今之辨
谢晶 著

商 务 印 书 馆 出 版
（北京王府井大街36号 邮政编码100710）
商 务 印 书 馆 发 行
南京新世纪联盟印务有限公司印刷
ISBN 978-7-100-23947-9

2024年7月第1版　　开本 700×1000　1/16
2024年7月第1次印刷　　印张 22
定价 109.00 元

国家社科基金后期资助项目
出版说明

　　后期资助项目是国家社科基金设立的一类重要项目，旨在鼓励广大社科研究者潜心治学，支持基础研究多出优秀成果。它是经过严格评审，从接近完成的科研成果中遴选立项的。为扩大后期资助项目的影响，更好地推动学术发展，促进成果转化，全国哲学社会科学工作办公室按照"统一设计、统一标识、统一版式、形成系列"的总体要求，组织出版国家社科基金后期资助项目成果。

全国哲学社会科学工作办公室

王者之政,莫急于盗贼。
　　　　——《晋书·刑法志》

苟子之不欲,虽赏之不窃。
　　　　——《论语·颜渊》

目 录

赘　言 ....苏亦工 1

导　论 8
　第一节　所谓"盗"：并非"财产犯罪" 8
　第二节　"盗"的学术史回顾 20
　第三节　方法、材料、结构 28

上篇　盗之主体与对象

第一章　盗之主观恶性：律贵诛心 41
　引　论　"无穷者情伪也" 41
　第一节　"窃书不能算偷"：良善动机与刑罚 44
　第二节　"饥寒起盗心"："期待可能性"与罪责 47
　第三节　何谓"罪不容诛"：白昼、惯犯与拒捕 53
　小　结　"苟子之不欲，虽赏之不窃" 59

第二章　家人共盗：儒家的"连坐" 63
　引　论　"长老统治"下的"教化权力" 63
　第一节　家人共犯止坐尊长 64
　第二节　家人分赃及不能禁约子弟为盗 67
　第三节　法家的"连坐"与儒家的"连坐" 68
　小　结　教化作为一种"责任" 71

第三章　盗贼窝主：狡兔之窟 74
　引　论　多此一举的立法？ 74
　第一节　立法缘由：扩大处罚范围 75
　第二节　一般规则：分纲领、列条目 82

1

目 录

　　第三节　特别规则：因身份、地区、对象而异 ………………… 86
　　小　结　重实行与靖盗源 …………………………………………… 91

第四章　盗官物：财产何必神圣 ……………………………………… 95
　　引　论　财产神圣不可侵犯？ ……………………………………… 95
　　第一节　原则之一：律重官物 ……………………………………… 99
　　第二节　原则之二：严监守宽常人 ………………………………… 103
　　第三节　"皆"：特殊官物的特殊性 ………………………………… 110
　　第四节　"杂犯"：重民命轻财物 …………………………………… 116
　　第五节　自然资源的"权属"：天下无私 …………………………… 118
　　小　结　财产不必"神圣" ………………………………………… 130

第五章　盗毁神物：神明崇拜、伦常秩序与宗教自由 …………… 133
　　引　论　严加保护的"神物" ……………………………………… 133
　　第一节　儒家的祭祀：从神明崇拜到伦常秩序 …………………… 134
　　第二节　佛道入律：限制与保护中的伦常秩序和神明崇拜 ……… 139
　　第三节　积极保护与消极容忍：宗教自由观下的神明和伦常 …… 142
　　小　结　制度选择与本国传统 ……………………………………… 147

第六章　盗与宰杀马牛：足食足兵与不忍之心 …………………… 148
　　引　论　缘何重"马牛畜产"？ …………………………………… 148
　　第一节　以盗论之："盗马牛畜产"何故单独成律？ ……………… 150
　　第二节　古今相通："宰杀马牛"着眼点在"所有权"之外 ……… 153
　　第三节　对象一致：盗与宰杀马牛孰重？ ………………………… 157
　　小　结　"不忍"者究为何？ ……………………………………… 161

下篇　盗之行为与后果

第七章　盗行为之阶段论：罪行与绞架 …………………………… 165
　　引　论　盗行为的"阶段" ………………………………………… 165
　　第一节　"未成"与"已成"之划分 ………………………………… 167
　　第二节　"已行"之认定 …………………………………………… 172
　　第三节　事主失足身死及窘迫自尽 ………………………………… 174
　　第四节　发冢之阶段 ………………………………………………… 178

小　结　"罪行越大,绞架越高" ································· 181

第八章　盗之时空因素:昼与夜、家与野的意蕴 ··················· 182
　　引　论　立法中标识时间和空间的用词 ························· 182
　　第一节　"白昼":光天化日下的罪恶 ··························· 183
　　第二节　"夜"与"家":恐惧的心需要安放 ······················· 190
　　第三节　"田野"或"山野":情微罪轻的空间因素 ················· 198
　　小　结　独特用词背后的法律思维 ····························· 202

第九章　特定地区之盗:因地(人)制宜 ··························· 203
　　引　论　因地、因人 ··· 203
　　第一节　别地分人:范围与适用 ······························· 204
　　第二节　列举例文:特点与评价 ······························· 209
　　第三节　古今之变:差异与延续 ······························· 219
　　小　结　必要但须克制的立法模式 ····························· 224

第十章　从洋盗例到海盗罪:固有与外来规则的互动交融 ··········· 227
　　引　论　古今之间的"海盗" ··································· 227
　　第一节　重且详之:清律洋盗例及其实践 ······················· 229
　　第二节　近代转型:强盗加重情节与单独成罪 ··················· 239
　　第三节　鉴古揆今:当下并无必要增设海盗罪 ··················· 246
　　小　结　至刑与至仁之间 ····································· 251

第十一章　盗贼自首:逻辑之外的"理" ··························· 254
　　引　论　自首之前世今生 ····································· 254
　　第一节　自首之后果:大幅度减免刑罚 ························· 258
　　第二节　自首之主体:本人、遣人及亲属 ······················· 262
　　第三节　自首之边界:明列"不准首"各项 ······················· 266
　　第四节　自首之对象:官府及事主 ····························· 269
　　小　结　宽而有制,恕并有养 ································· 272

第十二章　盗律刑罚根据:儒与法之间 ··························· 274
　　引　论　因为有犯罪并为了没有犯罪 ··························· 274
　　第一节　罪有应得:计赃科刑中的报应原理 ····················· 276

目 录

第二节 杀一儆百:重而又重的重刑威慑论……………………281
第三节 有耻且格:宽和仁恕的教育矫正论……………………290
小 结 礼、乐、刑、政,其极一也……………………………298

结 论……………………………………………………………301
第一节 法律的伦理性:"礼之所去,刑之所取"………………301
第二节 治盗之标:"王者之政,莫急于盗贼"…………………309
第三节 治盗之本:"富之""教之"………………………………315
第四节 再造传统:从学步到自立………………………………321

主要参考文献……………………………………………………335

后 记……………………………………………………………338

赘 言

苏亦工　清华大学法学院教授

经过不断的加工打磨和拓展深化，谢晶这部脱胎于博士学位论文的《治盗之道：清代盗律的古今之辨》，终于在她获得博士学位的六年之后将要出版。付梓之前，作者命我再缀言几句，盛情难却，只得恭敬不如从命了。

谢晶的文章，最早给我留下深刻印象的是 2013 年 1 月读到的那篇《家可出否：儒家伦理与国家宗教管控》的初稿。[1] 该文的主旨是讨论固有法律所体现的佛教与中国伦理的冲突与调谐。

佛教自东汉传入中土以后，经过千余年的磨合，终于成为中国主流文化——儒释道的重要组成部分。可无论是在日常生活中还是从国家的政治法律制度上看，佛儒之间的冲突并未完全泯灭。其中尤为不能见容于华夏的就是佛家的"毁人伦"——儒家是入世的文化，强调每个人现世的伦理责任；佛家是出世的文化，鼓吹四大皆空、遁世修行，因而被斥为"弃人伦，灭天理"。儒佛的这一对立在传统法律上也有清晰的显现，自《唐律》以迄《大清律例》，历代律典皆有明文规定，僧尼道士侵犯师尊者，比照侵犯伯叔父母论罪。谢晶说这是"儒家化的国家法将佛寺内之师徒关系等同于亲属关系，实则将儒家的伦理观念部分适用于佛教组织内，僧人们'出'了俗世之'家'，却又入了国家法拟制的'家'"。更为吊诡的是，尽管佛学与儒家思想和现实政治体制间存在着如此尖锐不可调和的矛盾，但是历代官府对待佛教的态度却是"限而不禁"。甚至如陈寅恪先生说：

> 佛教经典言："佛为一大事因缘出现于世。"中国自秦以后，迄于今日，其思想之演变历程，至繁至久。要之，只为一大事因缘，即新儒学之产生及其传衍而已。[2]

---

[1] 谢晶："家可出否：儒家伦理与国家宗教管控"，《北方法学》2015 年第 4 期。
[2] 陈寅恪：《陈寅恪史学论文选》，上海古籍出版社 1992 年版，第 510 页。

——士大夫一方面对佛学提出了严厉的批评；另一方面却又从佛学中汲取了丰富的营养并创生了中国的"新儒学"——宋明理学。

读毕该文，很是惊讶，作者小小年纪，竟能有如此独到的视角、敏锐的观察力和丰富的联想力，从思想到制度再到文化，不能不令人刮目相看。

这年秋季，谢晶告诉我她考虑的博士论文选题是《大清律例》中的盗罪。乍听其言，很有点儿茫然：这题目是不是太宽泛了？能说出些什么来呢？她说拟从法学的视角对清律中的盗罪做体系化的研究，出发点仍是"从中西有关制度的比较来窥探隐藏于制度背后的中西文化差异"。透过制度来比较文化这一点让我很感兴趣，联想到她曾写出的那篇《家可出否》，确实是抓住了中国文化的根脉，想必她有能力完成自己的目标，也就没再多言。

待到2016年1月底，作者的博文初稿完工，除了第一章"导论"和第十章"余论"外，正文分为上下两篇，各为四章，总计八章，奠定了后来本书的框架。如今上下篇又各新增两章，正文于是扩展为十二章；各章节的排列顺序、标题和内容也较之原来有了不少的调整、更新、充实和完善。拜读之后，有三点感受似可向同仁一叙，期能相赏相析，切磋砥砺。

首先，本书的主题既抽象又具体，深邃而不失宽广。正标题"治盗之道"，表明作者将从"道"的层面，亦即哲学和文化的高度讨论治盗方略，彰显出本书的宏观志趣。副标题中的"清代盗律"则又将本书研究的根基和主场限定在清代；而所谓"古今之辨"，意味着清代的《盗律》不仅是本书的切入点和出发点，亦为贯穿古今的轴心，作者将据以追源溯流，纵横比较。这种言之有物、由近及远、自微观而及于宏观的研究方法很值得称道，但其难度也是可想而知的。

在中国的律典谱系中，《盗律》是出现最早的。据《晋书·刑法志》云："其文起自魏文侯师李悝。悝撰次诸国法，著《法经》。以为王者之政，莫急于盗贼，故其律始于《盗》《贼》。"战国以降，经秦汉以讫明清，历代律典皆有《盗律》。在中国的文化和语言中，关于"盗贼"的话题更是丰富多彩：在法家眼里，"盗贼"是对政权的首要威胁，因此必须用外在的暴力强制措施——法律——加以禁限；但在儒家看来，外在的法律虽不可或缺，仍须以内在的道德伦理为主导，这也正是本书作者所推崇的"治盗之本"。孔子曰："苟子之不欲，虽赏之不窃。"句中的"子"指季康子，是当时鲁国的执政者季孙肥，[①]进而可泛指所有的统治者。《孔子家语·五刑解》也记有相近的话语："孔子曰：'圣人之设防，贵其不犯也，制五刑而不用，所以为至治也。凡夫之

[①] 杨伯峻：《论语译注》，中华书局1980年版，第129页，并见第20页注释。

为奸邪窃盗,靡法妄行者,生于不足,不足生于无度,无度则小者偷盗,大者侈靡,各不知节。'"①

儒、法两家之外,道家的治盗之道也很有影响,《庄子·胠箧》言"盗亦有道"。《老子》第五十七章有"法令滋彰,盗贼多有";第十八章有"大道废,有仁义;智慧出,有大伪;六亲不和,有孝慈"。大意是说:那些原本为了防范盗贼而人为创设的严刑峻法、圣智礼乐和道德伦理,不仅无济于事,反而可能为盗贼所窃用,成为其护身的名器,张大其肆虐之欲,为害民众。可见,在道家看来,只有最大限度地减少包括法律和道德伦理在内的人为创制,相信自然的人性,返璞归真,才有可能除塞盗源,恢复社会的安宁。汉语中诸如"欺世盗名""窃国大盗""饥寒起盗心,饱暖思淫欲"等成语和俗语的流行皆非无的放矢之语,确实符合人类社会的历史和现实。

概言之,如果允许用左中右来形容,则法家居左,道家居右,儒家适居其中,不偏不倚,故谓之中庸之道。

遗憾的是,传统的治盗之道,无论儒家的还是道家的,充其量只获得过理论上的尊崇或口头上的认可;一遇乱世,便无不滥用重典了——法家严刑酷法的治标之术,在历史上从来都是政坛的主角儿,是历代统治者的首选之策。

其次,辨析精审也是本书一大特点。兹以本书第二章——"家人共盗:儒家的'连坐'"为例,稍加说明。

该章首先借助费孝通先生的观点指出了瞿同祖、蔡枢衡等老一辈学者套用古罗马"父家长权"概念来形容中国传统时代的"家"之似是而非;进而又对费孝通先生提出的中国传统乡土社会的"教化性权力"加以剖白。作者认为:"教化""从表面上、以今日的目光来看,似乎是'权力',但在内涵上,实则更多是'责任'"。因而,"'教化'是否能称之为费先生所言的一种'权力'也不无疑问"。

针对费先生所说的"'子不教'成了'父之过'。这也是乡土社会中通行'连坐'的根据"的著名论断,谢晶也做了新的阐发:"连坐"本"是来自法家的观念及制度,备受儒家之诟病与反对。而此种'子不教,父之过'的'连坐',却源于儒家自己"。但"此'连坐'非彼'连坐'",用她的话说,此"连坐"乃"儒家的连坐",根本不同于法家的"连坐":"法家乃从统治秩序的角度考虑,试图以严刑峻法恫吓、逼迫民众不敢犯罪;而儒家则在家庭伦理的构架之下,强调尊长对卑幼的教化责任。"这个辨析,我认为非常精准,也至

---

① 《孔子家语》,王国轩、王秀梅译注,中华书局2009年版,第237页。

为关键。

　　法家的"连坐"是政府强加于民众的外在、蛮横的法律暴力；而儒家的"连坐"则源自尊长对卑幼的内在的道德教化义务，是一种特定的伦理责任，而非法律上的权力或权利。二者形似而实异，属于两个不同的范畴，不可混同。如果一定要用"权力"或"权利"来描述的话，教化勉强可以说是一种柔性的道德意义上的权力，但不是"权利"；而古罗马的父权制则是硬性的法律意义上的"权力"或"权利"。这一点，费孝通先生似乎已有朦胧的意识："教化权力……既非民主又异于不民主的专制，是另有一工的。所以用民主和不民主的尺度来衡量中国社会，都是也都不是，都有些像，但都不确当。一定要给它一个名词的话，我一时想不出比长老统治更好的说法了。""教化他们的人可以说是不民主的，但是说是横暴却又不然。横暴权力是发生于社会冲突，是利用来剥削被统治者以获得利益的工具。如果说教化过程是剥削性的，显然也是过分的。我曾称这是个'损己利人'的工作。"①费先生的感觉不错，中国社会以及中国的政治法律制度确实不可简单地套用西方的民主、专制或法治、人治之类概念。惜乎彼时的费先生还跳不出西方文化的藩篱，只能在其话语体系里兜圈子。

　　将近一个世纪以来，随着西学东渐的日益强劲，许多中国学者，包括不少知名学者纷纷沦落到道听途说、偏听偏信、不求甚解、人云亦云的境地。但凡听到某个新理论、新概念、新术语，只要是来自西方的，便不求甚解、不加分辨地通盘接受且鹦鹉学舌，人云亦云。西方人发明的，用于分析其自身社会历史文化现象的种种说辞，若奴隶社会、封建、资本主义、帝国、殖民地、民族国家、民族歧视、阶级压迫、平等、民主、专制、法治与人治、权利、"从身份到契约"、"启蒙"、"内卷"之类，顿时成了人类社会的普遍发展规律，仿佛西方社会经历过的，中国社会也必须经历，西方文化曾有的，我们也必须有。种种怪诞不经的穿凿附会，甚嚣尘上，泛滥成灾。至于这些外来学说的确切含义如何，反而无人深究，更不介意将之不加限定地适用于中国的历史和现实所可能产生的种种歧义和严重误导。前述关于中国家庭制度的父权制比附不过冰山一角，类似的滥用不胜枚举，乃至连瞿同祖、蔡枢衡这样的名流学者尚不能免俗，费孝通先生虽看出些端倪，但直至其暮年文化自觉之前，②仍深陷于西方的概念窠臼而无从自拔。如今的中国学界，就是这样的

---

　　① 费孝通：《乡土中国》，生活·读书·新知三联书店 1985 年版，第 70、67 页。
　　② 参见拙文："仁、爱与权利：兼说费孝通先生暮年的'文化自觉'"，《中外法学》2013 年第 1 期。

凄惨,真的应了贺麟先生早先所言:中国已"陷于文化上的殖民地。让五花八门的思想,不同国别、不同民族的文化,漫无标准地输入到中国,各自寻找其倾销场,各自施展其征服力"①。

而这部《治盗之道》之所以能令人感到些许宽慰,端在其能对那些外来的概念、名词加以审慎辨析,故既能追步前贤而又不落俗套。此点观之似小,其实却有着重大的学术意义。

最后一项感受是文化归根。本书虽为法史学的著作,但读后不难看出作者熟谙现代法学,在刑法学领域也有一定造诣。若将本书视作外来法学与中国固有学术思想在特定领域的一场对话,似亦不为太过。

西元20世纪以降,包括晚清朝廷和宣告"共和"以后的历届中国政府,非但彻底抛弃了传统的"治盗之律",还根本否定了中国的"治盗之道",转而全盘采用西方的治盗之法,无论官方还是学人都已沉醉在西方文化和西式法治的迷梦之中,以为通过外在的强制力来指引和约束人们的行为可无往而不克,一步登天,转瞬间实现社会的大治。效果如何,百余年的历史可以自证,只是国人熟视无睹,不敢直面现实,坦言真情罢了!

本书围绕"法益"概念的讨论,也是一个貌似微小而意义重大的问题,关乎中西法律背后的根本价值取向。说穿了,中西法律的不同,是这两种不同文明在宗教、伦理、道德、审美等基本价值观方面的差异所致。西方法律移植到中土业已百有余年,至今仍不能深入人心,最根本的原因就在这里。

西方法律的核心价值是"权利",亦即利益,这是源自西方宗教的基本价值观。中国传统法律的核心是人伦,同样也源于传承数千年的中国固有宗教——"礼教"。②

曾经被贴上"保守派""顽固派"等标签的清季著名律学家吉同钧指出:

> 中外宗教不同,故刑法各别,未可以中律为尽是,而外律尽非也。中国尊崇孔教,注重明伦,故刑律以维持伦理为主……统观四书五经,中国宗教其首重在孝弟明矣!③

---

① 贺麟:"儒家思想的新开展",载贺麟:《文化与人生》,商务印书馆1996年版,第6~7页。此文最初发表于1941年8月。

② 关于"礼教"为中国固有宗教之说,此处不便展开,可参见钱穆、牟宗三、劳榦、楼宇烈等众多学人的相关论述。

③ [清]吉同钧:"刑律缘宗教而生与宗教相表里论",载吉同钧:《乐素堂文集》卷7,中华印书局1932年版,第9a页。

作者在本书中得出的结论也认为：

> "治盗之道"究何在？不在刑，亦不在律，而在乎（统治者）厚德敛欲，并在此基础之上切实做到养民、富民、教民、亲民。

这明显是回到了中国传统的治道，可与111年前吉同钧的观点遥相呼应：

> 夫《大清律》者非自大清起也，损益乎汉唐宋明之成法，荟萃乎六经四子之精义，根极于天理民彝，深合乎土俗民情，所谓循之则治，离之则乱者也……若是炎黄之神胄也，无论君主、民主，治中华之人须用中华之法。将来穷则思返旧律，仍有复兴之日。[①]

或谓，过度强调伦理道德会否与当今世界的文明大势相悖？窃以为不然。兹举日本的实例以证。日本的现代化或西化是否成功，见仁见智，姑不置评。但有一点似无争议，即日本在物质文明领域，譬如其生产的工业品，若汽车、电器、医药产品等，不唯较西方毫不逊色，甚至恒有过之。即便在科技、学术、教育、艺术、体育等精神文明领域，日本的成就也足够骄人——2022年足球世界杯上，日本队的表现众口皆碑。拙意以为，日本的成功，不在于法律，不在于制度，更不在于物质和技术，而在于日本人认真不苟的敬业精神，这是由日本文化中的职业伦理这一重要的价值观所养成的。

诚如日人所言："至于严格道德方面的教义，儒家孔子的教导是武士道最为丰富的渊源。"[②]如此说来，日本现代化的成功，似可辗转归功于孔子和中国传统文化。而中国的现代化之所以被称为"自宫式的现代化"，[③]正是由于孔孟之道和旧礼教一再被视为"糟粕"而遭唾弃和批判。有学者认为"目前台湾许多失序的现象""症结就在价值观出了差错"，[④]可见对岸亦然。

走笔至此，忽然想起周邵先生对为他人写序跋提出的警告：

---

① [清]吉同钧："律学馆第五集课艺"，载吉同钧：《乐素堂文集》卷5，第16b页。
② [日]新渡户稻造：《武士道》，周燕宏译，北京理工大学出版社2009年版，第8页。此处无暇细说，可参见胡适："说儒"，载欧阳哲生编：《胡适文集》第5册，北京大学出版社1998年版，第48页；以及杨向奎：《杨向奎学术文选》，人民出版社2000年版，第11页。
③ 楼宇烈先生语，转引自本书结论章。
④ 林火旺：《伦理学入门》，上海古籍出版社2005年版，"再版序"第1页。

连篇累牍,喋喋不休,总是卖瓜的说瓜甜,互相吹捧,实在是浪费笔墨纸张。萧伯纳称之谓互洗他人的衣服,郑板桥则视这种吹捧为遭其荼毒。①

为了减少荼毒,我也就此搁笔吧!好在周先生又说了:"其实一本书的内容决定一切,谁买你的书是为了看序文!"

---

① 周邵:《清明集》,辽宁教育出版社1996年版,"小序"第1页。

导　论

> 取非其物谓之盗，……无变斩击谓之贼。
> 　　　　　　　　　　　　　　——《晋书·刑法志》
>
> 贼者害也，害及生民，故曰贼；盗则止于一身一家，一处一事而已。
> 　　　　　　　　　　　　　——［清］沈之奇《大清律辑注》

第一节　所谓"盗"：并非"财产犯罪"

一、"盗"与"贼"

盗律（或盗法），是我国传统时代历部律典中最重要的部分之一。从《法经》的"王者之政，莫急于盗贼，故其律始于盗贼"[①]，到《大清律例》[②]"贼盗"篇位列《刑律》首卷，囊括多达二十五条盗律，[③]其重要性两千余年一以贯之。在学术界过往的研究中，通常将传统律典中的"盗"归类或等同于"财产犯罪"，[④]但这实乃将传统律典与来自西方的"现代"刑法简单比附而生的观念。"盗"与"财产犯罪"的内涵有着显著差异。

所谓"盗"，繁体字作"盜"。《说文解字》释曰："私利物也，从次皿，次

[①]　《晋书》卷30《刑法志》。
[②]　本著中《大清律例》的主要应用本为光绪朝所修之《清会典事例》与薛允升在光绪年间著成之《读例存疑》，此时律例乃其最后形态——同治十年（1871）之后基本再未修改。为行文之方便、简洁，本著引用律例文时不再标注其出处，仅以黄静嘉先生编校版所编律例序号、律例名为标识，并改原文汉语字符为阿拉伯数字。参见［清］薛允升：《读例存疑重刊本》，黄静嘉编校，成文出版社1970年版；《清会典事例》，中华书局1991年版。
[③]　根据《读例存疑》所列例文统计，截至清末，盗律内例文达307条。
[④]　参见张晋藩主编：《中国法制史（第二版）》，高等教育出版社2007年版，第156页；王宏治：《中国刑法史讲义：先秦至清代》，商务印书馆2019年版，第374页；黄仲夫编著：《刑法精义》，元照出版有限公司2012年版，第712页。

欲也,欲皿为盗。"①此为将"盗"作会意字,以动词解,《王力古汉语字典》直接将其释为"盗窃",并以《左传·文公十八年》"窃贿为盗"②以及《晏子春秋》"今民生长于齐不盗,入楚则盗"③为例。④ 但如此解释缩小了"盗"的内涵。学者通过对出土文献的研究发现,"盗"其实并非作"次皿"解的会意字,而是"从皿次声"的形声字,"后世形容人之贪饕,以垂涎为言,……口液为次之本义,引申之则为水流泛滥无方,水流泛滥无方又与后世盗窃之义相因"⑤。换言之,"盗"的本义是形容贪欲之旺盛,"炽热的贪欲难免引发违反规则以至于扰乱各类秩序的行为",并非直指盗窃财物。⑥ 确实,从典籍文献来看,"盗"的含义绝不仅指盗窃。《穀梁传·哀公元年至十四年》即载,"春秋有三盗","微杀大夫谓之盗,非所取而取之谓之盗,辟中国之正道以袭利谓之盗"。《康熙字典》也列举了"盗"作为动词时的一些其他含义,如《周礼·秋官·司寇》"司隶……帅其民而搏盗贼",《传》释盗"逃也",《风俗通》言其昼伏夜奔逃避人也,《正字通》谓凡阴私自利者皆谓之盗。⑦ 动词之外,"盗"也能作名词解——"从事盗窃活动的人",如《论语·阳货》:"色厉而内荏,譬诸小人,其犹穿窬之盗也与?""盗"还能被引申作"地位低贱的小人"或"从事暗杀活动的人":前者如《诗经·小雅·巧言》"君子信盗,乱是用暴",《左传·成公十五年》"盗憎主人,民恶其上";后者如《左传·宣公三年》"使盗杀子臧于陈、宋之间"。

在律典中,"盗"常与"贼"并称,那么"贼"又为何?《说文解字》道:"败也。从戈,则声。"段注云:"败者,毁也。毁者,缺也。"并引《左传》语"毁则为贼"(《文公十八年》)以及"杀人不忌为贼"(《昭公十五年》)详释之。⑧ 杨伯峻对"毁则为贼"中的"贼"字有解释,"毁弃礼则为贼也,与孟子梁惠王下'贼仁者谓之贼'义相似"⑨。《康熙字典》所列各条目也基本类属这一含义:

---

① [汉]许慎撰,[清]段玉裁注:《说文解字注》,上海古籍出版社1988年版,第414页。
② 杜注:"贿,财也。"孔疏:"窃人财贿谓之盗。"参见杨伯峻编著:《春秋左传注》(二),中华书局1981年版,第634页。
③ 吴则虞:《晏子春秋集释》(下),中华书局1962年版,第392页。
④ 王力主编:《王力古汉语字典》,中华书局2000年版,第778页。
⑤ 于省吾:《甲骨文字释林》,商务印书馆2017年版,第382~384页。
⑥ 参见朱腾:"唐以前盗罪之变迁研究",《法学研究》2022年第1期。
⑦ 中华书局编辑部:《康熙字典》,中华书局2010年版,第794~795页。
⑧ [汉]许慎撰,[清]段玉裁注:《说文解字注》,上海古籍出版社1988年版,第630页。
⑨ 杨伯峻编著:《春秋左传注》(二),中华书局1981年版,第634页。

《玉篇》"劫人也",《尚书·尧典》"寇贼奸宄"①,《诗经·大雅·抑》"不僭不贼"②,《周礼·夏官·大司马》"贼贤害民则伐之"。③《王力古汉语字典》将上述"贼"字的意蕴归纳为该字的第一层含义——动词,"残害,伤害,败坏",还列举了其他一些同样用法的文献:《论语·先进》"子路使子羔为费宰,子曰:贼夫人之子";《墨子·七患》"天必欲人之相爱相利,而不欲人之相恶相贼也";《庄子·秋水》"寒暑弗能害,禽兽弗能贼"。在"残害,伤害,败坏"含义之上,还特指"残杀,杀害",如《左传·宣公二年》:"宣子骤谏,公患之,使鉏麑贼之。"《韩非子·内储说下六微》:"夫人恐,因用毒药贼君,杀之。"除了动词之义,"贼"也可作名词。其一,"败坏者,祸害",如《论语·阳货》"乡愿,德之贼也"。其二,"违法乱纪、犯上作乱的人",如《左传·宣公二年》"亡不越竟,反不讨贼",《韩非子·主道》"擅为者诛,国乃无贼"。其三,特指强盗或窃贼、偷儿,此为后起义,如《墨子·非乐上》"寇乱盗贼并兴"。还可作形容词,"邪恶的,不正派的",或"狠毒,残暴",如《韩非子·备内》:"非舆人仁而匠人贼也。"④

"盗"与"贼"常相连用或并举,如《左传·文公十八年》:"毁则为贼,……窃贿为盗。"《荀子·修身》:"害良曰贼,……窃货曰盗。"《周礼·秋官司寇·朝士》贾疏:"盗贼并言者,盗谓盗取人物,贼谓杀人曰贼。"⑤"盗"与"贼"作为律名之后,律学家也常将二者对举并比较,如西晋张斐《律表》:"取非其物谓之盗,……无变斩击谓之贼。"⑥清初的沈之奇则说:"杀人曰贼,窃物曰盗。贼者害也,害及生民,故曰贼;盗则止于一身一家,一处一事而已。"⑦清末的沈家本在详尽地考证之后得出结论,认为"贼、盗二字,义本不同","贼为贼害,……盗为盗窃"。⑧但细究这些说法,其实都只道出了"盗"与"贼"的部分内涵。事实上,"盗""贼"二字作为律名,即成为被赋予

---

① 孔安国:"杀人曰贼。"参见[汉]孔安国传,[唐]孔颖达疏:《尚书正义》,北京大学出版社1999年版,第75页。
② 但程俊英、蒋见元二人指出,此处"贼"乃"貣"的讹字,也作"忒"或"慝"。"僭"是差错,"僭忒"是差爽,有过失的意思。参见程俊英、蒋见元:《诗经注析》(下),中华书局1991年版,第608~609页。《左传·僖公九年》亦引用了此处"不僭不贼"四字,杨伯峻注中对"贼"的解释为"伤害"。参见杨伯峻编著:《春秋左传注》(一),中华书局1981年版,第331页。
③ 中华书局编辑部:《康熙字典》,中华书局2010年版,第1208页。
④ 王力主编:《王力古汉语字典》,中华书局2000年版,第1329页。
⑤ [清]孙诒让:《周礼正义》第9册,王文锦、陈玉霞点校,中华书局1987年版,第2830页。
⑥ 《晋书》卷30《刑法志》。
⑦ [清]沈之奇:《大清律辑注》(下),怀效锋、李俊点校,法律出版社2000年版,第543页。王明德之说也与此类似:"贼者,害也。害及生灵,流毒天下,故曰贼。盗,则止于一身一家一事而已。"参见[清]王明德:《读律佩觿》,何勤华等点校,法律出版社2001年版,第79页。
⑧ [清]沈家本:《历代刑法考》(下),商务印书馆2011年版,第3~4页。

特定法律含义的法律词汇,且其中的内容还会随律典之变迁而发生一些变化,所以如若想要厘清律典中"盗"与"贼"的确切内涵,还须回溯到历代律典本身,此即本节下一部分之内容。

二、盗律历史流变:从《法经》到《大清律例》

中国传统法典(律典)源远流长,其始祖一般推至战国时期魏相李悝之《法经》,尽管《法经》之真实性目前尚存疑问,①但此后秦、汉、魏、晋、唐、宋、明、清之因循传承有目可循。从《法经》直迄于两千余年后的《大清律例》,其间尽管历经损益流变,但始终相因继受、传承不弃。近人程树德曾作"律系表",明了地展示了其间的相承脉络,笔者将格式稍作改易后如下:

法经 →秦律 →汉律 →魏律 →晋律 →梁律 →陈律
　　　　　　　↓
　　　　后魏律 →后周律
　　　　　　　↓
　　　　北齐律 →隋 →大业律
　　　　　　　↓
　　　　开皇律→唐律 →宋刑统 →明律 →清律

于"律系表"后,程氏并详说之:

> 今之言旧律者,率溯源于唐律。顾唐本于隋,隋本于北齐,……盖自晋氏失驭,天下分为南北,江左相承,沿用晋律,梁陈虽各定新律,而享国日浅,祸乱相仍;又当时习尚重黄老,轻名法,汉代综核名实之风,于斯尽矣。拓跋氏乘五胡之扰,跨据中原,太祖、世祖、高宗、高祖凡五次改定律令。孝文用夏变俗,其于律令,至躬自下笔,凡有疑义,亲临决之,后世称焉。是故自晋氏而后,律分南北二支:南朝之律,至陈并于隋,而其祀遽斩;北朝则自魏及唐,统系相承,迄于明清,犹守旧制。②

---

① 相关学术争论,可参见周东平主编:《〈晋书·刑法志〉译注》,人民出版社 2017 年版,第 127~128 页。
② 程树德:《九朝律考》,商务印书馆 2010 年版,第 449 页。

导 论

此说言简意赅,传统律典中的盗律(盗法)、贼律(贼法)以及盗、贼合并之"贼盗律"也大致沿这一脉络承袭演变。《唐律疏议》对唐以前盗、贼律法的流变情况有专门概述:

> 贼盗律者,魏文侯时,李悝首制《法经》,有《盗法》《贼法》,以为法之篇目。自秦汉迄至后魏,皆名《贼律》《盗律》。北齐合为《贼盗律》。后周为《劫盗律》,复有《贼叛律》。隋开皇合为《贼盗律》,至今不改。①

沈之奇之文迄于清:

> 李悝《法经》有《盗法》《贼法》之篇,汉、魏皆分《贼律》《盗律》,后周有《劫盗律》《贼叛律》,隋合为《贼盗律》。唐、宋、元、明至今,虽有损益,而篇名不改。②

二说稍有不同,即对贼、盗二律开始合并的时间有分歧,《唐律疏议》认为是在北齐,沈之奇则将其认定在隋之《开皇律》。对此,沈家本的说法更为详尽:

> 《盗法》《贼法》李悝本为二事,《汉律》因之,盗则盗窃劫略之类,贼则叛逆杀伤之类。魏于《盗律》内分立《劫略律》,晋无《劫略》,则仍入《盗律》。梁为《盗劫律》,《贼律》则曰《贼叛律》,北齐始合二律为一,曰《贼盗》。周、隋时合时分,唐复合而为一,故叛逆、杀伤诸事皆在其中。元于《贼盗》外别立《杀伤》之目,明又改为《人命》,盖大失古律本义矣。《疏议》谓《盗法》今《贼盗律》,《贼律》今《诈伪律》,俱未谛当。唐之《贼盗》兼《盗法》《贼法》在内,《诈伪》魏由《贼律》分出,而《贼律》固不止诈伪一事也。③

该说可以解释前二说相异的原因:"北齐始合二律为一,曰《贼盗》。后周仍分为《劫盗》《贼叛》。隋《开皇律》又合之,《大业律》复分之。唐用《开

---

① 《唐律疏议》,刘俊文点校,法律出版社1999年版,第348页。
② [清]沈之奇:《大清律辑注》(下),怀效锋、李俊点校,法律出版社2000年版,第543页。
③ [清]沈家本:《历代刑法考》(下),商务印书馆2011年版,第4页。

皇律》，仍合为《贼盗》。"①盗与贼分合多次，前二说均仅提及了其中某一次的"合"，未及整个分分合合的过程。分合多次之后，《唐律》以降历部律典便一直保持合的状态。

详细而言盗、贼律（法）之中具体内容流变的过程。首先是作为起点的《法经》，《晋书·刑法志》载："悝撰次诸国法，著法经。以为王者之政，莫急于盗贼，故其律始于盗贼。"《唐律疏议》由《法经》讲到汉承秦制："周衰刑重，战国异制，魏文侯师于李悝，集诸国刑典，造《法经》六篇。一盗法，二贼法，三囚法，四捕法，五杂法，六具法。商鞅传授，改法为律，汉相萧何，更加悝所造户、兴、厩三篇，谓之《九章律》。"②入汉之后，《汉书·刑法志》道："高祖初入关，约法三章曰：'杀人者死，伤人及盗抵罪。'蠲削繁苛，兆民大悦。"对于汉律的具体内容，沈家本指出，《汉律》久亡，现仅能在魏《新律》序略中见其律目，其中，《盗律》有劫略、恐猲、和卖买人、受所监受财枉法、勃辱强贼、还赃畀主等条；《贼律》有欺谩、诈伪、逾封、矫制、贼伐树木、杀伤人畜产、诸亡印、储峙不办、但以言语及犯宗庙园陵等条。③

再接下来，《魏律》十八篇，对贼、盗二律的内容有颇多更易。《晋书·刑法志》记载的《魏律》之序可见其内容及变化的大致情况：

  《盗律》有劫略、恐猲、和卖买人，科有持质，皆非盗事，故分以为《劫略律》。《贼律》有欺谩、诈伪、逾封、矫制，《囚律》有诈伪生死，《令丙》有诈自复免，事类众多，故分为《诈律》。《贼律》有贼伐树木、杀伤人畜产及诸亡印，《金布律》有毁伤亡失县官财物，故分为《毁亡律》。《盗律》有受所监受财枉法，《杂律》有假借、不廉，《令乙》有呵人受财，科有使者验赂，其事相类，故分为《请赇律》。《盗律》有勃辱强贼，《兴律》有擅兴徭役，《具律》有出卖呈，科有擅作修舍事，故分为《兴擅律》。《兴律》有乏徭稽留，《贼律》有储峙不办，《厩律》有乏军之兴，及旧典有奉诏不谨、不承用诏书，汉氏施行有小愆之反不如令，辄劾以不承用诏书乏军要斩，又减以《丁酉诏书》，《丁酉诏书》汉文所下，不宜复以为法，故别为之《留律》。……《盗律》有还赃畀主，《金布律》有罚赎入责

---

① ［清］沈家本：《历代刑法考》（下），商务印书馆 2011 年版，第 14~15 页。程树德之说与沈氏同。参见程树德：《九朝律考》，商务印书馆 2010 年版，第 20~21 页。
② 《唐律疏议》，刘俊文点校，法律出版社 1999 年版，第 2 页。
③ 原出处参见《晋书》卷 30《刑法志》。

以呈黄金为价,科有平庸坐赃事,以为《偿赃律》。①

到了《晋律》二十篇之中,其分汉《九章律》的《盗律》为请赇、诈伪、水火、毁亡四律。②《梁律》也为二十篇,与《晋律》之"篇目相较,次第均同。惟盗律改称盗劫,贼律改称贼叛"③。《隋书·刑法志》记载其律目:一曰《刑名》,二曰《法例》,三曰《盗劫》,四曰《贼叛》。《北齐律》仅有十二篇,《隋书·刑法志》道其"大约承《晋律》而改定之",合并《盗律》《贼律》为《贼盗》,排律目的第八位。北周《大律》有二十五篇,贼与盗再次被分开,名为《劫盗》《贼叛》分列第十二和十三。隋《开皇律》承《北齐律》而来,仅十二篇,贼与盗合并,称《贼盗》,列于律目第七位。但炀帝之《大业律》又再次分离二律,《贼》与《盗》在全律十八篇中分别列第九与第十。④

《唐律疏议》准《开皇律》而来,十二篇、三十卷,贼、盗合并,各律分列在卷第十七至二十。其中,卷第十七列谋反大逆、缘坐非同居、口陈欲反之言、谋叛、谋杀制使府主、谋杀期亲尊长、部曲奴婢谋杀主、谋杀姑夫祖父母、谋杀人、劫囚、有所规避执人质、杀一家三人肢解人、亲属为人杀私和;卷第十八列以物置人耳鼻孔窍中、造畜蛊毒、以毒药药人、憎恶造厌魅、杀人移乡、残害死尸、穿地得死人、造妖书妖言、夜无故入人家;卷第十九列盗大祀神御物、盗御宝及乘舆服御物、盗官文书印、盗制书及官文书、盗符节门钥、盗禁兵器、盗毁天尊佛像、发冢、盗园陵内草木、盗官私马牛而杀、盗不计赃立罪名、强盗、窃盗、监临主守自盗、故烧人舍屋而盗、恐喝取人财物、本以他故殴人因而夺物;卷第二十列盗缌麻小功财物、卑幼将人盗己家财、因盗过失杀伤人、以私财奴婢贸易官物、山野物已加功力辄取、略人略卖人、略和诱奴婢、略卖期亲以下卑幼、知略和诱和同相卖而买、知略和诱强窃盗受分、共盗并赃论、共谋强窃盗、盗经断后三犯、公取窃取皆为盗、部内人为盗及容止盗。概言之,卷十七、十八为"贼",卷十九、二十为"盗"。⑤

《宋刑统》又承《唐律疏议》而来,贼、盗照例合并,并依然列于第十七卷至第二十卷。其中,第十七卷列谋反逆叛、谋杀、劫囚、杀一家三人及支解人、亲属被杀私和;第十八卷列以物置人孔窍、造畜蛊毒、杀人移乡、残害死尸、造妖

---

① 《晋书》卷30《刑法志》。沈家本指出,该段文字中"小愆之反"的"之反"二字、"之留律"中的"之"字、"责以呈黄金为价"的"价"字均为衍文,具体考证参见[清]沈家本:《历代刑法考》(下),商务印书馆2011年版,第6页。
② 《晋书》卷30《刑法志》。
③ 程树德:《九朝律考》,商务印书馆2010年版,第415~416页。
④ 参见《隋书》卷25《刑法志》。
⑤ 参见《唐律疏议》,刘俊文点校,法律出版社1999年版。

书妖言、夜入人家；第十九卷列盗大祀神御物、盗毁天尊佛像、发冢、盗官私马牛、盗不计赃而立罪名者、强盗窃盗、故烧人舍屋因盗财物、恐喝取人财物；第二十卷列盗亲属财物、因盗杀伤人、贸易官物、略卖良贱、共盗并赃依首从法。① 各律的具体内容基本未易，但《唐律疏议·贼盗律》的五十四条律文在《宋刑统》中被统辖于二十四个门类之下，律典的形式更为简明、体系化。

《金律》的情况见于《金史·刑志》：凡十有二篇，篇名与唐律一致，"实唐律也"，但亦有部分损益。《金律》至元初尚在适用，但由于"颇伤严苛"，及元世祖平宋后乃"始定新律，号曰《至元新格》。仁宗之时，又以格例条画有关于风纪者，类集成书，号曰《风宪宏纲》。至英宗时，复命宰执儒臣取前书而加损益焉，书成，号曰《大元通制》"。此《大元通制》即有元一代比较完整系统的成文法典，在其诸多革新之中较为显著者，乃将《杀伤》从《盗贼》中分离单列。

《大明律》继承元代这一律目体系，只是又将《杀伤》改称为《人命》。因此其《贼盗》篇仅有如下条目：谋反大逆、谋叛、造妖书妖言、盗大祀神御物、盗制书、盗印信、盗内府财物、盗城门钥、盗军器、盗园陵树木、监守自盗仓库钱粮、常人盗仓库钱粮、强盗、劫囚、白昼抢夺、窃盗、盗马牛畜产、盗田野谷麦、亲属相盗、恐吓取财、诈欺官私取财、略人略卖人、发冢、夜无故入人家、盗贼窝主、共谋为盗、公取窃取皆为盗、起除刺字。② 《大清律例》律目与《大明律》同。至此，传统律典中的贼律只剩谋反大逆、谋叛、造妖书妖言三项，其余二十五条则均为盗律。

从这一历史梳理可以看到，盗律、贼律以及二者合并之贼盗律所包含的内容相当丰富，且在两千余年间发生了较大程度的变化。故而对"盗""贼"二字在律典中作为律名之时的释义，既不能如本节第一部分所述之律学家的做法，仅论及其部分含义，更不能如当代学者般以今度古，将"盗"简单理解为"财产犯罪"。本著下一部分即具体而论清代盗律之体系，从而概括清律中"盗"的内涵，并尝试对以清律为代表的传统律典中的"盗"作一番可能更为确切、符合中国传统的界定。

三、《大清律例》的盗律体例

在当代的大陆法系（或深受大陆法系影响的）国家中，刑法法典通常由总则与分则两部分组成。总则规定犯罪与刑罚的一般原则、原理，分则规定

---

① 参见《宋刑统》，薛梅卿点校，法律出版社1999年版。
② 《大明律》，怀效锋点校，法律出版社1999年版。

具体的犯罪及其法定刑。分则内具体犯罪种类繁多，因而需要以一定标准将具体犯罪分为若干类（类罪），再以一定标准对类罪进行排列，同时再对各类罪中的具体犯罪进行排列。①此"一定标准"乃"法益"，亦即法律所保护的利益。林山田教授指出，凡刑事立法，首先以不法构成要件所要保护的法益为准，将保护相同或相类似法益的不法构成要件同列在一个罪章之中，其次再依法益的种类编列罪章。②我国现行的《中华人民共和国刑法》（下文简称《刑法》）也基本遵循按法益分类的方式编排各罪：原则上依据犯罪的同类法益对犯罪进行分类；总体上以各类犯罪的法益重要程度为依据，按由重到轻的顺序进行排列；基本上依据犯罪侵犯的主要法益对犯罪进行归类。③例如，将主要侵犯财产法益的犯罪归类于"财产犯罪"罪章。

那么，如今已被现代（西式）的法典全盘取代的我国传统律典的编排又是何种样式呢？以《唐律疏议》为例，刘俊文先生将其十二篇归纳为四个部分。第一部分《名例》，类似于今天的"总则"；第二部分"事律"，包括《卫禁》《职制》《户婚》《厩库》《擅兴》；第三部分"罪律"，有《贼盗》《斗讼》《诈伪》《杂律》《捕亡》；第四部分为"专则"，是为《断狱》。④"事律"按照"事"之性质的不同归类各律条，"罪律"除了《杂律》为一些不便归类的犯罪集合、《捕亡》乃程序性规范外，《贼盗》《斗讼》《诈伪》则按照犯罪行为性质的不同而分篇别类。按照"事"之性质与犯罪行为性质分篇的各篇，又乃"以二事合为一章"⑤，譬如《贼盗》篇的贼与盗"自系两事"，亦即本为两种不同性质的犯罪行为，但律典将二者合为一篇。到了明清，唐律的这种编排方式仍在较大程度上被延续，但也有一些新的发展，如形成了"六部分类法"——以吏、户、礼、兵、刑、工六部为名，"在原唐律篇、条二级结构之间增加了一级作为二者中介的层次，使原来传统二级律典结构变为三级"。⑥唐律的罪律与专则部分，基本相当于明清律的"刑律"部分，《贼盗》《人命》《斗殴》《骂詈》《诉讼》《受赃》《诈伪》《犯奸》《杂犯》《捕亡》《断狱》各篇，除最后三篇外，其余也如唐律，是按照犯罪行为性质的不同分篇别类并"以二事合为一章"。

有学者说："对清律进行科学的研究，还是按现代刑法学的罪名概念作

---

① 将刑法典分为总则与分则，是在17世纪意大利刑法学的影响下，经过18世纪德国各州刑法典、奥地利刑法典，直至1791年和1810年的法国刑法典而最终形成的。参见张明楷：《刑法学（第六版）》，法律出版社2021年版，第32、843页。
② 参见林山田：《刑法各罪论》（上），北京大学出版社2012年版，第10~12页。
③ 参见张明楷：《刑法学（第六版）》（下），法律出版社2021年版，第844页。
④ 刘俊文：《唐律疏议笺解》（上），中华书局1996年版，第30~35页。
⑤ 参见[清]薛允升：《唐明律合编》，怀效锋、李鸣点校，法律出版社1999年版，第468页。
⑥ 参见苏亦工：《明清律典与条例》，商务印书馆2020年版，第98页。

大类的划分较好,……表面上看,似乎打乱了原律例的体系,但却是更合理的方法。"①或许正是在这样的思路之下,学者常将传统盗律直接等同于现代的财产犯罪。不过,若是真打乱"原律例的体系","按现代刑法学的罪名概念作大类的划分",亦即套用现代(西方)的法益概念和分类,则《大清律例》的二十五条盗律不仅有可谓主要侵犯财产法益的强盗、白昼抢夺、窃盗、盗田野谷麦、亲属相盗、恐吓取财,也有主要侵犯人身法益的略人略卖人,又有主要侵犯国家(王朝)法益的盗大祀神御物、盗制书、盗印信、盗内府财物、盗城门钥、盗军器、盗园陵树木、监守自盗仓库钱粮、常人盗仓库钱粮、劫囚,还有侵犯法益不确定的夜无故入人家,且有难说主要法益究竟是私人财产法益还是王朝(国家)法益的盗马牛畜产,以及同时规定侵犯私人财产法益与王朝(国家)法益的诈欺官私取财。而在《盗律》之外,《户律》中的弃毁器物稼穑(098-00)、擅食田园瓜果(099-00)、费用受寄财产(150-00)、得遗失物(151-00)等律,也都不啻"财产犯罪",②但又未置于《盗律》之中。如此生搬硬套之下的传统律典,"怎一个乱字了得"?无怪乎有学者因此而批评传统盗律的编排属于"分类不当"。③也有学者试图为这种分类的"不甚合理"作一番解释,认为盗以非法取财为主旨,历史上一直努力对之进行分化、净化,只是终究未实现彻底。④还有学者只好把"财物"概念"延伸"至各律之"法益",如不惜把略人略卖人涉及的"未成年人权利"也解释成一种"财物"。⑤然而,这些说法恐怕都未脱以现代(西方)的法益观念解读传统。

事实上,传统时代并无法益概念以及按照法益分类的法典编纂方式,自然也不存在主要侵犯财产法益的"财产犯罪"概念和分类,进而可能也无所谓将盗律"净化"为财产犯罪的努力。笔者愚钝,难以看出如此套用的"科学"与"合理"所在。研究传统,还是得回到传统本身。传统的盗律,如上所言,规定的是按照犯罪行为性质而归类的一系列罪行,亦即"盗"是一种行为。对于律典中的"盗"究竟是一种什么样的行为,纵览历代盗律,具体内容代有损益,但基本可借用前引《穀梁传》之语,大致界定为:非所取而取之。只要行为表现为非所取而取之,则无论其所取对象为何——或人或物,也无论其取的具体方式——强、窃、诈欺、恐吓等,均可被归之于"盗"。此外,

---

① 参见郑秦:《清代法律制度研究》,中国政法大学出版社2000年版,第217页。
② 参见谢晶:"清律'财产犯罪'体系的比较法阐释",《学术月刊》2023年第10期。
③ 参见陈锐:"从'类'字的应用看中国古代法律及律学的发展",《环球法律评论》2015年第5期。
④ 参见朱腾:"唐以前盗罪之变迁研究",《法学研究》2022年第1期。
⑤ 〔美〕钟威廉:"《大清律例》中的贼盗篇研究",杨敏、陈长宁译,《法律史评论》第7卷,2014年。

"夜无故入人家"这一行为虽尚未表现出明确的取非其有行为,但因其行为之"迹近于盗也",[①]亦被附于盗律之内。

除了《刑律·贼盗》,清律的其他篇章里还有一些律名包含"盗"字的律,如《刑律·捕亡》的盗贼捕限(394-00),《户律·田宅》的盗卖田宅(093-00)与盗耕种官民田(096-00)。但它们并不属于清律以及本著所论之盗律,因为盗律规范的主体是盗行为人,而盗贼捕限的主体是盗案的承办人——各级官员、捕役、兵丁等;盗卖田宅、盗耕种官民田的行为对象是田宅、官民田,借用今天的概念即"不动产",对其之"盗卖""盗耕"行为不符合"非所取而取之"中"取之"的要求。

在明确内涵与外延之后,本著接下来细绎清代二十五条盗律的编排体系。盗律的最后四条——盗贼窝主、共谋为盗、公取窃取皆为盗、起除刺字具有"总则"的性质,即凡论前二十一项罪名,皆须以此四项为据。

表 0-1

"总则"	个律
盗贼窝主、共谋为盗、公取窃取皆为盗、起除刺字	盗大祀神御物、盗制书、盗印信、盗内府财物、盗城门钥、盗军器、盗园陵树木、监守自盗仓库钱粮、常人盗仓库钱粮、强盗、劫囚、白昼抢夺、窃盗、盗马牛畜产、盗田野谷麦、亲属相盗、恐吓取财、诈欺官私取财、略人略卖人、发冢、夜无故入人家

"总则"之外的二十一条律,若以盗之对象相分别,可大致分为四类:(1)对象为官物——盗大祀神御物、盗制书、盗印信、盗内府财物、盗城门钥、盗军器、盗园陵树木、监守自盗仓库钱粮、常人盗仓库钱粮;(2)对象为私物——强盗、白昼抢夺、窃盗、盗田野谷麦、亲属相盗、恐吓取财、发冢;(3)对象同时包括官、私物——诈欺官私取财与盗马牛畜产;(4)对象为人——劫囚与略人略卖人;另有盗之对象不明确的夜无故入人家。

表 0-2

官物	私物	人	不明确
盗大祀神御物、盗制书、盗印信、盗内府财物、盗城门钥、盗军器、盗园陵树木、监守自盗仓库钱粮、常人盗仓库钱粮、诈欺官私取财、盗马牛畜产	强盗、白昼抢夺、窃盗、盗马牛畜产、盗田野谷麦、亲属相盗、恐吓取财、诈欺官私取财、发冢	劫囚、略人略卖人	夜无故入人家

---

① 参见[清]沈之奇:《大清律辑注》(下),怀效锋、李俊点校,法律出版社2000年版,第635页。

盗官物的各律中,又可分为盗特殊官物与盗仓库钱粮(一般官物)两类外加一项诈欺官私取财。

表 0-3

官物	
特殊官物	仓库钱粮(一般官物)
盗大祀神御物、盗制书、盗印信、盗内府财物、盗城门钥、盗军器、盗园陵树木、<u>盗马牛畜产</u>	监守自盗仓库钱粮、常人盗仓库钱粮、<u>诈欺官私取财</u>

盗特殊官物的各律,因其所盗具体物的不同而各自为律。而盗仓库钱粮中的二律,则因盗之主体不同而分为监守自盗仓库钱粮与常人盗仓库钱粮。至于诈欺官私取财,其分别于其他各罪的原因是其盗行为的特殊性——诈欺。

盗私物的各律也可再分类,盗马牛畜产、盗田野谷麦、发冢为盗特殊私物,其余为盗一般私物:

表 0-4

私物	
特殊私物	一般私物
<u>盗马牛畜产</u>、盗田野谷麦、发冢	强盗、白昼抢夺、窃盗、亲属相盗、恐吓取财、<u>诈欺官私取财</u>

同样,盗特殊私物的各律,因其所盗具体物的不同而各自成律。盗一般私物中,先按盗之主体区分,可将亲属相盗与另五律分开,而剩余五律,则可依其具体盗行为的不同而又各自为律。盗之对象为人的二律,也可依盗之具体行为不同而相分别。至此,盗律项下的全部二十五条律文分类完毕,归结为总表如下:

表 0-5

总则	盗贼窝主 共谋为盗 公取窃取皆为盗 起除刺字						
对象	官物		私物		人	不明确	
	特殊官物	一般官物	特殊私物	一般私物		
律名	盗大祀神御物、盗制书、盗印信、盗内府财物、盗城门钥、盗军器、盗园陵树木、<u>盗马牛畜产</u>	监守自盗仓库钱粮、常人盗仓库钱粮、<u>诈欺官私取财</u>	<u>盗马牛畜产</u>、盗田野谷麦、发冢	强盗、白昼抢夺、窃盗、亲属相盗、恐吓取财、<u>诈欺官私取财</u>	劫囚、略人略卖人	夜无故入人家

再来看此二十五条律的排列顺序：先"官"再"私"，最后"总则"统贯各条；"官"与"私"之中，基本按由重到轻的顺序排列。详言之，首先，"官"之中，前七项盗特殊官物的律文，由重到轻排序，最后两项为盗一般官物——仓库钱粮，该两项又先监守后常人，也是先官后私、由重到轻的顺序。其次，"私"之中，强盗→白昼抢夺→窃盗，由重到轻；接下来盗马牛畜产与盗田野谷麦为两类盗特殊对象的律文，续以规定特殊主体的亲属相盗。再次，恐吓取财与诈欺官私取财两种特殊盗行为；接下来的略人略卖人与发冢为两项并非直接针对普通财物的律文，而夜无故入人家为针对对象不明确的律文。最后，四条"总则"性质的律文：先言窝主，次言共谋者，由重到轻；再次言"公取""窃取"及"已成盗""未成盗"之事；末言作为盗之后果的刺字问题。

第二节 "盗"的学术史回顾

清代是我国传统时代的最后一个王朝，也是传统法制绵延相续的最后阶段，因此其法制状况向来是学术界关注的热点。

对清代法制的研究，最早须追溯至其时之律学家，其中著名者如沈之奇、王明德、薛允升、吉同钧等，他们或为清代法律实践的亲历者，或作品直接影响过清代的司法乃至立法活动。他们留下的众多律学作品对《大清律例》的各律例条文、篇章结构等均有精深探究，其中自然包括对盗律的细致解读。[①] 然而，传统时代之"律学"并不同于现代的"法学"，前者重在方便律例条文在司法实践中的运用，故而相对欠缺后者的系统性与超脱性。

及至清朝亡覆，政权鼎革，梁启超、杨鸿烈、陈顾远等法史先辈，均在其对传统中国法制的整体叙说中论及清代，但尚未专门对清律或盗律作探讨。[②] 对清代法制进行大规模、全面、深入的研究，还是在新中国成立之后，尤其是近三十年。

不少学者从整体上对清代法制进行把握。代表性的作品如张晋藩教授主编之《清朝法制史》，此为关于从清军入关前迄至晚清变法之整个清代的

[①] [清]沈之奇：《大清律辑注》，怀效锋、李俊点校，法律出版社2000年版；[清]王明德：《读律佩觿》，何勤华等点校，法律出版社2001年版；[清]薛允升：《读例存疑重刊本》，黄静嘉编校，成文出版社1970年版；[清]吉同钧纂辑：《大清律讲义》，闫晓君整理，知识产权出版社2018年版。

[②] 梁启超：《梁启超论中国法制史》，商务印书馆2012年版；杨鸿烈：《中国法律发达史》，中国政法大学出版社2009年版；陈顾远：《中国法制史概要》，商务印书馆2011年版。

立法、司法的类似教科书的全面、概括性介绍。① 再如郑秦、怀效锋、林乾、王志强、赖惠敏、刘广安几位教授的作品，分别为《清代法律制度研究》《明清法制初探》《治官与治民：清代律例法研究》《清代国家法：多元差异与集权统一》《但问旗民：清代的法律与社会》《清代法律体系辨析》，实为几位教授数篇论文之结集，虽则并非体系性的研究，但也较为广泛地涵盖了清代法制的方方面面。② 日本学者中村茂夫题名为《清代刑法研究》的著作也是论文集，只涉及过失、比附、精神病人的刑事责任、自杀诱起者的罪责四个主题。③ 苏亦工教授之《明清律典与条例》，围绕该时期最重要的两种法源——律与例的产生、演变及其相互关系展开论述，也属于对清代法制的整体性研究。④ 陈惠馨教授之《清代法制新探》《多元观点下清代法制》《向法规范回归之清代法制研究》《清代法制新探：以〈大清律例〉为核心》四部著作也是较宏观的叙述。⑤ 西方学者亦有著述，如布迪（Derk Bodde）、莫里斯（Clarence Morris）之《中华帝国的法律》及斯普林克尔（S. van der Sprenkel）之《清代法制导论——从社会学角度加以分析》，前者以《刑案汇览》为主要材料，尝试将美国式"案例教学法"运用到清代法史的研究，后者则采社会学之方法论述，因此二者均限于各自的视角，仅探讨了清代法制中的部分问题。⑥ 此外，近年还出版了多部以清代（或明清）法制为题名的论文集，收录众多学者从不同角度、对不同具体领域进行研究的单篇论文，如苏亦工教授主编的两卷《旧律新诠：〈大清律例〉国际研讨会论文集》，⑦柏桦教授主编之《明清律例研究》，⑧杨一凡、寺田浩明二位教授合编之《日本学者中国法制

---

① 张晋藩主编：《清朝法制史》，中华书局1998年版。
② 郑秦：《清代法律制度研究》，中国政法大学出版社2000年版；怀效锋：《明清法制初探》，法律出版社1998年版；林乾：《治官与治民：清代律例法研究》，中国政法大学出版社2019年版；王志强：《清代国家法：多元差异与集权统一》，社会科学文献出版社2017年版（该书第一版为《多元视角下的清代国家法》，北京大学出版社2003年版）；赖惠敏：《但问旗民：清代的法律与社会》，中华书局2020年版；刘广安、沈成宝、孙斌：《清代法律体系辨析》，中国政法大学出版社2022年版。
③ 〔日〕中村茂夫：《清代刑法研究》，东京大学出版会1973年版。
④ 苏亦工：《明清律典与条例》，商务印书馆2020年版（该书第一版为中国政法大学出版社2000年版）。
⑤ 陈惠馨：《清代法制新探》，五南图书出版股份有限公司2012年版；《多元观点下清代法制》，五南图书出版股份有限公司2015年版；《向法规范回归之清代法制研究》，元照出版有限公司2017年版；《清代法制新探：以〈大清律例〉为核心》，元照出版有限公司2022年版。
⑥ 〔美〕D. 布迪、〔美〕C. 莫里斯：《中华帝国的法律》，朱勇译，江苏人民出版社2004年版；〔英〕S. 斯普林克尔：《清代法制导论——从社会学角度加以分析》，张守东译，中国政法大学出版社2000年版。
⑦ 苏亦工、谢晶等编：《旧律新诠：〈大清律例〉国际研讨会论文集》（第一卷、第二卷），清华大学出版社2016年版。
⑧ 柏桦主编：《明清律例研究》，南开大学出版社2013年版。

史论著选·明清卷》，[1]以及邱澎生教授与陈熙远教授合编的《明清法律运作中的权力与文化》、[2]与何志辉教授合编的《明清法律与社会变迁》。[3]

在这些著作中，张著与怀著在介绍清代之"刑法"时涉及部分盗律，如强盗、窃盗、略人略卖人、恐吓取财等，而怀著收录的《雍乾时期的刑法》一文即原载于张著中之"刑法"部分，两书相关内容实际完全重合。[4] 郑著的《清代刑法概论》部分也简要述及强盗、窃盗、略人略卖人等盗律条文。[5] 苏著将一篇专门研究盗律项下光棍例的文章作为该书的一章。[6] 布迪与莫里斯二位的作品，则仅在案例评析中介绍了几个与盗律相关者。[7] 苏亦工教授、柏桦教授主编的论文集收录了多篇有关盗律的论文，前者包括白昼抢夺律、略人略卖人律、光棍例、盗律中的时空因素，[8]后者有强盗律、监守自盗仓库钱粮律、略人略卖人律。[9] 其他几位学者的专著或编著则基本未专门论及盗律。

在对中国刑法史的研究中往往会涉及盗律。如蔡枢衡先生的名著《中国刑法史》将"盗"作为几种典型的古老罪名之一，对窃盗、强盗、白昼抢夺等的来源、演变等进行了部分梳理。[10] 再如高绍先教授的《中国刑法史精要》，在"侵犯财产罪"中讲述强盗、窃盗、恐吓取人财物、诈欺官私取财物，在"侵犯人身及相关权利罪"中介绍"略、卖罪"。[11] 还如王宏治教授的《中国刑法史讲义》，也主要在"侵犯财产罪"部分梳理盗罪，又在"妨害社会管理秩序罪"中讲述光棍、略人略卖人、发冢等，且以较大篇幅专门介绍清代的情

---

[1] 杨一凡、〔日〕寺田浩明主编：《日本学者中国法制史论著选·明清卷》，中华书局2016年版。
[2] 邱澎生、陈熙远编：《明清法律运作中的权力与文化》，广西师范大学出版社2017年版。
[3] 邱澎生、何志辉编：《明清法律与社会变迁》，法律出版社2019年版。
[4] 参见张晋藩主编：《清朝法制史》，中华书局1998年版，第401~447页；怀效锋：《明清法制初探》，法律出版社1998年版，第249~299、311~365页。
[5] 郑秦：《清代法律制度研究》，中国政法大学出版社2000年版，第225~243页。
[6] 苏亦工：《明清律典与条例》，商务印书馆2020年版，第422~468页。
[7] 〔美〕D.布迪、〔美〕C.莫里斯：《中华帝国的法律》，朱勇译，江苏人民出版社2004年版，第195~207页。
[8] 谢晶："中西文化与古今刑法之间——清代盗律中的时空因素"，王承山："明清白昼抢夺律例初探"，王荣堂："清代'略人略卖人'的司法探析"，张光辉："明、清朝的'光棍罪'"，苏亦工："清律'光棍例'之由来及其立法瑕疵"，〔日〕山本英史："光棍例的成立及其背景——清初秩序形成的一个过程"，李典蓉："棍徒、奴仆与流氓：对清前期旗下人与光棍例发展的推想"，均载苏亦工、谢晶等编：《旧律新诠：〈大清律例〉国际研讨会论文集》第一卷，清华大学出版社2016年版。
[9] 于雁："清'强盗'律例的法理分析"，闫文博："清'监守自盗仓库钱粮'律例的适用"，安媛媛："清'收留迷失子女'律与拐卖人口犯罪"，均载柏桦主编：《明清律例研究》，南开大学出版社2013年版。
[10] 蔡枢衡：《中国刑法史》，中国法制出版社2005年版，第132~138页。
[11] 高绍先：《中国刑法史精要》，法律出版社2001年版，第349~351、359~364页。

况。① 也有学者在研究"财产法史"时论及窃盗、强盗、白昼抢夺、诈欺、毁损等与"财产"相关的盗律。②

以专著的形式专门对盗律有关内容的研究,目前也已出版了几部。其一为孙向阳博士的《中国古代盗罪研究》,是为对整个古代盗罪所作的整体性研究,但实际仅主要针对强盗与窃盗,盗律中的其他律例则较少涉及。③ 他还单独发表了一系列与此相关的论文,但基本未出本书之域。④ 其二是学者戴顺居在其硕士论文基础上出版的《明代的强盗案件:判牍中反映的民间社会治安问题》一书,介绍明代强盗案件发生的背景、强盗的来源,分析强盗案件的类型及审判,还论述了强盗案件与民间社会治安的问题,有较扎实的材料,但总体而言只是史学角度的描述性研究。⑤ 此外,陈宝良的《中国流氓史》、王绍玺的《窃贼史》、日本学者松浦章的《中国的海贼》三部作品,是为对中国历史上的流氓、窃贼、海贼(海盗)等盗行为主体的概括性介绍,但很少涉及立法、司法等法学论题。⑥

单篇论文、硕博士学位论文之中有一些是对古代盗律的整体性研究,⑦且尤其值得关注的是对其中窃盗问题的研究,对窃盗的概念、立法沿革、司法实践等均已有一定的论述。⑧ 更多的论文(或专著中的部分章节)

---

① 王宏治:《中国刑法史讲义:先秦至清代》,商务印书馆2019年版,第86、124~125、190~194、219~220、312~318、326~328页。
② 郭建:《中国财产法史》,复旦大学出版社2018年版,第63~66页。
③ 孙向阳:《中国古代盗罪研究》,中国政法大学出版社2013年版。
④ 孙向阳:"唐律《名例》对于盗罪的特别适用",《法律史评论》第6卷,2013年;"'于一家频盗及一时而盗数家'的古代立法及其现代启示",《河南财经政法大学学报》2013年第6期;"从古代立法的'弃财拒捕'看现代刑法的'转化抢劫'",《中国刑事法杂志》2013年第6期;"唐律盗罪侵犯形式及其犯罪构成",《江苏警官学院学报》2013年第3期;"试析古代盗罪的'取非其有'及其现代启示",《法学杂志》2012年第12期;"中国古代盗罪犯罪对象研究",《求索》2012年第12期;"唐律的共盗犯罪",《中国刑事法杂志》2012年第6期。
⑤ 戴顺居:《明代的强盗案件:判牍中反映的民间社会治安问题》,乐学书局有限公司2005年版。
⑥ 陈宝良:《中国流氓史》,上海人民出版社2013年版;王绍玺:《窃贼史》,上海文艺出版社2008年版;〔日〕松浦章:《中国的海贼》,谢跃译,商务印书馆2011年版。
⑦ 如焦冶:"治盗之法尽而盗不止——中国古代'盗'罪之考论",《苏州大学学报(哲学社会科学版)》2008年第5期;李放:"中国古代法中的盗贼犯罪与侠义行为",《理论界》2008年第4期;王瑞山:"试论'盗贼'在中国传统社会治安治理中的地位",《犯罪研究》2012年第2期;高积顺:"古今惩贪与治盗的宽严比较",《河北法学》2008年第7期。
⑧ 如钱大群:"中国古代盗窃罪探索",载钱大群:《中国法律史论考》,南京师范大学出版社2001年版;李克非:"盗窃罪的立法沿革与比较研究",《政法论坛》1997年第3期;刘柱彬:"中国古代盗窃罪概念的演进及形态",《法学评论》1993年第6期;刘柱彬:"中国古代盗窃罪的产生、成立及处罚",《法学评论》1996年第6期;孙倩、赵晓耕:"从中西传统法律思维的差异看当代中国的法治困境——以盗窃问题为切入点",《思想战线》2014年第2期;郝铁川:"浅议中国古代盗窃罪",《法治日报》2023年7月19日第9版。

则仅为对盗律(或其中部分律文)的断代史研究。探讨的范围最早追溯至先秦时期,[1]其后的秦汉乃学术热点,学者们根据睡虎地秦墓竹简、张家山汉简等对这一时期盗罪的立法状况、沿革、特色、司法状况等均有介绍。[2] 朱腾的论文纵深先秦至唐,[3]李思渊的博士论文专门研究唐代,不过尽管其标题为"盗罪",文中其实仅涉及强盗、窃盗等几种所谓"财产犯罪"。[4] 刘晓林的硕士论文涉及唐律盗罪中可能判处死刑的几项罪名,但仅有较为简略的条文叙述。[5] 对于唐代盗律中的单个律条,有周亦杨比较研究唐律强盗罪与现代刑法抢劫罪的异同,[6]以及闵冬芳、张群对夜无故入人家律的专门探讨,且后者为直接针对前者的商榷、批评,交锋精彩。[7] 再往后,对宋代的研究又相对较多,且重点围绕"盗贼重法"问题展开。[8] 此外,学界还有一些零星对西夏[9]、元[10]、明[11]各代的讨论。

盗律中的"亲属相盗"问题得到学者较多的关注。较早的瞿同祖先生即

---

[1] 柳正权:"先秦盗罪考",《法学评论》2002 年第 4 期。

[2] 闫晓君:"秦汉盗罪及其立法沿革",《法学研究》2004 年第 6 期;朱红林:"张家山汉简《盗律》集释",《江汉考古》2007 年第 2 期;张铭:"《奏谳书》中的秦汉财产犯罪案件",《法制史研究》第 23 期,2013 年;曹旅宁:"张家山汉简盗律考",《南都学坛》2003 年第 1 期;谢全发:"汉初盗罪述论——以张家山汉简为中心",《重庆师范大学学报(哲学社会科学版)》2006 年第 3 期;冯勇:"简论《盗律》对《二年律令》的影响",《西北大学学报(哲学社会科学版)》2009 年第 2 期;黄海:"'醴阳令恢盗县官米'案与汉代的官员监守自盗犯罪",《法律适用》2020 年第 24 期;徐世虹:"西汉末期法制新识——以张勋主守盗案牍为对象",《历史研究》2018 年第 5 期。

[3] 朱腾:"唐以前盗罪之变迁研究",《法学研究》2022 年第 1 期。

[4] 李思渊:"唐律盗罪研究",南京师范大学博士学位论文,2012 年。

[5] 刘晓林:"《唐律疏议·贼盗》死刑律文考述",吉林大学硕士学位论文,2008 年。

[6] 周亦杨:"现行刑法抢劫罪与唐律强盗罪的比较",《江苏社会科学》1991 年第 5 期。

[7] 闵冬芳:"唐律'夜无故入人家'条源流考",《法学研究》2010 年第 6 期;张群:"也谈'夜无故入人家'——评《唐律'夜无故入人家'条源流考》",《北大法律评论》第 12 卷第 2 辑,2011 年;张群:"'夜无故入人家'——不应忽略的那一面",《法制史研究》第 19 期,2011 年。

[8] 郭东旭:"论北宋'盗贼'重法",《河北大学学报(哲学社会科学版)》2000 年第 5 期;戴建国:《宋代刑法史研究》,上海人民出版社 2008 年版,第 127~138 页;周密:《宋代刑法史》,法律出版社 2002 年版,第 246~287 页;章深:"北宋'盗贼重法'解析——兼论'刑乱国用重典'的法律传统",《开放时代》2005 年第 1 期;王晓勇:"略论北宋的'盗贼重法'制度",《中州学刊》2002 年第 6 期。

[9] 董昊宇:"论西夏的'以赃断盗'——以《天盛律令》为中心",载杜建录主编:《西夏学》第 7 辑,上海古籍出版社 2011 年版,第 94~99 页;邵方:《西夏法制研究》,人民出版社 2009 年版,第 71~74 页;刘双怡:"西夏与宋盗法比较研究——以《天盛改旧新定律令》和《庆元条法事类》为例",《首都师范大学学报(社会科学版)》2013 年第 5 期。

[10] 刘晓:"元代法律对后世的影响——以盗罪与奸罪为例",《江西社会科学》2021 年第 11 期;薛磊:"元代州判官兼捕盗考述——从两方'州判官兼捕盗印'说起",《西北师大学报(社会科学版)》2014 年第 6 期。

[11] 巨焕武:"明律中的恐吓取财罪",《政大法律评论》第 37 期,1988 年;陈佳臻:"元明'白昼抢夺'罪的生成及发展",《国学学刊》2023 年第 4 期;姚周霞:"白昼抢夺罪的立法及演变",《杭州电子科技大学学报(社会科学版)》2023 年第 5 期。

对此有过颇为经典的论述,十余年前又有范忠信教授的精彩解析。前者概括了传统社会处理亲属相盗问题的一般原则、方法及其立法原因、目的,后者则侧重于寻找中西关于此问题法律规定的"暗合"及其背后的原因。① 此后有较多研究的是鲁昕,其硕士论文以及在此基础上发表的多篇论文不仅探讨传统时代亲属相盗的立法沿革、特点、指导思想等,还述及西方及我国当代对相关问题的立法及司法实践。②

专门对清代盗律进行的研究,目前也已有一些成果,较有代表性的作品如美国学者钟威廉(William C. Jones)教授的《清律中的"盗"》("Theft in the Qing Code")一文,整体性地探讨了清代的全部盗律。文中提出了诸多颇富创见的观点,如把"盗"(theft)界定为一种"错误地取得有形动产"(a wrongful taking of a tangible chattel)的"犯罪行为"(a criminal act),还发现窃盗罪乃盗罪的基础罪别,其他所有的盗罪的定罪量刑均在其基础上比照加减。先不论这些具体的结论是否得当,钟氏所做的深入传统律典之中分析、发掘其本身逻辑与体系的努力——而非简单套用来自西方的现代概念、理论,也不论其成功与否,都值得我们借鉴与深思,因为如今的大多数研究都并未如此。该文也是笔者唯一所见真正将清代全部盗律一并纳入探讨的作品。但是,因篇幅所限——全文仅二十二页,如钟氏自己所言,该文只是对这一领域的初步研究,不少论点仅点到为止,还欠缺进一步的细致分析论证,甚至出现了将盗律条文误为二十三条(实为二十五条)这样的"硬伤"。③

张伟仁先生辑著的三大本《清代法制研究》,副标题为"'中央研究院'历史语言研究所现存清内阁大库原藏清代法制档案选辑附注及相关之论述辑一——盗案之初步处理及疏防文武之参劾",辑录了大量内阁大库档案里的盗案,并结合这些案例,以长文介绍了盗案的初步处理及疏防文武的参劾这一程序性问题。④ 此外,日本学者铃木秀光教授亦对盗案的程序问题做过

---

① 瞿同祖:《中国法律与中国社会》,中华书局2003年版,第58~62页;范忠信:"'亲亲尊尊'与亲属相盗:中外刑法的暗合",《法学研究》1997年第3期。
② 鲁昕:"亲属相盗研究",中国政法大学硕士学位论文,2009年;"历史维度的亲属相盗立法论考",《政法论坛》2010年第6期;"新中国亲属相盗问题研究——以家庭伦理为背景的展开",《甘肃政法学院学报》2011年第6期;"家庭伦理背景下的亲属相盗立法原理刍议",《中国青年政治学院学报》2010年第6期;"中国封建社会亲属相盗立法的伦理分析",《齐鲁学刊》2009年第4期。
③ William C. Jones, "Theft in the Qing Code", *American Journal of Comparative Law*, Vol. 30, Issue3 (Summer 1982), pp. 499~522. 中文版见[美]钟威廉:"《大清律例》中的贼盗篇研究",杨敏、陈长宁译,《法律史评论》第7卷,2014年。笔者以为,将题目中之"theft"翻译为"盗"而非"贼盗篇"似乎更恰当,钟氏也专门在文中解释过贼(violence)与盗(theft)的区别(p. 507)。于雁将其翻译为"大清律例中的'贼盗'律",似亦存在同样问题。参见于雁:"清代'强盗'罪的政治学研究",南开大学博士学位论文,2008年。
④ 张伟仁辑著:《清代法制研究》,(台湾)商务印书馆1983年版。

专门研究。①

其他大多数作品均为对清代盗律中具体律例的单独探究。其中比较多的是窃盗律，森田成满、宋国业二位的研究较为系统，不仅从立法的角度探讨窃盗罪的体系、刑罚等，还分析了司法活动中涉及的法源与推理结构等。②巫仁恕、吴景杰二位新近联手出版了《清代小偷操作攻略》一书，以近代小说的方式讲述了颇多小偷的故事，但因并非严肃的学术作品而较少对律例条文的深入解析。③另有黄延廷比较"盗窃罪"与"侵占罪"，④李捷关注窃盗门内的积匪猾贼例。⑤对强盗律的研究也相对多一些，有于雁的博士论文从政治学角度进行考察，介绍清代强盗的法规体系、律例的规定及适用与执行。⑥于博士还与柏桦教授合作，探讨清代律、例、成案三种法律渊源在强盗案件中的适用问题。⑦另有闵冬芳研究与强盗有关联的"图财害命"问题；⑧周鹏介绍强盗门内例文涉及的自首、竞合、特殊主体问题。⑨强窃盗之外，学者们还研究过监守自盗⑩、恐吓取财⑪、诈欺官私取财⑫、白昼抢夺⑬、盗田野谷麦⑭、发冢⑮、

---

① 〔日〕铃木秀光："论清代嘉庆、道光时期的盗案裁判"，李冰逆译，《法律史评论》第11卷，2018年。
② 〔日〕森田成满："清代刑法中的盗窃罪"，载张世明等主编：《世界学者论中国传统法律文化：1644～1911》，法律出版社2009年版，第134～166页；〔日〕森田成满："清代命盗案件的法源与推论的结构"，蔡玫译，《法史学刊》第1卷，2007年；宋国业："明清律中的窃盗罪"，台湾政治大学硕士学位论文，1989年。
③ 巫仁恕、吴景杰：《清代小偷操作攻略》，三民书局2024年版。
④ 黄延廷："清代侵占罪之认定与盗窃罪之认定的纠缠——兼与现代侵占罪与盗窃罪的认定比较"，《中国刑事法杂志》2011年第3期。
⑤ 李捷："清律'积匪猾贼例'的研究"，清华大学硕士学位论文，2018年。
⑥ 于雁："清代'强盗'罪的政治学研究"，南开大学博士学位论文，2008年。
⑦ 柏桦、于雁："清代律例成案的适用——以'强盗'律例为中心"，《政治与法律》2009年第8期。
⑧ 闵冬芳："清律中的图财害命概念探析——以清代的典型案例为基础进行分析"，《理论月刊》2009年第1期。
⑨ 周鹏："《大清律例·强盗》例文所见清代强盗罪中的几个问题"，《吉林师范大学学报（人文社会科学版）》2022年第2期。
⑩ 巨焕武："清律中的监守自盗罪"，《政大法律评论》第45期，1992年。
⑪ 巨焕武："清律中的恐吓取财罪"，《政大法律评论》第38期，1988年。
⑫ 陈美伶："清律中的诈欺官私取财罪"，台湾政治大学硕士学位论文，1992年；来鸣家："清代'诈欺官私取财'律例中'金融犯罪'类规范的传承与创新"，《河北法学》2024年第2期。
⑬ 王承山："明清'白昼抢夺'律例初探"，清华大学硕士学位论文，2013年；简松柏："明、清律之白昼抢夺罪"，台湾政治大学硕士学位论文，1990年；郑金鹏："中国传统法律解释的实践之维——以从'盗'至'白昼抢夺'的罪名演变为例"，《法律史评论》第7卷，2014年。
⑭ 顾元："论清代的先占制度——以'盗田野谷麦'律为中心"，《政法论坛》2020年第5期；张田田：《案例故事中的清代刑法史初探》，法律出版社2019年版，第31~62页。
⑮ 陈聪："清代'发冢'律例与司法的文化研究"，中山大学博士学位论文，2009年；刘鄂："依违于礼教与宗教之间——《钦定大清刑律》'发掘坟墓罪'研究"，《清华法学》2014年第6期；刘鄂："清代毁尸之惩：从观念基础到制度展开"，《法律史评论》2023年第3期。

略人略卖人①、夜无故入人家②等律,并有多位学者专门关注恐吓取财门内的光棍例。③

综观过往学者在这一领域的研究,已可谓成果丰硕。无怪乎颇有师友在得知笔者以清代盗律为题展开研究之时,纷纷惊疑:这个主题难道还能写出新花样吗?笔者不才,以为过往研究在取得成就的同时,亦存在一些不能忽略的不足,究其要处,主要在以下几个方面:

首先,在研究内容上,过往研究欠缺对盗律的整体性、体系性把握。部分作品尽管以"盗律"或"盗罪"命名,但其实仅涉及其中的部分条文(主要是强盗与窃盗),且多为对律的研究,很少关注附律之例。盗律作为传统律典极为重要的组成部分之一,若仅照目前大多数作品这样单个、一一考察律或例,且只关注其中的重点律例、忽略其他,则必然造成研究的支离与残缺。已有的整体性研究(如钟威廉之文)又为篇幅所限,难以容纳盗律全部25条律文及数百条例文的丰富内容。

其次,在研究方法上,大多论著只是史学角度的一般性梳理描述以及材料铺陈,甚至铺陈不足,少有对具体律例条文的法学角度的规范分析与理论升华,更罕及与来自西方的现代法学的直接对话,亦即难以见到"法史"研究中"法"的成分。即便部分论著已开始做这方面的努力,但其"法"的成分通常仅限于对西方概念、理论的简单套用,甚至套用的还是被部门法学界也早已摒弃的陈旧理论(如来自苏联的犯罪构成"四要件"学说),未能挖掘出清律本身的逻辑体系,更未能构建起传统律典的独特理论范式。

最后,在研究视角上,大多成果仅就事论事,未能站在古今中西比较的大背景之下对律例条文及其实践背后的文化因素作解析,如此则难以揭示独属于中国传统治盗之道的特色并进而检讨其利弊得失。研究视野的狭

---

① 王荣堂:"清代'略人略卖人'律的繁衍及其实施",清华大学硕士学位论文,2014年;姬元贞:"清代蒙古地区人口买卖的罪与罚——以土默特司法档案为中心",《河北学刊》2023年第5期;闫文博、安媛媛:"清代收留迷失子女律与拐卖人口犯罪",《兰州学刊》2010年第12期;吴武川:"清律中的略人略卖人罪",台湾政治大学硕士学位论文,1994年。
② 〔日〕中村正人:"清律'夜无故入人家'小考",赵崧译,《法律史评论》第17卷,2021年;范世伟:"清'夜无故入人家'条的法律知识体系与关联",清代法制史料与研究方法研讨会论文,2010年6月。
③ 这些文章在前引苏亦工教授主编之书出版之前,均已在其他杂志刊出,原出处见张光辉:"明清刑律中的'光棍罪'",(韩国)《亚洲研究》2008年第1期;苏亦工:"清律'光棍例'的由来及其立法瑕疵",《法制史研究》第16期,2009年,第195~243页;〔日〕山本英史:"光棍例の成立とその背景—清初における秩序形成の一过程",载山本英史:《中国近世の规范と秩序》,研文出版2014年版(中文版还见〔日〕山本英史:"光棍律的成立及其背景——清初秩序形成的过程",熊绍惟译,载周东平、朱腾主编:《法律史译评》2014年卷,中国政法大学出版社2015年版);李典蓉:"棍徒、奴仆与流氓——对清前期旗下人与光棍例发展的推想",《法制史研究》第26期,2015年。

乏,导致研究张力与深度的欠缺。

第三节 方法、材料、结构

鉴于目前学术界对盗律这一传统律典之中尤其重要的部分之研究仍存较大空间,本著期望"站在前人的臂膀之上"往前跨越一小步,希图在研究内容、方法、视角、材料等方面均能有所推进。

本著拟题为《治盗之道:清代盗律的古今之辨》。副标题所言之"清代盗律"是研究对象,因而从史学角度对盗律的考证、叙说自然是本著论述的起点——这也是法律史研究的基础。不过,正如学者言,法学院的法律史学研究"应当侧重从法的角度入手,而发掘史料、考证史实则应最大限度地借助史学界的研究成果。只有这样,才能使法律史学研究摆脱困境,走向繁荣"①。故本著正标题为"治盗之道":在对清代治盗之具——盗律——史学叙事基础之上以法学视角对"道"的阐释,方是本著之鹄的。

当然,对于这样的研究倾向,亦有学者不以为然:"这些年法律史研究的学术实践证明,那些标榜'法学化'(或'法理化')的研究成果,多如肥皂泡一样稍闪即逝;而那些试图与其他法学学科进行对话的法律史著述,也往往因对部门法学理掌握不够而遭受冷遇。"于是这位学者主张,当前的法律史研究应当朝史学化而非法学化的方向走。笔者也并不反对这位学者的基本判断——目前法史学界"史学基础还比较薄弱,史料发掘不够,史实考证不够,众多研究者的史学训练不够"。②但笔者同时认为,作为法学学科的法律史学,史学当然是基础,其重要性不言而喻,然基础毕竟只是基础,在这一基础之上的法学阐释、升华才是这一学科存在的价值和意义所在。刘知几有著名的"史才三长论",张舜徽先生对此解释说:

> 一个人在学术上取得的成就,必具备才、学、识三者,缺一不可。这三者之中,认真比较起来,以识为最重要。大抵古今中外,凡是在学术上有特殊贡献的人,都是由于他的识比别人高。识高,便能有所发现,有所发明。能从复杂学理中抽出大的条例来,替学术界开创门路。或

---

① 苏亦工:"法律史学研究方法问题商榷",《北方工业大学学报》1997年第4期。
② 胡永恒:"法律史研究的方向:法学化还是史学化",《历史研究》2013年第1期。

者替某一专业作出总结,把研究工作向前推进一大步。①

　　法律史研究中的法学阐释、升华,就不啻"识"的体现。我们大可不必因噎废食,只因目前做得不够好便不再去做。因是之故,简单铺陈罗列已为陈迹之制度的"汉学"爬梳,既非法学院出身的笔者所擅长,也非笔者志向所在。本著将较大程度借助"史"的成果,在此基础上突出"法"的特色,或言发挥"宋学"的义理之学,依凭法学的规范分析方法,参考来自西方的现代法学理论工具,同时又力求跳脱这些理论框架之所限,发掘独属于传统中国固有法制的逻辑、体系与价值。

　　更进一步,钱穆先生曾言,"治国史之第一任务,在能于国家民族之内部自身,求得其独特精神之所在"②,"以中国人的眼光,来发现中国史自身内在之精神"③。此"精神"何处寻?冯友兰先生言:"我们不能离开历史上的一件事情或制度的环境,而去抽象地批评其事情或制度的好坏。有许多事情或制度,若只就其本身看似乎是不合理的。但若把它与它的环境连合起来看,则就知其所以如此,是不无理由的了。"④从冯先生此论的特殊"环境"出发,即或可观照出此独特"精神"。既然是独特的精神、特殊的环境,则古今中西的比较不可或缺,故本著副标题强调"古今之辨",而由于现今我国之整个法律体系舶自欧西,所以法律中的"古今"之别也基本就是"中西"之差。佛家有偈:"一月普现一切水,一切水月一月摄。"⑤本著在古今中西互为参照的视野下研究清代盗律,正为挖掘传统时代独特的治盗之方,并由此揭示整个传统法律体系与逻辑背后的思想、文化之源,亦即传统治道的精神与命脉所在——本著正标题之所谓"道"。

　　研究内容与方法确定之后,是研究材料的选撷。本著是对清代律例的研究,故各版本《大清律例》文本、各类官修政书、律学作品将是最基础的文献。有清一代,"凡五刑之属三千著于律,律不尽者著于例,……有例则置其律,例有新者,则置其故者"⑥。律大多承袭自前代,例方是清人之主要创作,所以本著将兼顾律与例,在展现由清律所代表的传统时代律典之整体风貌的基础之上,突出清代的发展、变化及其特殊性。

---

① 张舜徽:《讱庵学术讲论集》,华中师范大学出版社2008年版,第99页。
② 钱穆:《国史大纲》(上),商务印书馆1996年版,"引论"第11页。
③ 钱穆:《中国历史研究法》,九州出版社2012年版,第141页。
④ 冯友兰:《三松堂自序》,人民出版社2008年版,第206页。
⑤ 弘学:《永嘉玄觉禅师〈证道歌〉讲析》,巴蜀书社2006年版,第19页。
⑥ 《钦定大清会典》卷54,光绪乙亥刻本。

导 论

  在对纸上之律例文本的研读之外，也不能忘记瞿同祖先生的著名论断："条文的规定是一回事，法律的实施又是一回事。……社会现实与法律条文之间，往往存在着一定的差距。"①钱穆先生也说过："研究制度，不该专从制度本身看，而该会通著与此制度相关之一切史实来研究，……单研究制度本身而不贯通之于当时之史事，便看不出该项制度在当时之实际影响。"②对制度的静态分析之外，制度的运行实态也即司法实践亦是本研究的重要部分。为此，本著将使用大量的实践材料，除了常见的《刑案汇览》《驳案汇编》等已经点校出版的案例汇编，还有藏于中国第一历史档案馆的内阁各科题本、朱批奏折，藏于台湾"中央研究院"的"明清内阁大库档案"，藏于台北"故宫博物院"的"清代宫中档奏折及军机处档折件"，等等。这些卷帙浩繁的第一手材料，未经案例集编纂者之筛选加工，因而相较后者拥有更丰富的内容，也能更加全面、立体、生动地展现其时法律活动之实态。

  近十多年来，由于受到西方学者的影响，对司法档案的研究遽然中国法律史领域的一大"显学"。在各地档案馆陆续开放、大量原始档案被点校出版的同时，相关专著、论文更是如雨后春笋般陆续问世。③ 本著亦难以免俗，将借重于这类材料。应当说，对司法档案的利用，极大地丰富了研究的材料、拓展了研究的视野。陈寅恪先生有名言："一时代之学术，必有其新材料与新问题。取用此材料，以研求问题，则为此时代学术之新潮流。"④司法档案的研究即不啻当今法史学界由"新材料"而展现之"新问题"并引领之"新潮流"。⑤

  不过，也不能否认，现有的相关研究，无论中外学者，均存在一些问题。如有学者已指出，其时常"以偏概全"，出现"碎片化""只见树木不见森林"的现象。⑥ 这类研究的通常模式，乃大量阅读某一地或几地某一时段的档案之后，发掘、总结出问题意识并展开讨论，亦即问题意识直接从档案中来。

---

 ① 瞿同祖：《中国法律与中国社会》，中华书局2003年版，"导论"第2页。
 ② 钱穆：《中国历史研究法》，九州出版社2012年版，第29页。
 ③ 相关研究综述，可参见吴佩林等：《清代地方档案的保存、整理与研究》，中国社会科学出版社2023年版。
 ④ 陈寅恪："敦煌劫余录序"，载陈寅恪：《陈寅恪先生全集》（下），里仁书局1979年版，第1377页。
 ⑤ 对这一潮流价值的评析，可参见尤陈俊："'新法律史'如何可能——美国的中国法律史研究新动向及其启示"，《开放时代》2008年第6期；尤陈俊："批评与正名：司法档案之于中国法律史研究的学术价值"，《四川大学学报（哲学社会科学版）》2020年第1期。
 ⑥ 吴佩林："近三十年来国内对清代州县诉讼档案的整理与研究"，《北大法律评论》第12卷第1辑，2011年；尤陈俊："司法档案研究不能以偏概全"，《中国社会科学报》2015年1月19日第B02版。

这种问题意识的产生方式值得提倡，因为法律史是法学与史学的交叉学科，不同于法理学之类可以纯粹依靠抽象思辨、逻辑推理便能作出研究的学科，需要"一分史料说一分话"，故而问题意识也最好能直接从史料中得来。但是，或许是因为仅仅某一地的司法档案即常常汗牛充栋，即便仅阅读其中某一时段、某种类型的案例也是一项巨大而费时的工程；加之这类研究模式的"始作俑者"——西方学者的汉语水平又通常值得怀疑，①故时常阅读了某一地、某一时段的档案之后，便迷失在史料的"汪洋大海"之中，无暇顾及其他史料。而国内追逐这种研究方式的学者，又大多较为年轻，常对史料的把握有限、对中华文化的理解欠缺，故亦常走入西方学者的误区而不自知，笔者自己亦列于其中。

研究材料的单一，导致研究视角的狭窄，难以产生新的问题意识，只能对前人之旧话题一再咀嚼。有学者也已发现，目前这类研究出现了"同质化"的现象，"往往予人以颇为相似之感"。② 事实上，史料单一，视野即必定单一，所以这类研究也并未能真正做到"问题意识直接从档案中来"，而退变成为一种"理论先行+材料填充"的固定模式，有学者将其称之为"倒着写"。③ 而所谓"理论先行"，实则言必谈黄宗智，论必推滋贺秀三、寺田浩明，堆砌、分析档案只为帮助外国学者一遍又一遍印证他们早已提出的几个命题正确或者不正确，似乎除了美日学者谈论过的便无其他话题，完全遗忘了自己作为中国人、从小在这片土地上耳濡目染中国文化的必然优势。更有甚者，不少非档案研究的作品竟然也绕不开这些话题。当然，笔者在此处谈及此事，亦是入了"言必谈"的窠臼。前人已论及甚至论述颇多的话题，并非后来者不能再论，只是在我们这样一个历史悠久、广土众民的文化大国，数千年之法律史，实在有太多更值得深入研究的内容，似乎没必要局限在少数外国学者早已提出的几个问题上并耗费如此巨大之精力。

外国学者因汉语水平及对中华文化的理解多较有限，故易于抓住一些看来新奇，实质上微不足道的话题穷追不舍、无限放大甚至曲解附会，并进

---

① 有学者即发现，"此前在中国红得发紫的某美国汉学家，在阅读中文文献上不无困难，甚至需要借助翻译"。参见陈新宇：《寻找法律史上的失踪者》，广西师范大学出版社2015年版，第90~91页。
② 尤陈俊："司法档案研究不能以偏概全"，《中国社会科学报》2015年1月19日第B02版。
③ 侯欣一："中国法律史研究的材料与方法——读吴佩林《清代县域民事纠纷与法律秩序考察》"，《社会科学研究》2014年第6期。

而常能轻易归纳出一些似是而非的概念、理论。① 无奈这些新奇的概念、理论因易于吸引眼球而能迅速时髦、广受追捧,让包括笔者在内的国内年轻学子们愈加肝脑涂地、欲罢不能。余英时先生尝告诫:

> 中国知识界似乎还没有完全摆脱殖民地的心态,一切以西方的观念为最后依据。……只要西方思想界稍有风吹草动,便有一批中国知识分子兴风作浪一番,而且立即用之于中国书的解读上面,这不是中西会通,而是随着外国调子起舞,像被牵着线的傀儡一样,青年朋友们如果不幸而入此魔道,则从此便断送了自己的学问前途。②

吾辈当深省也!对档案的研究本是为了拓展视野,现在却反过来限制了我们的视野。西哲哈贝马斯尝言:"我们的理念越不具原创性,这些理念就越会被束缚于它们产生的语境。"③此说不虚。《荀子·天论》曰:"万物为道一偏,一物为万物一偏,愚者为一物一偏,而自以为知道,无知也。"张舜徽先生解说道:"凡是囿于一隅、蔽于一偏的人,不能见事物之全。……所见既很狭隘,便只能在很小的范围内发挥自己的能力献出其专长。至于通才则不然,由于它了解的东西多,掌握住事物发生、发展、变化的规律,能够兼揽并顾,驾驭一切。"④严耕望先生将这一原理运用于治史,强调在"专精"之外还得讲求"博通":正史之类"基本材料书"须从头到尾、从第一个字看到最后一个字,"正史以外的基本书籍也要如此看,至于研究中古史,更要尽可能把所有关涉这个时期的史料书全部从头到尾地看一遍"。⑤ 姜亮夫先生亦指出,"不博不能专",一切文科学人都得通小学,而通小学则必然得好好读一读《说文》《尔雅》及重要的经典诸子和四史的全部或大部分。⑥

---

① 相关学术批评,可参见苏亦工:"清代'情理'听讼的文化意蕴——兼评滋贺秀三的中西诉讼观",《法商研究》2019 年第 3 期;王志强:"'非规则型法':贡献、反思与追问",《华东政法大学学报》2018 年第 2 期;徐忠明:"清代民事审判与'第三领域'及其他",载韩延龙主编:《法律史论集》,法律出版社 2001 年版;林端:"中西法律文化的对比——韦伯与滋贺秀三的比较",《法制与社会发展》2004 年第 6 期;林端:"中国传统法律文化:'卡迪审判'或'第三领域'?——韦伯与黄宗智的比较",载《中西法律传统》第 6 卷,2008 年;汪雄涛:"迈向生活的法律史",《中外法学》2014 年第 2 期;茆巍:"1768 年叫魂案再审视与解读",《中国社会科学》2023 年第 6 期。
② 余英时:《现代儒学的回顾与展望》,生活·读书·新知三联书店 2012 年版,第 419 页。
③ Jürgen Habermas, *Between Naturalism and Religion*, Polity, 2008, p. 12.
④ 参见张舜徽:《𬗩庵学术讲论集》,华中师范大学出版社 2008 年版,第 1、8~11 页。
⑤ 严耕望:《治史三书》,上海人民出版社 2008 年版,第 17~18 页。
⑥ 参见姜亮夫:"根底之学与博与专的道路",载傅杰编:《姜亮夫论学集》,商务印书馆 2020 年版,第 223~228 页。

导　论

　　禅家有偈:"心迷法华转,心悟转法华。"①笔者曾一度深陷于纯粹档案研究的困境之中,反思之后深感想要真正走出来,恐怕只能如几位先生所论,注重治学之博通,在问题意识的发掘与深化过程中,综合运用包括司法档案在内的各类史料,既充分承认、发挥司法档案的积极作用,又避免走偏,陷入其中而无法自拔以致过度放大、神化其价值。王国维先生说:"诗人对宇宙人生,须入乎其内,又须出乎其外。入乎其内,故能写之;出乎其外,故能观之。"②只有在对各类史料有博通把握的基础之上,才能对这个国家的悠远历史与博大文化有较为全面的理解,才能既"入乎其内"又"出乎其外",挖掘出这个国家、社会、民族的真问题,并作出深入、专精、有针对性的研究,否则只能粗浅地看到材料的表层文义,甚或望文生义。此所谓"先立乎其大者,则其小者不能夺也"(《孟子·告子上》)。本著在材料选取以及问题意识的发掘与深化工作中,即会做如此努力,"虽不能至,然心向往之"③。

　　汪荣祖先生道,"凡秉笔为史者,必决去取,分主次,定烦省,使叙事详而不杂,简而不阙",此乃"铨配之道"。④本著试图发掘并构建出独属于以《大清律例》为代表的传统律典盗律的理论体系,因而是对清代盗律的整体性研究。一方面,为避免成为对单独个律、个例研究的简单集合,各章节内容均是涵盖整个盗律而言;另一方面,为避免流于教科书式的制度罗列,本著将不求面面俱到地描述盗律项下的所有内容,而是选择其中笔者认为至为重要、尤能展现传统法制特色与智慧——所谓"道"——且前辈学者未及探讨或探讨不足的数个主题,每章论及其一,并通过这些主题勾勒清代盗律之全貌。

　　本著除了首、尾之导论、结论部分,正文分为上、下两篇。上篇为"盗之主体与对象",下篇为"盗之行为与后果",各含六章之内容。

　　导论部分,首节依次梳理"盗"之概念、盗律(法)历史流变、清代盗律体系,由此澄清"盗"在传统律典中的丰富内涵,修正过去学者将"盗"简单等同于"财产犯罪"的观念。次节述评学术界既往之相关研究成果,末节介绍笔者在总结前人得失之基础上,如何选撷、构架本著的研究方法、基础史料与篇章布局。

　　上篇第一章为"盗之主观恶性:律贵诛心"。现代刑法学强调判断犯罪

---

① 〔唐〕慧能:《坛经校释》,郭鹏校释,中华书局2012年版,第104页。
② 王国维:《人间词话》,载王国维:《王国维文学论著三种》,商务印书馆2010年版,第35页。
③ 《史记》卷47《孔子世家》。
④ 〔美〕汪荣祖:《史传通说——中西史学之比较》,中华书局2003年版,第186页。

33

采"先客观后主观"的顺序,清代盗律亦大致如此,罪责及刑罚的有无及大小,首先由行为造成的客观侵害的有无及大小决定,再根据行为人主观恶性的有无及大小最终确定。只是相较而言,清律更加重视主观恶性因素,良善动机之下行盗可成为免除刑罚的条件,缺乏"期待可能性"是阻却或减轻罪责的理由,而主观恶性较大者则是重点打击、加重处罚的对象。"律贵诛心",盗律条文及实践对主观恶性的关注,是为了从根本上止盗、禁盗,做到"虽赏之不窃"。

第二章"家人共盗:儒家的'连坐'",介绍律典对盗主体为一家人时的特殊处理方式,以此回应费孝通、瞿同祖、蔡枢衡诸位先生在描述中国传统社会权力结构中"父家长权"时出现的分歧。律典对普通共同犯罪的一般处理原则乃"以造意为首;随从者,减一等",但若共犯者为一家人,则"不论造意,独坐尊长,卑幼无罪",且强窃盗及其窝家之同居父兄、伯叔与弟,若分赃或仅"不能禁约子弟为盗",即均将面临刑罚。从这一规则可以看到,传统社会在赋予父家长强大"权力"的同时,亦在道德和法律上要求他们承担"养不教,父之过"的"连坐"责任——"儒家的'连坐'",故而这种"父家长权"并非"绝对强大的""不民主的横暴权力"。

第三章"盗贼窝主:狡兔之窟",探讨"盗贼窝主"这类明清律典中的特殊盗主体——"召集亡命,纠合匪人,以隐藏在家,纵使为盗,得赃同分者",将其与唐宋及当代的相关概念、实践进行比较,指出明清将其从普通共盗人中分立出来、单独成律并特重其罪的原因——窝主被认为是盗贼的"根源"。在盗贼窝主律文中,以主观情状上的造意、共谋为纲领,以客观行为上的是否同行、是否分赃为条目,规定对窝主之处罚规则;在例文中,又进一步区分盗贼窝主的身份、窝盗行为发生的地域、窝留盗贼的种类等,细化相关处理规则。这一立法体现出传统律典"射人先射马,擒贼先擒王"的法律智慧。

第四章"盗官物:财产何必神圣",解析律例对盗之对象为官物者的处理规则,澄清当代关于"国家财产神圣不可侵犯"的声称并非来自我国传统时代,传统时代"溥天之下,莫非王土"的说法并非一种法律上所有权的宣誓。传统时代的"官物",可在部分程度上与当代之"国家财产"相类比,当代对国家财产的保护不同于对私人财产,清代亦对侵犯官物与私物的行为处以不同的刑罚。清代从整体而言,体现出与当代类似的"律重官物"与"严监守宽常人"两大原则,但由于"杂犯"等规则的掺入,使得上述两大原则时常发生动摇,也使得清代之律例在一定程度上不同于当代——"官物"并不如"国家财产"那般"神圣"。

第五章为"盗毁神物:神明崇拜、伦常秩序与宗教自由"。如同古今中外法律及实践的惯例,清律对"神物"有着超乎对普通物品的特殊保护,并主要体现在盗大祀神御物、毁大祀丘坛等律例之中。但是,这些规则因受周孔以降人文精神的影响,对神明由盲目崇拜转向实则对伦常秩序的关注,敬神而不佞神。宗教在我国传统时代通常能享有一种"消极的"自由,而欧西因历史上宗教颇不自由,故作为回应,近代以后逐渐形成一种相对"积极的"宗教自由制度。我国有关神物的规则在近代转型的过程中,继受了欧西的这类体现"积极的"的宗教自由的规则,而放弃了传统的模式。这类规则对我国而言可能并非较好的选择。

第六章为"盗与宰杀马牛:足食足兵与不忍之心"。马牛等畜产是国家足食与足兵的保障,历代律典均严禁对其的盗及杀伤等伤害行为。清律盗马牛畜产者并计赃值以窃盗或常人盗论,其单独成律之因在于同时受到唐宋与元两端的影响。宰杀马牛律禁止宰杀的畜产包括他人所有的与自己所有的,立法的着眼点在"所有权"之外。盗与宰杀马牛等畜产的行为对象一致,但古今各时期对二者的处罚轻重不等,此缘于不同时期对两种行为之罪恶程度、一般预防必要性等多重因素的不同考量。以"足食足兵"为目标,传统时代对马牛等畜产的保护在表面上是对牲畜的"不忍之心",实则体现出对人自己的"不忍"。

下篇第七章为"盗行为之阶段论:罪行与绞架"。"罪行越大,绞架越高"是中西古今均奉行的刑罚原则,故来自西方的现代刑法典、刑法学中有犯罪特殊形态、结果加重犯等概念、理论,而清代盗律中也有关于"已行""未成""已成"以及"已成"之后事主失足身死、窘迫自尽等行为阶段的划分,只是古今之具体的规则有所不同。本章在古今异同比较的基础上,展现清代盗律所涉及的盗行为各个阶段的全貌及特色。

第八章"盗之时空因素:昼与夜、家与野的意蕴",揭示盗律中为何常出现一些关于时间、空间的词汇,如"白昼""夜""人家""田野""山野"等。在传统文化及法律思维中,这些时间、空间因素被认为关系盗行为的恶劣程度——行为人主观恶性的大小以及盗行为对被害人、社会公众产生的身心损害程度等,故而成为决定该盗行为具体适用之律例以及关系刑罚轻重的重要因素。"白昼"是区别抢夺与窃盗二行为的标志,也是加重对相应盗行为(主要是抢夺)刑罚的时间因素;在"夜"或"家"发生的盗行为(主要是窃盗),也会被加重刑罚,而若"夜"与"家"二因素同时具备,则无须行为人主观上具备具体的"盗"之目的,即将对其施以刑罚;与加重刑罚的时空因素相对应,"田野"或"山野"是减轻对相应盗行为(主要是窃盗)刑罚的空间因素。

第九章"特定地区之盗：因地（人）制宜"，关于盗律中涉及的在特定地区发生的盗行为的特别处理规则，指出这类规则的三个特点——处罚加重、规则复杂、轻重失衡，并将之与我国当代类似立法模式进行贯通比较，发现其中古今一致的立法缘由及弊端："在幅员辽阔、民族众多的大国内，各地自然和人文地理状况各异，情况千差万别，统一的全国性立法往往不能有针对性地切实解决各地方的具体问题。"但是，此类规则不可避免地日益复杂并由此而导致法律失衡、参差，甚至产生了破坏国家法制统一、违背"法律面前人人平等"原则之虞。

第十章为"从洋盗例到海盗罪：固有与外来规则的互动交融"。我国历史上有治理发生在海上之盗贼的丰富经验，并集中体现在清律的诸条洋盗例中。清律洋盗例文及实践体现出至重、详密的特色，"江洋大盗"立斩枭示，非"大盗"者则分"得财"与"未得财"，未得财者再分首、从犯与伤人、未伤人，得财者分"法所难宥"与"情有可原"，情有可原又分实行上盗与未上盗等不同情况，分别议处，还对未直接参与洋盗但与之相关的接济、销赃等犯定专门罚则，并通常动用水师兵甲而非普通的缉盗差役抓捕洋盗。在法制近代化以后的历部"全盘西化"的刑事规范文件及相关草案中，这些固有规则被难得地在不同程度上保留了下来，并与外来规则互动融合为新的规则，直至今天仍在我国台湾地区适用。目前我国大陆地区的刑法中没有专门的海盗罪，从历史经验和现实条件来看，解决海盗问题的最佳方案并非增设新罪名，而是将其作为酌定从重情节，并在程序方面保障抓获、惩治海盗的成功率。

第十一章"盗贼自首：逻辑之外的'理'"，问题意识由梁漱溟、牟宗三二位先生对中西文化中"理性""理智""逻辑"等名词的辨析展开，阐释自首这一传统律典中的特有制度。当代东亚各国家和地区的刑事自首制度均来自我国古代，但因经过了法制现代化的洗礼，又与我国古代有较大差别。以清律为代表的我国古代法典，对自首之盗贼采取较当代各国更为宽容的处理方式。在自首后果上，大幅度减免刑罚；在自首主体方面，"遣人代首"及"亲属首告"均等同于犯罪人本人自首；在自首的对象处，除官府外，亦可于事主处"首服"；此外，明列一些"不准首"的项目。从表面上看，这一制度的具体规则似乎常常不符合形式逻辑，但在实质上，它却契合生活在这片土地上的中国人心中的情理、伦理，体现出一种超越逻辑并高于逻辑的独特法律理性。

第十二章为"盗律刑罚根据：儒与法之间"。来自西方的现代刑法学有关刑罚根据的理论主要有报应刑论、预防刑论与并合主义三种，对我国传统时代法制影响最为深刻的儒法两家也对相关问题有所探讨,并均可被基本归入"并合主义"。但对于预防犯罪的手段,法家强调刑罚的威慑作用而儒家更看重教育矫正的一面,且法家认为预防犯罪仅靠刑罚一端足矣,而儒家则倡兼采礼、乐、刑、政之综合效用。儒法两家共同形塑了我国数千年法制的发展脉络,由清代盗律罚则展现的传统刑罚根据论亦在儒法各异的理念之间激荡、徘徊、演进。

本著结论部分总结并提炼正文各章节之主要内容与核心意旨。首先,肯定清代盗律及其实践中践行"王者之政,莫急于盗贼"的法律智慧,同时亦指出刑罚愈加严苛之后产生的弊病。其次,由盗律呈现出的鲜明伦理性特征,探讨固有法制"礼之所去,刑之所取"倾向的重大价值。最后,梳理盗律自清末迄今日之流变,重估利弊得失,提出当代中国再造传统、从学步欧西走向自主自立的设想与展望。

唐太宗言:"夫以铜为镜,可以正衣冠;以古为镜,可以知兴替;以人为镜,可以明得失。"①此遂成千古名句,并常被引以代言治史者之大业。本著之务,从大处讲,亦在于此。当然,太史公尝提醒:"居今之世,志古之道,所以自镜也,未必尽同。"②汪荣祖先生说:"志古所以自镜,非必返古。"③伴随近代以降法制的坍塌、重构以及社会经济文化的巨大变迁,传统律典中包括盗律在内的大多数具体规则已难以且并无必要直接嫁接于当代,当代社会所面临的诸多问题,传统法制之中也未必都有对应的、具体的解决方案。但是,隐藏在这些具体规则背后的更高及更深层次的法律思想、文化、价值等,却仍然深值吾辈"以史为鉴"。吕思勉先生说:

> 历史虽是记事之书,我们之所探求,则为理而非事。理是概括众事的,事则只是一事。天下事既没有两件真正相同的,执应付此事的方法,以应付彼事,自然要失败。根据于包含众事之理,以应付事实,就不止于此了。然而理是因事而见得,舍事而求理,无有是处。所以我们求学,不能不顾事实,又不该死记事实。④

"以史为鉴"之谓,志古而非返古、泥古,今之制度不必尽同于古。但是,朱子云:"问渠那得清如许,为有源头活水来。"法律的生命不是对未来的洞察而

---

① 《旧唐书》卷71《魏徵列传》。
② 《史记》卷18《高祖功臣侯者年表》。
③ 〔美〕汪荣祖:《史传通说——中西史学之比较》,中华书局2003年版,第73页。
④ 吕思勉:《吕思勉讲中国文化》,九州出版社2009年版,第4页。

是对过去的看法,①真正精神的力量"必发自他自己的历史文化,必在自己的历史文化中得到自尊自信与荣誉"②。贺麟先生说得鞭辟入里:"在思想和文化的范围里,现代决不可与古代脱节。任何一个现代的新思想,如果与过去的文化完全没有关系,便有如无源之水、无本之木,绝不能源远流长、根深蒂固。"③

"述往事,思来者"④,吾国家之劫后涅槃仍任重道远,吾民族之精神命脉必得延续、发扬,此亦梁漱溟先生所倡之"认识老中国,建设新中国"⑤。老子言:"道可道,非常道。"(《道德经·一章》)王荆公诗云:"意态由来画不成","丹青难写是精神"。⑥ 然今之秉笔者,能不以此为志乎?

---

① 参见〔美〕戴维·鲁本:《法律现代主义》,苏亦工译,中国政法大学出版社2004年版,第262页。
② 徐复观:《儒家思想与现代社会》,九州出版社2014年版,第180页。
③ 贺麟:《文化与人生》,上海人民出版社2011年版,第11页。
④ 〔汉〕司马迁:"报任安书",载〔清〕吴楚材、〔清〕吴调侯选:《古文观止》(上),中华书局1959年版,第226页。
⑤ 梁漱溟:《中国文化要义》,上海人民出版社2011年版,第6页。
⑥ 〔宋〕王安石:《临川先生文集》,中华书局1959年版,第112、294页。

上篇 盗之主体与对象

第一章　盗之主观恶性:律贵诛心

> 志邪者不待成,首恶者罪特重,本直者其论轻。
> ——[汉]董仲舒《春秋繁露·精华》
>
> 苟不知教,而迫于饥寒,虽刑杀日施,其能胜亿兆利欲之心乎?
> ——[宋]程颐《程氏易传》

引论　"无穷者情伪也"

在古今中外的刑事法制及实践中,均会将犯罪人的"主观恶性"(或称"主观恶意")作为定罪量刑的考量因素:一般而言,主观恶性愈大则罪责愈大,反之则愈小——尽管其在各项因素中的所占比重会因时、因地而异。① 在我国当下的刑法学"通说"(受苏联影响)中,犯罪构成四要件之一为"犯罪主观方面"——犯罪主体对自己行为及其危害社会的结果所抱的心理态度,② 犯罪人的主观恶性即归属于这一要件。对四要件学说的改良或批评观点(受德、日影响)亦在"犯罪构成主观要件"或"责任"部分讨论主观恶性问题,只是强调判断犯罪时应当遵循"先客观后主观"的顺序。③

众所周知,我国传统时代并未有如今这样来自西方的严密、系统的学说体系,但其实早在西汉,董仲舒便有"春秋之听狱也,必本其事而原其志"的

---

① 主观恶性理论在西方的历史发展过程,可参见陈兴良:"主观恶性论",《中国社会科学》1992年第2期;陈兴良:《刑法哲学(第五版)》,中国人民大学出版社2015年版,第27~34页。
② 参见高铭暄、马克昌主编:《刑法学(第十版)》,北京大学出版社、高等教育出版社2022年版,第100~102页。
③ 参见黎宏:《刑法学总论(第二版)》,法律出版社2016年版,第66~67页;周光权:《刑法总论(第四版)》,中国人民大学出版社2021年版,第185页;张明楷:《刑法学(第六版)》(上),法律出版社2021年版,第135页。

说法。①"本其事",即详查犯行的客观事实;"原其志",即推究行为人的主观犯意。② 有学者指出:"在传统上,在文化上,我们更习惯于'动机论'的'原情',而不是'效果论(行为论)'的比迹;互参的'原情比迹',固然绝好,但难于做到。这是思维习惯,是文化的规定性。"③这一对传统文化之下思维习惯的一般性概括十分精到,但笔者在对清代盗律的考察中发现,无论立法抑或司法,实际已经很大程度做到了所谓"互参的'原情比迹'",④在判断犯罪时有类似于现代刑法学的"先客观后主观"顺序:罪责及刑罚的有无及大小首先由行为造成的客观侵害(或可能侵害)的有无及大小决定,再根据行为人主观恶性的有无及大小最终确定。举例而言,窃盗者赃数愈多处罚愈重(269-00):

表 1-1

不得财	笞五十
一两以下	杖六十
一两以上,至一十两	杖七十
二十两	杖八十
三十两	杖九十
四十两	杖一百
五十两	杖六十、徒一年
六十两	杖七十、徒一年半
七十两	杖八十、徒二年
八十两	杖九十、徒二年半
九十两	杖一百、徒三年
一百两	杖一百、流二千里
一百一十两	杖一百、流二千五百里
一百二十两	杖一百、流三千里
一百二十两以上	绞(监候)

再如,发冢者对坟冢的发掘(破坏)程度越深,刑罚越重(276-00):

---

① [清]苏舆:《春秋繁露义证》,钟哲点校,中华书局1992年版,第92页。
② 参见黄源盛:《中国法史导论》,广西师范大学出版社2014年版,第210页。
③ 霍存福:"叙事诛意·略迹原心",《法律文化论丛》第6辑,2016年。
④ 至于有刑法学者认为,春秋决狱"只以行为人的主观思想作为定罪的依据,而不是以其行为的社会危害性为依据","是明显的主观归罪",则可能并未对法律史有细致考论。参见陈兴良:《刑法哲学(第五版)》,中国人民大学出版社2015年版,第347页。

表 1-2

发掘程度	刑罚
发而未至棺椁	杖一百、徒三年
见棺椁	杖一百、流三千里
已开棺椁见尸	绞（监候）

对于大多数的案件，在进行完毕对客观侵害（或可能侵害）的判断之后，即可径按上表或其他律例的规则量刑。但是，"无穷者情伪也"①，同样的客观侵害或可能侵害对应着行为人不同的主观目的与动机，而不同的主观目的与动机背后是行为人不同程度的主观恶性。古今刑事立法、司法过程中均会在客观判断之后进一步考量行为人的主观恶性以最终确定刑罚，只是大致而论，古较今更加重视这一因素。有西方学者研究杀人罪时也发现，传统中国的法律"对于心理因素的处理，比西方古今的法律都要复杂得多"，将犯罪意图依照主观目的的严重程度排列成"精细的层级谱系"。② 此即本章副标题所谓"律贵诛心"。③

目前学界对传统法制中的主观恶性问题已有一定考论，④且围绕春秋决狱中的"原心定罪"问题有较多、较深入的探讨与争论。⑤ 本章关注目前学界涉足尚不多的清代盗律中的主观恶性问题，⑥并尝试以此为切入口部分回应这些争论。笔者认为，对这一问题的探究有必要在兼顾清代相关律例条文与实践两个层面的同时，将其置于古今贯通比较的视野之下，以进一步彰显传统法律文化的某些特异色彩，如对这一话题颇有建树的黄源盛教授所言，"历史不只是案牍上的贡品，它有时也会启发我们融通新旧的视野"⑦。

---

① 语出"御制大清律例序"，载《大清律例》，田涛、郑秦点校，法律出版社 1999 年版，第 5 页。
② 〔美〕胡宗绮：《意欲何为：清代以来刑事法律中的意图谱系》，景风华译，广西师范大学出版社 2020 年版，第 8 页。
③ "律贵诛心"一语常出现在律学家对清律的评注中，如 [清] 沈之奇：《大清律辑注》（下），怀效锋、李俊点校，法律出版社 2000 年版，第 576 页。
④ 值得关注的研究，如霍存福："赦事诛意·略迹原心"，《法律文化论丛》第 6 辑，2016 年；姜晓敏："察人辨恶——中国古代定罪量刑时对行为人主观恶性的考量"，《法律文化研究》第 6 辑，2011 年；姜晓敏："中国古代刑事法律对行为人主观恶性的关注"，（韩国）《中国史研究》第 57 辑，2008 年。
⑤ 对这一问题的研究综述，可参见黄源盛：《汉唐法制与儒家传统》，广西师范大学出版社 2020 年版，第 149~151 页；朱腾："再论两汉经义折狱——以儒家经典与律令的关系为中心"，《清华法学》2011 年第 5 期。
⑥ 专门对传统盗律主观恶性问题的探讨，笔者仅见孙向阳博士有所涉及，参见孙向阳：《中国古代盗罪研究》，中国政法大学出版社 2013 年版，第 163、177~182 页。
⑦ 黄源盛：《汉唐法制与儒家传统》，广西师范大学出版社 2020 年版，第 152 页。

第一节 "窃书不能算偷":良善动机与刑罚

鲁迅先生笔下的孔乙己有名言:"窃书不能算偷……窃书!……读书人的事,能算偷么?"[①]这虽然是近代文学家对传统读书人的讽刺之语,但也确实道出了传统中国法律文化中的某些特质。与"窃书不能算偷"观念类似,一份据说是嘉庆年间任山东莱州府知府的张船山的"妙判"载有"窃花为雅罪"的说法:掖县有一花圃"所产名花甚多,其种特异,人不能得,无论桃李寻常之木,若一经培植,其花必有可观,似与寻常者不同",于是引来"窃者愈众",包括本案的行为人——秀才尹季繁。判词首先根据客观事实,明确"逾竹篱而行窃,尹季繁罪戾难逃",但最终却判定"免予答责,姑从宽宥",原因为何?"移玉因偿爱,怜香岂挟邪!"[②]

窃花之由乃爱花、欣赏花,窃书之因是对知识、真理的追寻,而非对花或书本身物质、经济价值的占有。这两则故事虽然有文学虚构或粉饰的成分,但从中都能反映出传统时代中国人尤其读书人对美、对求知向道的提倡与向往,即本节标题所谓"良善动机",而绝无穿窬宵小之卑琐主观恶性。因是之故,以读书人身份进阶的司法官员在面对这些案件时,可以作合理推想,他们不难感同身受而倾向于作出宽宥行为人的决定。那么,立法者为何不直接将这一观念体现在律典之中呢?法理学研究表明,法律作为由国家制定的社会规范,对人们的行为具有较稳定和持续的指引作用。[③]故而如若律典径行规定窃书、窃花不受处罚,则可以预见,可能会指引甚至鼓励人们从事这类行为,从而扰乱正常的社会秩序。

当然,司法判决对人们的行为也具有指引作用。就这一问题而言,一方面,笔者赞同黎宏教授的观点:

> 就刑法学而言,通常是在事件发生之后,进到了法院,站在是不是要"处罚"该被告人的场面上考虑问题。

亦即法律应"从事件发生之后,该如何处理的事后角度来探讨问题",而非

---

① 复旦大学、上海师范大学中文系选编:《鲁迅小说诗歌散文选》,上海人民出版社1973年版,第16页。
② 襟霞阁主编:《清代名吏判牍七种汇编》,老古文化事业股份有限公司2000年版,第201~204页。
③ 参见张文显主编:《法理学(第三版)》,高等教育出版社2007年版,第83~84页。

"从事件发生之前,是不是可以这么做的事前角度来提出赞成或者否定意见"。① 另一方面,司法判决对人们行为的潜在指引作用,除了窃书、窃花,也可能指引人们对知识学问、对美——传统社会及文化所提倡的价值——的热爱、追求。法律作为一种社会规范,具有多重的价值,"如果能够使所有的价值都完全不受任何限制地充分实现,确实是一件再好不过的事情,然而,这是不可能的",因为各种价值之间具有非常复杂甚至是相互冲突的关系。价值冲突不可避免,于是就只能尽量整合各种价值、谋求价值总量最大化,而要实现这一目标,就须法律实施的各个阶段——立法与司法共同协调完成。② 清代在这一问题上的处理方式以及黎宏教授的观点,即均为了做此努力。

假设窃书、窃花的案件发生在当代,可能也不会以犯罪论处。只是清代考虑的是行为人的主观恶性,而当代考虑的则是行为的客观侵害。根据我国现行《刑法》第264条,盗窃行为若无"多次盗窃、入户盗窃、携带凶器盗窃、扒窃"等情节,则需盗窃"数额较大"方能入罪。西谚云:"法律不理会琐细之事。"③来自西方的现代刑法(学)认为,"盗窃一盆花或一个苹果的行为,由于所侵害的利益本身太过微小,不值得刑罚处罚"④。类似的观念在清律之中亦有所表现,《户律·田宅》"擅食田园瓜果"律(099-00):

凡于他人田园,擅食瓜果之类,坐赃论。

所谓"坐赃论",律文小注标明:"计所食之物价,一两以上,笞一十;二两,笞二十;计两加等,罪止杖六十、徒一年。"将这一处罚标准与表格1-1稍加比较可知,清律对擅食瓜果的处罚较窃盗减轻了不少,原因何在?"此条轻在食物上,……以食物之微而原之也",亦即从客观上考虑行为"所侵害的利益本身太过微小"。不过,若是"擅将(挟)去"者,则被认为"已有利己之心,甚于擅食者矣",⑤加二等处罚,故而亦是在判断客观侵害的基础上进一步考虑行为人的主观恶性。

其实,当代法律也会在某些情况之下有类似传统时代从主观恶性角度

---

① 黎宏:《刑法学总论(第二版)》,法律出版社2016年版,第219页。
② 参见张文显主编:《法理学(第三版)》,高等教育出版社2007年版,第301~304页。
③ 张明楷:《刑法格言的展开(第三版)》,北京大学出版社2013年版,第166页。
④ 黎宏:《刑法学总论(第二版)》,法律出版社2016年版,第41~42页。当然,若盗窃之花或书的价值达到或超过《刑法》规定的数额要求,则仍当入罪。
⑤ [清]沈之奇:《大清律辑注》(上),怀效锋、李俊点校,法律出版社2000年版,第244~245页。

考虑"窃书不能算偷"的规则。根据《中华人民共和国著作权法》第22条，"为个人学习、研究或者欣赏，使用他人已经发表的作品"，以及"为学校课堂教学或者科学研究，翻译或者少量复制已经发表的作品，供教学或科研人员使用"，"可以不经著作权人许可，不向其支付报酬"。第23条："为实施九年制义务教育和国家教育规划而编写出版教科书，除作者事先声明不许使用的外，可以不经著作权人许可，在教科书中汇编已经发表的作品片段或者短小的文字作品、音乐作品或者单幅的美术作品、摄影作品。"若行为人之"窃书"行为乃出于"为个人学习、研究或者欣赏""为学校课堂教学或者科学研究"或"为实施九年制义务教育和国家教育规划而编写出版教科书"等良善动机，则亦是"不能算偷"，不会被认定为对著作权的侵犯。

民事领域之外，刑法学者也指出，当目的与动机值得宽恕时，该目的与动机应当成为减少责任刑的情节，例如"为了救济穷人而盗窃贪官财物"。① 对于这类情节，传统文化之中有一个专门的成语——劫富济贫。劫富济贫常是小说、戏剧的演绎对象，为大家喜闻乐道，如我们熟知的《水浒传》"智取生辰纲"的故事以及"鼓上蚤"时迁的传奇，《史记》《汉书》等正史的《游侠列传》或《游侠传》也多有这类轶事传颂。《清稗类钞》记载了一则发生在嘉庆年间的趣闻：川督勒保"颇为黩货"，在调回内阁赴任途中被盗，其中包括他心爱的一块钢表，于是"大怒，严檄地方官勒限破获"。一夜，盗贼忽至勒保榻前，曰："中堂之物，实某取之。中堂所得皆不义财，某代取之，所以为中堂弥罪孽也。中堂乃复穷究，枉及无辜，将更取中堂之首矣。"勒保大惊，翌日"面谕所司，令不复究"。②

但笔者在其他记录正式司法活动的材料里从未见过因劫富济贫这一主观动机而减免罪责的案例，甚而恰好相反，如《清实录》载，一群纠伙抢夺的匪徒声言自己的行为是劫富济贫，但嘉庆帝直接驳回这一辩解。③ 这其中的缘故，除了笔者所见有限、孤陋寡闻，可能因为这类案件的主观动机"劫富济贫"以及所盗对象"不义之财"难以界定，且这一界定实乃决定生杀予夺的司法大权。韩非子有言，"侠以武犯禁"（《韩非子·五蠹》），《史记·游侠列传》开篇即引此论。《汉书·游侠传》说，"百官有司奉法承令，以修所职，失职有诛，侵官有罚"，如此方能"上下相顺，而庶事理焉"。如果承认劫富济贫的合法性，则是将生杀予夺的司法大权拱手让给盗贼，听任其挑战、破坏

---

① 张明楷：《刑法学（第六版）》（上），法律出版社2021年版，第764页。
② [清]徐珂编撰：《清稗类钞》第11册，中华书局1986年版，第6305页。
③ 《大清仁宗睿皇帝实录》卷246，嘉庆十六年七月。

王朝、社会秩序。显然统治者不愿也不会这么做,故而即便有盗贼声称自己是劫富济贫,有着良善的主观动机,也难以被司法者采信和考量。①

与此相关,《清稗类钞》还载有一种专门盗不义之财的盗贼,被称为"赶蛋":"不为盗于齐民家,而为盗盗之盗。其行盗也,必同群盗之出发,或袭其巢,或要于路,出百计以劫盗所劫之财",以图获得"官无律可引,盗无力可制"的效果。② 其实对这种行为并非完全"无律可引",早在明代即有问刑条例云:"探知窃盗人财,而于中途抢去,问抢夺。"入清之后,雍正三年(1725)因"以抢去窃盗人财,问抢夺,是抢夺窃盗之赃,反重于窃盗赃轻之本罪,且与抢夺平人财物无别"③,将原例改为:"探知窃盗人财,而于中途抢去,准窃盗论;系强盗赃,止问不应;若见分而夺,问盗后分赃。"(268-01)该例强调行为人主观上的"探知",其改定之因乃考虑"与抢夺平人财物"之异,亦即认为"盗盗之盗"的主观恶性小于盗"平人",并区分所抢对象为窃盗或强盗赃,对后者处罚轻于前者,"严强盗故宽抢夺""重救护也",④亦是从主观恶性上考量。现代刑法学也涉及这一话题,但其处理方式与此不同,不再考虑主观恶性,而仅从客观上评判是否造成了他人的经济损失,认为"盗窃犯的占有也值得法秩序保护",不论此"他人"为何亦不论此"他人"之占有是否合法,否则"不利于保护财产"。⑤ 古今对"主观"与"客观"不同程度的考量方式,在此再次体现。

第二节 "饥寒起盗心":"期待可能性"与罪责

光绪年间,陕西泾阳县也发生了一件窃花之案:"赵杨氏携子拾花,路过马宽心地内,余桃栖亩,四顾无人,遂令其子偷拾一筐。适遇宽心至止,将其母子捉获,投约送还其夫赵登孝管束,登孝斥骂妻子不应作贼,杨氏羞惭,仰药而死。"和上一节引用的尹氏窃花案类似,时任陕西省职的名吏樊增祥认为杨氏亦"非真窃盗也"。只是本案被如此认定的缘由与尹氏案有所不同:尹氏窃花是在爱花、欣赏花之良善动机下的主动行为,而杨氏"被骂而轻生,

---

① 鲁西奇教授发现,游侠的黄金时代是战国,之后在大一统的王朝秩序之下,他们只能演变为"黑恶势力"。参见鲁西奇:《何草不黄:〈汉书〉断章解义》,广西师范大学出版社2015年版,第276~277页。
② [清]徐珂编撰:《清稗类钞》第11册,中华书局1986年版,第5294页。
③ [清]薛允升:《读例存疑重刊本》第3册,黄静嘉编校,成文出版社1970年版,第629页。
④ 同上书,第629页。
⑤ 张明楷:《刑法学(第六版)》(上),法律出版社2021年版,第1221页。

47

则知其尚有廉耻,知耻而行窃,则知其迫于饥寒","饥寒起盗心,人之常情",①其窃花乃在饥寒逼迫之下的、无可奈何的被动行为,主观动机无所谓善与恶。

法谚有云:"法律不强人所难。"②在古今中外的法律及实践中,均会不同程度地考量"饥寒起盗心"的问题。③ 在发端于西方历史的现代刑法学中,这类问题被归纳为"期待可能性"理论:

> 所谓期待可能性,是指根据具体情况,有可能期待行为人不实施不法行为而实施其他适法行为。期待可能性的理论认为,如果不能期待行为人实施其他适法行为,就不能对其进行法的非难,因而不存在刑法上的责任。期待可能性不仅存在着有无的问题(是否阻却责任),而且还存在程度问题(是否减轻责任)。④

我国现行《刑法》虽无有关期待可能性的一般规定,但部分条文也一定程度体现了这一理论,如第16条:"行为在客观上虽然造成了损害结果,但不是出于故意或者过失,而是由于不能抗拒或者不能预见的原因所引起的,不是犯罪。"⑤学者指出,所谓"由于不能抗拒"即是在描述缺乏期待可能性的情况。"不能抗拒"意味着在当时情况下只能如此、无可避免,"只能如此"表明行为人没有实施其他合法行为的可能性,"无可避免"说明行为人只能实施特定作为或者不可能履行特定义务。⑥ 若用这一理论解读杨氏之案,则"饥寒"是"不能抗拒"的原因,"人之常情"即"不能抗拒""无可避免"。

我国自古重视家庭伦理亲情,故而即便行为人不是为了自己而是为了亲人的缘故行盗,也有"期待可能性"理念的适用空间。道光十三年(1833),孙万资私自夹带人参入关,但"讯系为人医病受谢,意欲带回配药,给亲服食"。次年,吕茂桢亦被发现类似行为,"讯系……给伊父配药医病"。负责审理的山海关都统指出,在客观上,这两人的行为"实属有干例禁",但从主观动机而言,毕竟"尚与贩卖图利者不同",故决定对他们依盗田野谷麦门下的"偷刨人参一两至五两杖七十、徒一年半,私贩减一等治罪

---

① [清]樊增祥:《樊山政书》,那思陆、孙家红点校,中华书局2007年版,第275~276页。
② 张明楷:《刑法格言的展开(第三版)》,北京大学出版社2013年版,第396页。
③ 当代欧洲的相关案例及争论,可参见王杰:"窃食不为偷?",《法治周末》2017年2月28日。
④ 张明楷:《刑法学(第六版)》(上),法律出版社2021年版,第422页。
⑤ 其他体现这一理论的条文及司法解释,参见黎宏:《刑法学总论(第二版)》,法律出版社2016年版,第216~217页。
⑥ 参见张明楷:《刑法格言的展开(第三版)》,北京大学出版社2013年版,第401~402页。

例"(271-10),于"私贩应得杖六十、徒一年罪上,量减一等,杖一百"。① 虽然对二人并未完全免罚(阻却责任),但减一等治罪(减轻责任)的决定亦可谓在伦理亲情观念下对"期待可能性"的考量。

到了当代,刑法学者亦认同这一观念:"为了给亲属治病筹措资金而盗窃财物的,其非难可能性减少,因而是酌定从轻处罚情节。"② 在司法实践中,据报道,2014年底,浙江慈溪一男子为了给生病的母亲熬鸡汤,半夜偷鸡50只(另导致丢失70余只鸡和4只羊)。慈溪市人民检察院了解案情后认为,"念其是初犯,且一片孝心,之后积极地赔偿了被害人损失,采取取保候审足以防止社会危险性发生",决定对其不予批捕。③ 同年,四川籍女子张某利用他人的身份证在北京市海淀区骗领一张信用卡,透支14.9万余元为父亲治病,因无力还款被告上法庭。海淀区人民法院经审理后判定,"考虑到张某的主要犯罪所得均用于为其身患癌症的父亲治病,从司法人道的角度,对张某酌情从轻处罚,以犯信用卡诈骗罪判处张某有期徒刑5年,罚款5万元"。④ 司法机关对这两例案件的处理结论也均不啻对伦理亲情观念的认同、对期待可能性理论的践行。

在传统时代,"饥寒起盗心"还常会有更为极端的表现——灾荒时期的饥民大规模爬抢现象。如康熙年间,"各省饥荒,而陕西尤甚,……求食饥民流为寇盗"⑤。嘉庆年间,"甲子五月,吴郡大雨者二十九日,田不能莳秧。六月初一日,乡民结党成群,抢夺富家仓粟及衣箱物件之类,九邑同日而起。抢至初六日,凡一千七百五十七案"⑥。对这类案件如何处理呢?相关材料未有详细记载。在其他类似情形的案件中,乾隆十三年(1748),"江南大旱,铜井民运米至溧水,被众抢劫",该案被告到时任溧水县令的袁枚之处。袁氏阅牒后指出,"抢劫诚是也",然"实缘年荒岁歉,情急出此,与寻常盗劫不同","应弛其刑",于是"召集乡民,好言抚慰","谕以情法,追其米而还之",并将"众乡民从宽释回,各安本业"。据言,袁氏此判获得上峰赏识,

---

① [清]许槤、[清]熊莪纂辑:《刑部比照加减成案》,何勤华等点校,法律出版社2009年版,第450页。亦载[清]祝庆琪等编撰:《刑案汇览全编·续增刑案》第6卷,法律出版社2008年版,第811~813页。
② 张明楷:《刑法学(第六版)》(上),法律出版社2021年版,第764页。
③ 相关报道见"为给生病老母熬鸡汤孝顺男犯浑半夜偷鸡",《现代金报》2015年3月11日第A9版。
④ 相关报道见"女子透支14万给父亲治病获刑",《京华时报》2016年4月23日第7版。
⑤ [清]徐旭龄:"安流民以弭盗疏",载来新夏主编:《清代经世文选编》(上),黄山书社2019年版,第145页。
⑥ [清]徐珂编撰:《清稗类钞》第11册,中华书局1986年版,第5306页。

"荐擢交加"。① 对本案的描述虽亦可能存在戏说的成分,但康雍年间之名吏蓝鼎元似乎确有类似的理念和做法:

> 饥民攘夺,似小实大,不可不严。然欲以劫贼通详而置之死地,则又似大实小,情不忍也。荒歉之余,弗堪久累,使事主有原赃之获,而无解省跋涉中途饿孚之忧。莠民有惩创之苦,有万死一生之庆,从兹改过迁善,不敢为非,法如是足矣。当令君初到时,此类甚多,欲详不可胜详,数月之后,遂已绝迹,并攘鸡盗狗者亦无之。乃知大事化小,亦整顿地方之要着,不可以文法拘之也。②

又,道光十二年(1832),"京师夏间亢旱,至七月十五日以后始得透雨,入冬雨泽亦少,麦苗出土尚稀,畿辅贫民糊口维艰,往来觅食在所不免,此时天气渐寒"。道光皇帝也专门提醒相关官吏注意区别对待为饥寒所迫的"乏食贫民"与真正的"匪类":"朕念切恫瘝,殊深矜悯,着顺天府体察情形妥为筹划。"③

前引蓝鼎元强调对这类案件"不可以文法拘之也",早在西汉,循吏龚遂面对类似情况,对宣帝上呈的治理盗贼的条件亦是"无拘臣以文法,得一切便宜从事"。得到宣帝首肯之后,龚氏"违法"认定"诸持锄钩田器者皆为良民,吏无得问,持兵者乃为盗贼",仅处罚后者。(《汉书·循吏传》)明代王浚川在巡按陕西省任上发布告示条约,提到辖内各处"回贼强贼"猖獗,原本"欲便议发官军,远为追袭,捣其巢穴,及老幼妻子,尽行屠戮拘执,以靖地方",但是考虑到"此等无知之人,或为饥寒所驱,或为官府所迫,始出于不得已,遂至于无所归",于是"悯念困穷,再行告谕,自榜文到日,务要各相劝戒,即时解散,归还原籍,各治生理,保其父母妻子,全其身体性命,安家乐业,以成好人"。④ 据记载,宋代亦有一些类似的理念和做法。⑤

《汉书·循吏传》载,龚遂曾问宣帝:"今欲使臣胜之邪,将安之也?"颜注:"胜,谓以威力克而杀之也。安,谓以德化抚而安之。"鲁西奇教授继续解说道,"胜之"即以武立威、据法诛之,"安之"则以德化之、盗贼不诛而没,并

---

① 襟霞阁主编:《清代名吏判牍七种汇编》,老古文化事业股份有限公司2000年版,第131~132页。
② [清]蓝鼎元:《鹿州公案》,刘鹏云、陈方明注译,群众出版社1985年版,第134页。
③ 《大清宣宗成皇帝实录》卷224,道光十二年壬辰十月。
④ [明]王浚川:"浚川公移驳稿",载《明清公牍秘本五种(第二版)》,郭成伟、田涛点校,中国政法大学出版社2013年版,第46~47页。
⑤ 参见陈重业主编:《折狱龟鉴补译注》,北京大学出版社2006年版,第492~493页。

断言自古及今绝大多数的官府与官员,都几乎是毫不犹豫地选择"胜之"而非"安之",因为"这是由官府乃至王朝国家的本性所决定的"。① 这一论断稍显武断,因为从前引史料来看,"安之"的做法在历史上似乎并不罕见。"胜之"可能也不能完全怪罪于传统时代官府和王朝的"本性",而是无论古今中外、传统现代、民主专制都难以避免的"不得已而为之"。如现代刑法学指出,期待可能性是现行刑法上没有明确规定的所谓"超法规的责任阻却事由",是在利用成文刑法处理案件可能会导致不太容易被公众接受的场合,适度考虑人情世故,而对刑法进行的变通。但是,既然刑法已有关于行为构成犯罪的规定,过于夸大期待可能性理论的意义,或者在实际处理案件时过度适用期待可能性,都可能使刑法的效力大打折扣。② 清人也发现了这一问题,乾隆二十三年(1758)刑部指出,"各省偶遇灾荒,匪徒纠伙持械夤夜劫夺财物,地方官每援照饥民爬抢问拟,借口矜恤灾黎,实长劫夺之风"③,于是试图将处理饥民爬抢问题的规则规范化、统一化,定例曰:

> 被灾地方饥民爬抢,若并无器械,人数无多,实系是抢非强者,仍照抢夺例问拟。如有纠伙持械、按捺事主、搜劫多赃者,照强盗例科断。其实因灾荒饥饿,见有粮食,伙众爬抢,希冀苟延旦夕,并无攫取别赃者,该督抚酌量情形,请旨定夺。④

但该例实则只是将前两种情况的处理规则明确,对于第三种情况仅言"该督抚酌量情形请旨定夺"。直到一百年之后的咸丰八年(1858),改定的例文才将相关规则真正具体、明确化:

> 饥民爬抢,除纠伙执持军器刀械,威吓按捺事主,搜劫多赃者,仍照强盗本律科断外;如有聚众十人以上至数十人,执持木棍等项,爬抢粮食,并无攫取别赃者,为首,拟斩监候;为从,发新疆给官兵为奴。如十人以下,持械爬抢者,为首发新疆给官兵为奴;为从减一等。其徒手并未持械者,仍照抢夺本律科断。(268-14)

对于将"饥寒"作为阻却或减轻盗行为责任的理由,古今一直存在颇多

---

① 鲁西奇:《何草不黄:〈汉书〉断章解义》,广西师范大学出版社2015年版,第214页。
② 参见周光权:《刑法总论(第四版)》,中国人民大学出版社2021年版,第257页。
③ 《大清高宗纯皇帝实录》卷576,乾隆二十三年十二月上。
④ 《清会典事例》(九),中华书局1991年版,第637页。

反对意见。如当代刑法学者指出："应当对期待可能性理论谨慎适用。对极其个别的轻微犯罪、过失犯罪，确实不能期待被告人实施适法行为的，可以用期待可能性进行辩解。但是，对于绝大多数犯罪，尤其是情节严重、可能涉及被害人重大的人身和财产法益的犯罪，应当排斥期待可能性的适用。"①在清代，雍正皇帝指出，饥寒其实常常仅是凶恶之徒的借口："迫于饥寒之说，在老弱之人，容或有之，然老弱之人，虽迫于饥寒，亦不能为盗贼。其为盗贼者，必系年力强壮之人，既系年力强壮，则耕种佣工，何事不可以资生糊口？而乃丧心灭理，甘蹈刑戮而不惜乎？盖良善之人，虽遇饥寒，而亦断不为盗，凶恶之人，不必饥寒而后为盗，其理显而易明。其以为盗由于饥寒者，乃盗贼巧于避罪之辞。"②薛允升的批判直指 268-14 例："民间积有粮食，本系预备自用，被人抢去，何以为生？抢者可悯，被抢者独不可悯耶？专抢粮食者，其罪轻，兼抢别物者，其罪重，殊不可解！例意不过为迫于救死，与别项抢夺不同耳；不知饥荒之时，粮食较财物为尤重，此得之则生，独不虑彼失之则死耶？"③并附录顾栋高的《荒政不弛刑论》一文，其高论如："士大夫多务为纵舍以市小仁，其实纵盗殃民。……所谓恤民者，恤民之无食者也，非恤盗也。若乘机劫人财，致伤害人，如此而不置于罪，则犷悍不轨之民，且以饥岁为幸，可以无所顾忌。……因荒而弛其法，是教民为盗也。"④黄六鸿的观点也与此类似，指出："有司以为饥寒所迫，务为小仁而不知禁，其奸黠之辈，遂无所忌惮，纠党聚众，相率剽劫。富家大族，俱遭其荼毒，而境无宁宇。"⑤有论者甚至认为，对情节轻微的这类罪行亦不应宽减："涓涓不息，流为江河，小偷弗惩，其势必为大盗，……倘以'饥寒所迫'四字，横踞于中，草草发落，是种大盗之根，爱之适以害之矣。"⑥

这些观点均各有其理。但是在笔者看来，首先，正如上一节所论，对这一问题的讨论应更多地"从事件发生之后，该如何处理的事后角度来探讨问题"，而非"从事件发生之前，是不是可以这么做的事前角度来提出赞成或者否定意见"。法律具有多重价值，在其实施过程中只能尽量整合各种价值、谋求当时当事情境下的价值总量最大化。其次，以正式的例的形式将饥寒

---

① 周光权：《刑法总论（第四版）》，中国人民大学出版社 2021 年版，第 258 页。
② 《清会典事例》（九），中华书局 1991 年版，第 616 页。
③ ［清］薛允升：《读例存疑重刊本》第 3 册，黄静嘉编校，成文出版社 1970 年版，第 638~639 页。
④ 原文亦载［清］贺长龄等编：《清经世文编》（下），中华书局 1992 年版，第 2241 页。
⑤ ［清］黄六鸿：《福惠全书》，周保民点校，广陵书社 2018 年版，第 515 页。
⑥ ［清］李渔编：《资治新书》，载《明清法制史料辑刊》第一编第 1 册，国家图书馆出版社 2008 年版，第 92 页。

规定为一种法定减免情节,并明确规定有减免的具体条件与程度,便不会让减免成为所谓"超法规的责任阻却事由"而冲击成文法律的效力。再次,就268-14例而言,第一种情形下仍照强盗本律科断,第二种情形下为首斩监候、为从发新疆给官兵为奴,第三种情况下为首发新疆给官兵为奴、为从减一等,实则仅是较普通强盗律文(266-00)的处罚——不分首从皆斩——略有减轻,诸如"发新疆给官兵为奴"之类的刑罚其实并不算轻。西人贝卡里亚(Cesare Beccaria)说:"盗窃是一种产生于贫困和绝望的犯罪,是不幸者的犯罪。"[1]薛氏自己也曾言:"夫盗风之炽,必有所由,徒事刑法,窃恐未能止息。"[2]饥民爬抢的根本缘由乃饥寒所迫,饥寒固然不能成为盗行为合法的理由(阻却责任),但将其作为一种减轻责任的理由而适度减轻刑罚,实属无可厚非。

第三节　何谓"罪不容诛":白昼、惯犯与拒捕

据称,李鸿章任直隶总督之时曾指出:

> 查本省近年拿获盗犯,……其迫于饥寒、被人协诱、情有可原者,更量予末减。……惟情重之马贼海盗、枭匪游勇,不得不严速惩办,以遏乱萌,诚以此等匪徒目无法纪、犷悍性成、习惯为盗,动辄啸聚多人、横行村市、倚强肆掠,或骑马持械、中途截抢,或驾船出海、叠劫巨贼,甚至炮烙事主、强奸妇女、烧毁房屋、拒伤捕人、劫掠官衙饷鞘,凡此种种凶恶,实属罪不容诛。[3]

可"量予末减"的,是主观恶性较小甚或没有的"迫于饥寒、被人协诱、情有可原者";而"罪不容诛""不得不严速惩办"之"匪徒"的主观态度乃"目无法纪、犷悍性成、习惯为盗"。有学者认为,由于难以做到"互参的'原情比迹'"或言"主客观相结合",故应当"对'善','原心不原迹';对'恶','论迹不论心'"。此说确有很大启发性,对原心、诛心的强调"容易将人们引向不问实际行为、效果如何而主观地推究别人动机、目的等居心"。[4] 不

---

[1] 〔意〕切萨雷·贝卡里亚:《论犯罪与刑罚》,黄风译,北京大学出版社2008年版,第52页。
[2] [清]薛允升:《读例存疑重刊本》第3册,黄静嘉编校,成文出版社1970年版,第622页。
[3] 襟霞阁主编:《清代名吏判牍七种汇编》,老古文化事业股份有限公司2000年版,第518页。
[4] 参见霍存福:"叙事诛意·略迹原心",《法律文化论丛》第6辑,2016年。

过有意思的是,即便主张客观主义的当代刑法学者其实也不会全然否定对"恶"的"原心""论心"。① 因为事实上,对原心、诛心的强调"容易将人们引向不问实际行为、效果如何而主观地推究别人动机、目的等居心"的原因在于行为人的主观态度难以窥见。但是,正如法谚所云:"表现于外部的行为,揭示存在于内部的秘密。"②前引学者也认可,"通过人们的外在行为、痕迹、事件、效果",可以"分析、推原其内在动机、目的"。③ 刑法学者说:"心理事实的内容是主观的,属于精神的范畴,但它又不是虚无缥缈的和难以捉摸的东西。它相对于立法者和司法者来说,是一种客观存在,是可以测定的。即使是潜意识,隐蔽在犯罪人的内心深处,仍然是可知的。唯一的途径就是通过心理事实的外部表现加以把握。"④因此或许对此更确切的表述应当是:"离开人的外部行为的主观恶性是不可度量的,不能作为衡量犯罪的标准。"⑤故"春秋贵志,必先本事"⑥,对"恶"之原心、论心的做法,亦即在客观事实基础上推究行为人有无主观恶性及其程度的深浅,⑦实有其必要性和可行性。

在上述据称源自李鸿章的说法中,"目无法纪、犷悍性成、习惯为盗"的主观态度(心)在客观(迹)上表现为:"啸聚多人、横行村市、倚强肆掠,或骑马持械、中途截抢,或驾船出海、叠劫巨贼,甚至炮烙事主、强奸妇女、烧毁房屋、拒伤捕人、劫掠官衙饷鞘。"笔者将这些客观表现概括提炼为三个关键词:白昼、惯犯与拒捕。此说在盗律及其实践中颇有体现。

所谓"白昼"(或"白日"),本著第八章将予详论,其在律典中已并非单纯的时间概念,而是被赋予"公然"的意蕴,亦即成为对行为人主观恶性的评价。正如屈学武教授所指出,这类"公然犯罪"者"明目张胆、无所顾忌地实施犯罪行为,无疑比秘密实施犯罪行为者,在主观不法要素上,有更深一层次之恶"⑧。正因为此,"白昼"及其背后对行为人主观恶性的评价成为律典

---

① 参见周光权:《刑法总论(第四版)》,中国人民大学出版社2021年版,第448页;张明楷:《刑法学(第六版)》,法律出版社2021年版,第764页。
② 张明楷:《刑法格言的展开(第三版)》,北京大学出版社2013年版,第205页。
③ 霍存福:"赦事诛意·略迹原心",《法律文化论丛》第6辑,2016年。
④ 陈兴良:"论主观恶性中的心理事实",《中外法学》1991年第1期。
⑤ 陈兴良:《刑法哲学(第五版)》,中国人民大学出版社2015年版,第32页。
⑥ [清]苏舆:《春秋繁露义证》,钟哲点校,中华书局1992年版,第92页。
⑦ 参见黄源盛:《汉唐法制与儒家传统》,广西师范大学出版社2020年版,第169~170页。
⑧ 屈学武:《公然犯罪研究》,中国政法大学出版社1998年版,第57、176~177页,。

区分窃盗与抢夺、强盗①行为的标准。

上举"马贼海盗"两种盗犯即与"白昼"(或"白日")一词有关。"马贼"在律典中的全称为"响马强盗"(亦简称"响马"),而海盗被称为"洋盗"(第十章将予详论),并与在江、湖等水路的盗犯合称"江洋大盗"。强盗门266-02例即有关这两种盗犯:"凡响马强盗,执有弓矢军器,白日邀劫道路,赃证明白者,俱不分人数多寡、曾否伤人,依律处决,于行劫处枭首示众。其江洋行劫大盗,俱照此例立斩枭示。""响马,则白日在道路邀劫者也;江洋大盗,则在水路邀劫者也",此二项"与强盗相等,而治罪尤严"的原因即在"白日"一词,导致其"较之在乡市黑夜直入人家行劫者",罪行尤重。②

清律之中还有一类较为特别的盗犯名目常与响马强盗、江洋大盗并称——"老瓜贼"。所谓"老瓜贼",266-03例言:"或在客店内,用闷香药面等物,迷人取财;或五更早起,在路将通行客人杀害。"其更详细的作案步骤如下:

> 其出而为盗也,同伙皆扮作客商,杂入往来行旅之中,睊有携赀孤客,则令一贼与之同宿,极其款洽,谓之"说客"。有一行客,则有一贼为说客,若有两行客,即有两贼为说客。又有同伙贼徒,依附随行,谓之"打帮",阴相订定行事处所,打帮伙贼中先往刨坑。至期则说客诱令行客早行,将抵刨坑之处,打帮伙贼乘行客不备,上前抱住,说客即出袖中绳索,套勒行客,谓之"上线"。背负十余步,即已殒命,及抵坑所,复出刀截其肚腹,谓之"放气",防其复活也。埋掩之后,尽取资囊而遁。③

对于"此种凶徒",266-03例规定:"拿获之日,务必究缉同伙,并研审有无别处行劫犯案,不得将该犯解往他处。于被拿获处监禁,俟关会行劫各案确实口供到日,审明具题;即于监禁处照强盗得财律,不分首从皆斩;仍知照原行劫之处张挂告示,谕众知之。"并给"邻佑地保"添附了稽查之责:"有知情容留者,发近边充军。若非知情容留,止系失于稽查,各照不应重律,杖八十。"(278-12)

---

① 强盗律名虽未有表达"公然"意蕴的"白昼"作为前缀,但强盗行为本身即含公然之义,此正白昼抢夺"有类于强"的原因。参见[清]沈之奇:《大清律辑注》(下),怀效锋、李俊点校,法律出版社2000年版,第588页。

② 参见[清]薛允升:《读例存疑重刊本》第3册,黄静嘉编校,成文出版社1970年版,第591、621页。

③ 《清会典事例》(九),中华书局1991年版,第620页。

对老瓜贼"从严惩办"的缘由,首先,上述所谓"上线""放气"等客观行为之残忍,体现出他们主观恶性上"阴毒险狠,甚于他盗"①。其次,薛允升指出,此辈"因系惯作此事,所犯不止一案,……系积惯匪徒,与强劫仅止一次者不同,犹之窃盗门内另有积匪滑贼一类是也"②。窃盗门内之"积匪滑贼",即269-15例所云:"积匪滑贼,为害地方,审实,不论曾否刺字,改发云、贵、两广极边烟瘴充军。"据苏亦工教授考证,"何谓'积匪',清代法律上并无明确的定义",从律学家的论述中也不能确知该词的准确内涵。③ 但如薛氏所言,该例之后的269-16、17两条例文乃"积匪滑贼切实注脚"④,从这三条例文可至少大致概括出这类盗犯的主要特点——在客观行为上"肆窃多次"(亦即笔者所言之第二个关键词:惯犯),并由此体现出其主观恶性上的"怙恶不悛"。⑤ 现代刑法学者也认为应当"加强与惯犯作斗争",有必要在《刑法》中把惯犯作为一种专门的犯罪人类型加以规定,但其出发点主要不是主观恶性,而是惯犯具有较大的人身危险性。⑥ 此处又一次体现出传统时代"律贵诛心"的特点。

至于第三个关键词——拒捕,《刑律·捕亡》罪人拒捕律(388-00)规定了包括盗在内的所有类型犯罪之后行为人拒捕的通例:

> 凡犯罪(事发而)逃走,(及犯罪虽不逃走,官司差人追捕,有抗)拒(不服追)捕者,各于本罪上加二等,罪止杖一百、流三千里;(本应死者无所加)殴(所捕)人至折伤以上者,绞(监候);杀(所捕)人者,斩(监候);为从者,各减一等。

强盗律(266-00)的第三、四两节专言窃盗拒捕:

> 若窃盗临时有拒捕及杀伤人者,皆斩(监候。得财不得财,皆斩。须看"临时"二字)……共盗之人,不曾助力,不知拒捕杀伤人及奸情者,(审确)止依窃盗论。(分首从、得财不得财)
>
> 其窃盗事主知觉,弃财逃走,事主追逐,因而拒捕者,自依罪人拒捕

---

① 《清会典事例》(九),中华书局1991年版,第620页。
② [清]薛允升:《读例存疑重刊本》第3册,黄静嘉编校,成文出版社1970年版,第591页。
③ 参见苏亦工:"清律回民相关条例及其影响",《政法论坛》2016年第3期。
④ [清]薛允升:《读例存疑重刊本》第3册,黄静嘉编校,成文出版社1970年版,第660页。
⑤ 对于积匪滑贼例的细致解读,可参见李捷:"清律'积匪猾贼例'的研究",清华大学硕士学位论文,2018年。
⑥ 参见陈兴良:《刑法哲学(第五版)》,中国人民大学出版社2015年版,第389页。

律科断。(于窃盗不得财本罪上加二等,杖七十;殴人至折伤以上,绞;杀人者,斩;为从,各减一等)

乾隆四年(1739),朱天祥窃盗临时拒捕,即依第三节所言,拟斩监候。四年之后,李文忠窃盗弃财逃走,事主追逐,因而拒捕,殴人至折伤以上,按第四节,依罪人拒捕律,拟绞监候。① 本律之后又有两条例文对律文进行细化及变通。266-29 例言窃盗在盗所临时拒捕及已离盗所而护赃格斗的情形;266-30 例关于窃盗弃财逃走、未得财逃走、未携赃逃走及帮护伙盗拒捕的情形,按照杀伤人的严重程度,分别首从定以刑罚,如嘉庆二十四年(1819),程二"情急图脱,用刀扎上事主而逸。查该犯手无赃物,无赃可护",被认为符合 266-30 例"伙贼携赃先遁,后逃之贼,被追拒捕"的情形,拟绞监候。② 光绪十六年(1890)的艾立克、三十一年(1905)的林均受窃盗弃财逃走、拒捕杀人,亦依此例拟斩监候。③

将窃盗拒捕之事附于强盗律下并加重处罚的缘由,乾隆年间的左都御史窦光鼐从立法目的的角度指明:"盗始于窃而甚于强,防窃入于强也,故拒捕之条特列于强盗律内,盖重之也。"④律学家雷梦麟、沈之奇则从律文内在逻辑而言,"以其类于强也","其始虽窃,临时实强矣"。⑤ 当代《刑法》亦有类似规则,按第 269 条,"犯盗窃、诈骗、抢夺罪,为窝藏赃物、抗拒抓捕或者毁灭罪证而当场使用暴力或者以暴力相威胁的",依照抢劫罪定罪处罚。此所谓"事后抢劫"或"准抢劫",将原本属于盗窃、诈骗、抢夺罪的行为拟制为抢劫罪,加重处罚。只是,清代强盗律第三节言,窃盗临时拒捕者无论得财不得财皆斩,而首节言强盗得财者方是皆斩,已行而不得财者仅"皆杖一百、流三千里",对前者之处罚较后者为重,因而古今刑法还是有所差异。

清代与当代更为明显的差别在于,前者将拒捕区分为"临时拒捕"与"因而拒捕"两种情形(强盗律第三、四节),而后者未有此区分。所谓临时拒捕,"谓行窃之时,已经得财,未离本处即为事主知觉,尚不弃财逃走,而护赃格斗,全不畏惧";因而拒捕,"其行窃时,被事主知觉,即弃财逃走,犹有畏

---

① 明清内阁大库档案,登录号 014302-001、013773-001。
② [清]许梿、[清]熊莪纂辑:《刑部比照加减成案》,何勤华等点校,法律出版社 2009 年版,第 66 页。
③ 清代宫中档奏折-光绪朝,档案号 408014164。
④ [清]窦光鼐:"申明事主盗窃杀伤例案疏",载[清]贺长龄等编:《清经世文编》(下),中华书局 1992 年版,第 2271 页。
⑤ [明]雷梦麟:《读律琐言》,怀效锋、李俊点校,法律出版社 2000 年版,第 317 页;[清]沈之奇:《大清律辑注》(下),怀效锋、李俊点校,法律出版社 2000 年版,第 575 页。

心,并无强意,事主追逐,因而拒捕,乃不得已而为脱身之计"。① 前者"肆恶以图财,律重'临时'二字",后者"情急以求脱,律重'弃财'二字"。②

区分"临时拒捕"与"因而拒捕"的标准是行为人在被抓捕过程中是否"弃财"。从表面上看,这一区分标准乃建立在客观上盗行为所产生的实际结果,亦即行为人是否弃财直接关系到被害人的实际客观损失。但若深究这一区分背后的意旨,实仍是对行为人主观恶性的评价——"临时拒捕,意在得财;弃财拒捕,意在逃脱"③。正如前引沈之奇的解说,临时拒捕者"不弃财逃走,而护赃格斗,全不畏惧",因而拒捕者"犹有畏心,并无强意,事主追逐,因而拒捕,乃不得已而为脱身之计"。"全不畏惧"者的主观恶性显然大于"犹有畏心"者,故对前者之处罚重于对后者。道光二年(1822),"连怀玉因伙贼侯金城被事主李万泉拉衣不放,该犯恐被拿获,用刀帮割衣服,事主之妻刘氏帮捕夺刀,致被划伤手指",本案行为人并未弃财,故依律例本应按临时拒捕处理,但考虑其"实系护伙图脱割衣,致将事主之妻误行划伤,并无拒捕之心",于是将其在临时拒捕例上量减发新疆为奴。④ 客观行为上表现为符合例文的"不弃财",但实际量刑时考虑主观恶性上的"并无拒捕之心",再次佐证清律及实践对隐藏于客观行为背后的主观恶性的特别关注。

事实上,这一以行为人主观态度为标准进行量刑的方式,反过来又能在客观上起到鼓励行为人弃财的效果——弃财者可以减轻处罚。行为人一旦弃财,则事主继续追捕的可能性会降低,后续发生事主抑或行为人自己因追捕及拒捕而打斗伤亡的可能性亦会随之降低,而事主的实际损失也必然减少,故而这一区分实有一定合理性。当代刑法已无这一区分,行为人在被抓捕过程中是否弃财,乃犯罪既遂之后的行为,故并非影响定罪与量刑的法定情节,仅可能被作为"犯罪后的态度"而认定为"酌定量刑情节"。现代刑法学指出,犯罪后的态度反映行为人的再犯罪可能性大小,可以成为影响预防刑的情节,例如有的人犯罪后真诚悔罪、积极退赃、主动赔偿损失,有的人却负隅顽抗、隐匿赃物、要挟被害人。这些态度反映行为人再犯罪可能性的大

---

① [清]沈之奇:《大清律辑注》(下),怀效锋、李俊点校,法律出版社2000年版,第575页。
② [清]白如珍:"刑名一得",载杨一凡编:《中国律学文献》第三辑第4册,黑龙江人民出版社2006年版,第52~53页;[清]白元峰:"琴堂必读",载杨一凡编:《中国律学文献》第三辑第5册,黑龙江人民出版社2006年版,第50页。
③ [清]全士潮、[清]张道源等纂辑:《驳案汇编》,何勤华等点校,法律出版社2009年版,第144页。
④ [清]许梿、[清]熊莪纂辑:《刑部比照加减成案》,何勤华等点校,法律出版社2009年版,第64页。

小,故而需要在量刑时区别对待。① 只是,既然仅可能是"酌定"的量刑情节,则不一定会对弃财者从宽处理,且未直接写入成文立法之中,故而难以收获如清律之鼓励弃财、预防后续伤害的效果。

小结 "苟子之不欲,虽赏之不窃"

在近现代刑法学史上,发生过"主观主义"与"客观主义"之间的著名论战。主观主义认为,对犯罪行为科刑的基础是"行为内部的、精神的事实,即行为者主观方面的意思、性格、动机、人格的危险性"②。而在客观主义看来,刑事责任的基础是"表现在外部的犯罪人的行为及其实害",如果仅以行为人的主观恶性作为处罚依据,容易造成认定犯罪的困难以及法官的恣意判断,从而导致刑法的恣意性。③ 值得注意的是,客观主义也并非完全排斥对行为人主观因素的考量,而是强调不能仅以主观恶性作为处罚依据,且对犯罪成立与否的判断应当是从客观到主观。有学者指出,两派的"初始对立实际上属于刑法学与犯罪学的区别"。客观主义是标准的刑法学,注重研究刑法规范,很少讨论犯罪的具体原因,也不注重对犯罪人的研究,并由于刑法规定的犯罪均表现为行为,故重视行为,只规定刑罚,也就只重视研究刑罚(后来又有保安处分)而不探讨其他社会对策。主观主义的"初始学说基本上只是犯罪学",犯罪学重视犯罪原因与犯罪对策的研究,"一方面,研究犯罪原因必然联系犯罪人,甚至要将犯罪人作为重点;另一方面,作为犯罪对策,显然不能只考虑刑罚,而必须考虑刑罚以外的其他措施"。④

我国传统时代并未形成这些严密、系统的学说和学派体系,但有意思的是,学者在探讨相关问题之时常会套用这些概念。有学者即发现,目前对春秋决狱的研究成果"其实都是围绕着同一个问题展开的,即在经义折狱案件中经常出现的'原心定罪'及与之相关的公羊学说究竟是一种主观主义刑法理论还是一种客观主义刑法理论"⑤。笔者赞同这一概括,并进一步认为,

---

① 参见张明楷:《刑法学(第六版)》(上),法律出版社 2021 年版,第 770~771 页;张明楷:"论犯罪后的态度对量刑的影响",《法学杂志》2015 年第 2 期。
② 周光权:《刑法总论(第四版)》,中国人民大学出版社 2021 年版,第 31 页。
③ 参见张明楷:《刑法学(第六版)》(上),法律出版社 2021 年版,第 7 页;周光权:《刑法总论(第四版)》,中国人民大学出版社 2021 年版,第 29 页。
④ 参见张明楷:《刑法学(第六版)》(上),法律出版社 2021 年版,第 9 页。
⑤ 朱腾:"再论两汉经义折狱——以儒家经典与律令的关系为中心",《清华法学》2011 年第 5 期。

实则并无必要陷于这种标签式的"主义"之争,将源自西方学术脉络的理论强套于中国传统。

事实上,我们难以遽然将我国传统时代的做法完全归于主观或客观主义,这或许也是为何关于春秋决狱之争论相互排斥却看起来都有道理的一大缘由。春秋决狱问题如此,清代的盗律亦是如此。以科刑的基础和判断犯罪的顺序而言,其对行为人科以刑罚的基础是客观的盗行为及其造成的客观侵害或可能侵害,在对这些客观因素的考量之后,再根据行为人主观恶性的有无及大小最终确定其罪责及刑罚的有无及大小,由此其更接近于客观主义;但是同时,其对行为人主观恶性的重视程度又体现出与主观主义类似的对"犯罪原因与犯罪对策"的侧重关注。

主观主义与客观主义两种学派可谓各有偏重亦各有优缺,其争论的最终结果是相互吸收借鉴、渐趋融合,并在总体上"主观主义衰退、客观主义取得主流地位"。[①] 由于与两种学派均有相似性,清代的做法实则融合了二者之优点。以行为人客观的盗行为及其造成的客观侵害或可能侵害为定罪量刑的基础,"有利于实现刑法的正义、合目的性与法的安定性的理念,有利于合理保护社会利益与个人利益,有利于合理对待犯罪化与非犯罪化,有利于合理区分刑法与道德,有利于合理处理刑事立法与刑事司法的关系"[②]。同时,清代重视对从客观行为中体现出的行为人主观恶性的考量,故又具备主观主义关注"犯罪原因与犯罪对策"的优势。探究犯罪原因,一方面是为了从特别预防的角度,寻求最适合于个案行为人的科刑方式、程度;另一方面从一桩桩个案背后的犯罪原因出发,能进一步发掘实现一般预防的犯罪对策。两方面均是意欲从根本上止盗、禁盗。

何谓从根本上止盗、禁盗?《论语·颜渊》载:"季康子患盗,问于孔子。孔子对曰:'苟子之不欲,虽赏之不窃。'"让民众都做到"虽赏之不窃"方能从根本上止盗、禁盗,而"虽赏之不窃"是因为"不欲"——统治者"不欲"以垂范民众"不欲"。清律强调"律贵诛心"的缘由即在于此。进一步,又如何才能"不欲"呢?《汉书·循吏传》载汉宣帝患盗,龚遂对曰:"不沾圣化,其民困于饥寒而吏不恤。"

董仲舒言:"富者奢侈羡溢,贫者穷急愁苦;穷急愁苦而上不救,则民不乐生;民不乐生,尚不避死,安能避罪!此刑罚之所以蕃而奸邪不可胜者

[①] 参见周光权:《刑法总论(第四版)》,中国人民大学出版社2021年版,第34页;张明楷:《刑法学(第六版)》(上),法律出版社2021年版,第10页。
[②] 张明楷:《刑法格言的展开(第三版)》,北京大学出版社2013年版,第207页。

也。"(《汉书·董仲舒传》)"饥寒起盗心"之说,即中国古人对盗案犯罪原因的一种解释,如本章第二节处理陕西泾阳县窃花案的樊增祥总结赵杨氏行盗之因:"盗窃起于饥寒,仁义生于丰足。"①清人还对饥寒起盗心的发生机制有颇为系统的分析:"贫人既无生计,饥寒亦死,为盗而为官所捕亦死,等是一死,而饥寒重迫,必死无疑,为盗虽犯法,然未必为盗者人人尽为官所捕,即捕,亦不过一死。是不为盗则死目前,且必无幸免之理,而为盗则非特目前不死,且可以侥幸不死。既若此,是亦何乐而不为盗也。"②更有甚者,"督抚镇按不得其人,有司朘削鱼肉民难自存,蠲免税赋有名无实,此皆驱民为盗之由"③。针对这样的犯罪原因,便不能简单以刑罚的方式一禁了之,其对策只能一方面如樊增祥说:"当时存一哀矜勿喜之心,取于民时多一番体恤,即销一分乱萌,于治狱时多一番慎矜,即养一分元气。"④所以清代的律典及实践均会一定程度减免对饥寒者行盗的处罚。另一方面在律典之外,统治者真正做到养民、富民,如吉同钧所言:"必课农劝桑、通商惠工以开利源,而又轻徭薄赋,不竭小民之脂膏以饱污吏之橐囊,迄乎衣食无缺,事畜有资,人非草木,谁肯冒不测之危险、被不美之恶名、犯不赦之法网,深陷罪庚而不恤乎?"⑤对此,清初名吏于成龙还从地方基层治理的角度提出过一个更为具体的弭盗方案,"有穷苦民人不能度日者,甲长报知地方官"设法养济,甲长不报便罪坐甲长,甲长已报而"地方官任其颠连沟壑"则以不职纠参,反之"纪举荐功"。⑥

盗案发生的一大原因是"饥寒",相应的犯罪对策是"富之",但这仅是第一步,毕竟俗语"饥寒起盗心"的下一句乃"饱暖思淫欲",并非因为饥寒而行盗的大有人在。孔子曰:"不教而杀谓之虐。"(《论语·尧曰》)要做到"虽赏之不窃","富之"之后还得"教之"。我国自古重视教育,正如霍韬晦先生所说:"中国是教育的大国,孔子是全世界最好的教育家,世所公认。"⑦在重视教育的逻辑之下,当行为人因对知识、对美之渴求而窃书、窃花,就会被认为主观并无恶性,被作宽宥处理。

---

① [清]樊增祥:《樊山政书》,那思陆、孙家红点校,中华书局2007年版,第235页。
② [清]徐珂编撰:《清稗类钞》第11册,中华书局1986年版,第5337页。
③ 《皇清奏议》卷3,载《续修四库全书·史部·诏令奏议类》,上海古籍出版社2002年版,第39页。
④ [清]樊增祥:《樊山政书》,那思陆、孙家红点校,中华书局2007年版,第235页。
⑤ [清]吉同钧:《乐素堂文集》,闫晓君整理,法律出版社2014年版,第40页。
⑥ [清]于成龙:"弭盗条约",载来新夏主编:《清代经世文选编》(上),黄山书社2019年版,第75页。
⑦ 霍韬晦:《从反传统到回归传统》,中国人民大学出版社2010年版,第17页。

当然，即便经过了富之、教之，仍难免有"下愚不移"之徒，"自暴者拒之以不信，自弃者绝之以不为，虽圣人与居，不能化而入也"，①故律典规定"擒其积恶盈贯者毙之；穷凶极狠者刑之"②，尤其对那些由诸如白昼、惯犯、拒捕等客观表象体现出主观恶性较大之徒，重点打击、加重处罚。

"苟子之不欲，虽赏之不窃。"程子精彩解说道："且如止盗，民有欲心，见利则动，苟不知教，而迫于饥寒，虽刑杀日施，其能胜亿兆利欲之心乎？圣人则知所以止之之道，不尚威刑，而修政教。使之有农桑之业，知廉耻之道，'虽赏之不窃'矣。"③清人也说："上之人有以引之于礼仪，使无迫于饥寒而无困于服役，则天下安有所谓盗哉。"④"太上禁其心"（《韩非子·说疑》），清律及实践强调"律贵诛心"即是意欲从根本上止盗、禁盗，绝其欲心，达到"虽赏之不窃"的效果。《大学》言："其本乱而末治者否矣，其所厚者薄，而其所薄者厚，未之有也！"此之谓也！

---

① 此句为程子释孔子"下愚不移"之语，朱子深然之。参见［宋］朱熹：《四书章句集注》，中华书局 2012 年版，第 177 页。
② ［清］蓝鼎元：《鹿州公案》，刘鹏云、陈方明注译，群众出版社 1985 年版，第 53 页。
③ 陈荣捷：《近思录详注集评》，华东师范大学出版社 2007 年版，第 223 页。
④ ［清］陆陇其："弭盗策"，载来新夏主编：《清代经世文选编》（上），黄山书社 2019 年版，第 149 页。

第二章 家人共盗:儒家的"连坐"

  养不教,父之过。教不严,师之惰。子不学,非所宜。幼不学,老何为?

——《三字经》

  父父,子子,兄兄,弟弟,夫夫,妇妇,而家道正;正家而天下定矣。

——《周易·象传》

引论 "长老统治"下的"教化权力"

  在过去有关我国传统时代"家"问题的研究中,学者常强调家长的"权力",认为其是"最高的,几乎是绝对的,并且是永久的"。如瞿同祖先生言:"中国的家族是父权家长制的,父祖是统治的首脑,一切权力都集中在他的手中,家族中所有人口……都在他的权力之下,经济权、法律权、宗教权都在他的手里。"[①]蔡枢衡先生亦谓:"家长对内是家属的统治者和剥削者,对外是一家的代表。……家属隶属于家长,为实现家长的统治而存在。"[②]但是费孝通先生有不同的看法,指出中国传统社会权力结构中的"家长权"并非如瞿、蔡二位先生所描述的那种绝对强大的、"不民主的横暴权力",当然也谈不上现代西方民主体制下的"同意权力",更为确切的概括,应是一种"长老统治"下的"教化权力"。这种"权力"的主要特点,是体现在道德和法律上"养不教,父之过"的"连坐"责任,亦即"儿子做了坏事情,父亲得受刑

---

 ① 瞿先生对中国传统社会父权的概括与阐释,详见瞿同祖:《中国法律与中国社会》,中华书局2003年版,第5~28页。
 ② 蔡枢衡:《中国刑法史》,中国法制出版社2005年版,第9页。

罚"。① 强大"权力"的背后,亦有重大的"责任"。

笔者更倾向于认同费先生的观点。在中国传统社会的"长老统治"之下,教化从表面上、以今日的目光来看,似乎是"权力",但在内涵上,实则更多是"责任"。在此意义上,甚至"教化"是否能称之为费先生所言的一种"权力"也不无疑问。而瞿、蔡等学者仅强调教化在表面上的"权力",忽略了"权力"背后的责任。他们所描述的情形实际上更接近于古罗马的"父家长权":"家长权的依据是权力关系,而不是权利义务关系,所以它原来不受法律的限制,不负任何责任。"待到后来国家组织逐渐健全,法律开始规定家长负有抚养和婚嫁子女的义务,才使家长权从权力关系演变为权利义务的双向关系。②遗憾的是,对于中国传统社会统治构架之下家长的这种特殊的道德和法律上的"连坐"责任,费先生未及深论,没有具体指出究竟法律上的何种制度即这一"儒家的连坐"的体现。如此则容易让人产生误解,因为此"连坐"非彼"连坐"。我们通常所谓的"连坐",如对谋反、谋叛等重大罪行的族诛连坐,是来自法家的观念及制度,备受儒家之诟病与反对。而此种"子不教,父之过"的"连坐",却源于儒家自己。

本章沿费先生之说而申论之,探讨"儒家的连坐"在法律上的典型体现——《大清律例》关于"家人共盗"问题的规则。目前学术界尚罕有对这一论题的专门研究,③仅见诸位清代律学家在逐条解析各律例之时有一些分散、不成系统的观点。本章之论述即部分建立在对这些律学家观点的评析和商榷之上,试图透过相关的律例条文与司法案例,挖掘被前辈学者一定程度忽略了的、深藏制度及实践背后的思想与文化之源。

第一节 家人共犯止坐尊长

《大清律例·名例》"共犯罪分首从"律(030-00)规定了对所有犯罪类型的共犯罪者的一般处理规则:

---

① 参见费孝通:《乡土中国 生育制度》,北京大学出版社1998年版,第56、64~68、193~194页。

② 参见周枏:《罗马法原论》(上),商务印书馆1994年版,第148~149页。亦可参见黄友昌:《罗马法与现代》,何佳馨点校,中国方正出版社2006年版,97~102页。

③ 有部分学者在研究中提到过相关问题,但均一带而过,未及细致探究。如戴炎辉:《中国法制史》,三民书局1984年版,第42、76页;孙向阳:《中国古代盗罪研究》,中国政法大学出版社2013年版,第443~449页;续晓梅:"传统法律中'罪家长'制度研究——以《大清律例》为视角",《现代法学》2011年第1期;罗平:"清代刑法关于共同犯罪的一些规定",《法学》1987年第6期。

凡共犯罪者，以（先）造意（一人）为首；（依律断拟）随从者，减一等。

根据沈之奇的解释：“造意，谓首事设谋，犯罪之意皆由其造作者也；随从，谓同恶相济，听从造意之指挥，随之用力者也，故为从减为首者一等。”①但若共犯之人乃一家人的时候，则不再照这一原则处理，而是"不论造意，独坐尊长，卑幼无罪"。只是"若尊长年八十以上及笃疾，归罪于共犯罪以次尊长"②，"如无以次尊长，方坐卑幼"，且"如妇人尊长与男夫卑幼同犯，虽妇人为首，仍坐男夫"。

不过，若一家人共犯罪"侵损于人者"，则仍"以凡人首从论"。所谓"侵损"，小注进行了列举式的说明："侵谓窃盗财物，损谓斗殴杀伤之类。"沈之奇的概括和列举更为全面："侵，谓侵夺财物，如盗及诈赃之类；损，谓损伤身体，如斗殴杀伤之类。"③易言之，"侵"为"侵夺财物"行为，"损"指"损伤身体"。根据这些解释，清代盗律项下的所有罪行几乎都可被纳入本条处理。从司法案例来看，也确实符合这一说法，如一份嘉庆十八年（1813）的刑部说帖载，盗牛"系侵损④于人律，应依凡人首从论"⑤。又如乾隆八年（1743）陈智修"听父指使"发冢，照凡人"偷刨坟墓为从"，拟绞监候。⑥ 还如道光五年（1825）邱万金起意吓逼李张氏卖奸不从，遂主使侄儿邱仓子强奸李张氏未成，致李张氏情急自残。邱万金依恐吓取财门内273-02例处罚，对邱仓子即未依"被逼勉从、系一家人共犯罪、坐其伯即置不议"处理，而是照强奸未成律减一等。⑦ 戴炎辉先生将这一规则总结为："亲属共同侵害他人法益的犯罪，原则上只坐尊长；但侵害个人法益（如殴伤杀、盗诈、恐喝及诬告等），则依首从论。故尊长独坐者，限于侵害国家法益之行政、民事犯的性质之犯罪。"⑧此说显然未妥，不符合清代制度和实践的实情。如本著导论部分详论，传统时代并无法益概念与分类，此处也并未且不可能依据法益之不同而区分相关规则。

---

① ［清］沈之奇：《大清律辑注》（上），怀效锋、李俊点校，法律出版社2000年版，第93页。
② 小注："如尊长年八十以上及笃疾，于例不坐罪，即以共犯罪次长者当罪。"
③ ［清］沈之奇：《大清律辑注》（上），怀效锋、李俊点校，法律出版社2000年版，第94页。
④ 原文作"捐"，疑为"损"字之笔误。
⑤ ［清］祝庆琪等编撰：《刑案汇览全编·刑案汇览》第12卷，法律出版社2008年版，第726~727页。
⑥ 内阁大库档案，登录号028892-001。
⑦ ［清］许梿、［清］熊莪纂辑：《刑部比照加减成案》，何勤华等点校，法律出版社2009年版，第468页。
⑧ 戴炎辉：《中国法制史》，三民书局2015年版，第33页。

本律第三节又继续道，"若本条言皆者，罪无首从；不言皆者，依首从法"，也即可被纳入此"以凡人首从论"者，仅限于盗律项下之"不言皆者"。所谓"皆"，根据《例分八字之义》，意味着"不分首从，一等科罪"。① 在盗律中，"言皆者"亦即"不分首从"者，为盗大祀神御物、盗制书、盗印信、盗内府财物、盗城门钥、监守自盗仓库钱粮、常人盗仓库钱粮、强盗②、略人略卖人等。而余下之盗军器、白昼抢夺、窃盗、盗牛马畜产、盗田野谷麦、恐吓取财、诈欺官私取财、发冢、夜无故入人家等则为"不言皆者"，也即属于"侵损于人者，以凡人首从论"的范围。盗园陵树木与劫囚二律较为特殊，律文同时包含"言皆者"与"不言皆者"两种情形。但无论怎样，"言皆者"的情形即按"言皆者"的方式处理，"不言皆者"按"不言皆者"处理，并未超出前述规则之外。举劫囚律（267-00）为例，"凡劫囚者，皆斩"，但"若官司差人追征钱粮，勾摄公事，及捕获罪人，聚众中途打夺者"，则分首从，因而若"率领家人随从打夺者，止坐尊长。若家人亦曾伤人者，仍以凡人首从论"。

清律共犯罪分首从律的这些部分均承袭唐律而来，除了个别字词的改动，律意几乎一致："诸共犯罪者，以造意为首，随从者减一等。若家人共犯，止坐尊长；（于法不坐者，归罪于其次尊长。尊长，谓男夫）侵损于人者，以凡人首从论。……若本条言'皆'者，罪无首从。不言'皆'者，依首从法。"③《宋刑统》与唐律同，④而《大明律》与清律同，⑤后者仅增几处小注。

清代的变化及其特殊性主要体现在例文之中。其中之一是乾隆四十年（1775）新增之例对于"侵损于人者，以凡人首从论"规则的变通："凡父兄子弟共犯奸盗杀伤等案，⑥如子弟起意，父兄同行助势，除律应不分首从及其父兄犯该斩绞死罪者，仍按其所犯本罪定拟外，余皆视其本犯科条加一等治罪，概不得引用为从字样。"（030-01）亦即在一家人共盗且该盗行为按律应分首从处理的情形下，如子弟起意、父兄同行助势，则并不按律文"以凡人首从论"的规则处理，而是"视其本犯科条加一等治罪，概不得引用为从字样"，加重对父兄的处罚，再次强调父兄尊长的责任。

---

① 《大清律例》，田涛、郑秦点校，法律出版社1999年版，第41页。

② 例文对部分强盗行为分首从处理，康熙帝与诸大臣的讨论以及定例之演变发展、实践状况等，可参见张寿镛编：《清朝掌故汇编》（中），广陵书社2011年版，第1065、1080页。沈家本对这一过程的论述及评价，参见[清]沈家本：《读律赘言》，载沈厚铎主编：《中国珍稀法律典籍集成》丙编第3册，科学出版社1992年版，第413~414页。

③ 《唐律疏议》，刘俊文点校，法律出版社1999年版，第125~127页。

④ 《宋刑统》，薛梅卿点校，法律出版社1999年版，第94~95页。

⑤ 《大明律》，怀效锋点校，法律出版社1999年版，第17页。

⑥ 据薛允升言，"此正侵损于人之事"。[清]薛允升：《读例存疑重刊本》第2册，黄静嘉编校，成文出版社1970年版，第120页。

清代还有一个创举是规定"僧道徒弟与师共犯罪,徒弟比引家人共犯罪律免科"①,此可谓是对"养不教,父之过"的下一句"教不严,师之惰"在法律上的彰显,也是法律要求僧道虽然"出家"但只是出了俗世之家,同时还得入丛林之"家"的一个体现。②

第二节　家人分赃及不能禁约子弟为盗

《大清律例》关于"家人共盗"的规定较前代之变化与发展,还体现在例文新增对家人仅参与分赃、不实行上盗情形之下的处罚。强盗门与窃盗门分别有例云:

> 强盗同居父兄、伯叔与弟,其有知情而又分赃者,如强盗问拟斩决,减一等,杖一百、流三千里。如问拟发遣,亦减一等,杖一百、徒三年。其虽经得财,而实系不知情者,照本犯之罪减二等发落。父兄不能禁约子弟为盗者,杖一百。(266-19)

> 凡窃盗同居父兄、伯叔与弟,知情而又分赃者,照本犯之罪减二等。虽经得财,而实系不知情者,减三等。父兄不能禁约子弟为窃盗者,笞四十。(269-24)

分赃包括"知情"与"不知情"两种情形,对前者之处罚重于后者:强盗对前者减一等,对后者减二等;窃盗对前者减二等,对后者减三等。而即便并未分赃,只要子弟为强窃盗,父兄也将因"不能禁约子弟为盗",面临杖一百或笞四十的惩罚。

乾隆四十四年(1779)黄锡珠之父黄廷昌因不能禁约子弟为窃盗,嘉庆十九年(1814)韩广之父韩添因不能禁约子弟为强盗,即均依此"连坐"。③ 有清代的佚名官员或幕僚专门提醒同侪和后进:"所犯盗案,其盗犯之父与伯叔兄弟,是否同居,有无分赃、知情,俱应审明。"④不过薛允升道出这两条例文在司法实践中遭遇的困境:"其于父兄也,则曰并不知情,照不能

---

① 《钦定大清会典》卷54,光绪乙亥刻本。
② 参见谢晶:"家可出否:儒家伦理与国家宗教管控",《北方法学》2015年第4期。
③ 军机处档折件,档案号025922;宫中档奏折—嘉庆朝,档案号404015650。
④ [清]佚名:"招解说",载《明清公牍秘本五种(第二版)》,郭成伟、田涛点校,中国政法大学出版社2013年版,第521页。

禁约例,拟杖完结者,比比皆然。"并指出其原因:"不知情,谓不知盗情也,既得财矣,何以云不知情耶?"①但其实这里的问题可能并非如薛氏所言,乃因知情与不知情两种情形本身在逻辑上不能被区别,而应是由于其纯属主观上的因素、难以在客观上有所体现,因而才导致了在实践中(而非逻辑上)难以被查明区别,并进而出现困境。

此外,盗贼窝主门内有关于强窃盗窝家之家人分赃的例文:"强窃盗窝家之同居父兄、伯叔与弟……知情而又分赃,各照强窃盗为从例,减一等治罪。父兄不能禁约子弟窝盗者,各照强窃盗父兄论。"(278-05)该例所言分赃仅有知情分赃一种,未言不知情得赃的情形,不能禁约子弟窝盗者是各照强窃盗父兄论,或可从逻辑推论,不知情而得赃者亦归入这一类处理。薛允升对本例也有质疑:"知情而又分赃,即系一家人共犯,何以不坐父兄为首之罪?……父兄不得为子弟从,犯罪分首从门立有专条,与此为从减一等不符。"②此又有错诬律例之嫌:所谓"知情而又分赃",是例文单列的一种情形,指事前在主观上未有造意共谋、客观上也并未亲自上盗者,若果有事前的造意共谋以及上盗情节,则确可径依一家人共犯律例之规则处理。

关于家人分赃的例文仅有这三条,分别关于强盗、窃盗及强窃盗之窝家,而未有关于白昼抢夺者。对此薛允升又有微词:"岂抢夺案犯独无此等亲属耶?"③笔者也赞同这一批评。白昼抢夺,"介乎强、窃之间,……轻于强而重于窃"④。既然强、窃盗之家人分赃者将面临处罚,那么介于强、窃盗之间的白昼抢夺之家人也理应面临相应处罚,这里未有,便显然是例文有所参差。薛氏指出,明代开始立白昼抢夺专条介于强窃之间,但由于时常忽略整个律典体系的协调,导致出现诸多"应有而却无,应无而却有"的"纷岐"。⑤这一判断不错,本著后文也将多次提及这一现象。

第三节　法家的"连坐"与儒家的"连坐"

所谓"连坐",本源自法家主张的一种制度。据考证,早在夏商时代可能

---

① [清]薛允升:《读例存疑重刊本》第3册,黄静嘉编校,成文出版社1970年版,第600~601页。
② 同上书第4册,第755页。
③ 同上书第3册,第665页。
④ [清]沈之奇:《大清律辑注》(下),怀效锋、李俊点校,法律出版社2000年版,第88页。
⑤ [清]薛允升:《唐明律合编》,怀效锋、李鸣点校,法律出版社1999年版,第68页。

68

便已有相关制度,但连坐制度真正的"成型时期"是战国——秦国是诸侯中有关该制度的"集大成者",而商鞅是"奠基者"。①《史记·商君列传》载:"令民为什伍,而相牧司连坐。不告奸者腰斩,告奸者与斩敌首同赏,匿奸者与降敌同罚。"连坐制度流变至后世的体现,如历代律典对谋反大逆、谋叛者连坐家人、同居人的规定,②还如明太祖《大诰》之中一系列关于族诛的内容。③有意思的是,外国历史上的诸多制度也近似法家的主张,如《汉谟拉比法典》规定,盗卖他人财物的罪犯如果死亡,家属负担五倍于原物的赔偿金。④在法兰西王国时期,路易十四(Louis XIV)颁发敕令,一人犯罪,祸及全家,即使幼儿与精神病患者也不能幸免,甚至全村的人都要被连坐。⑤

这类法家的主张及制度为儒家所反对,如孟子提倡"罪人不孥"(《孟子·梁惠王下》),颇多观点已接近法家的荀子也抨击"以族论罪"为"乱世"之举(《荀子·君子》)。然而其实儒家也有自己的"连坐"观念及制度,只是其出发点及目的与法家不可同日而语。从整体上而言,二者之差别主要体现在:法家乃从统治秩序的角度考虑,试图以严刑峻法恫吓、逼迫民众不敢犯罪;而儒家则在家庭伦理的构架之下,强调尊长对卑幼的教化责任。此亦与儒家向来重视教育的主张相符,《周易》"蒙卦"初六爻辞所谓"发蒙,利用刑人,用说桎梏",《象传》说:"蒙以养正,圣功也。"一言以蔽之,前者冷峻冰冰,后者温情脉脉。

具体而言儒家的"连坐",其在法律上的典型体现就是本章所论及的一家人共盗问题。关于其立法的具体缘由,共犯罪分首从律文的小注已道出:"以尊长有专制之义也。"律学家进一步解释:"一家人共犯一罪,其卑幼则从尊长之意而行者也。尊长能制卑幼,卑幼不能强尊长,故止坐尊长,卑幼勿论。"⑥所以律文所言"如妇人尊长与男夫卑幼同犯,虽妇人为首,仍坐男夫"的原因也在于此:"妇人虽系尊长,而不能在外专制,故独坐男夫。"⑦在

---

① 参见俞可平:"从'连坐'看传统中国的群己关系",《学术月刊》2023年第5期。
② 参见《唐律疏议》,刘俊文点校,法律出版社1999年版,第348~353页;《宋刑统》,薛梅卿点校,法律出版社1999年版,第304~309页;《大明律》,怀效锋点校,法律出版社1999年版,第134~135页;[清]薛允升:《读例存疑重刊本》第3册,黄静嘉编校,成文出版社1970年版,第555~559页。
③ 参见[清]沈家本:《历代刑法考》(下),商务印书馆2011年版,第875~877页。
④ 法学教材编辑部《外国法制史》编写组:《外国法制史资料选编》(上),北京大学出版社1982年版,第22页。
⑤ 参见张明楷:《刑法格言的展开(第三版)》,北京大学出版社2013年版,第108页。张教授还指出,《汉谟拉比法典》规定,"父母犯罪,其子女也应承担刑事责任"。但笔者遍翻该法典,没有找到相关内容,未知何故。
⑥ [清]沈之奇:《大清律辑注》(上),怀效锋、李俊点校,法律出版社2000年版,第93页。
⑦ [清]吉同钧:《大清律例讲义》卷2《名例律》,法部律学馆付印,光绪戊申本,第16页。

中国传统社会中,尊长有"专制之义",其在清律中的体现是"子孙违反教令"律(338-00),对违反祖父母、父母教令的子孙予以处罚。故而在一家人共犯罪的情况下,法律直接推定卑幼的犯罪行为是被尊长强制所为。其实在来自西方的现代刑法中也存在类似的观念和意旨,如德国有"组织性支配的间接正犯"概念,①而我国亦有"通过强制达成的支配类型"的间接正犯:

  强制(包括物理的强制与心理的强制),既可能是完全压制了他人意志,使他人丧失自由意志的情形,也可能是虽然没有丧失自由意志,但面临着紧迫的危险,不得不按照利用者的意志实施犯罪行为的情形。②

尊长类似这里的"利用者",卑幼则相当于"被利用者"。卑幼在传统时代赋予尊长的"专制之义"之下,"虽然没有丧失自由意志",但也不可不谓"不得不按照利用者的意志实施犯罪行为"。因而即便按照现代刑法的这一规则,尊长也可被认定为"直接正犯",只是清律认为"不能将结果归责于受强制者,只能归责于强制者",未考虑卑幼是否被压制得"丧失自由意志"的问题。

当然,"侵损于人,仍以凡人首从论"的规定表明,清律也并非完全未考虑卑幼的"自由意志"问题。对此沈之奇有精辟解说:"若家人不敢伤人,则犹有畏心,不过随从尊长而已,乃尊长止令打夺,家人逞凶伤人,遂陷尊长于死,焉可不坐以为从之罪哉?"③卑幼在尊长的指令"打夺"之外,若逞凶伤人,则会被认为并非完全是在尊长的强制之下犯罪,不再止坐尊长而是按凡人首从论,此即可谓考虑了卑幼是否因强制而"丧失自由意志"。

更进一步,若是尊长本人并未直接上盗,仅在事后分赃(知情或不知情),甚至连分赃的情形也不存在,也将面临处罚。如此规定遭到薛允升的强烈批评,不仅从整体上质疑道:"有不率教者,刑之可也,杀之亦可也,罪其父兄子弟,何为也哉?"还具体指出例文的两处"缺陷":其一,仅处罚"同居父兄、伯叔与弟","未言分居",亦"不及其妻子","岂父兄等不应分赃,而妻

---

① 相关理论可参见〔德〕克劳斯·罗克辛:《德国刑法学总论》第 2 卷,王世洲等译,法律出版社 2013 年版,第 37~46 页。
② 张明楷:《刑法学(第六版)》(上),法律出版社 2021 年版,第 527 页。
③ 〔清〕沈之奇:《大清律辑注》(下),怀效锋、李俊点校,法律出版社 2000 年版,第 584 页。

子独许分赃耶？"①其二，与亲属得相容隐的原则矛盾。

笔者窃以为，薛氏的这些批评实多是因为未能透彻理解此中的立法意旨，也即"儒家的连坐"背后的思想观念。关于第一点，本人犯罪，罪其父兄，乃因尊长负有教化子弟之权与责，薛氏自己也曾言："父兄等有约束子弟之责，不能禁子弟为窃，而反分其赃，是以科罪从严。"②尊长有约束卑幼的权责，所以要求他们承担卑幼犯罪的"连坐"责任，而未有这一权责的妻与子即自然无须承担，权责小于同居尊长的分居尊长也被免除承担。③ 在此真正值得商榷者，乃"胞弟一层"。胞弟并无教化兄长的权责，因而按理也应同于妻与子，无须承担"连坐"责任，然例文将其添入，即有不合理、滑向法家主张之嫌。

至于第二点，这一"连坐"责任也与亲属得相容隐原则并不矛盾，二者均是儒家思想在法律制度上的反映，只是二者的出发点及发生作用的时间不同。前者强调的是犯罪发生之前尊长对卑幼的教化责任，《周易》"家人卦"初九爻辞所谓"闲有家，悔亡"是也，或如乾隆十八年（1753）时任云南按察使的沈嘉征所言，此"所以为弭盗计者"④。而后者则是被置于犯罪发生之后的制度，其目的在于维护儒家所倡导的温情脉脉的家庭伦理关系。一者为事前的犯罪预防，一者乃犯罪已然之后对伦理秩序的维护，二者并无矛盾。

小结　教化作为一种"责任"

钱穆先生说："研究制度，必须明白在此制度之背后实有一套思想与一套理论之存在。"⑤来自儒家的制度，须是从儒家思想本身的脉络去梳理，才可解释得通。否则即便如薛允升这样一位理论与实践经验兼备的刑部官员

---

① 参见[清]薛允升：《读例存疑重刊本》第3册，黄静嘉编校，成文出版社1970年版，第600~601、665页。

② 前述例文"凡父兄子弟共犯奸盗杀伤等案，如子弟起意，父兄同行助势，……余皆视其本犯科条加一等治罪，概不得引用为从字样"的立法缘由，也与此类似："盖父兄平昔不能教之以义，方为非分，又不能以理约束，而萌同行助恶，……恶其济恶也。"参见[清]姚雨芗原纂、[清]胡仰山增辑：《大清律例刑案新纂集成》卷4《名例律下》，同治十年刻本，第3页。

③ 雍正十年（1732），张大小等强盗被获，其分居之叔父张智据即无据此免责。内阁大库档案，登录号 016120-001。

④ 内阁大库档案，登录号 023499-001。

⑤ 钱穆：《中国历史研究法》，九州出版社2012年版，第30页。

并律学家,对律例的论说也可能出现偏差;而在中国传统法领域颇有建树的日本学者仁井田陞先生也曾混淆儒家的"家人犯法,罪及家主"与法家的连坐。① 因此,更毋庸言某些惯于戴着"有色眼镜"任意指摘我们的西方人,如孟德斯鸠(Montesquieu):

> 中国实行子罪父坐,秘鲁也是这样。这种做法依然源自专制观念。有人说,在中国之所以子罪父坐,是因为父亲没有行使大自然所赋予的,又由法律所加重的父权,这种说法没有任何意义。其实,这说明中国人根本没有荣宠观念。在我们这里,无论是儿子被判刑的父亲或是父亲被判刑的儿子,他们因此而感到的羞耻,其程度与中国人因被处死而感到的羞耻没有区别。②

为何"这种做法依然源自专制观念",孟氏并未给出合理解释。笔者也不了解法国人的荣辱观念或羞耻感是否真有如此强烈,但仅用荣辱观念或羞耻感来解说、否定"子罪父坐"的观念和制度,显然是南辕北辙、驴唇马嘴。

当然,在对这一儒家的"连坐"进行梳理与解释过后,也须得承认,相关规则也并非完美无缺。只是,对来自儒家的制度的批评与反思,亦得从儒家思想本身出发。儒家所提倡的"教化"责任,不仅要求一家之中的家长承担,更要求一国之中为民父母的君主亦须肩负。《周易》"临卦"《象传》:"君子以教思无穷,容保民无疆。"儒家强调统治者不仅要"言教",更须得身教、以身作则。董仲舒言:"为人君者,正心以正朝廷,正朝廷以正百官,正百官以正万民。"(《汉书·董仲舒传》)伊川先生谓:"君仁莫不仁,君义莫不义,天下之治乱,系乎人君仁不仁耳。"③惜乎现实中的历代统治者及其制定的律法常常自动遗忘自己的责任,仅片面强调民间各家父兄尊长的责任,而免除自己作为"民之父母"的责任。

薛允升曾质问道:"朝廷设官分职,本以教养斯民也,教养之道行,盗贼自然化为良善;……若谓父兄不能禁约子弟为盗,即应科罪,诚然,然试问在上者之于民,果实尽教养之道否耶?"④黄六鸿也说:"夫盗亦民也,或上而失

---

① 〔日〕仁井田陞:《中国法制史》,牟松发译,上海古籍出版社2018年版,第59页。中国学者里也有混淆法家与儒家"连坐"的现象,如王绍玺:《窃贼史》,广西民族出版社、上海文艺出版社2000年版,第202页。
② 〔法〕孟德斯鸠:《论法的精神》(上),许明龙译,商务印书馆2015年版,第113页。
③ 〔宋〕朱熹、〔宋〕吕祖谦:《朱子近思录》,上海古籍出版社2010年版,第97页。
④ 〔清〕薛允升:《读例存疑重刊本》第3册,黄静嘉编校,成文出版社1970年版,第665页。

其所以为教,与下而失其所以为养,以至于此也。上失其教,则不知礼义之所遵、刑罚之可畏,而民易于陷法;下失其养,则不知贫困之当守、财利之未可苟得,而民相率为盗。则是盗也,乃上之始而驱之,及其入于盗,又从而禁之、戮之,不亦甚可悯哉!"①乾隆皇帝似乎也曾在一定程度上认识到这一问题,在一桩洋盗案件审结之后生出了些许"愧"意:"该犯等固属情罪重大、法无可贷,究愧不能道之以德,不得不齐之以刑。"但是他马上又话锋转向,将责任推至地方官员与乡党、亲族:"该省之盗案累累,究由从前地方官废弛因循所致。……益当于姻族乡党内,互相诫勉,毋致再蹈刑章。"②如此,则是仍未能完全承认自己的责任。

标榜以儒学为正统思想的统治者,实则惯于"选择性"尊儒、"选择性"以礼入法,符合自身利益的采纳,不符合则时常视而不见。而其实何止对待儒学如此,因为即便法家的代表人物商鞅也说过"法之不行,自上犯之"③,一贯事实上奉行所谓"外儒内法"方略的统治者在此处也忘记了"内法"对自己责任的强调。诚如学者的评论:"儒、墨、道、法乃至后来的佛教等等思想学说皆为专制君主政治所利用,独夫民贼们自有其固定的取舍标准,原不问各家思想之本来面目如何。"④借用徐复观先生的用词,此不过统治者对包括儒学在内的各家学说进行"缘饰"性利用。⑤

---

① [清]黄六鸿:《福惠全书》,周保明点校,广陵书社2018年版,第308页。
② 《清高宗纯皇帝实录》卷1332,乾隆五十四年己酉六月。
③ 《史记》卷68《商君列传》。
④ 参见苏亦工:《天下归仁:儒家文化与法》,人民出版社2015年版,第60~62页。
⑤ 徐复观:《儒家思想与现代社会》,九州出版社2014年版,第171页。

第三章　盗贼窝主:狡兔之窟

> 盗所隐器,与盗同罪。
> ——《左传·昭公七年》
> 射人先射马,擒贼先擒王。
> ——[唐]杜甫《前出塞曲》

引论　多此一举的立法?

《大清律例》盗律规定有一类特殊的犯罪主体——盗贼窝主,其律(278-00)曰:

(一)凡强盗窝主造意,身虽不(同)行,但分赃者,斩。(若行,则不问分赃、不分赃,只依行而得财者,不分首从皆斩。若不知盗情,只是暂时停歇者,止问不应)若不(同)行,又不分赃者,杖一百、流三千里。共谋(其窝主不曾造谋,但与贼人共知谋情)者,行而不分赃,及分赃而不行,皆斩;若不行又不分赃者,杖一百。

(二)窃盗窝主造意,身虽不行,但分赃者,为首论。若不行又不分赃者,为从论(减一等);以临时主意上盗者为首。其(窝主若不造意,而但)为从者,行而不分赃,及分赃而不行,(减造意一等)仍为从论;若不行又不分赃,笞四十。

…………

(四)其知人略卖和诱人及强窃盗后而分(所卖所盗)赃者,计所分赃,准窃盗为从论,免刺。

(五)若知强窃盗赃而故买者,计所买物坐赃论;知而寄藏者,减(故买)一等;各罪止杖一百。其不知情误买及受寄者,俱不坐。

若以现代刑法(学)的目光视之,则盗贼窝主应属共同犯罪人之一种,对其按照共同犯罪的规则定罪量刑便可。即使在传统时代的语境下,薛允升亦质疑道:"窝家即伙盗也,照伙盗治罪,夫复何解?"①那么,面对如此浅显的道理,传统时代的立法者为何要"多此一举"地把盗贼窝主单独成律呢?这一立法果真有如薛氏所言之不足为道吗? 本著认为,答案是否定的。事实上,盗贼窝主律例不仅自有其立法缘由,且已逐渐形成较为完备、细致的规则之网,甚而其中体现出的立法技术与智慧在今天仍然值得我们参考借鉴。

目前学术界还少有对盗贼窝主律例的专门研究。除了其时之律学家稍有论考,当代学人中仅见孙向阳博士有部分探讨,②但限于篇幅、视角、材料等,这些论说均未能直揭这一律例的立法原理,而本章即试图做此努力。

第一节 立法缘由:扩大处罚范围

一、窝主之缘起

要解释盗贼窝主的立法缘由,须得从古今不尽相同的"共同犯罪"规则开始讲起。根据我国现行《刑法》第25—27条,共同犯罪指二人以上共同故意犯罪。其中,组织、领导犯罪集团进行犯罪活动的或者在共同犯罪中起主要作用的是主犯,起次要作用或者辅助作用的是从犯。其他大陆法系国家的相关立法例与此不同,如以德国、日本为代表的"参与犯体系"将犯罪人分为正犯与狭义的共犯:正犯是"亲自动手实施符合犯罪构成行为,本来就值得处罚的直接行为人";狭义的共犯是"以帮助、教唆形态参与且介入程度较浅"的人。之所以对狭义的共犯进行处罚,是因为"将正犯的处罚范围扩展到本不值得处罚的犯罪形态上去了的缘故"。③

我国传统时代律典中的相关规则与当代中西各国均有所不同。以清律为例,《名例律》"共犯罪分首从"律(030-00)所规定的一般规则为:"凡共犯罪者,以(先)造意(一人)为首;(依律断拟)随从者,减一等。"有学者解读道,这里的"共犯罪者"仅指"共同实行犯罪"之人,他们"最容易引起官方的

---

① [清]薛允升:《唐明律合编》,怀效锋、李鸣点校,法律出版社1999年版,第560页。孙向阳博士赞同此说,参见孙向阳:《中国古代盗罪研究》,中国政法大学出版社2013年版,第434~437页。
② 参见孙向阳:《中国古代盗罪研究》,中国政法大学出版社2013年版,第422~437页。
③ 参见黎宏:《刑法学总论(第二版)》,法律出版社2016年版,第254~255页。

注意,最开始要取缔的就是这些人",但随着刑事政策的发展,官方注意到一些"总不出面的共犯"实际上也危害不小,于是才从刑事政策的实际需要出发,"另设特别规定取缔一些不直接参与实行行为,但是对法律秩序有较大危害的相关人",将这些原本不在律典处罚范围内的人纳入处罚范围。①

简单比较可以发现,清律共犯罪分首从律把实行犯依据是否造意区分为首犯与从犯,这与我国现行《刑法》把所有参与犯罪的人按照在共同犯罪中起主次作用而划分为主犯与从犯的方式不同。而与德、日的"参与犯体系"相较,该律仅处理"正犯",未及"狭义的共犯"。对"狭义的共犯"的处理,还须"另设特别规定",这又与德日"将正犯的处罚范围扩展到本不值得处罚的犯罪形态上"的做法异曲同工。这样的立法方式体现在盗律中,首先,用于处理共盗案件的盗律与共犯罪分首从律仅规范实行上盗的人。其次,一方面,"专为共谋而临时不行者"设"共谋为盗"律(279-00),将并未实行上盗但参与共谋之人纳入处罚的范围;另一方面,即是进一步特设本章关注的盗贼窝主律作为"共谋为盗"之特例,对其施以较普通共谋为盗者更重的处罚。

那么"盗贼窝主"究竟为何呢?《红楼梦》第七十四回抄检大观园时,探春骂道:"我们的丫头,自然都是些贼,我就是头一个窝主。既如此,先来搜我的箱柜,他们所有偷了来的都交给我藏着呢。"②探春描述的就是盗贼窝主的行为。对此,律学家有更确切的概括:

招集亡命,纠合匪人,以隐藏在家,纵使为盗,得赃同分者也。③

盗贼窝主最早或可追溯至《左传》,《文公十八年》:"先君周公……作誓命曰,……掩贼为藏。"《昭公七年》:"吾先君文王,作仆区之法,曰'盗所隐器,与盗同罪'。"此后,《汉书·王敞传》:"广川王姬昆弟及王同族宗室刘调等通行为之囊橐。"颜注释之曰:"言容止贼盗,若囊橐之盛物也。"沈家本指出,此即明清律典之窝主。④ 在唐宋的律典中,尚无专门的盗贼窝主律文,但北宋仁宗年间将惩治"盗贼囊橐之家"的敕令汇编起来,订立了《窝藏重法》:"自嘉祐六年,始命开封府诸县盗贼囊橐之家立重法,……至元丰,更定其法,……囊橐之家,劫盗死罪,情重者斩,余皆配远恶处,籍其家赀之半为

---

① 参见戴炎辉:《唐律通论》,元照出版有限公司 2010 年版,第 363 页;〔德〕陶安:"中国传统法'共犯'概念的几则思考",《华东政法学院学报》2014 年第 2 期。
② 〔清〕曹雪芹:《红楼梦》(下),人民文学出版社 2008 年版,第 1030 页。
③ 〔清〕沈之奇:《大清律辑注》(下),怀效锋、李俊点校,法律出版社 2000 年版,第 638 页。
④ 参见〔清〕沈家本:《历代刑法考》(下),商务印书馆 2011 年版,第 840 页。

赏。……虽非重法之地,而囊橐重法之人,并以重法论。"①明清盗贼窝主律例之直接张本乃元代法律:"诸藏匿强窃盗贼,有主谋纠合,指引上盗,分受赃物者,身虽不行,合以为首论。若未行盗,及行盗之后,知情藏匿之家,各减强窃从贼一等科断,免刺,其已经断,怙终不改者,与从贼同。"②《大明律》律文与清同,③后者仅添入小注。

为何要对盗贼窝主处以较其他普通共谋为盗者更重的刑罚呢? 其缘由已被当时的统治者以及司法官、律学家道明,如雍正皇帝即曾多次强调:"缉盗当以访察窝家为要,此乃强盗之根源。"④乾隆皇帝也说,盗贼"未经发觉之先,必有积盗为之窝藏纠合,若能穷究其根,翦除净尽,则匪党无所依附,盗风自然止息"⑤。清初律学家王明德言:"各项盗贼,非有窝主,则不能成其恶,是以特重以盗贼窝主之律。"⑥清末律学家吉同钧谓:"盗之起也,必有藏匿之数,必先严窝主之法,治以连坐之罪,迫其巢穴"⑦;"盖律之本意,原是重窝主之罪,以靖盗源"⑧。各地方大员亦持类似观点,如雍正年间的广西按察使认为,"盗贼之事,起于盗首,实成于窝家"⑨。道光年间的直隶总督指出,"盗贼最为闾阎之害,窝家尤为盗贼之源"⑩。嘉庆年间的山东巡抚详细解说道:

  盖本村民人,即或并无父兄或并无家室,而姓名年貌易于指认,偶尔行窃,迹难掩饰,赃难销售,即有外来贼迹,面生可疑,亦易盘获。惟一有窝藏之人,则别村异籍之迹徒皆可留顿,而赃物亦易于消弭,以致灭迹潜踪,破案为难。是窝主不惟招来盗贼,且有代为掩护,其害民殆甚于贼迹,且贼迹借以为藏身渔利之所,不肯供扳,尤易漏网,更不可不加重治罪,以示惩创。⑪

更有甚者,据明代正德年间历任州县等亲民官的王浚川发布的一份公文记

---

① [宋]李焘:《续资治通鉴长编》第 23 册,中华书局 1990 年版,第 8255 页。详细研究,可参见郭东旭:"论北宋'盗贼'重法",《河北大学学报(哲学社会科学版)》2000 年第 5 期。
② 《元史·刑法志》,载《大元通制条格·附录》,郭成伟点校,法律出版社 2000 年版,第 423 页。
③ 《大明律》,怀效锋点校,法律出版社 1999 年版,第 147 页。
④ 宫中档奏折-雍正朝,档案号 402018957、402008841。
⑤ 《大清高宗纯皇帝实录》卷 94,乾隆四年己未六月。
⑥ [清]王明德:《读律佩觹》,何勤华等点校,法律出版社 2001 年版,第 80 页。
⑦ [清]吉同钧:《乐素堂文集》,闫晓君整理,法律出版社 2014 年版,第 40 页。
⑧ [清]吉同钧:《大清律例讲义》卷 3,法部律学馆付印,光绪戊申本,第 66 页。
⑨ 宫中档奏折-雍正朝,档案号 402003139。
⑩ 内阁大库档案,登录号 178275-001。亦见录副奏折,档号 03-3685-006。
⑪ 军机处档折件,档案号 052520。

上篇　盗之主体与对象

载:"凡做贼之小人,用心甚奸,为计亦巧,平日约有誓约,若遇犯出到官为窝主者,暗地为贼诉状、供食,以为日后脱身之图,至死亦不相皆。……盖盗贼彼获匿其真正窝主,以为救援之地;攀指良善之人,以为出脱之涂。"①

简单总结一下这些说法,即窝主本人不一定实行上盗,但为实行之盗贼提供藏身的巢窟,其对犯罪的贡献不仅不亚于后者,甚而被认为是盗贼的"根源"所在。故而,"射人先射马,擒贼先擒王",传统时代的立法、司法者认为,不仅要在律典特设专条严禁之,且在止盗、治盗时应首重从窝主下手。我国现行《刑法》特重容留他人吸毒、卖淫之罪(第354、359条),而不要求吸毒、卖淫者本人承担刑事责任,其立法缘由即与此类同。但如今在盗贼类犯罪中不再有这样的立法方式。

二、窝主与"窝藏"

盗贼窝主乃律典试图扩张处罚范围并加重处罚而产生的特例,故为了防止司法实践中过分扩张这一特例的适用,明万历年间特订"慎狱"之"用律之令",并沿用至清:

> 推鞠窝主窝藏分赃人犯,必须审有造意共谋实情,方许以窝主律论斩。若止是勾引容留,往来住宿,并无造意共谋情状者,但当以窝藏例发遣,毋得附会文致,概坐窝主之罪。(278-01)

此处所称之"窝藏例",乃本门内的另一条例文:

> 凡皇亲功臣管庄家仆佃户人等,及诸色军民大户,勾引来历不明之人,窝藏强盗二名以上,窃盗五名以上,坐家分赃者,俱问发近边充军。若有造意共谋之情者,各依律从重科断;干碍皇亲功臣者,参究治罪。(278-03)

根据本例,则"窝主"与"窝藏"的区别,在于行为人是否有主观方面的"造意共谋情状"。律学家解释了如此区别的原因,如吉同钧从实践的视角言:"此贼盗窝主之律拟罪过于严厉,恐人附会滥杀,故复设此后条问刑之例,以明用律之法。"②而王明德则从律例本身的角度道:"盖窝主者,主其谋以为上

---

① 《明清公牍秘本五种(第二版)》,郭成伟、田涛点校,中国政法大学出版社2013年版,第29页。
② [清]吉同钧:《大清律例讲义》卷3,法部律学馆付印,光绪戊申本,第66页。

78

盗之地也;若窝而藏之于家,以利其有,并未共谋为盗,则不过为盗之主家耳,凶念不自伊始,故律分轻重。"① 不过,此处语境下的"窝藏"仅是该词在律典中的一层含义,亦即窝主行为之外的一种独立的行为。但其实"窝藏"在律典中也可指窝主行为的一部分:窝主＝窝藏＋造意或共谋。

我国现行《刑法》中亦有"窝藏"这一概念,第310条"窝藏罪"曰:

> 明知是犯罪的人而为其提供隐藏处所、财物,帮助其逃匿或者作假证明包庇的,处三年以下有期徒刑、拘役或者管制;情节严重的,处三年以上十年以下有期徒刑。
>
> 犯前款罪,事前通谋的,以共同犯罪论处。

刑法学者解析道,窝藏行为是在被窝藏的人犯罪后实施的,其犯罪故意也是在他人犯罪后产生的,即只有在与犯罪人没有事前通谋的情况下实施窝藏行为的,才成立窝藏罪。如果行为人事前与犯罪人通谋,商定待犯罪人实行犯罪后予以窝藏、包庇的,则成立共同犯罪。② 这样的概念及分类与清律颇有几分相似,事前通谋以共同犯罪论处,在清律则是以窝主(广义上的共犯人的一种)论处,事后有窝藏行为的方成立窝藏罪,此即类似清律窝藏例所指。

当然,除了《刑律·贼盗》篇的盗贼窝主门,《刑律·捕亡》篇还有一"知情藏匿罪人"③律(393-00)与窝主、窝藏概念有关:

> 凡知(他)人犯罪事发,官司差人追唤,而(将犯罪之人)藏匿在家,不行捕告,及指引(所逃)道路,资给(所逃)衣粮,送令隐匿(他所)者,各减罪人(所犯)罪一等。(各字,指藏匿、指引、资给说。如犯数罪,藏匿人止知一罪,以所知罪,减等罪之。若亲属纠合外人藏匿,亲属虽免罪减等,外人仍科藏匿之罪,其事未发,非官司捕唤而藏匿,止问不应)其(已逃他所,有)辗转相送,而隐藏罪人,知情(转送隐匿)者皆坐;(减罪人一等)不知者,勿论。
>
> 若知官司追捕罪人,而漏泄其事,致令罪人得以逃避者,减罪人(所犯)罪一等;(亦不给捕限)未断之间,能自捕得者,免(漏泄之)罪。若他人捕得,及罪人已死,若自首,又各减一等。(各字,指他人捕得及囚死、自首说)

---

① [清]王明德:《读律佩觿》,何勤华等点校,法律出版社2001年版,第80页。
② 参见张明楷:《刑法学(第六版)》(下),法律出版社2021年版,第1442页。
③ 律名下有小注"以非亲属及罪人未到官者言"。

与盗贼窝主门仅针对盗贼而言不同,本律适用于所有种类的犯罪,此点与当代的窝藏罪同。但本律还有时间上的限制——"犯罪事发,官司差人追唤",亦即在犯罪之后、事发之前的藏匿等行为并不能依本律处理,而是根据小注所言,"只问不应",①此又与当代窝藏罪在时间要求上仅笼统规定"犯罪之后"、不考虑是否事发不同。

薛允升批评盗贼窝主律为多余的论据之一,乃"窝主有事前、事后之分,……若本不同谋,行盗以后,犯或潜逃其家藏匿",则可引用此知情藏匿罪人律,不应"仅拟杖责"。②此论显然是由于遗忘了前引例文"推鞫窝主窝藏分赃人犯,必须审有造意共谋实情,方许以窝主律论斩"之说。事实上,窝主律仅处理"审有造意共谋实情"亦即"事前"者。此处确有可能发生冲突的情况,是本律与前述之"窝藏例"。二者均是用以处理"事后"藏匿的情况,区别在于前者仅能适用于强窃盗,后者则适用于所有类型的犯罪,前者仅能适用于"窝藏强盗二名以上,窃盗五名以上",后者则不限藏匿罪人之数。故而依照传统时代亦存在的类似于"特别法优于普通法"的原则,二者的适用也不存在太大问题。只是对于窝藏强盗不及二人、窃盗不及五名的情况或有疑问,按照王明德的说法,如此是为依"不知情及盗后分赃之各本律"从轻科断,而并非依此知情藏匿罪人律处理。③

三、窝主与分赃、故买、寄藏

盗贼窝主律的第四、五节进一步扩张处罚的范围,将分赃、故买、寄藏三种并未实行上盗且并非窝主的行为也纳入进来。相关规则整理为表格如下:

表 3-1

概念(行为)	处罚
分赃	准窃盗为从论,免刺
故买	坐赃④论
寄藏	减故买一等

这两节的规定因于唐宋的"知略和诱强窃盗受分"律:"诸知略、和诱及

---

① 《大清律例·刑律·杂犯》"不应为"律(286-00):"凡不应得为而为之者,笞四十;事理重者,杖八十。"
② [清]薛允升:《唐明律合编》,怀效锋、李鸣点校,法律出版社1999年版,第560页。
③ 参见[清]王明德:《读律佩觽》,何勤华等点校,法律出版社2001年版,第81页。
④ 具体处理规则见《六赃图》,载《大清律例》,田涛、郑秦点校,法律出版社1999年版,第42~46页。

强盗、窃盗而受分者,各计所受赃,准窃盗论减一等。知盗赃而故买者,坐赃论减一等;知而为藏者,又减一等。"①只是明清律的处罚较唐宋有所提高。具体言清律,如沈之奇之解说,"知盗后分赃,故买、受寄,皆干连盗赃之情,故叙于窝主之后。买轻于分,寄又减于买"②,故对三种行为的处罚依次递减。只是律文尚要求对三种行为处罚的前提乃知情,即"知人略卖和诱人及强窃盗后而分(所卖所盗)赃"或"知强窃盗赃而故买""知而寄藏",若是"不知情误买及受寄者,俱不坐"。

律文的这些规定在实践中也能得到遵循。顺治九年(1652),谭卷伍知情故买,依本律以坐赃论,拟杖一百。③ 乾隆四十四年(1779),殷世华买赃,但并不知情,因而"毋庸议"。④ 嘉庆十九年(1814),李世华知盗后分得赃钱四千文,照本律准窃盗为从论,杖六十,免刺。⑤ 实践中还有行为人进行了其中之一行为,却被认为情同另一行为的可能。如嘉庆二十四年(1819),郭世全明知窃赃故买,后转卖得利,被认为"其情节与分赃无异",于是比照"知窃盗后而分赃,计赃准窃盗为从论"。⑥ 再如道光七年(1827),刘进珠因"节次收藏赃物,代卖分赃",被认为"情同窝主","若仅照'知窃盗后而分赃'计赃科罪,未免轻纵",比照有关窝主的一条例文量减一等处理。⑦ 此外,"代为质押"赃物者,"虽未伙同行窃",亦可能被认为所行不妥,"着笞责示儆"。⑧

盗贼窝主门内还有两条例文对这两节律文进行了部分损益,并主要是对部分情形加重处罚:

> 强盗案内知情买赃之犯,照洋盗例,分别次数定拟。其知情寄藏,及代为销赃者,一次,杖八十、徒二年;二次,杖九十、徒二年半;三次以上,杖一百、徒三年。(278-20)
>
> 知窃盗赃而接买受寄,若马骡等畜至二头匹以上,银货坐赃至满数

---

① 《唐律疏议》,刘俊文点校,法律出版社1999年版,第405页。《宋刑统》该律与此一致,参见《宋刑统》,薛梅卿点校,法律出版社1999年版,第361页。
② [清]沈之奇:《大清律辑注》(下),怀效锋、李俊点校,法律出版社2000年版,第640页。
③ 内阁大库档案,登录号015087-001。
④ 军机处档折件,档案号025922。
⑤ 宫中档奏折-嘉庆朝,档案号404015650。
⑥ [清]祝庆琪等编:《刑案汇览三编》,北京古籍出版社2004年版,第782~783页。
⑦ [清]许梿、[清]熊莪纂辑:《刑部比照加减成案》,何勤华等点校,法律出版社2009年版,第509页。
⑧ [清]钟体志:《柴桑俻录》,载《明清法制史料辑刊》第一编第34册,国家图书馆出版社2008年版,第237页。

者,俱问罪,不分初犯再犯,枷号一个月发落。若三犯以上,不分赃数多寡,俱免枷号,发近边充军。(接买盗赃至八十两为满数,受寄盗赃至一百两为满数,盗后分赃至一百二十两以上为满数)(278-21)①

光绪八年(1882),袁大马等偷窃禁物,侯善详即善子侯知情销赃十余次,即比照278-21例,"知情销赃三次以上例问拟,罪止拟遣"。②

此处值得一辨的是,尽管笔者认同本节所引学者关于传统律典"共犯罪者"仅指"共同实行犯罪行为者"的论点,但戴炎辉先生继而主张对"共同实行犯罪行为者"采"扩张的正犯"概念,认为实行犯罪者包括帮助犯,③笔者不敢苟同。前引陶安教授亦不赞同此说,但并未详说缘由。事实上,从立法原意来看,传统律典的共犯罪者更接近于"限制的正犯",亦即仅指"以自己的身体动静直接实现"构成要件的犯罪人,④否则上述之故买、寄藏行为均可直接纳入帮助犯中处理,无须再规定于盗贼窝主律之中。从案例之中亦可印证此论。据道光二年(1822)刑部福建司说帖所载赵启魁洋盗一案,张元高、林明顺二人"受雇在船摇橹",赵姓"将船驶至事主船旁时",梁如会、梁仁高二人"扳住客船不使撑开"。张、林、二梁四人均可谓"帮助犯",但对四人并未按共犯罪之从犯处理,而是比照强盗门内的一条例文加一等,最终处刑相较前者为轻。⑤

第二节 一般规则:分纲领、列条目

窝主被认为是盗贼之源,亟须重点规制,故清律专门针对盗贼窝主的特点,从主观情状与客观行为两方面"分纲领、列条目",设定细致的处理规则。

---

① 此二条原例本系一条,系明代之问刑条例,顺治、乾隆、同治年间有三次改定,例文之定拟、演变及薛允升对其之批评,参见[清]薛允升:《读例存疑重刊本》第4册,黄静嘉编校,成文出版社1970年版,第761~762页。

② 但刑部认为,侯姓"明知袁大马偷窃禁物,辄为隐赃销售,实属异常藐法",于是建议从重处理,"于袁大马斩罪上量减为斩监候之处"。[清]祝庆琪等编撰:《刑案汇览全编·新增刑案汇览》第5卷,法律出版社2007年版,第114页。

③ 参见戴炎辉:《唐律通论》,元照出版有限公司2010年版,第363页。

④ 扩张的正犯、限制的正犯概念,参见张明楷:《刑法学(第六版)》(上),法律出版社2021年版,第509页。

⑤ [清]祝庆琪等编撰:《刑案汇览全编·刑案汇览》第14卷,法律出版社2008年版,第844~845页。

律学家所谓:"造意共谋,是此律之纲领。行不行、分赃不分赃,是此律之条目。"①

盗贼窝主律的"纲领"——造意与共谋,乃行为人主观方面的情状。沈之奇道出律文区别造意与共谋的用意:"先后为盗之意,造作上盗之法,指挥调度,悉出主张,谓之造意。同有为盗之心,共画上盗之策,计较商量,与谋其事,谓之共谋。……意是谋之主,造意在共谋之先。"②由是,律文对造意之窝主的处罚重于对共谋者,并对强盗与窃盗③的情形分而论之,用表格表述大致为:

表 3-2

	造意		共谋	
强盗	斩	杖一百、流三千里	斩	杖一百
窃盗④	为首论	为从论	为从论	笞四十

可以发现,本律之律意与共犯人分首从律(020-00)正相合:"以(先)造意(一人)为首;随从者,减一等。……若本条言皆者,罪无首从;不言皆者,依首从法。"看来本律是将适用于实行犯罪之人的规则类比适用于盗贼窝主。

当然,除了造意与共谋,本律涉及的行为人主观方面的情状,还有"知情"与"不知情"这两种并不类属于窝主的主观情状。所谓"知情",乃盗行为事后的"但闻知其事",⑤既非造意之"首事设谋",亦非共谋之"共相图谋",律典对其之规范即位于本章上一部分言及之分赃、故买、寄藏三种概念项下。至于"不知情"者,按律文首节小注,"若不知盗情,只是暂时停歇者,止问不应"。不过,薛允升对此颇有指摘:"律注谓止问不应,系指不知盗情而言,若明明窝盗,且共谋矣,岂止知情已哉? 乃仅拟以杖笞罪名,何也?"⑥此说即有厚诬律典之嫌。如前所述,律文已明言,"不知盗情"乃"造意"与"共谋"之外的一种单独的主观情状,亦即不知盗情者不可能为共谋,

---

① [清]沈之奇:《大清律辑注》(下),怀效锋、李俊点校,法律出版社2000年版,第639页。
② 同上书,第636、639页。
③ 薛允升指出,"本门内只言强窃盗窝主,并未及抢夺人犯,自应亦以造意同谋分赃不分赃为断"。参见薛允升:《读例存疑重刊本》第4册,黄静嘉编校,成文出版社1970年版,第763页。
④ 沈之奇谓:"言窃盗,则一切盗在其中。如掏摸与盗田野谷麦及坟茔(笔者之参用本作'莹',疑误)树木、马牛畜产之类,皆为窝主,犯者当以所犯本律之轻重,而以窝主之律准而科之。"参见[清]沈之奇:《大清律辑注》(下),怀效锋、李俊点校,法律出版社2000年版,第640页。
⑤ 同上书,第639页。
⑥ [清]薛允升:《唐明律合编》,怀效锋、李鸣点校,法律出版社1999年版,第560页。

共谋者也不可能不知盗情,二者只能居其一而不能同时发生,故而并不存在薛氏所言之矛盾情形。

行为人的客观行为——行/不行、分赃/不分赃,乃盗贼窝主律的"条目"。须得同时考察此"条目"以及前述之"纲领",方能得出对盗贼窝主定罪量刑的完整图谱。如此,表3-2可被完善为如下表3-3:

表 3-3

条目\纲领	造意		共谋	
	强盗	窃盗	强盗	窃盗
行,不行+分赃	斩	为首论	斩	为从论
不行+不分赃	杖一百、流三千里	为从论	杖一百	笞四十

先言强盗窝主。凡实行者"只依行而得财者,不分首从皆斩",与强盗律处罚一致。顺治十六年(1659),陈日就即"依强盗窝主同行分赃者律"拟斩。① 并未实行者,但分赃也斩,无论造意或共谋,如顺治七年(1650)的黄禄、顺治十一年(1654)的赵二、嘉庆五年(1800)的陈阿三造意不行分赃拟斩,②顺治十年(1653)的马天颜、乾隆五十四年(1789)的王光彩"强盗窝主共谋分赃而不行",拟斩。③ 既不行又不分赃,则造意者杖一百、流三千里,共谋者杖一百。

强盗律原本仅针对实行上盗之人而言,如吉同钧指出,该律"以行劫为重,既不同行,难以盗论,故无分赃不行之文"④。但实践中确常有"共谋不行又不分赃"或"造意不行又不分赃"的情形,不对这些人加以惩处似乎不合情理,故实践中遇到这类情形通常是照此强盗窝主律文,杖一百或杖一百、流三千里。到了乾隆五年(1740),考虑到"但有成案而无例款,殊属疏漏,因增入注内"⑤。沈之奇指出,这样的做法"实非律意":"盗非窝家,不能藏身聚谋,故窝主之法独严。若共谋之盗,始虽共谋,既而不行,已有悔悟之意,后不分赃,更有畏惧之心,直可宥之,否则科以不应足矣。"⑥此说甚有见地,律典本为重窝主之罪,将其与其他共谋为盗但并未上盗之人区别开来,但此律文小注以及之前的司法实践却将对窝主的较重的处罚规则运用到后

---

① 内阁大库档案,登录号 006398-001。
② 内阁大库档案,登录号 007033-001、087430-001;宫中档奏折-嘉庆朝,档案号 404005198。
③ 内阁大库档案,登录号 007630-001;宫中档奏折-乾隆朝,档案号 403058792。
④ [清]吉同钧:《大清律例讲义》卷3,法部律学馆付印,光绪戊申本,第 66 页。
⑤ [清]薛允升:《读例存疑重刊本》第 3 册,黄静嘉编校,成文出版社 1970 年版,第 589 页。
⑥ [清]沈之奇:《大清律辑注》(下),怀效锋、李俊点校,法律出版社 2000 年版,第 576 页。

者,如此显然"实非律意"。

当然,律文之外还有例文加重了对窝主"不行又不分赃"情形的处罚,使得对窝主的处罚仍然重于对普通共谋者:"强盗窝主造意,不行又不分赃,改发新疆给官兵为奴。若非造意又不同行分赃,但知情存留一人,发近边充军;存留二人,亦发新疆给官兵为奴;存留三人以上,于发遣处加枷号三个月;五人以上,加枷号六个月。如知情①而又分赃,无论存留人数多寡,仍照窝主律,斩。"(278-23)②光绪二十九年(1903),张忠祥即依本例,"非造意又不同行分赃,存留二人,发新疆给官兵为奴,……五人以上,加枷号六个月"③。强盗窝主造意,不行又不分赃,如表3-3,按律本应杖一百、流三千里,此处改为发新疆给官兵为奴。非造意又不同行分赃,律文杖一百,此处分别存留人数拟以军遣,亦较律文为重。唯最后一句,与律文一致。

咸丰十一年(1861),詹事府詹事上奏,指出这一例文还是过宽:"现在京城、各省盗贼日炽,若不因时制宜,何以辑强暴而安良善?"于是建议进一步加严:"嗣后京城、各省,凡窝藏强盗之家,如有造意共谋行而不分赃及分赃而不行,仍照强盗窝主本律拟斩,若虽非造意亦不同行分赃,但知系强盗而窝藏,不论窝藏人数多寡,并不上盗不得财,但为贼探听事主消息、通线引路者,亦均照强盗窝主本律,问拟斩决,如非知情窝藏,但知强盗后而分所盗之赃,并知而寄藏及代为销赃者,无论赃未满数已至满数,均发新疆给官兵为奴,遇赦不赦,妇女有犯者,实发驻防为奴,知强盗赃而故买者,无论赃数多寡,均杖一百流、三千里,其暂时存留者,仍照旧例核办,不知情及误买受寄者,均仍照旧例俱不坐。"该氏认为"如此分别从严惩办,庶足以靖盗风而安闾阎"。这一建议也被立为通行,要求嗣后"各省遵照办理"。④

次言窃盗窝主。造意者实行上盗或并未实行但分赃即为首,不行又不分赃为从,共谋者行而不分赃及分赃而不行为从,将原本仅适用于实行上盗之人的窃盗律文适用于并不一定实行的窝主。案例中这些规则亦得到遵循,如乾隆十八年(1753),周邵氏"窃盗窝主不造意分赃而不行",为从论;

---

① 此"知情"乃盗行为事前或事后,尚存疑问。若为事后之知情,则该例将对强盗知情分赃者的处罚从律文中"准窃盗为从"一变而为"斩",极大地加重处罚,如此即正如薛允升之言,"事后知情分赃者尚斩,窝主造意反问遣罪,似嫌未协"。因此笔者推断,此"知情"乃指事前而言,事前之知情则情同共谋,按律,共谋者但分赃即斩,亦与本例之规定相协。

② 例文制定、流变过程,参见[清]薛允升:《读例存疑重刊本》第4册,黄静嘉编校,成文出版社1970年版,第763页。

③ 宫中档奏折-光绪朝,档案号408010862。

④ 内阁大库档案,登录号208206-001。

乾隆三十二年(1767),马大、马二"窃盗窝主不行分赃为首论"。①而窝主共谋不行又不分赃笞四十,窃盗律文并无共谋者不行又不分赃治罪之款,此亦是特重窝主罪行之例。

律文之外,例文又一定程度加重对窃盗窝主的处罚:"造意分赃之窝主,不得照窃盗律以一主为重。应统计各主之赃,数在一百二十两以上者,拟绞监候;其在一百二十两以下,亦统计各赃科罪。"(278-14)对造意分赃的窃盗窝主的论罪原则,由窃盗律的"一主为重、并赃论罪",②改为"统计各主之赃",较大程度地加重了对窃盗窝主的惩处力度。正如薛允升所言,如此计赃之法"类乎监守自盗,而更严于枉法",因而批评道"似嫌太重""轻重均不得其平",并指出实践中"亦从无照此办理者"。③

第三节　特别规则:因身份、地区、对象而异

针对上一节所述对强窃盗窝主的一般规则,例文又进一步有所损益,主要是根据实践中遇到的一些特殊情况,对一些拥有特殊身份的窝主、在特定地区发生的窝主行为以及窝留特别对象的窝主行为加重处罚。

一、特殊身份的盗贼窝主

顺治年间的给事中王廷言:"盗贼恃窝主为巢窟,乃敢为窝主者,非地方豪恶,即投充庄头也。力足以(转变)[展辨],势足以庇护。"④光绪年间的酉阳州秀山县知县吴光耀称,其治下的"溶溪盗贼之盛,实病在有衣冠中人为之窝党"⑤。清代的立法、司法者发现,盗贼窝主尽管不一定实行上盗,但常借助其身份上的有利条件——"地方豪恶"或"衣冠中人",为盗贼提供"高枕无忧"的藏身巢窟。故律典专门对实践中常出现的一些拥有特殊身份的窝主制定较常人更重的刑罚。

针对回民:"回民窝窃,罪应极边、烟瘴者,改发新疆给官兵为奴。"

---

① 内阁大库档案,登录号075660-001、170259-001。
② 根据窃盗律文小注:"以一主为重,谓如盗得二家财物,从一家赃多者科罪;并赃论,谓如十人共盗得一家财物,计赃四十两,虽各分得四两,通算作一处,共十人各得四十两之罪。"(269-00)
③ 本例系乾隆三十五年(1770)纂定。参见[清]薛允升:《读例存疑重刊本》第4册,黄静嘉编校,成文出版社1970年版,第759页。
④ [清]蒋良骐:《东华录》,齐鲁书社2005年版,第101页。
⑤ [清]吴光耀:《秀山公牍》,载《明清法制史料辑刊》第一编第36册,国家图书馆出版社2008年版,第186页。

(278-17)①道光七年(1827),回民李大窝留杨五等抢窃,即按本例,"合依回民窝窃罪应极边烟瘴者",照"新例仍改发云贵两广"。② 案例集中并未言明此"新例"究为何,就笔者推测,应是《名例律》"徒流迁徙地方"门内的045-38 例:"凡内地回民犯罪,应发回疆……俱实发云、贵、两广极边烟瘴充军。"③盗律之中有包括本例在内的多条加重对回民处罚的例文,其中缘由苏亦工教授有精要解析:回民心齐,容易相互沟通聚合,且身强体壮、性格彪悍,故清廷采取了这些"应急手段"。④

对于在籍或曾任职官者:"凡曾任职官,及在籍职官,窝藏窃盗强盗,按平民窝主本律本例,罪应斩决者,加拟枭示;罪应绞候者,加拟绞立决;罪应徒流充军者,概行发遣黑龙江当差。"(278-06)⑤前引秀山知县吴光耀之论或可解本例之由来。

还有捕役、兵丁、地保等"在官人役":"凡捕役、兵丁、地保等项在官人役,有稽查缉捕之责者,除为匪及窝匪本罪应拟斩绞外遣,各照本律本例定拟外……若勾通豢养窃贼,及抢劫各匪,坐地分赃,或受贿包庇窝家者,俱实发云、贵、两广极边烟瘴充军。……至别项在官人役,尚无缉捕稽查之责者,如串通窝顿窃匪,贻害地方,亦各于应得本罪上加一等治罪。"(269-26)该条在道光年间的最后一次修订乃因于直隶总督那彦成之奏,从中可以看出其立法缘由:"直隶界连山东、河南二省匪徒出没无常,必有窝家藏匿、兵役包庇,请严定盗贼窝主治罪条例,并酌改兵役包庇窝主专条。"⑥清人刚毅辑《审看拟式》虚拟了捕役张三勾引李四行窃坐地分赃一案,作者即建议对张三依本例问拟,实发云、贵、两广极边烟瘴充军。⑦ 在真实的案例里,乾隆三十六年(1771),身为捕役的陈田"窝主造意为首,窃盗赃一百二十两以上",本应拟绞监候,但负责该案的湖南巡抚认为"该犯系捕贼之人,转为积贼窝主,仅照寻常窝主一例科断,实不足以蔽辜",因而请旨对其由绞监候改为

---

① 嘉庆二十年(1815)定例。[清]薛允升:《读例存疑重刊本》第 4 册,黄静嘉编校,成文出版社 1970 年版,第 760 页。
② [清]祝庆琪等编:《刑案汇览三编》(一),北京古籍出版社 2004 年版,第 575~576 页。
③ 嘉庆十一年(1806)纂辑为例,二十五年(1820)改定。[清]薛允升:《读例存疑重刊本》第 2 册,黄静嘉编校,成文出版社 1970 年版,第 168 页。
④ 参见苏亦工:"清律回民相关条例及其影响",《政法论坛》2016 年第 3 期。
⑤ 嘉庆二十三年(1818)纂辑为例。[清]薛允升:《读例存疑重刊本》第 4 册,黄静嘉编校,成文出版社 1970 年版,第 755~756 页。
⑥ 《大清宣宗成皇帝实录》卷 96,道光六年丙戌三月。
⑦ [清]刚毅辑:《审看拟式四卷卷首一卷卷末一卷》,载高柯立、林荣辑:《明清法制史料辑刊》第二编第 72 册,国家图书馆出版社 2014 年版,第 195~201 页。

立决。①

曾历任多处地方官的钟体志称:"事主具报被窃之案,往往以捕役窝纵为词,迨经获贼提讯,毫无实据,推原其故,皆由捕役缉捕不力,以致事主有所借口。"②不过,据咸丰十一年(1861)詹事府詹事的奏疏:"外省州县多捕役豢贼分肥之案。"③清末律学家赵舒翘也提及,"河南镇平县一带为捻匪出没之区,结伙抢劫几成风尚,推原其故,皆由差役与贼匪勾结,平日坐地分赃,临时为之通信,官不能缉";"距省最近之江、震、昆、新境内,常有游勇、私枭、光蛋等匪麇聚乡镇,日则开场诱赌,夜则明火抢掠,盗贼肆行,间阎几难安枕。若无本地痞棍勾结以及不肖兵勇差保人等得规庇纵,何至明目张胆,来去自如"。④ 可见,由捕役充当盗贼窝主的现象确常有发生,甚至已发展为一突出现象,故定例特重其罪以严禁之。

本例的适用主体增入"兵丁"一项,乃因道光六年(1826)直隶总督那彦成的奏疏,指出:"盗贼之敢于肆行无忌,必有窝顿之家,而窝家敢于藏匿,必有兵役包庇。"⑤刑部议覆亦同意此说:"盗贼为害地方,必借窝顿之家,为之藏匿,得以肆行无忌,兵役专司缉捕,耳目最长于地方,巨窝积匪无不在闻见之中,而破案不多者,则全由此辈得规包庇,声息相通,是以窝家藏匿贼匪,兵役又包庇窝家,辗转相关,遂有牢不可破之势,自应从严惩创,以澄盗源。"⑥

另有光绪元年(1875)的上谕,要求嗣后在奉天各处乡镇市集,无论宗室、觉罗等各项旗人,"如有图利窝留,即与盗贼同罪,……均着一律重惩,毋稍宽纵"⑦,对宗室、觉罗等本被律例特别优待的旗人也不再优待,"一律重惩"。

例文还对基层组织的负责人——牌头、保甲长附以禁盗、缉盗的责任,令其严惩窝盗者:"编排保甲保正甲长牌头,须选勤慎练达之人点充。……果实力查访盗贼,据实举报,照捕役获盗过半以上例,按名给赏。倘知有为盗窝盗之人,瞻隐徇匿者,杖八十;如系窃盗,分别贼情轻重惩警。若牌头于保正甲长处举报,而不行转报者,甲长照牌头减一等,保正减二等发落,牌头

---

① 内阁大库档案,登录号 152933-001。
② [清]钟体志:《柴桑儁录》,载《明清法制史料辑刊》第一编第 34 册,国家图书馆出版社 2008 年版,第 261 页。
③ 内阁大库档案,登录号 208206-001。
④ [清]赵舒翘:《慎斋文集》,闫晓君整理,法律出版社 2014 年版,第 122、203 页。
⑤ 录副奏折,档号 03-3685-006。
⑥ 录副奏折,档号 03-3927-025。亦见内阁大库档案,登录号 178275-001。
⑦ 内阁大库档案,登录号 227567-001。

免坐。"(278-09)又,"牌头所管内有为盗之人,虽不知情而失察,坐以不应轻律,笞四十,甲长保正,递减科罪"(278-10)①。

例文甚至附给强盗窝主之邻右出首到官的"连坐"责任:"凡强盗窝主之邻佑,知而不首者,杖一百。"(278-04)嘉庆十九年(1814),在罗正菴窝盗案中,"失察之牌头、保甲、邻佑"即均依照如上几条例文,"分饬查拘,照例笞杖革役"。② 在强盗门内,强盗邻右的责任乃"协拿",不协拿者,杖八十,拿获者,按名给赏。(266-14)但强盗窝主的邻右在责任之外,例文并无给赏的规定,对此薛允升颇有批评:"出首到官,亦应给赏。盖此辈多系强梁之徒,恐其报复,不敢首告,亦人情也。赏多于罚,或尚有首告者矣。"该条为康熙三十六年(1697)定例,③雍正八年(1730)又有通行要求,"嗣后盗窃等事,责令该地方里甲通知营汛兵丁分报文武衙门,仍令该管印官会同武弁严加访缉协力追拿,如地保汛兵通同隐匿不报,及地保已报文职而汛兵不报武弁,或汛兵已报武弁而地保不报文职者",均照该例杖一百,而若"首报到官已经延迟",则照前引牌头、保甲长例,"牌头曾首告而甲长不行转首",杖七十。④

二、特定地区发生的窝主行为及窝留特别对象

在一些特定的地区由于出现了"盗风日炽"的现象,故"刑乱国用重典",例文对在这些地区发生的窝主案件加重处罚,此所谓"因时因地制宜"者也。⑤ 因而这类例文多为议准各地方长官之条奏定拟,也因而常在例末有"倘数年后此风稍息,奏明仍照旧例办理"之类的表述:

> 山东省匪徒,有窝留捻幅匪犯者,无论有无同行,但其窝留之犯,曾经抢夺,讹索强当滋事者,窝主悉照首犯一例治罪。倘数年后此风稍息,奏明仍照旧例办理。(278-19)⑥

> 顺天府五城,及直隶、山东二省,窝藏窃盗一二名者,杖一百、徒

---

① "十户一牌头,十牌一甲头,十甲一保长,……保正即保长也,甲长即甲头也,三者之外,又有族正,皆禁止为匪之意也。"278-09 例原系二条,均系雍正年间定例,乾隆五年(1740)删并,278-10 例为乾隆二年(1737)奏准定例。两条例文例意相同,后者可补前者之所未备。参见[清]薛允升:《读例存疑重刊本》第 4 册,黄静嘉编校,成文出版社 1970 年版,第 756~757 页。
② 宫中档奏折-嘉庆朝,档案号 404015650。
③ [清]薛允升:《读例存疑重刊本》第 4 册,黄静嘉编校,成文出版社 1970 年版,第 755 页。
④ 内阁大库档案,登录号 287579-001。
⑤ 本著将在第九章详论这种"因时因地制宜"的立法方式。
⑥ 道光二十五年(1845)议覆山东巡抚觉罗崇恩奏准定例。[清]薛允升:《读例存疑重刊本》第 4 册,黄静嘉编校,成文出版社 1970 年版,第 760 页。

三年;三名以上者,发近边充军;五名以上者,实发云、贵、两广极边烟瘴充军。窝留积匪之家,无论贼犯在彼行窃与否,但经知情窝留,亦实发云、贵、两广极边烟瘴充军;若罪应拟死,仍各从其重者论。(278-24)①

278-24例前半段乃针对顺天府五城、直隶、山东发生的所有窃盗窝主案件而言,后半段则涉及在这些地区发生的窝留特殊对象——积匪——的窝主行为。本著第一章已言及积匪的内涵,此不赘述。在本门内还有另一条针对所有地区加重窝留积匪的例:

> 窝留积匪之家,果有造意及同行分赃代卖,改发极边烟瘴充军,面刺"改发"二字。如有脱逃被获,即改发新疆酌拨种地当差。其未经造意,又不同行,但经窝留,分得些微财物,或止代为卖赃者,均减本犯一等治罪。至窝藏回民行窃,犯至遣戍者,亦照窝藏积匪例,分别治罪。(278-13)②

道光十二年(1832),陈明光、王添宾即因窝留积匪,依本例"拟以烟瘴充军"。③ 而乾隆四十四年(1779),沈祖应"窝留积匪,未经造意,又不同行,但分得些微财物",照本例减本犯(绞罪)一等治罪,杖一百、流三千里。④

上引针对山东省的278-19例亦涉及特殊的窝留对象——"捻幅匪犯",盗贼窝主门内例文涉及的特殊窝留对象还有"外省流棍"与"老瓜贼"。这几类都是在立法者看来严重危害社会秩序的盗贼,窝留他们将受到较窝留普通盗贼更重的处罚。278-08例言:"容留外省流棍者,照勾引来历不明之人例,发近边充军。"所谓"外省流棍",薛允升指出,无所指实,容留即为

---

① 嘉庆二十三年(1818)纂例,道光九年(1829)、二十五年(1845)修改,同治九年(1870)改定,本例修纂过程及薛允升对其之批评,参见[清]薛允升:《读例存疑重刊本》第4册,黄静嘉编校,成文出版社1970年版,第763~764页。嘉庆二十三年(1818)山东巡抚奏请酌订此例的奏疏,见军机处档奏折,档案号052520。道光六年(1826)直隶总督奏请改此例的奏疏,见内阁大库档案,登录号178275-001,亦见录副奏折,档号03-3685-006、03-3927-025。
② 此条系乾隆二十七年(1762)山东按察使闵鹗元条奏定例,乾隆三十七年(1772)修改,嘉庆六年(1801)改定。[清]薛允升:《读例存疑重刊本》第4册,黄静嘉编校,成文出版社1970年版,第758页。闵氏之条奏,见内阁大库档案,登录号210249-001。
③ [清]祝庆琪等编:《刑案汇览三编》(二),北京古籍出版社2004年版,第785页。
④ 军机处档折件,档案号025922。

充军,似嫌太重,而在实践中从无引用之者。① 278-12 例说:"老瓜贼,本处邻佑地保有知情容留者,发近边充军。若非知情容留,止系失于稽查,各照不应重律,杖八十。"②"老瓜贼"的含义及特征,本著第一章亦已论及,乃强盗内的 266-03 例所言:"强盗内有老瓜贼,或在客店内,用闷香药面等物,迷人取财;或五更早起,在路将同行客人杀害。"但到了清末,据薛允升的说法,"现在并无此等案件,今昔情形不同"。③

小结　重实行与靖盗源

我国现行《刑法》并无正犯与狭义的共犯概念,故刑法学界的"通说"亦不作此区分,而是"将二人以上的行为作为整体进而判断该整体是否成立共同犯罪,并且同时确定共同犯罪的性质;得出成立共同犯罪的结论之后,对各共犯人按照该犯罪定罪,再考虑共犯人在共同犯罪中所起的作用予以量刑"④。这种整体认定共同犯罪的方法存在诸多问题。如张明楷教授指出,其可能导致在司法实践中难以判断"共同的"犯罪行为,因为一方面,正犯行为与教唆、帮助行为并不相同;另一方面,一些日常生活行为也可能成立帮助行为,但离开了正犯行为,很难判断该行为是不是"犯罪行为"。另外,司法实践也难以认定"共同的"故意,因为二人以上原本就可能存在不同的故意。为解决这一问题,张教授祭出"解释论"法宝,将"主犯"解释为"正犯","从犯"解释为"帮助犯",重新指出一条认定共同犯罪的路径:以正犯为中心,先确认正犯,在正犯的行为符合构成要件且违法的前提下,再判断是否存在狭义的共犯,并认为"刑法理论与司法实践完全可以淡化'共同犯罪'的概念"。⑤

如今反观传统时代的律典及实践,虽无这些复杂的理论概念、框架体

---

① 雍正七年(1729)定例。[清]薛允升:《读例存疑重刊本》第 4 册,黄静嘉编校,成文出版社 1970 年版,第 756 页。
② 本例系乾隆六、七两年(1741、1742)刑部议覆侍郎周学健及山东巡抚朱定元条奏定例。参见[清]薛允升:《读例存疑重刊本》第 4 册,黄静嘉编校,成文出版社 1970 年版,第 758 页。周氏之奏,见朱批奏折,档号 04-01-08-003-1387,以及录副奏折,档号 03-1247-044;朱氏之奏,见朱批奏折,档号 04-01-01-0088-035,以及录副奏折,档号 03-1248-003。朱氏在当年处理的相关案例,见朱批奏折,档号 04-01-01-0071-034、04-01-08-0062-006。
③ [清]薛允升:《读例存疑重刊本》第 3 册,黄静嘉编校,成文出版社 1970 年版,第 591~592 页。
④ 高铭暄、马克昌主编:《刑法学(第十版)》,北京大学出版社 2022 年版,第 161~164 页。
⑤ 参见张明楷:《刑法学(第六版)》(上),法律出版社 2021 年版,第 495~500 页。

系,却反倒并不存在这样的难题。"共犯罪分首从"仅针对实行犯罪者而言,亦即现代西方大陆法系刑法(学)中的正犯,在"正犯"之中根据主观之"造意"与"随从"分别主从量刑。至于狭义的共犯,如前所论,原本并不在律典的处罚范围,但立法者根据实际需要以另设特别规定的方式,逐渐将其中的一些值得处罚的参与人(如盗贼窝主)纳入处罚范围,且根据实践中出现的各类新情况,随时随事立法应对。如此,传统时代不仅不存在我国当下刑法(学)中"共同犯罪"概念体系之下的理论和实践难题,而且也无须借助有来自于德、日的复杂的正犯与狭义的共犯体系,相关规则亦能在实践中行之有效。

对于这样的立法模式,陶安教授的观点颇具启发性:传统中国尽管"很重视制定法主义,在这方面与大陆法系颇有相近之处",但"在制定法主义中含有相当浓厚的判例法主义成分",亦即"中国传统法坚持与英美法系相似的实践指向,而与大陆法系那样的理论指向保持一定的距离"。① 以清代为例,律是"在上千年司法实践中,从无数相同或相似案情中总结出来的",例乃"现实统治者针对当时社会的一个或多个案件制定"。② 无论律与例,均是从实践中抽象出来的规则。以实践为指向,传统时代的立法和司法者首先关注到的自然是实行犯罪之人,故一开始只对这些人处以刑罚;但逐渐发现实践中有一些不实行犯罪但对犯罪起到较大助推作用的人,于是开始对这类参与人特设专门规则加以处罚。

这类不(一定)实行犯罪但对犯罪起到较大助推作用的参与人的典型代表即盗贼窝主。昔者冯谖谓孟尝君:"狡兔有三窟,仅得免其死耳。今君有一窟,未得高枕而卧也。"(《战国策·齐策四》)盗贼窝主借助其身份、地位、能力等有利条件,能为盗贼提供"高枕无忧"的藏身巢窟,故被认为即便并未亲自上盗,仍对盗行为起到很大的助推作用,甚至是盗贼犯罪的"源头"所在。传统时代的立法、司法者意识到,"无深山不聚豺狼,无巨窝不来盗贼"③,靖盗首当靖源,源靖则流清,"去百盗不若去一窝"。④ 于是律典专设

---

① 〔德〕陶安:"中国传统法'共犯'概念的几则思考",《华东政法学院学报》2014 年第 2 期。早在民国时期,亦有学者发现:"余从事法学近三十年,偏尚英美主义,以其富有弹力性,且与吾国古来法意,遥遥相符。"参见骆通:"译者序",载〔日〕宫本英雄:《英吉利法研究》,骆通译,商务印书馆 1934 年版。

② 苏亦工:《明清律典与条例》,商务印书馆 2020 年版,第 296 页。

③ 语出〔清〕李渔编:《资治新书》,载《明清法制史料辑刊》第一编第 1 册,国家图书馆出版社 2008 年版,第 92 页。

④ 〔明〕颜俊彦:《盟水斋存牍》,载陈重业辑注:《古代判词三百篇》,上海古籍出版社 2009 年版,第 160 页。

盗贼窝主律例以严惩之,并根据实践中窝主犯罪的特点,以主观情状与客观行为之不同而分"纲领"、列"条目",对不同身份之窝主、发生在不同行政地区之窝盗行为、窝留不同种类盗贼者,详细定以不同之处理规则。如此,便将重实行与靖盗源有效地绾合了起来。

重实行与靖盗源这两方面的立法目的,均是立法者从实践中直接观察得出的。一方面,以律的形式保存下上千年的实践经验规则;另一方面,又以例的方式及时、灵活应对现实中时势的纷繁变迁,兼顾律典理应同时具备的稳定性与变通性。[1] 钱穆先生说,中国人尊重实践经验,"不肯专从某一点经验上甚至某一个概念上来建立系统,更不敢用一条直线式的演绎来作出逻辑的必然定论",只在每一点经验上有限地放大,做成一小圆形的盖然的推说,不轻易把一点一点的经验在某一理论下严密地组织,理论绝不远离了经验往前跑。[2] 熊十力先生亦发现,"此土先哲深究宇宙人生真际,其入处,要在反之身心践履之间,却不屑衍为理论"[3]。这种思维习惯体现在立法上,便是盗贼窝主这类从实践出发,不重理论体系完整性的立法模式。如此立法的弊端不言而喻,易导致法律的冗杂甚至相互矛盾,前引薛允升之批评即主要在此。

可是,法律本为适用于实践,法律亦本应从实践中生长出来。一种法律看起来体系不那么完备,但在实践中行之有效;另一种法律或为纯粹理论构建,或完全来自异域,看起来体系完备、逻辑严密,但与所要应对的实践毫无关系,且已在实践中表现出诸多不相适宜。试问,这两种法律究竟孰优孰劣呢?前者之虞自可在修例之时弥补,而后者的弊病正是我们这一百多年法律移植史所一直面临、未能充分解决者。早在清末,即已有不少有识之士预见到这一问题,如吉同钧有言:

> 论者谓现在变法自强,当改用东西各国法律,反鄙薄《大清律例》不适于用,不知外国法律行之外国则尽善,行之中国难尽通。……中外风俗不同,宗教各异,而欲屈我之法就彼之范,岂非削足适履乎?[4]

---

[1] 这种立法模式历朝都有,"只是名称和形式略有不同,如汉、魏晋有令,隋唐有格,两宋有敕,明清有例",都是一脉相承的。参见苏亦工:《明清律典与条例》,商务印书馆2020年版,第308页。
[2] 参见钱穆:《湖上闲思录》,生活·读书·新知三联书店2018年版,第145页。
[3] 熊十力:《十力要语》,上海书店出版社2007年版,第3页。
[4] [清]吉同钧:《乐素堂文集》,闫晓君整理,法律出版社2014年版,第87页。

"世界上恐怕没有哪个法典条文不是由判例发展来的,只是发展的程度不同而已。"①即便大陆法系国家的法典条文及法学理论从源头而言也不可谓不来自于实践,只是此实践乃他们的而非我们的,故"外国法律行之外国则尽善,行之中国难尽通"。读史以鉴今,此不正是值得我们如今深刻反省之处?

---

① 苏亦工:《明清律典与条例》,商务印书馆2020年版,第287页。

第四章 盗官物：财产何必神圣

> 财产神圣不可侵犯。
> ——1789 年法国《人权宣言》
>
> 溥天之下，莫非王土。率土之滨，莫非王臣。
> ——《诗经·小雅·北山》

引论 财产神圣不可侵犯？

在现代法律体系中，有一个所谓的"国家所有权"概念——国家对全民所有的财产进行占有、使用、收益和处分的权利。与国家所有权并列，我国又有"集体所有权"概念，并把国家财产与集体财产统归于"公共财产"之中。[①] 国家大法《中华人民共和国宪法》（以下简称《宪法》）第 12 条声明公共财产的地位：

> 社会主义的公共财产神圣不可侵犯。
> 国家保护社会主义的公共财产。禁止任何组织或者个人用任何手段侵占或者破坏国家的和集体的财产。

而对于与公共财产相对的私人财产，《宪法》第 13 条仅言"国家依照法律规定保护公民的私有财产权和继承权"，没有了公共财产的"神圣"性。《宪法》措辞的改换，体现出法律对公共所有权与私人所有权地位的态度之不同，前者高于并重于后者。

在《中华人民共和国民法典》（以下简称《民法典》）颁行之前，《中华人

[①] 限于主题，本章仅以国家所有权为例讨论，略过集体所有权的问题。

民共和国民法通则》第 73 条继续强调"国家财产神圣不可侵犯"。新出台的《民法典》不再有这样的说法，且在第 207 条规定"国家、集体、私人的物权和其他权利人的物权受法律平等保护"，相较之前的《物权法》第 4 条①新增"平等"一词，一定程度淡化了公共财产的"神圣性"。不过，从《民法典》物权编关于几种所有权的具体规则来看，三类财产仍然并非真正平等，各自有不同的权利范围、行使者权责、法律地位。《刑法》亦有对国家财产的特别保护，侵犯国家财产的行为并不位于普通的侵犯财产罪章，而是单设一章，列有贪污罪（第 382、383 条）、挪用公款罪（第 384 条）、私分国有资产罪（第 396 条）等罪名。据一份 1962 年的刑法草案修改意见报告记载，立法之时考虑将侵犯公共财产与公民财产分章编排，即是为了便于"将保护公共财产、保护社会主义所有制的任务突出出来"，因为"公共财产是社会主义制度的基础，宪法规定为神圣不可侵犯"，其与公民财产的"重要性有很大不同"。②

我国传统时代的律典并无"所有权"这一概念，更遑论"国家所有权"。不过，若谈及相关问题，研究者常会联想到《诗经》的名句："溥天之下，莫非王土。率土之滨，莫非王臣。"例如一本影响很大的《中国法制史》教科书即称："这几句话，是对中国古代社会最高统治者所拥有的极端权力的充分概括。从理论上说，在中国古代，天子被认为是上天之子……代表着上天来统治人间。天下的所有一切，包括土地、人民，最终都归天子所有。"③笔者窃以为，这样的解读可能存在一些误会。首先，这句诗的本意并非为表彰"天子"之"所有权"。结合上下文来看："偕偕士子，朝夕从事；王事靡盬，忧我父母。溥天之下，莫非王土。率土之滨，莫非王臣。大夫不均，我从事独贤。"此分明是"一位士子怨恨大夫分配工作劳逸不均的诗"：朝夕从事王事无休止，忧心父母不得其养，既然"溥天之下，莫非王土。率土之滨，莫非王臣"，为何唯"我"劳事独多?④ 其次，本诗至多能反映先秦封建时代的"天子所有权"。钱穆先生指出，那时耕地、非耕地的山林池泽均属于贵族，前者在井田制之下分散给农民种植，后者成为不公开的禁地。但在春秋战国时期封建崩溃、郡县兴起之后，耕地逐渐转移到农夫手里，非耕地的山林池泽也渐渐被民间私下闯入，由于"防不胜防，讨不胜讨"，官府便索性把这些禁地

---

① "国家、集体、私人的物权和其他权利人的物权受法律保护，任何单位和个人不得侵犯。"
② 参见高铭暄、赵秉志编：《新中国刑法立法文献资料总览（第二版）》，中国人民公安大学出版社 2015 年版，第 1012 页。
③ 曾宪义主编：《中国法制史》，北京大学出版社 2000 年版，第 53 页。
④ 参见程俊英、蒋见元：《诗经注析》（下），中华书局 1991 年版，第 641~643 页。

开放,仅征收一些赋税。①《史记·货殖列传》所谓:"汉兴,海内为一,开关梁,弛山泽之禁。"再次,我国传统时代并无现代(西方)意义上的"所有权"概念,若用此概念简单套用于传统时代,或断章取义几句诗歌据以说明当时的"所有权"状态,那么对相关问题的论说即必然出现偏差。

事实上,若我们把目光聚焦于传统时代的律典会发现,这里"最高统治者所拥有的极端权力"可能并非那么"极端",他们所拥有的财产的范围甚至远不如我国当代法律体系中的国家财产那么广泛,地位也无那般"神圣"。在传统时代,可与当代之"国家财产"相类比的,是当时的"官物"——官方(非官员个人)所有的财产。② 按《民法典》第 246 条的说法,"属于国家所有即全民所有","国有财产由国务院代表国家行使所有权",此表明,代表全体人民意志和利益的国家享有国家财产所有权,国家是全民财产的唯一所有人。但是,为了真正实现对全民财产的共同占有,以及国家机关、事业单位从事职能活动的需要,国家必须对全民财产进行合理分配,把国家所有权客体中的各项财产,按照其性质、用途交给国家机关、企事业单位、其他组织及个人占有和使用。③ 因此,可以说,在理论上,国家财产属于国家所有、全民所有;在实际操作层面上,则是由国务院等国家机关、企事业单位行使所有权或所有权中的部分从权利。正是在这一实际操作(而非"权利"实质)的层面上,传统时代的官物与当代之国家财产的概念实可相与类比。

《大清律例》对官物的保护主要集中在盗律之中,共有九条专门关于盗官物、两条可同时适用于官物与私物(盗牛马畜产、诈欺官私取财)的律文。其中,针对一般官物即"仓库钱粮"的是"监守自盗仓库钱粮"(264-00)与"常人盗仓库钱粮"(265-00)两条律。所谓"仓库",按律文小注,"收米谷曰仓,收财帛曰库",又,律文"仓库钱粮"一词之后有"等物"二字,表明这两条律文所言之官物"所包者广,凡系经管官物皆是"。④ 故而这两条律文规定的官物乃指官家以税赋等形式从私人处收取的米谷或财帛等一般性财物,亦即一般官物。清律有关"仓库"的律例多列于《户律·仓库》之中,但它们又大多"以"或"准"监守自盗/常人盗仓库钱粮处理,因而本章的讨论主要从盗律切入,并旁及这些"以"或"准"的情况。而所谓"特殊官物",乃在传统时代被赋予特殊内涵的一些官物,它们的价值不能如一般官物亦即"仓库钱粮"一样简单计数。这类律文包括:盗大祀神御物(257-00)、盗制

---

① 钱穆:《中国历代政治得失》,九州出版社 2012 年版,第 23 页。
② 与官物相对,本著将私人所有的财产称为"私物"。
③ 参见杨立新:《物权法(第三版)》,中国人民大学出版社 2009 年版,第 70~71 页。
④ [清]沈之奇:《大清律辑注》(下),怀效锋、李俊点校,法律出版社 2000 年版,第 564 页。

书(258-00)、盗印信(259-00)、盗内府财物(260-00)、盗城门钥(261-00)、盗军器(262-00)、盗园陵树木(263-00)。律文对盗官物及私物规定的处罚方式,以表格形式简要列出如下：

表 4-1

官物	基本处罚	"亚类型"①处罚	私物	处罚	私物/官物	处罚
盗大祀神御物	皆斩	皆杖一百、徒三年	强盗	不分首从,皆斩	诈欺官私取财	准窃盗论/以监守自盗论
盗制书	皆斩	皆杖一百	白昼抢夺	分首从,计赃或不计赃论罪	盗马牛畜产	以窃盗论/以常人盗官物论
盗印信	皆斩(监候)	皆杖一百	窃盗	分首从,计赃论罪		
盗内府财物	皆斩(杂犯)	依盗官物论	盗田野谷麦	分首从,计赃论罪		
盗城门钥	皆杖一百、流三千里(杂犯)	皆杖一百、徒三年;皆杖一百	恐吓取财	分首从,计赃论罪		
盗军器	计赃,以凡盗论					
盗园陵树木	皆杖一百、徒三年					
监守自盗仓库钱粮	不分首从,并赃论罪					
常人盗仓库钱粮	不分首从,并赃论罪					

关于清代盗官物律例的研究,前辈学者已众说纷纭。如清初律学家沈之奇及美国学者钟威廉均有"律重官物"之说,②而清末律学家薛允升、徐象先则发现其中"轻财物重民命"③以及"为害于国,其害小,……为害于民,其

---

① 在盗官物的律文中,盗之对象除了律名所直接指称之典型种类,还常列举一些与典型种类相关或相似者。由于这类对象较多,为方便表述,本著将其统称为"亚类型"。对盗亚类型之物的处罚通常较典型之物为轻。

② [清]沈之奇:《大清律辑注》(下),怀效锋、李俊点校,法律出版社 2000 年版,第 572、577 页;William C. Jones, " Theft in the Qing Code", *American Journal of Comparative Law*, Vol. 30, Issue 3 (Summer 1982), p. 518.

③ 尽管薛氏讨论的是明律,但明律此处的规定与清律一致。参见[清]薛允升:《唐明律合编》,怀效锋、李鸣点校,法律出版社 1999 年版,第 530 页。

害大"①的立法意旨。此外,重要的研究还有巨焕武教授关于监守自盗仓库钱粮律的长文,对该律之犯罪类型、构成要件、处罚类型等均有全面概论。② 与该文同年,郑秦教授也发表相关文章。③ 这两篇论文可谓在这一领域的奠基性作品。此后有高积顺教授关于古今"惩贪与治盗"的比较研究,亦颇有见地。④

这些研究及结论均值得关注,但总体来看,其要么为律学家在讨论个别律文中的词句时稍带提及(沈、薛、徐之说),要么是学者在未经细致研究之时笼统概括而出(钟氏之观点),要么仅讨论了个别律例(巨、郑、高之文),均未能在细致研究的基础之上对全部盗官物律例进行整体性把握,更鲜及古今中外之比较研究以及法学视角的理论提升。本章试图弥补这些缺憾,从《大清律例》相关条文及其演变入手,结合各类实践材料,以现代(西方)法学理论为参照,试图对清代之盗官物律例及实践作更为全面、深入的解析。

第一节　原则之一:律重官物

整体而言,清代盗律体现出"律重官物"的原则。首先从律文的排列顺序来看,盗官物在前,盗私物在后,即是"律重官物"原则最直观的体现。现代刑法也通常按立法者所认为的犯罪之严重程度编排类罪及类罪中的具体罪名,如我国现行《刑法》,一方面,总体上依据各类犯罪的危害程度,按由重到轻的顺序对类罪进行排列;另一方面,在安排各类犯罪中的具体犯罪时,也首要考虑具体犯罪的罪行轻重,如将背叛国家罪、故意杀人罪、抢劫罪等分别规定在各章之首,因为这些犯罪在各章之中最为严重。⑤

其次从刑罚的轻重着眼,对盗官物行为之处罚通常重于对盗私物者。此处以常人窃盗普通官物与普通私物的两条律文——常人盗仓库钱粮与窃盗——之比较为例,对比如下:

---

① [清]徐象先:《大清律讲义》,京师京华书局印刷,光绪丁未仲冬初版,第17页。
② 巨焕武:"清律中的监守自盗罪",《政大法律评论》第45期,1992年。
③ 郑秦:"清律惩贪条款辨析",《政法论坛》1992年第2期。
④ 高积顺:"古今惩贪与治盗的宽严比较",《河北法学》2008年第7期。
⑤ 参见张明楷:《刑法学(第六版)》(下),法律出版社2021年版,第844页。

表 4-2

	常人盗仓库钱粮	窃盗
不得财	杖六十	笞五十
一两以下	杖七十	杖六十
一两以上，至五两	杖八十	/
一两以上，至一十两	/	杖七十
一十两	杖九十	/
一十五两	杖一百	/
二十两	杖六十、徒一年	杖八十
二十五两	杖七十、徒一年半	/
三十两	杖八十、徒二年	杖九十
三十五两	杖九十、徒二年半	/
四十两	杖一百、徒三年	杖一百
四十五两	杖一百、流二千里	/
五十两	杖一百、流二千五百里	杖六十、徒一年
五十五两	杖一百、流三千里（杂犯。三流，总徒四年）	/
六十两	/	杖七十、徒一年半
七十两	/	杖八十、徒二年
八十两	绞（杂犯，徒五年。其监守直宿之人，以不觉察科罪）	杖九十、徒二年半
九十两	/	杖一百、徒三年
一百两	/	杖一百、流二千里
一百一十两	/	杖一百、流二千五百里
一百二十两	/	杖一百、流三千里
一百二十两以上	/	绞（监候）

常人盗仓库钱粮与窃盗二律，盗之主体均是常人，二者之区别是盗之对象，前者官物，后者私物，且均是一般财物，因此对此二律进行比较最能直接体现出清律对盗官物与盗私物两种行为的不同态度。同样是"不得财"，常人盗官物杖六十，盗私物仅笞五十；同样是盗一两以下，常人盗官物杖七十，盗私物仅杖六十。在这之后，盗官物每五两加一等，盗私物每十两方加一等，亦即"罪既轻一等，赃亦加倍而后坐，所谓加则倍加，减亦倍减"[①]。

---

① 参见[清]沈之奇:《大清律辑注》（下），怀效锋、李俊点校，法律出版社 2000 年版，第 572 页。

实践中的各案例也均按此处理。顺治十三年（1656）刘宗兴依常人盗"一两至五两律，杖八十"。同年，祝娄、李一依常人盗二十两，杖六十、徒一年；陈文秀依常人盗二十五两，杖七十、徒一年半；陈瑞、邓方贵、邓启胜依常人盗三十两，杖八十、徒二年；黎旭、邓成兴、丘登胜依常人盗三十五两，杖九十、徒二年半；张国华、江太依常人盗四十两，杖一百、徒三年；邓玉、刘绍依常人盗四十五两，杖一百、流二千里（杂犯）；刘明甫、余仰、饶能胜、曾二依常人盗五十五两，杖一百、流三千里（杂犯）。① 道光十年（1830），郑帼泰"窃盗赃一两以上"，杖七十；道光四年（1824），杨翼之依"窃盗赃四十两律"，杖一百。② 乾隆三十三年（1768），老猴照窃盗五十两，杖六十、徒一年（为从减一等），阿金阿楮照窃盗一百两，杖一百、流二千里（为从减一等）。③ 光绪十六年（1890），张来跟、房直叶依窃盗一百一十两律，杖一百、流二千五百里（为从减一等）。④ 对二者之最高刑罚均为绞，但对盗官物者，八十两即绞，盗私物者，一百二十两以上方绞。顺治十三年（1656），陈士登即依常人盗八十两律，拟绞（杂犯）；⑤乾隆十三年（1748），章才窃盗一百二十两六钱四分，拟绞监候；⑥光绪十七年（1891），李福有窃盗二百二十四两，亦拟绞监候，秋后处决。⑦

此外，三条例文还进一步加重对常人盗仓库钱粮中的盗"漕运粮米"及"库贮银钱""仓贮漕粮"的处罚：

> 盗窃漕运粮米，数至一百石以上者，拟绞监候。其一百石以下，即照盗仓库钱粮一百两以下例办理。（265-01）
>
> 凡窃匪之徒，穿穴壁封，窃盗库贮银钱，仓贮漕粮，未经得财者，为首，杖一百、徒三年；为从，依律减一等。但经得财之首犯，数至一百两以上者，拟绞监候；其一百两以下，不分赃数多寡，发云、贵、两广极边烟瘴充军。为从者，一两至八十两，准徒五年；八十五两，杖一百、流三千里；九十两，杖一百、流二千五百里；九十五两，至一百两以上，俱杖一

---

① 内阁大库档案，登录号015171-001、121074-001。
② ［清］许梿、［清］熊莪纂辑：《刑部比照加减成案》，何勤华等点校，法律出版社2009年版，第440页。
③ 宫中档奏折-乾隆朝，档案号403026844。
④ 宫中档奏折-光绪朝，档案号408002694。
⑤ 内阁大库档案，登录号121074-001。
⑥ 内阁大库档案，登录号050065-001。
⑦ 宫中档奏折-光绪朝，档案号408006833。

百、流三千里。(265-02)①

除经纪花户车户人等,监守自盗漕粮,各照本例分别问拟外;至并无监守之责,有犯偷窃漕粮,数至一百石以上,俱照常人盗漕粮例(265-01),拟绞监候,秋审入于情实;一百石以下,于发极边烟瘴军罪上,加等发遣新疆酌发种地当差;从犯,均于本罪上加一等。其非转运京通漕米,及各直省仓粮被窃,仍各照本例分别办理。(265-04)②

乾隆七年(1742),王彩公即因偷窃库贮银钱、人参、首饰等,得财计赃一百两以上,依265-02例,拟绞监候。③

再次,官物如若失窃,则不仅行盗之人将面临惩罚,负责监管之人亦须承担责任。《户律·仓库》仓库不觉被盗律(131-00):"凡有人(非监守)从仓库中出,守把之人不搜检者,笞二十。因不搜检,以至盗物出仓库而不觉者,减盗罪二等;若夜直更之人不觉盗者,勿论。"常人盗仓库钱粮律(265-00)对此也有申说:若失窃为八十两以上,"其监守直宿之人,以不觉察科罪"。除了律文的规定,实践中,乾隆七年(1742)浙江巡抚衙门贮库被盗,计赃三百四十九两一钱,几名巡役"依不应重律,杖八十,先经责惩,免其重科"④。盗各类特殊官物的情况,则见嘉庆五年(1800),特殊官物"内府财物"——芳园居银库被窃,负责的官员指出:"芳园居银库即系内府,如有盗窃,其直更不觉之人应作何治罪之处,例无明文,但常人盗仓库至一千两以上罪止缳首,而盗内府财物者,律皆斩,但盗即坐,是盗内府财物既重于仓库,其内府看守疏防自不应比照仓库之疏防律拟杖。"于是建议对负责看守之一干人等"革去兵丁,各枷号两个月,满日鞭一百,交管理园亭总管,严加管束"。⑤ 此外,道光三年(1823)内阁遗失暹罗国金叶表,尚未找到行窃人,

---

① 本例原系三条,一系雍正七年(1729)刑部议准定例,一系乾隆十四(1749)年山西按察使多纶条奏定例,一系乾隆二十七年(1762)山东按察使闵鹗元、二十八年(1763)江苏按察使胡文伯条奏刑部议准并纂为例,五十三年(1788)修并。闵氏之条奏,见内阁大库档案,登录号210249~001。例文沿革参见[清]薛允升:《读例存疑重刊本》第3册,黄静嘉编校,成文出版社1970年版,第583~584页。
② 本例系同治七年(1868)刑部议覆户部奏设法挽回漕仓积弊,并御史范熙溥条奏,并纂为例。定例之背景及相关讨论,见张寿镛编:《清朝掌故汇编》(中),广陵书社2011年版,第1086~1087页。
③ 内阁大库档案,登录号071362-001。
④ 内阁大库档案,登录号071362-001。
⑤ 宫中档奏折-嘉庆朝,档案号404005276。

即将值班供事丁熙照"不应重律"杖八十、革役。① 咸丰九年(1859),理藩院堂印被盗,行盗人下落不明,于是将有看守职责的当月官福升"先行交部议处,勒限五日,责令该员设法寻觅,倘限满无获,再行从严恭办"②。

不过,根据《名例律》本条别有罪名律(035-00):"其本应罪重,而犯时不知者,依凡人论。"对行为人按盗官物的律例处理,要求该行为人在主观上知悉其所盗之物为官物并有意盗之,否则仅按处罚较轻的盗私物处理。道光三年(1823),田守彩行窃文殊庵存放的"行宫御下门窗等物",但由于其不知所盗之物系官物,因此仅照普通窃盗律计赃科断。③ 次年,杨翼之"将办结应销各文案搀杂现办事件携回清理,未及送署即被起获",被认为"并非有心偷出,与盗官文书者不同",亦仅依窃盗赃四十两律,杖一百、刺字。④

第二节　原则之二:严监守宽常人

"监守自盗仓库钱粮"与"常人盗仓库钱粮"为针对一般官物即仓库钱粮的两条律文,二者之分别在于实施盗行为的主体不同——前者为监临主守,后者为常人。对前者之处罚严于后者,此为清代盗律的另一原则。前律(264-00)言:

> 凡监临主守,自盗仓库钱粮等物,不分首从,并赃论罪。(并赃谓如十人节次共盗官银四十两,虽各分四两入己,通算作一处,其十人各得四十两罪,皆斩;若十人共盗五两,皆杖一百之类。三犯者绞,问实犯)
>
> 并于右小臂膊上,刺盗官(银粮物)三字。(每字各方一寸五分,每画各阔一分五厘,上不过肘,下不过腕。余条准此)

后律(265-00)曰:

> 凡常人(不系监守外皆是)盗仓库(自仓库盗出者坐)钱粮等物,

---

① [清]祝庆祺等编撰:《刑案汇览全编·刑案汇览》第12卷,法律出版社2007年版,第755页。
② 宫中档奏折-咸丰朝,档案号406011188。
③ [清]祝庆祺等编撰:《刑案汇览全编·刑案汇览》第12卷,法律出版社2007年版,第755页。
④ [清]许梿、[清]熊莪纂辑:《刑部比照加减成案》,何勤华等点校,法律出版社2009年版,第440页。

（发觉而）不得财，杖六十；（从，减一等）但得财者，不分首从，并赃论罪，（并赃同前）并于右小臂膊上，刺盗官（银粮物）三字。

所谓"常人"，乃"不系监守外皆是"，"不论军民人等，即有官有役之人，凡不系监守者，皆是"。① 故而此处只需探究"监守"的含义，"监守"以外的人便是"常人"。而所谓"监守"，即"监临主守"，《名例律》有专门的称监临主守律（040-00）解释这一名词：

凡（律）称监临者，内外诸司统摄所属，有文案相关涉，及（别处驻扎衙门带管兵粮水利之类）虽非所管百姓，但有事在手者，即为监临。称主守者，（内外衙门）该管文案，典吏专主掌其事；及守掌仓库、狱囚、杂物之类，官吏、库子、斗级、攒拦、禁子并为主守。

其职虽非统属，但临时差遣管领提调者，亦是监临主守。

该律首节言通常情况下，"监临"与"主守"各自所指，主要是一些具有特殊身份的人，次节道临时被认定为监临主守的情况。前者自不待言，是本律行为主体的主要构成部分。后者相对少见，但实践中亦不乏其例，如嘉庆十八年（1813），已被革役的张廷元仍在地丁房帮办事务，被认为"实有监守之责"，照监守盗仓库钱粮律论处。② 类似的案例还有光绪四年（1878）的卑浙厂厘局书识李升等侵隐厘金一案，"本管委员已革云南补用知县"易朝栋责令书识李升等经管厘票，但其"辄敢抽多报少，侵银入己"，被认为"实属监守自盗"，亦比照监守自盗门内例文处理。次年，廪生张辰垣、候补典史陈道南也是类似的情况，"奉委办理粥厂，即有主守之责，……实属监守自盗，自应照律部分首从并赃论罪"，而仅在栖流所办事之人及家丁等，因并无主守之责，仅依常人盗仓库钱粮律例处理。③

这样的概念和分类很类似我国现行《刑法》关于贪污罪犯罪主体身份的规定。根据《刑法》第382条，贪污罪的主体主要是"国家工作人员"。而所谓"国家工作人员"，第93条言其"指国家机关中从事公务的人员"，且"国有公司、企业、事业单位、人民团体中从事公务的人员和国家机关、国有公司、企业、

---

① ［清］沈之奇：《大清律辑注》（下），怀效锋、李俊点校，法律出版社2000年版，第571页。
② ［清］许梿、［清］熊莪纂辑：《刑部比照加减成案》，何勤华等点校，法律出版社2009年版，第60页。
③ ［清］祝庆琪等编撰：《刑案汇览全编·新增刑案汇览》第5卷，法律出版社2007年版，第116~117页。

事业单位委派到非国有公司、企业、事业单位、社会团体从事公务的人员,以及其他依照法律从事公务的人员,以国家工作人员论"。此即类似于称监临主守律中的第一节。除了这些通常情况下的主体,也有临时被认定的主体——"受国家机关、国有公司、企业、事业单位、人民团体委托管理、经营国有财产的人员"(第382条),此又类似于称监临主守律的第二节。

监守盗与常人盗二律律文具体规定了所盗银钱数及其相应的刑罚:

表4-3

	监守自盗仓库钱粮	常人盗仓库钱粮
一两以下	杖八十	杖七十
一两之上,至二两五钱	杖九十	/
一两以上,至五两	/	杖八十
五两	杖一百	/
七两五钱	杖六十、徒一年	/
一十两	杖七十、徒一年半	杖九十
一十二两五钱	杖八十、徒二年	/
一十五两	杖九十、徒二年半	杖一百
一十七两五钱	杖一百、徒三年	/
二十两	杖一百、流二千里	杖六十、徒一年
二十五两	杖一百、流二千五百里	杖七十、徒一年半
三十两	杖一百、流三千里 (杂犯。三流,总徒四年。)	杖八十、徒二年
三十五两	/	杖九十、徒二年半
四十两	斩 (杂犯。徒五年。)	杖一百、徒三年
四十五两	/	杖一百、流二千里
五十两	/	杖一百、流二千五百里
五十五两	/	杖一百、流三千里 (杂犯。三流,总徒四年。)
八十两	/	绞 (杂犯,徒五年。其监守直宿之人,以不觉察科罪。)

关于监守自盗仓库钱粮,《唐律疏议》的律名为"监临主守自盗":"诸监临主守自盗及盗所监临财物者,(若亲王财物而监守自盗,亦同①)加凡盗二

---

① "亦同"二字应在小注内,本著的参用本似有误。

等,三十匹绞。(本条已有加者,亦累加之)。"①《宋刑统》"强盗窃盗"门下的"监主自盗"律与唐律该条完全一致。② 从唐宋到明清,③本律的变化不大,均大致比窃盗律加二等。

唐宋均无有关常人盗官物的专门律文,《大明律》始定,④清代踵之,比监守盗轻一等,较窃盗重一等。具体而言,如表4-3所示,盗一两以下,监守盗为杖八十,常人盗杖七十,后者轻一等。此后,监守盗二两五钱加一等,常人盗五两加一等。实践中对常人盗的处理已在本章前一节举例,兹不赘举,仅列几件按律处理的监守自盗案例:顺治十年(1653),刘名桂依监守自盗一十五两律,杖九十、徒二年半;顺治五年(1648),李天佑监守盗计赃二十五两,拟杖一百、流二千五百里(杂犯);顺治十三年(1656),孙确监守盗三十两,拟杖一百、流三千里(杂犯)。⑤

对于监守盗,律文规定的最高数额及刑罚为四十两斩(杂犯),如顺治十三年(1656),吕成周监守盗四十两,拟斩(杂犯)。⑥ 但例文进一步规定了四十两以上的处罚方式,加重对相关行为的处罚:

> 其入己数在一百两以下,至四十两者,仍照本律问拟,准徒五年;其自一百两以上,至三百三十两,杖一百、流二千里;至六百六十两,杖一百、流二千五百里;至一千两,杖一百、流三千里;至一千两以上者,拟斩监候。(264-06)

亦即对赃数为一百两以上者,不再"杂犯准徒",而是真犯流刑或斩绞刑。本例在实践中也确被奉行,据道光五年(1825)的一份移会记载,都尔松阿、舜隆阿二人依本例,监守自盗一百两以上至三百三十两,杖一百、流二千里;乾隆三十二年(1767),葛成麒、宋福英二人监守自盗赃六百六十两至一千两,杖一百、流三千里。⑦ 光绪四年(1878),更有刑部通行再次加重本例:

> 嗣后如有官员借灾冒赈侵吞入己,数在一千两以上者,仍照侵盗钱

---

① 《唐律疏议》,刘俊文点校,法律出版社1999年版,第388页。
② 《宋刑统》,薛梅卿点校,法律出版社1999年版,第346页。
③ 清律较明律之别,在将计赃单位由"贯"改为"两"。明律的情况,参见《大明律》,怀效锋点校,法律出版社1999年版,第137~138页。
④ 《大明律》,怀效锋点校,法律出版社1999年版,第138~139页。
⑤ 内阁大库档案,登录号006157-001、005538-001、005546-001。
⑥ 内阁大库档案,登录号005557-001。
⑦ 内阁大库档案,登录号220930-001、191817-001。

粮例拟斩监候。其数逾巨万实在情罪重大者,仍照定例斩监候问拟,由该督抚临时酌量具奏请旨定夺。其入己之数虽未至千两以上,而巧立名色,任意克扣,及有吏胥串弊、绅董分肥情事,即照侵盗钱粮例计赃应得徒流等罪上酌加一等,分别办理,虽逢恩赦不准援免,庶足以惩贪婪,而灾黎亦可得沾实惠。①

监守盗事发之后,涉及"追赃"的问题,本门有三条例文规范之。其一言:"凡侵盗应追之赃,着落犯人妻,及未分家之子名下追赔。如果家产全无,不能赔补;在旗,参佐领骁骑校,在外,地方官,取具甘结,申报都统、督抚,保题豁免结案。倘结案后,别有田产人口发觉者,尽行入官,将承追申报各官革职,所欠赃银米谷,着落赔补;督促等官照例议处;内外承追督促武职,俱照文职例议处。再一应赃私,察果家产全无,力不能完者,概予豁免,不得株连亲族。倘滥行着落亲族追赔,将承追官革职。其该管上司,如有逼迫申报取具甘结之事,属官不行出首,从重治罪。"(264-04)本例言及四层内容:第一,追赃的一般原则,"着落犯人妻,及未分家之子名下追赔";第二,若"家产全无",则参佐领骁骑校或地方官,取具甘结,申报都统、督抚,"保题豁免结案";第三,结案后,若发现"别有田产人口",那么尽行入官、赔补,负责的官员承担相应责任;第四,应豁免之案,不得株连亲族,否则追究相关官员责任。

其二关于追赃的期限,若在一定的期限内追赔完毕,则可减等发落甚至免罪:"勒限一年追完。如限内全完,死罪减二等发落,流徒以下免罪。若不完,再限一年勒追,全完者,死罪及流徒以下,各减一等发落。如不完,流徒以下,即行发配,死罪人犯监禁。均再限一年,着落犯人妻及未分家之子名下追赔。三年限外不完者,死罪人犯,永远监禁;全完者奏明请旨,均照二年全完减罪一等之例办理。至本犯身死,实无家产可以完交者,照例取结豁免。其完赃减免之犯,如再犯赃,俱在本罪上加一等治罪。文武官员犯侵盗者,俱免刺字。"(264-06)嘉庆二十五年(1820),李荃、黄天祥二人本应依监守盗"一两以上至二两五钱",杖九十、刺字,但因"侵用银两俱已照数完缴",即依本例免罪。② 光绪三年(1877),李升等本比照"监守自盗仓库钱粮入己数在一百两以上杖一百、流二千里",亦因"先后将前项侵欺银两如数缴

---

① [清]祝庆琪等编撰:《刑案汇览全编·新增刑案汇览》第5卷,法律出版社2007年版,第115页。

② 内阁大库档案,登录号182922-001。

齐,系在一年限内全完"本应照例免罪,但又因其乃厘局书识而并非文武官员,故仍刺字发落。①

其三言监守盗之对象为"库帑",且监守盗之主体身故后乃事发的处理办法:"凡侵贪之案,如该员身故,审明实系侵盗库帑,图饱私橐者,即将伊子监追。"(264-05)

如果监守盗的行为表现为"监临恐吓",则以或准枉法论:"监临恐吓所部取财,准枉法论。若知人犯罪而恐吓取财者,以枉法论。"(273-01)本例的直接来源是明代的两条问刑条例,乾隆五年(1740)时并辑为一,并于十六年(1751)改定。② 而其实早在《唐律疏议》中即有如下问答:

> 监临恐吓所部取财,合得何罪?
> 答曰:凡人恐吓取财,准盗论加一等。监临之官,不同凡人之法,名例:"当条虽有罪名,所为重者,自从重。"理从"强乞"之律,合准枉法而科。若知有罪不虚,恐吓取财物者,合从真枉法而断。③

可以发现,清代本例即与此唐律之问答语意基本一致。具体而言清代本例,根据《例分八字之义》,所谓"准","与实犯有间矣。谓如准枉法、准盗论,但准其罪,不在除名、刺字之例,罪止杖一百、流三千里";所谓"以","与实犯同。谓如监守贸易官物,无异实盗,故以枉法论,以盗论,并除名,刺字,罪至斩、绞,并全科"。④ 本例所言的后一种情况"与实犯同",前一种情况"与实犯有间",因而后一种较前一种情况为重,按薛允升之说,此为"重挟势也"。⑤ 至于被"以"或"准"的"枉法赃"的具体处理方式,清律《六赃图》有详细列表。⑥ 嘉庆二十五年(1820),曾衍东即因"监临恐吓所部财物",依本例以枉法论,杖一百、流三千里。⑦

法律区分监守盗与常人盗的原因,正如薛允升言:"监临主守,俱系在官之人,非官即吏,本非无知愚民可比,乃居然潜行窃盗之事。"针对官物的监

---

① [清]祝庆琪等编撰:《刑案汇览全编·新增刑案汇览》第5卷,法律出版社2007年版,第116页。
② 参见马建石、杨育棠主编:《大清律例通考校注》,中国政法大学出版社1992年版,第743~744页。
③ 《唐律疏议》,刘俊文点校,法律出版社1999年版,第391页。
④ 《大清律例》,田涛、郑秦点校,法律出版社1999年版,第41页。
⑤ [清]薛允升:《读例存疑重刊本》第4册,黄静嘉编校,成文出版社1970年版,第709页。
⑥ 《大清律例》,田涛、郑秦点校,法律出版社1999年版,第44~46页。
⑦ 内阁大库档案,登录号186988-001。

守盗重于常人盗,则必然亦重于针对私物的普通窃盗,故"监守重于窃盗,情法本应如是"。① 我国当代刑法学也有类似的观念,认为对贪污罪的处罚应当重于盗窃罪,因为贪污罪侵犯的是双重法益——"国家工作人员职务行为的廉洁性"与"公共财物的所有权",②而盗窃罪仅侵犯财产法益。新中国成立后于1979和1997年编定和修订的两部《刑法》也基本遵循这一原则,③但令人不解的是,2015年的《刑法修正案(九)》以及相关司法解释却导致产生了"宽贪污严盗窃"的现象。④ 根据《刑法》第264条对盗窃罪之处罚所作的规定,整理为表如下:

表 4-4

情节	处罚
数额较大的,或者多次盗窃、入户盗窃、携带凶器盗窃、扒窃的	三年以下有期徒刑、拘役或者管制,并处或者单处罚金
数额巨大或者有其他严重情节的	三年以上十年以下有期徒刑,并处罚金
数额特别巨大或者有其他特别严重情节的	十年以上有期徒刑或者无期徒刑,并处罚金或者没收财产

至于何为"数额较大""数额巨大"与"数额特别巨大",最新的司法解释是最高人民法院、最高人民检察院于2013年发布的《关于办理盗窃刑事案件适用法律若干问题的解释》,据此,表4-4可简化为下表4-5:

表 4-5

情节	处罚
一千元至三千元以上⑤	三年以下有期徒刑、拘役或者管制
三万元至十万元以上	三年以上十年以下有期徒刑
三十万元至五十万元以上	十年以上有期徒刑或者无期徒刑

对贪污罪的处罚规定于《刑法》第383条(经《刑法修正案(九)》修正):

---

① [清]薛允升:《唐明律合编》,怀效锋、李鸣点校,法律出版社1999年版,第527页。
② 周光权:《刑法各论》,中国人民大学出版社2008年版,第476页。
③ 只是由于起刑点的问题,在部分情况下也可能发生对贪污罪的处罚实际轻于盗窃罪的现象,相关详细讨论,可参见张明楷:"贪污贿赂罪的司法与立法发展方向",《政法论坛》2017年第1期。
④ 有学者在2008年发表的论文中研究当时的刑法条文和司法解释,也得出这一结论。参见高积顺:"古今惩贪与治盗的宽严比较",《河北法学》2008年第7期。
⑤ 对于幅度内的具体数额标准,各省、自治区、直辖市高级人民法院、人民检察院可以根据本地区经济发展状况,并考虑社会治安状况确定,报最高人民法院、最高人民检察院批准,下同。

表 4-6

情节	处罚
贪污数额较大或者有其他较重情节	三年以下有期徒刑或者拘役,并处罚金
贪污数额巨大或者有其他严重情节	三年以上十年以下有期徒刑,并处罚金或者没收财产
数额特别巨大或者有其他特别严重情节	十年以上有期徒刑或者无期徒刑,并处罚金或者没收财产
数额特别巨大,并使国家和人民利益遭受特别重大损失	无期徒刑或者死刑,并处没收财产

2016年《最高人民法院、最高人民检察院关于办理贪污贿赂刑事案件适用法律若干问题的解释》又进一步明确数额较大、巨大、特别巨大的内涵,故表4-6亦可简化为下表4-7:

表 4-7

情节	处罚
三万元以上不满二十万元	三年以下有期徒刑或者拘役
二十万元以上不满三百万元	三年以上十年以下有期徒刑
三百万元以上	十年以上有期徒刑或者无期徒刑
	无期徒刑或者死刑

从表4-5与4-7的对比可以发现,同样是判处三年以下有期徒刑或者拘役,盗窃一千元至三千元以上即可,而贪污竟要求三万元以上(不满二十万元);同样是判处三年以上十年以下有期徒刑,盗窃仅需三万元至十万元以上,贪污则要求二十万元以上(不满三百万元)。对贪污罪的处罚在整体上竟然明显轻于盗窃罪。[①] 如此,《宪法》所言国家(全民)财产的"神圣"性,与国家工作人员(官员)的表率责任无疑有失体现。

第三节 "皆":特殊官物的特殊性

从表4-1可看出,对盗特殊官物的处罚规则里通常有一个"皆"字,而普通官物通常无,取而代之的是一个"分"字。特殊官物的特殊性,即集中体

---

① 尽管在某些情况下对贪污罪的处罚重于盗窃罪,如贪污罪的最高刑罚死刑而盗窃罪仅为无期徒刑、盗窃罪的最低刑罚为管制而贪污罪为拘役,但并不影响整体上对贪污罪的处罚轻于盗窃罪的状况。

现在这个"皆"字之上。

所谓"皆",按《例分八字之义》:"皆者,不分首从,一等科罪。"①王明德申说之,"皆者,概也,齐而一之,无分别也",因此不分"首从、余人、亲疏、上下、尊卑、伦序、同姓、异姓、老幼、废疾、笃疾、监守、常人,并物之贵贱、轻重,赃之多寡、分否,以及事情之大小、同异","概一其罪而同之"。② 凡言"皆"者,不分别"首从、余人、亲疏、上下、尊卑、伦序、同姓、异姓、老幼、废疾、笃疾、监守、常人,并物之贵贱、轻重,赃之多寡、分否,以及事情之大小、同异"等,因而只要不言"皆"者,即应"分"。换言之,"分"为一般原则,"皆"为特例。

盗官物行为按"皆"之方式处理的主要原因,乃在于特殊官物的"特殊"性。在盗特殊官物的七条律文中,仅有盗军器一项未言"皆":"凡盗(人关领在家)军器者,(如衣甲枪刀弓箭之类)计赃,以凡盗论。若盗(民间)应禁军器者,(如人马甲、傍牌、火筒、火砲、旗纛号带之类)与(事主)已得私有之罪同。若行军之所,及宿卫军人相盗入己者,准凡盗论;(若不入己)还充官用者,各减二等。"(262-00)未言"皆",且"计赃,以凡盗论",沈之奇道出其缘由:"军器皆官物也,然军人既已关领在家,即同军人之物。盗于军人之家,非盗于在官之所,故以凡盗论。"③亦即,律文把原本类属于官物的军器等同于私物处理。不过,乾隆二十五年(1760)刑部定例,规定对盗军器者,除流罪以上仍照律办外,徒杖以下者均照窃盗赃加一等治罪,并枷号一个月。(262-01)该例加重对盗军器者之处罚,是以重新认定盗军器之行为仍较盗普通私物为重。

剩下的六条盗特殊官物律均有"皆"字。王明德道,言"皆"者,乃"人同,事同,而情同,其罪固同。即事异,人异,而情同,其罪亦无弗同也"。④ 而至于这里即便"事异,人异"仍"情同"的原因,即在于这些特殊官物本身的特殊性之上——被赋予了特殊的内涵,已不再是能够简单计算出价格的普通"财物"。⑤ 具体而言:

(1)"大祀神御物",本著将在第五章详论,其指"大祀(天曰)神(地曰)祇御用祭器帷帐等物",及"飨荐玉帛牲牢馈具之属者"。另有亚类型:"(祭

---

① 《大清律例》,田涛、郑秦点校,法律出版社1999年版,第41页。
② [清]王明德:《读律佩觿》,何勤华等点校,法律出版社2001年版,第6页。
③ [清]沈之奇:《大清律辑注》(下),怀效锋、李俊点校,法律出版社2000年版,第559页。
④ [清]王明德:《读律佩觿》,何勤华等点校,法律出版社2001年版,第6页。
⑤ 唐宋的相关律文即被统称为"盗不计赃立罪名"。参见《唐律疏议》,刘俊文点校,法律出版社1999年版,第386页;《宋刑统》,薛梅卿点校,法律出版社1999年版,第341页。

器品物)未进神御,及营造未成,若已奉祭讫之物,及其余官物,(虽大祀所用,非应荐之物)。"这些物件"与寻常仓库官物不同也","盗之为大不敬"。① 因此盗前者"皆斩",盗后者"皆杖一百、徒三年;若计赃重于本罪(杖一百、徒三年)者,各加盗罪一等(谓监守、常人盗者,各加监守、常人盗罪一等,至杂犯绞斩不加)",并刺字。(257-00)

(2)"制书"者,"所以诏令天下。……出自内府,所系至重"。② 盗制书者皆斩;盗亚类型"各衙门官文书"者,皆杖一百、刺字。(258-00)嘉庆二十年(1815),已革尚膳副雅图窃取易州收文回投印票,改作米票行骗,即比照本律之亚类型盗官文书,杖一百。③

(3)"印信"者,"所以传信于四方……颁自朝廷,关系机要",④"印乃朝廷之信,牌乃朝廷之威,若盗印牌,是盗朝廷威信也"⑤。故盗印信者皆处斩监候,而盗亚类型"关防印记"者,皆杖一百、刺字。(259-00)⑥道光十六年(1836),刘有发偷窃刑部堂印,即依本律斩监候。道光九年(1829),辛荣"偷窃署佐领果多欢图记、铃用契纸",本应照盗本律亚类型处理,但由于有恐吓同案犯等情节,于是照本律杖一百之上加一等,杖六十、徒一年,并刺字。⑦ 印信及印记的种类有一定的范围,比如若只是各州县的教谕之印,则不属于本律所言之印信或印记,仅是一种"条记",因而盗之者依窃盗计赃科断。此外,若是盗后毁弃印信,实践中照伪造印信处理而非本律。⑧

(4)"内府财物","所处既严,所藏亦密,若有盗之,不敬甚矣",⑨故盗之者皆斩(杂犯)。(260-00)例文又进一步规定,盗内府财物,若系"御宝乘舆服御服者,俱作实犯死罪;其余银两钱帛等物,分别监守、常人,照盗仓库钱粮各本例定拟"。(260-01)同治七年(1868),吉瑞、赵三听从行窃皇史宬殿门上铜

---

① [清]沈之奇:《大清律辑注》(下),怀效锋、李俊点校,法律出版社2000年版,第553页。
② 同上书,第554页。
③ [清]祝庆琪等编撰:《刑案汇览全编·刑案汇览》第12卷,法律出版社2007年版,第751页。
④ [清]沈之奇:《大清律辑注》(下),怀效锋、李俊点校,法律出版社2000年版,第555页。
⑤ [清]张楷:《律条疏议》,载杨一凡编:《中国律学文献》第一辑第3册,黑龙江人民出版社2007年版,第194页。
⑥ 对清律中关于官文书(包括制书、印信等)保护规则的整体性介绍,可参见陈煜:"'经国之枢机'——浅议清律对官文书的保护",《中国政法大学学报》2014年第5期。
⑦ [清]祝庆琪等编撰:《刑案汇览全编·续增刑案汇览》第5卷,法律出版社2007年版,第259~260页。
⑧ [清]祝庆琪等编撰:《刑案汇览全编·刑案汇览》第12卷,法律出版社2007年版,第753~754页。
⑨ [清]张楷:《律条疏议》,载杨一凡编:《中国律学文献》第一辑第3册,黑龙江人民出版社2007年版,第196页。

叶、瓦上铜泡钉各一次,即"照盗内府其余财物,照盗仓库钱粮为从一两至八十两,准徒五年罪上,从重加等,发附近充军"①。光绪八年(1882),袁大马等偷窃太和殿铜链及午门铜字等,亦比依本例,实犯斩立决。②

雍正五年(1727),时任浙江巡抚的李卫奏称,位于杭州西湖的圣祖行宫被盗,指出若仅将盗贼立即处死,"恐若辈未见明正典刑,不知惧怕,犹为易犯",于是建议:"将首犯即行正法,从犯割断两边懒筋,借此一二人,使匪类知所儆戒,抑或俱行尽法,痛处后一并割筋,使其终身不能再为盗贼。"③但这一建议并未成为定例,直到嘉庆四年(1799)发生了张猛、宋永德行窃济尔哈朗图行宫案件之后,④方新增例文,规定对偷窃"各省行宫"及"大内、圆明园、避暑山庄、静寄山庄、清漪园、静明园、静宜园、西苑、南苑等处"的"乘舆服物"⑤的具体惩处方式,盗前者,为首者绞监候,为从者发云、贵、两广极边烟瘴充军,盗后者则不分首从斩立决。(260-02)光绪二十四年(1898),王满仓偷窃"避暑山庄古俱亭散卸凳木,并拆卸破门扇",但凳木、门扇并非"乘舆服物",于是依本例减一等处罚,杖一百、流三千里。⑥

另,本门内原本还有一条后来被删除的例文曰:"凡盗内府财物系杂犯,及监守常人盗,窃盗、掏摸、抢夺等项,但三次者,不分所犯各别曾否刺字,革前革后,俱得并论,比照窃盗三犯律处绞,奏请定夺。"⑦顺治十一年(1654),高四"进内白渣子库四次,盗孔雀石、碌苗石并银瓶、灯笼、金茶桶",即依本例处绞。⑧

(5)"城门钥","非财物之比,盗者必有窃启为奸之意"。⑨ 律文将城门钥分为数种分别处理:盗"京城门钥",皆杖一百、流三千里(杂犯);盗"府州县镇城门钥",皆杖一百、徒三年;盗"仓库门(内外各衙门)等钥",皆杖一

---

① [清]祝庆琪等编撰:《刑案汇览全编·刑案汇览续编》第9卷,法律出版社2007年版,第368~369页。
② [清]祝庆琪等编撰:《刑案汇览全编·新增刑案汇览》第5卷,法律出版社2007年版,第114页。
③ 宫中档奏折-雍正朝,档案号402009634。
④ 该案见[清]全士潮、[清]张道源等纂辑:《驳案汇编》,何勤华等点校,法律出版社2009年版,第624~626页。
⑤ "凡大内御用物件及存贮供器"皆属"乘舆服物"。参见[清]祝庆琪等编撰:《刑案汇览全编·刑案汇览》第12卷,法律出版社2007年版,第754页。
⑥ 宫中档奏折-光绪朝,档案号408012002。
⑦ 又于雍正三年(1725)馆修,修后例文为:"凡盗内府财物系杂犯,及监守、常人盗、窃盗、掏摸但三次者,俱并论,比照窃盗三犯律处绞。仍分别恩赦前后论。"参见马建石、杨育棠主编:《大清律例通考校注》,中国政法大学出版社1992年版,第666页。
⑧ 内阁大库档案,登录号089110-001。
⑨ [清]沈之奇:《大清律辑注》(下),怀效锋、李俊点校,法律出版社2000年版,第558页。

百。此外,律文小注言:"盗皇城门钥,律无文,当以盗内府物论;盗监狱门钥,比仓库。"(261-00)

(6)"园陵","乃重禁之地,树木为护阴之物,较诸官物为重"。① 盗园陵树木者,皆杖一百、徒三年。盗亚类型"他人坟茔内树木"者,为首杖八十,为从减一等。但是,"若计(入己)赃重于(徒杖)本罪者,各加盗罪一等。(各加监守常人窃盗罪一等,若未驼载,仍以毁论)"。(263-00)若是盗"亲王坟旁木植",律文并未言及,案例中,是为在本律亚类型基础上加枷号"以示惩儆"。② 若是仅盗砍园陵内的树木枝杈,而非整株树木的情况,道光二十七年(1847)刑部议复马兰镇总兵庆锡奏准定例:

> 凡在陵寝围墙以内,盗砍树木枝杈,为首者,先于犯事地方枷号两个月,发近边充军。其无围墙之处,如在红椿以内盗砍者,即照围墙以内科罪。若在红椿以外,白椿以内盗砍者,为首,杖一百、徒三年。如在白椿以外,青椿以内,为首,杖一百。均枷号一个月。如在青椿以外,官山以内,为首,杖一百;为从各犯,俱于首犯罪上,各减一等问拟。其围墙以外,并无白椿青椿者,均照官山以内办理。弁兵受贿故纵,及潜通消息,致犯逃避者,各与囚同罪。(263-05)③

在该例议定之前,道光十四年(1834)曾发生"双滩纠允奎喜、西兰窃砍海地内松树枝杈"的案件,"海地内系在围墙以内,即与红椿以内无异",但那时"律例内并无盗砍树枝作何治罪明文"。负责审理本案的官员发现,道光六年(1826)也曾发生过类似案件——"倪添仓偷越围墙、盗砍树枝"案,当时是将该姓比照盗大祀神御物律,于斩罪上减一等发近边充军,加枷号两个月。于是,本案援引此案比照问拟,亦将双滩比照盗大祀神御物律,于斩罪上减一等发近边充军,奎喜、西兰为从,于军罪上减一等,俱拟杖一百、徒三年。④ 可以看到,后来定例的相关规定实与此二案例的处罚一致,只是进一步细致划分、规范了发生在"红椿以内""红椿以外白椿以内""白椿以外青椿以内""青椿以外官山以内""围墙以外并无白椿青椿者"等不同地界内

---

① [清]沈之奇:《大清律辑注》(下),怀效锋、李俊点校,法律出版社2000年版,第561页。
② [清]祝庆琪等编撰:《刑案汇览全编·刑案汇览》第12卷,法律出版社2007年版,第756页。
③ 庆锡之奏,见宫中档奏折-道光朝,档案号405010271。
④ [清]许槤、[清]熊莪纂辑:《刑部比照加减成案》,何勤华等点校,法律出版社2009年版,第419页。

外的具体刑罚,以及对弁兵违法的处理。

　　根据本门内其他例文的规定,在园陵禁地即便未曾行盗,车马过陵者及守陵官民入陵者仅是违反"百步外下马"的规矩,也会遭到惩罚——以大不敬论,杖一百(263-01)。此外,还有对盗官山内牲畜、人参,或盗砍树木、取土取石、开窑烧造、放火烧山等行为的处罚规定(263-02、03、04),整理为表格如下:

表 4-8

			红椿以内	红椿以外 白椿以内	白椿以外 青椿以内	青椿以外官 山以内
树株 土石		首	比照盗大祀神御物律,斩	近边充军	杖一百、徒三年	杖九十、徒二年半
		从		杖一百、徒三年	杖九十、徒二年半	杖八十、徒二年
牲畜		首	枷号两个月,发极边烟瘴充军			
		从	枷号一个月,杖一百、徒三年			
人参	五十两 以上	首	比照盗大祀神御物律,斩	绞监候	照普通的偷刨人参例(271-10)分别定拟	
		从	新疆给官兵为奴	近边充军		
	二十两 以上	首	新疆给官兵为奴	云、贵、两广烟瘴地方充军		
		从	杖一百、流三千里	杖一百、流二千里		
	十两 以上	首	云、贵、两广烟瘴地方充军	近边充军		
		从	杖一百、流二千里	杖一百、徒三年		
	十两 以下	首	近边充军	杖一百、流三千里		
		从	杖一百、徒三年	杖一百、徒三年		
树木 枝杈		首	犯事地方枷号两个月,近边充军	杖一百、徒三年;枷号一个月	杖一百;枷号一个月	杖一百
		从	减为首一等			

115

首先，对行为人通常分首从定罪，为从较为首减一等。其次，对侵犯位于不同禁限内的自然资源的行为处以不同的刑罚，按"红椿以内""红椿以外白椿以内""白椿以外青椿以内""青椿以外官山以内"的顺序，依次减轻刑罚。嘉庆十二年（1807），周明、孙秀在"木门沟大漥地方红椿以内，迭次邀伙，盗砍树数十余株"，即依 263-02 例，比照盗大祀神御物律拟斩。① 不过，对于打牲畜的行为，仅禁止在"红椿火道"之内，其他范围则不禁止。若是"官山"之外，亦即"禁限"之外，相应行为即不再被按这些例文处理。再次，禁止侵犯的自然资源仅限于明文规定的几类，其中一条例文即对此专门强调道："采樵枝叶，仍照旧例毋庸禁止，并民间修理房屋，取土刨坑，不及丈余，取用山上浮石，长不及丈，及砍取自种私树者，一概不禁。"但在实践中，本门的律例有时并未得到严格遵循。咸丰元年（1851），庆锡奏报，"东陵后龙地方辽阔，附近青椿，民户众多，习惯偷山斫树"。该管将弁本应对这些行为"随时查拿，有犯必惩，不应私交州县审办，化大为小，致滋轻纵"，岂料在"拿获盗斫官山树木贼犯三名"后，"该管都司田茂私移密云县，枷责完事"，并未按律例处理，直到该氏前往纠正。②

综上所述，各类特殊官物均被赋予了特殊的内涵而不再仅仅是普通财物，盗之即为"大不敬"或"所系至重""关系机要"，不能简单以物件本身的价格"计赃论罪"。因此，相关律例文一方面不区分行为人的"首从、余人、亲疏、上下、尊卑、伦序、同姓、异姓、老幼、废疾、笃疾、监守、常人"；另一方面也不再考虑"物之贵贱、轻重，赃之多寡、分否"，盗之则"皆"处以固定的、重于盗普通官物的刑罚。

第四节 "杂犯"：重民命轻财物

《大清律例》盗律虽在整体上呈现"律重官物"的特征，但在某些时候却又"重民命轻财物"，对一些本应处以死刑或流刑的盗官物行为，并不真正处以死刑或流刑，使得对盗官物的处罚反倒轻于对盗私物者。此所谓"杂犯"。

盗官物的律文中有关于"杂犯"规定的，包括盗一般官物的监守自盗仓库钱粮与常人盗仓库钱粮，以及盗特殊官物中的盗内府财物与盗城门钥，盗私物的律文中均无此规定。所谓杂犯，有学者说，其指"某些罪行较轻的犯

---

① 内阁大库档案，登录号 123788-001。
② 宫中档奏折-咸丰朝，档案号 406000152。

罪,如监守盗三十两等"①。这一说法似有误会,监守盗绝非一种"罪行较轻的犯罪"。事实上,"杂,对真言"②,监守自盗仓库钱粮(264-00)与常人盗仓库钱粮(265-0)的律文小注有细致解说:三流者徒四年,斩绞者徒五年,也即以徒四年、五年的刑罚来代替三等流刑与两等死刑。这一规则在实践中也向能得到援引。如顺治十三年(1656),徐萃"合依监临主守自盗仓库钱粮等物,不分首从,计赃四十两律斩,系杂犯准徒五年";万锡爵"依常人盗仓库钱粮等物,但得财者,不分首从,计赃五十五两律杖一百、流三千里,照例准徒四年"。同年,邓玉、刘绍依常人盗仓库钱粮四十五两,杖一百、流二千里,刘明甫、余仰、饶能胜、曾二依常人盗仓库钱粮五十五两,杖一百、流三千里,均为杂犯准徒四年;陈士登依常人盗仓库钱粮八十两律,杂犯绞,准徒五年。③

至于杂犯的立法缘由,据薛允升所言,乃因律文"过于严厉"④。不过,这样的立法可能存在两个问题。其一,立法者既然已认识到律文过于严厉,为何不直接减轻刑罚,而是"多此一举"地先规定死刑或流刑,又再创造一个"杂犯"的概念,以徒刑代替死流呢?沈之奇对此解释颇尽:"但有死罪之名,而无死罪之实,以其罪难免,而情可矜,故准徒五年以贷之。虽贷其死,而不易其名,所以示戒也。"⑤"示戒"二字是此中的核心意旨,一方面声明该行为本来应当处以死刑或流刑;但另一方面又考虑到其情可矜,因而不易其名,仅贷其刑。如此,既可实现刑罚宽缓之实,又能达到宣示严惩效果。

其二,律重官物本是盗律的一般原则,对盗取同等数额的行为,盗官物面临的处罚重于盗私物。但在添入杂犯规则之后,监守与常人盗仓库钱粮律中的流刑与死刑都被徒刑代替,导致其所面临的实际处罚反倒轻于盗私物的普通窃盗。如此即如薛允升的批评,产生了"轻重失平"之虞,进而导致实践中"办理亦多窒碍"以及后来的"条例纷烦"现象。⑥ 对此,徐象先指出,"盖以监守、常人为害于国,其害小,贪吏、窃盗为害于民,其害大"⑦。沈之奇亦有解说:"推立法之意,不欲因盗钱粮官物而即杀之也。科罪则监常为重,至死则窃盗独严,盖窃盗满数,则害于民者大,三犯则害于民者多。为钱

---

① 郑秦:《清代法律制度研究》,中国政法大学出版社2000年版,第250页。
② [清]王明德:《读律佩觿》,何勤华等点校,法律出版社2001年版,第27页。
③ 内阁大库档案,登录号 015171-001、121074-001。
④ [清]薛允升:《唐明律合编》,怀效锋、李鸣点校,法律出版社1999年版,第530页。
⑤ [清]沈之奇:《大清律辑注》(下),怀效锋、李俊点校,法律出版社2000年版,第556页。
⑥ [清]薛允升:《唐明律合编》,怀效锋、李鸣点校,法律出版社1999年版,第527页。
⑦ [清]徐象先:《大清律讲义》,京师京华书局印刷,光绪丁未仲冬初版,第17页。

粮官物,不欲即杀之,为民间财物,不欲稍贷之,宽大之至,又严密之至也。"①易而言之,律典一方面重官物,科罪时"监常为重",但另一方面又不愿因钱粮官物即处死行为人,为兼顾两方面,即有如此看似"矛盾"但又不得不为之的设定。对这一说法,薛氏也能大致同意:"窃盗为民生之蠹,故赃逾满贯,即拟死罪。常人盗止系杂犯,并不真绞,盖轻财物重民命之意也。"②但薛氏此言仅针对常人盗而言,对于监守盗仍沿用杂犯的做法有颇为严厉的批评:

> 监守重于窃盗,情法本应如是。唐律监守盗有绞罪,而窃盗止于加役流……监临主守,俱系在官之人,非官即吏,本非无知愚民可比,乃居然潜行窃盗之事,有何情节可原之有。本系斩罪,后改为杂犯准徒五年,遂致诸多缪戾矣。③

一言以蔽之,不应"宽监守而转严常人"。其实,沈、薛、徐几位律学家的说法,均各有其道理,只不过各自角度有所不同。沈、徐从盗之对象的角度出发,指出律典不欲因钱粮官物而害及民命,薛氏则从盗之主体的角度出发,认为对监守的处罚理应严于对常人。法律之难以面面俱到、顾及全体,从此亦可略见一斑。

第五节 自然资源的"权属":天下无私

一、古今自然资源"权属"之不同

我国当代法律将自然资源列为国家所有,与此类似,清律也明列诸多为官方所有的自然资源(官物),禁止或限制私人任意开采,并对侵犯这些自然资源的行为定以详细的惩处规则。

进入21世纪以来,我国曾发生数起有关自然资源权属纠纷的事件,如四川彭州的"天价乌木案"、黑龙江人大常委会宣布气候资源属于国家所有

---

① [清]沈之奇:《大清律辑注》(下),怀效锋、李俊点校,法律出版社2000年版,第573页。
② [清]薛允升:《唐明律合编》,怀效锋、李鸣点校,法律出版社1999年版,第530页。
③ 同上书,第527页。

的"风光案"等等。① 不仅引发媒体、社会大众的普遍关注,也带动了学术界的广泛探讨,②多本核心期刊专门开辟"自然资源国家所有权"专题研究,广邀宪法、民法、行政法等相关领域专家专门论说这一话题。然而遗憾的是,这些研究虽则提出了诸多有益的观点,但其用以参考的理论及立法、实践经验几乎都来自域外,③罕有从我们自己的历史传统中寻求滋养的尝试,反倒有学者把当代的缺失归责于传统。④ 本节不揣简陋,以《大清律例》关于自然资源的一系列规则及其实践为例,试图从我们自己长达数千年的古老智慧中,发掘数端足资当代借鉴、警醒之经验与教训。

正如本章引论所言,传统社会"最高统治者所拥有的极端权力"可能并没有我们想象中的那么"极端",他们所拥有财产的范围甚至远不如我国当代"国家所有"的那么广泛。除了一些明列的属于官方所有的财物,其他财物均属于民众私人,或处于官方不会主动介入干涉的"无主物"状态。盗田野谷麦律(271-00)第二节言:

> 若山野柴草木石之类,他人已用工力砍伐积聚,而擅取者,罪亦如之。(如柴草木石虽离本处,未驼载间,依不得财笞五十;合上条有拒捕,依罪人拒捕)

沈之奇解释道:"山野柴草木石之类,本无物主,人得共采,但他人已用工力,斫伐积聚,是即人之物矣,而擅自将去,取非其有,犹之盗也,故亦如上罪科之。"⑤这一说法即是承认山野之物本为无主物,人人皆可共采之。若有人"已用工力"则该物便属此人,擅自取走者依盗田野谷麦律处罚,而非有关盗

---

① 参见张文、叶琦:"是文物?是矿产?还是一根无主的木头?——乌木之争 纠缠不清",《人民日报》2013年2月19日第4版;《黑龙江省气候资源探测与保护条例》(黑龙江省十一届人民代表大会常务委员会第三十三次会议于2012年6月14日通过)第2、7条,《黑龙江日报》2012年6月30日第7版。

② 直接针对这些事件的重要研究,如王建平:"乌木所有权的归属规则与物权立法的制度缺失——以媒体恶炒发现乌木归个人所有为视角",《当代法学》2013年第1期;王永霞:"彭州乌木事件的法解释学思考",《政法论丛》2013年第4期;苏苗罕:"气候资源权利归属与探测开发的法律规制",《法治研究》2013年第12期;李艳芳、穆治霖:"关于设立气候资源国家所有权的探讨",《政治与法律》2013年第1期。

③ 如马俊驹教授、薛军教授认为,应主要借鉴大陆法系的法律框架构建我国的自然资源法律制度。参见马俊驹:"借鉴大陆法系传统法律框架构建自然资源法律制度"和薛军:"自然资源国家所有权的中国语境与制度传统",《法学研究》2013年第4期。

④ 参见税兵:"自然资源国家所有权双阶构造说",《法学研究》2013年第4期。

⑤ [清]沈之奇:《大清律辑注》(下),怀效锋、李俊点校,法律出版社2000年版,第601~602页。

官物的律例。

而在我们《宪法》中,第9条言:"矿藏、水流、森林、山岭、草原、荒地、滩涂等自然资源,都属于国家所有,即全民所有;由法律规定属于集体所有的森林和山岭、草原、荒地、滩涂除外。"《民法典》第247、250、251条重申:矿藏、水流、海域属于国家所有;森林、山岭、草原、荒地、滩涂等自然资源,属于国家所有,法律规定属于集体所有的除外;法律规定属于国家所有的野生动植物资源,属于国家所有。古今相较可以发现,如今这一"矿藏、水流、森林、山岭、草原、荒地、滩涂等自然资源,都属于国家所有"的宣告,似乎还更接近于所谓"溥天之下,莫非王土,率土之滨,莫非王臣"字面上所描述的所有权状态。正是察觉到这一立法可能存在的弊病——"国家权力的不正当扩张,甚至出现与民争利的现象"①,并且

> 一些自然资源,国家无法建立所有权意义的支配秩序,比如野生的老虎;还有一些自然资源,国家没有必要建立所有权意义的支配秩序,比如苍蝇和蚊子。现在的立法,将老虎、苍蝇和蚊子一律都纳入国家所有权的范围,这在立法上对于国家不但无益而且有害。比如,原来在我国境内的野生老虎跑到俄罗斯去了,政府不能行使所有权要求俄罗斯返还。蚊子叮人致人生病,政府也不能因为是自己控制的动物造成损害而予以赔偿。②

有学者提出,应将本句解释为:"矿藏、水流、森林、山岭、草原、荒地、滩涂等自然资源,都可以依照法律的规定属于国家所有。"③如此运用解释学的方法,确能在一定程度上解决"正当性和合理性基础"的问题以及一些实践上的难题。但是,不可否认,其毕竟与本条法律本身字面上的含义有所偏差,因而可能难以被普遍接受并运用于实践。而在传统时代的律典中,以清律为例,其从未有过类似的概括性宣告,仅列举了数项为官方所有、禁止(限制)私人任意开采的自然资源,对于规定种类之外以及规定地域之外的自然资源,并不限制开采,故而不会存在当代法律中的这一问题。

---

① 王涌:"自然资源国家所有权三层结构说",《法学研究》2013年第4期。
② 孙宪忠:"根据民法原理来思考自然资源所有权的制度建设问题",《法学研究》2013年第4期。
③ 程雪阳:"论'城市的土地属于国家所有'的宪法解释",《法制与社会发展》2014年第1期;程雪阳:"中国宪法上国家所有的规范含义",《法学研究》2015年第4期。

二、清代官方所有之自然资源的范围与规则

当代学者指出,虽然《宪法》规定自然资源为国家所有,但这种所有权的具体内涵还有待下位法律去具体形成。① 《民法典》物权编的部分条文,以及《矿产资源法》《水法》《海域使用管理法》《海岛保护法》《野生动物保护法》等专门的法律法规,即是对各类自然资源国家所有权具体内涵亦即占有、使用、收益、处分的规范。不过,有学者仍然指出,在社会经济已高度发展的当下,这些法律的完备及详尽程度尚不足以完全应对现实的复杂需求。② 反观清代,似乎此时对自然资源的官方所有已经有了颇为细致的一系列规范,体现出较为成熟的立法技术。

如在《大清律例》的盗律中,概括而言,对官方所有、禁止(限制)开采的自然资源有严格的种类、地域限制,对侵犯不同种类、地域的自然资源有不同的处罚规则,既包括对行为人的处罚、对该管人员故纵或失察的处罚,也不乏对拿获人犯者的给赏等。此外,清律的《户律》以及《户部则例》还对部分自然资源的开采、运输、买卖、课税等有细致规范。③ 因本节关注的是自然资源的"权属"问题,故而仅探讨与此直接相关的《大清律例》中的禁止性规则,不再细究《户律》及《户部则例》之中有关课税等具体的管理性规则。

清律明文规定的这类自然资源有两种:其一为具有经济价值者,相关律例是为维护官方的经济利益;其二则虽也具有一定经济价值,但其不容被侵犯的主要原因并非经济价值,而是因为被赋予了特殊的含义,亦即本章第四节已详论之盗园陵树木门下的诸律例。此处仅言第一类,相关例文主要分布在盗律的盗田野谷麦门下,这类自然资源主要有:矿砂、木植、牲畜、人参、珠子、黄芪等,以下即分述之。

对于矿砂(271-01),根据《户部则例》,各省开采矿厂,由督抚遴员会同地方官,据实勘验,并不干碍民间田园庐墓者,准其题请开采,其有开采之后硐老山空、矿砂无出者,题明封闭,其一切僻隅深箐,巡察难周之处,俱严加封禁。④ 沈之奇指出:"凡产矿砂之山,俱经官封禁,非奉旨不得开采,故有采者,即谓之盗。"⑤但其行为地点必须是禁山,"非禁山,即非盗"⑥。清律

---

① 张翔:"国家所有权的具体内容有待立法形成",《法学研究》2013年第4期。
② 参见马俊驹:"国家所有权的基本理论和立法结构探讨",《中国法学》2011年第4期;程雪阳:"中国宪法上国家所有的规范含义",《法学研究》2015年第4期。
③ 《钦定户部则例》卷25~31《盐法》、卷33《参课》、卷35~37《钱法》,同治十三年刻本。
④ [清]姚雨芗原纂,[清]胡仰山增辑:《大清律例刑案新纂集成》卷23,同治十年刻本,第2页。
⑤ [清]沈之奇:《大清律辑注》(下),怀效锋、李俊点校,法律出版社2000年版,第603页。
⑥ [清]薛允升:《读例存疑重刊本》第3册,黄静嘉编校,成立出版社1970年版,第685页。

《户律·仓库》的钱法门下01例即专门强调"凡产铜铅之处,听民采取",只是需要"税其二分","所剩八分"则"任民照时价发卖"。而即便在禁山之内,"天地自然之利,虽有封禁,终与盗取于人者不同也",故对盗挖者仅"计赃准窃盗论",亦即"但准其罪,不在除名、刺字之例,罪止杖一百、流三千里"。① 禁止盗挖的矿砂种类包括"金银铜锡水银等"②,计赃时"每金砂一斤,折银二钱五分;银砂一斤,折银五分;铜锡水银等砂一斤,折银一分二厘五毫"。不过,若"此等亡命,聚于山洞,恐致谋为不轨,故特峻其法"如下表:

表 4-9

情节			首	从
拒捕	伤非金刃,伤轻平复		边远充军	
	杀人及刃伤、折伤		照窃盗拒捕杀人律,斩	减一等
不曾拒捕	聚至三十人以上		近边充军	枷号三个月,照窃盗
	不及三十人	初犯	枷号三个月,照窃盗	照窃盗
		再犯	近边充军	

对这类行为人加重处罚的原因,乃"恐致谋为不轨",即公共秩序、公共安全方面的考虑,故而此处影响量刑轻重的因素乃曾否拒捕、伤人之轻重、聚众人数、首从犯、初再犯等,而并非着眼于其所侵犯的自然资源的经济价值。嘉庆二十二年(1817),范汝浮在禁山盗掘铁砂被拿获,虽未"聚于山洞",但因"复敢持械拒捕",被认为情同此例,因而也比照本例,发边远充军。③

以上为一般性立法,亦即适用于在全国范围内盗挖所有种类矿砂的行为。在这之外,尚有针对在特别地区盗挖特别种类矿砂的特别立法(271-18、20),并对之加重处罚:

表 4-10

		首	从
新疆地方(金砂)		枷号三个月,云、贵、两广极边烟瘴充军	枷号三个月,解回内地,杖一百、徒三年
热河承德府(金银矿砂)	民人		
	蒙古人	四省驿站当差	枷号三个月,调发邻盟,严加管束

---

① 《大清律例》,田涛、郑秦点校,法律出版社1999年版,第41页。
② 实践中,盗挖官煤、铁砂者也比照此处理。参见[清]祝庆琪等编:《刑案汇览三编》(一),北京古籍出版社2004年版,第629~630页。
③ [清]许槤、[清]熊莪纂辑:《刑部比照加减成案》,何勤华等点校,法律出版社2009年版,第84页。

第四章 盗官物：财产何必神圣

此外，还有针对产矿山场山主"违禁勾引矿徒潜行偷挖""漏信使逃"，以及保甲地邻"知情容隐不报"等行为的具体处罚规则。(271-02)

禁止盗砍之木植及盗打之牲畜，亦有严格的地域范围限制——官方的"围场"之内。于盛京威远堡南至凤凰城边外山谷附近围场处所盗砍木植及盗打牲畜之处罚规定如下(271-21)：

表 4-11

		首	从、贩卖、未得
木植、鹿只	身为财主	杖一百、流三千里	减一等，免刺
	无财主	杖一百、徒三年	
鹿窖	身为财主	均较前项加一等	
	无财主		
柴草野鸡	初犯	枷号一个月	
	再犯	枷号两个月	杖一百	减一等，免刺，递回原籍①
	三犯	枷号三个月	

私入木兰等处围场及南苑，至察哈尔及扎萨克旗下蒙古私入围场并盗砍木植或盗打牲畜之处罚如下(271-22)：

表 4-12

		首	从	贩卖
菜蔬柴草野鸡等	初犯	枷号一个月		
	再犯	枷号二个月	杖一百	
	三犯	枷号三个月		
木植、牲畜、鹿窖	初犯	杖一百、徒三年	减一等③	又减一等
	再犯、初犯（木植五百斤以上牲畜十只以上）、身为财主雇倩多人	极边足四千里充军		
	三犯②	新疆等处种地		

---

① 倘于递籍后，复行出边偷窃者，即在犯事地方枷号两个月，杖六十，徒一年。如再有犯，以次递加。其因偷窃未得，递籍管束，复有越边偷窃者，仍照初犯例，枷号一个月，杖一百，递籍严加管束。

② 薛允升指出："再犯即拟充军，似无三犯可言。"[清]薛允升：《读例存疑重刊本》第3册，黄静嘉编校，成文出版社1970年版，第697页。

③ 其枷号三个月、两个月者，减等递减一个月，枷号一个月者，减为二十日。

123

旗人有犯，"销除旗档，照民人一体办理"；蒙古人犯，"应拟徒罪者，照例折枷；应充军者，发湖广、福建、江西、浙江、江南；应拟遣者，发遣云、贵、两广，俱交驿充当苦差"。各项人犯，无论初犯、再犯、三犯，均面刺"盗围场"字样，偷盗未得之犯，则面刺"私入围场"字样。

在盛京各处山场，商人可领票砍伐木植，但严禁"夹带偷砍果松"①，对违例者按照株数多寡定罪："至数十根者，笞五十；百根者，杖六十；每百根加一等，罪止杖一百、徒三年"，所砍木植，变价入官。（271-13）

除了这些对行为人的具体处罚措施，例文还有一些程序性的规范，如审转及汇报制度：

> 私入围场，偷打牲畜，砍伐木植之犯，无论枷杖徒流发遣，均在犯事地方审拟发落起解，毋庸解部转发，仍专咨报部。其罪应徒流发遣者，令热河都统年终汇奏；罪止枷号人犯，年终汇册咨部存案。（271-11）

> 每月责令看卡员弁，将有无贼犯偷入围场之处，出结具报该总管，每年于五月内据实汇折具奏。倘该员弁所报不实，交部议处。热河都统亦于每年六月间据实具奏，如查明该总管所奏不实，即行参办。（271-22）

再如对拿获人犯的给赏办法：

> 盛京各城守尉、边门及卡伦官兵，在边外拿获偷砍私运木植人犯，其车马器物，均赏给原拿之人。如仅止拿获车马等物，而借称人犯逃逸者；除审明有无受贿故纵，按例治罪外，仍将所获物件入官。若拿获人犯并无器物者，该将军自行酌量赏给。（271-17）

> 私入木兰等处围场及南苑，偷窃……起获鸟枪入官，牲畜器物赏给原拿之人；有连获大起者，交该管官记功奖励。（271-22）

还如对官员、员弁兵丁故纵或失察的处罚：

> 失察私入围场等处偷盗之该管地方文武各官，并察哈尔佐领捕盗官，及蒙古、扎萨克等，交部分别议处，及折罚牲畜。……审系员弁兵丁

---

① 不知为何有此禁，薛允升也言此须"记查"。[清]薛允升：《读例存疑重刊本》第3册，黄静嘉编校，成文出版社1970年版，第693页。

受贿故纵者,与犯同罪;赃重者,计赃,以枉法从重论。若止失于觉察,员弁交部议处;兵丁杖一百,再犯,折责革伍。(271-22)

人参①、珠子须得在取得官方授权——"领票"之后,方可采挖,且须得按预先的规定采挖并及时按量交官:

> 刨参人夫,不往所指山林刨采,或将票张卖放别路飞扬者,除交官参外;余剩俱令入官,仍杖八十,枷号一个月。(271-14)②

> 打珠人等,私藏珠子不行交官者,拿获,不论珠数多寡分两轻重,俱杖一百、流三千里。旗人销去旗档,同民人一体发遣,总领打珠之骁骑校并总管翼长,均交部分别议处。(271-07)

凡偷刨人参者,若身充财主,雇人刨采,及积年在外逗留已过三冬(271-10):

表 4-13

	得参		未得
人数未及四十名,参数未至五十两	云、贵、两广烟瘴地方管束		减一等
人至四十名以上,参至五十两以上	为首之财主、率领之头目、容留之窝家	绞监候	
	为从、拟绞人犯遇赦减等	云、贵、两广烟瘴地方	

所获牲畜等物,给付拿获之人充赏,人参入官。乾隆三十年(1765),僧人木梲纠集另外十三人偷刨人参(计四两,卖银九十五两),对他们即均按此规则分别拟以刑罚。不过,应追入官之赃银"据原籍地方官勘实,并无可着追",因而只得"取具甘结"了事。③

如并无财主,"只系一时乌合,各出资本,及受雇偷采,或只身潜往":

---

① 据牟润孙先生考证,自康熙十八年(1679)十月始,人参由清王朝皇室专卖。参见牟润孙:《海遗丛稿(初编)》,中华书局 2009 年版,第 37 页。

② 实践中,若"不遵票额,多雇刨夫,偷越出边刨参",则依下文偷刨例减一等治罪,参见[清]祝庆琪等编:《刑案汇览三编》(一),北京古籍出版社 2004 年版,第 630 页。亦不允许"顶票刨参",参见[清]全士潮、[清]张道源等纂辑:《驳案汇编》,何勤华等点校,法律出版社 2009 年版,第 157 页。

③ 内阁大库档案,登录号 079216-001。

表 4-14

	为首、得参	为从、未得、私贩	代为运送米石
一两以下	杖六十、徒一年	减一等	杖一百
一两以上至五两	杖七十、徒一年半		
一十两	杖八十、徒二年		
一十五两	杖九十、徒二年半		
二十两	杖一百、徒三年		
二十两以上至三十两	杖一百、流二千里		

每十两递加一等，罪止杖一百、流三千里。首从照例刺字，未得参及私贩人犯，俱免刺字。系旗人，销去旗档，照民人一体问拟。若旗下家奴，有犯罪应军流者，发驻防给兵丁为奴，徒罪照例发配，限满释回，仍交主家服役。如伊主知情故纵者，杖八十，系官，交部议处，不知者不坐。其潜匿禁山刨参，被获拟徒人犯，限满释回，复行逃往禁山刨参者，则不再分已得、未得，俱发附近充军，旗下家奴，发往驻防给兵丁为奴。

此外，例文还规定了几种照本例治罪的情节：领票工人"偷窃领票商人之参"（271-08），①刨参官商"私刻小票，映射私参"（271-09），以及"收买参秧栽种""偷刨参秧货卖"（271-16）。

领票刨参之人可携带鸟枪，例文对此亦有详细规范："应查明人数多寡，批给鸟枪，填明票上，出口验放，回山查核"，如若违例私带，则"照商民应用鸟枪不报官私造例（214-04），杖一百。其将鸟枪转给售卖刨参之人者，比照军人将军器私卖与人（212-00），发边远充军律，减一等，杖一百、徒三年"。（271-04）

在对偷刨人参、珠子贼犯的处罚之外，例文还有对该管官、巡查人等搜查不力及保甲长窝藏、隐瞒的惩罚：

山海关巡查人员，如有搜获人参珠子，该管官交部议叙。如有搜查不力，以及私带过关者，将该管官照失察例议处；巡查人等，照不应重律治罪。明知故纵者，该管官革职；巡查人等，枷号一个月，杖一百。受贿卖放者，计赃，以枉法从重发落。其失察偷出边关刨参至一百名者，领催披甲人等鞭五十；至二百名者，鞭一百；至五百名以上者，枷号一个

---

① 本例原系乾隆二十八年（1763）吉林将军恒鲁条奏定例，详细情况见内阁大库档案，登录号 100236-001。

月,鞭一百。该守御官,亦按失察名数,分别议处。如有自行拿获者,免议。(271-03)

私刨人参贼犯,在山林僻壤屯潜盘踞,该处保正甲长,如有飞包过村,窝藏黑人,不行首报,除窝家照例治罪外;保正甲长,如审系知情不首,照保甲有知为盗窝盗之人瞻徇隐匿例(278-09),杖八十,加枷号一个月;如不知情,照牌头所管内有为盗之人虽不知情而失察例(278-10),笞四十。(271-15)

另,起除刺字门内有例文专门规范对偷刨人参者的刺字方法:

偷刨人参之犯,计赃应拟满杖者,照窃盗例,初犯刺臂,再犯刺面。如在徒流以上,仍依旧例,初犯刺右面,再犯刺左面。(281-03)①

至于黄芪,"本非犯禁之物,因其纠集多人滋扰牧场,故禁之也"②。相关禁例(271-19)乃嘉庆十六年(1811)刑部议覆刑部侍郎成宁等奏准定例:"察哈尔牧地上供天驷牧群,下关蒙古人等生计,本不容民人潜赴挖芪、刨毁地面,第因黄芪系属药植,民间常需济用,若零星挖取,随处填平,不至滋事,仰沐皇仁,亦在所不禁。乃似此聚众肆行,自当严审禁令,立法惩办,以儆凶顽,而靖牧地。"③同年,时任直隶总督的温承惠亦复议此说:"察哈尔牧地上供天驷牧群,下关蒙古生计,理宜肃静,岂容匪徒滋扰?乃小民趋利若鹜,并因黄芪例无明禁,遂至伙众刨挖,即蒙古穷人亦难免勾串贿纵。"④简言之,对黄芪的限制开采,也并非因官方试图垄断其所具有的经济价值,而是因担心开采时"纠集多人滋扰牧场",亦即主要对公共秩序、公共安全方面的考虑。

因此,若"无业贫民,零星挖有黄芪进口售卖",在每次人数不超过十人、每人携带不超过十斤的情况下,并不被禁止,超过限额方"以私贩论"。在"口外出钱雇人刨挖黄芪首犯,除有拒捕夺犯等情,仍按罪人拒捕(388-00)及夺犯殴差各本律本例(267-02、03),分别定拟外":

---

① 薛允升言:"刺字本为再犯三犯而设,刨参例内并无再犯三犯之文,盗掘金银等矿,载明初犯再犯,反不刺字,殊嫌参差。"参见[清]薛允升:《读例存疑重刊本》第4册,黄静嘉编校,成文出版社1970年版,第767页。
② 同上书第3册,第696页。
③ 朱批奏折,档号04-01-38-009-1912。同样的文字亦见同年大学士管理刑部事务董浩之奏,录副奏折,档号03-2060-022。
④ 朱批奏折,档号04-01-38-0207-016。

表 4-15

所雇人数 \ 首从	首	从
未及十人	杖一百	减一等
十人以上	杖一百、枷号两个月	
五十人以上	杖六十、徒一年	

每十人加一等,以次递加,罪止杖一百、徒三年。受雇挖芪之人,照不应重律(386-00),杖八十,递籍管束。如系"割草民人,不得妄拿滋事,该处囤积黄芪":

表 4-16

	首	从
十斤以上		杖一百
五十斤以上	减一等	杖一百、枷号两个月
百斤以上		杖六十、徒一年

每百斤加一等,以次递加,罪止杖一百、徒三年,黄芪入官。守口员役及各口关隘官弁,有实力稽查之责,"倘有贿纵情弊,查出按例究办"。

不过,该例订立之次年,上驷院卿阿勒精阿指出,"黄芪乃药料中必需之物,且较南来之黄芪,其性尤佳,若全行禁止,恐贪利之徒不时觊觎",因此建议"莫若责成口北三厂,如有附近居民情愿刨采黄芪者,令各商头赴同知衙门呈递认呈,并将所带人数仅许十人开写花名发给照票",并"照药材纳税之例入口"。①

三、近代命运与后世评价

暂且不论这些以《大清律例》为代表的传统律典中关于自然资源的规则之优劣,近代以降便被一系列来自西方的"近现代"制度所代替。② 在《大清律例》基础上删修并于 1910 年颁行的《大清现行刑律》,即已删除数条与本节主题相关的例文。进入民国,新政府在清末变法的基础之上建立"六法"体系,并颁布了诸如《狩猎法》《森林法》《渔业法》《渔会法》《矿业法》等关

---

① 录副奏折,档号 03-1787-059。
② 据学者言,这些制度的最早来源是罗马法。参见王克稳:"论自然资源国家所有权的法律创设",《苏州大学学报(法学版)》2014 年第 3 期。

于自然资源的专门法律法规。①

　　百余年后至如今，当我们再度回视传统律典中的相关内容，则既会为其中法律智慧的失传而叹息，亦能因某些古今一脉的缺失而感慨。孔子曰："巍巍乎，舜禹之有天下也而不与焉！"（《论语·泰伯》）孟子和荀子倡导"泽梁无禁"（《孟子·梁惠王下》）或"山林泽梁以时禁发而不税"（《荀子·王制》）。太史公道："善者因之，其次利道之，其次教诲之，其次整齐之，最下者与之争。"②盐铁会议上，诸贤良文学严厉批评"擅山海之财"的做法，而大加赞赏禹、汤时代的"梁泽以时入而无禁"。③ 朱子曰："与民同利，不设禁也。"④徐复观先生解说道，孔子所谓"而不与焉"，"是视天下为天下人之天下，而不视为一己之私物，所以天下与己，不相关与。此即'天下为公'之实"⑤。但由于现实政治的需要，也由于历代统治者均未能真正做到如儒家所期待的那样"私欲尽灭"——"不以一己之利为利，而使天下受其利，不以一己之害为害，而使天下释其害"⑥，历代律典均会列举一些为官方所有、禁止（限制）民间开采的自然资源。

　　当然，传统时代仅在律典中明列一些官方所有，不允许私人侵犯的内容，并未一概规定自然资源"都属于国家所有"。对于这些明列的内容，律例文（主要是例文）又会有详细的处理规范，不仅针对行为人本人，还涉及该管人员、拿获人员等。本著将在第九章指出，清代例文的日益繁杂带来许多弊端，但是在此处，笔者窃以为，对于这些为官方所有的自然资源而言，可能确实需要较为详细的规则，因为如上文所言，当代相关立法的缺陷之一即被学者认为恰在不够详细。当然，也不可否认，例文越来越多、越来越繁杂的原因，除了立法技术上的"无可奈何"，亦与后世君主遗忘圣人之训而愈发膨胀的自私心理有关，想要据为己有的"天地自然之物"越来越多。比如，原本从明代问刑条例继承而来的例文规定，对盗掘矿砂者仅"计赃准窃盗论"，亦即免其刺字——"天地自然之利，朝廷亦不得私而有也。上不在官，下不在民，

---

　　① 参见谢振民编著：《中华民国立法史》（上），张知本校订，中国政法大学出版社2000年版，第589～598页。
　　② 《史记》卷129《货殖列传》。
　　③ 《盐铁论》（上），王利器校注，中华书局1992年版，第27～28页。本句描述的是禹、汤之时代，但钱穆先生用以证明封建制被破坏之后的情形，似有不当。参见钱穆讲授、叶龙记录整理：《中国经济史》，北京联合出版公司2014年版，第58页。
　　④ ［宋］朱熹：《四书章句集注》，中华书局2012年版，第219页。
　　⑤ 徐复观：《儒家思想与现代社会》，九州出版社2014年版，第113页。
　　⑥ ［明］黄宗羲：《明夷待访录》，段志强译注，中华书局2011年版，第6页。

无字可刺,故不言及,所以示天下以无私也"①。然而,立法者在其后制定的繁杂例文中,却常常忽略此点,仍对违犯者加以刺字。此即正合《庄子·胠箧》之讽刺:"窃钩者诛,窃国者为诸侯。"黄宗羲的"非法之法"论也是对此极好的诠释:

> 后世之法,藏天下于筐箧也;利不欲其遗于下,福必欲其敛于上;用一人焉则疑其自私,而又用一人以制其私;行一事焉则虑其可欺,而又设一事以防其欺。天下之人共知其筐箧之所在,吾亦鳃鳃然日唯筐箧之虞,故其法不得不密。法愈密而天下之乱即生于法之中,此所谓非法之法也。②

道光十四年(1834),民人吕茂桢从关外私带人参二两八钱进关,经查明,其乃"给伊父配药治病",尽管负责此事之山海关都统认为这一情节"尚与贩卖图利者不同",但仍不否认"实属有干例禁",对其依私自贩例减一等处罚。此前一年的孙万资案亦与此类似。③ 既然已经认识到"给伊父配药治病,尚与贩卖图利者不同",但仍对行为人施以刑罚,此已不仅是"与民争利",且是对儒家以及统治者自己所提倡的孝道伦理的公然违反。

综上所述,清律对官方所有之自然资源,采列举而非概括式的立法方式,并对不同种类的自然资源有不尽相同的详细处理规则。列举式的立法体现出与民同利、藏富于民的治民哲学与立法思想,详尽的规则,展示出较为成熟的立法技术。然而,同时也须得看到,列举本身以及愈加繁杂的例文、逐渐加重的处罚,均表明统治者私心并未尽去且愈发膨胀。这些正面和反面的历史经验,均值吾辈时人之深省。

小结　财产不必"神圣"

传统律典对盗官物与盗私物的行为有不同的处罚方式,正如当代法律体系对国家所有权和私人所有权有程度不同的保护。古今之法律尽管在形式、内容上均有差异,但其内涵却颇为相通。此相通及相异处,即恰能比照

---

① [清]薛允升:《读例存疑重刊本》第3册,黄静嘉编校,成文出版社1970年版,第685页。
② [明]黄宗羲:《明夷待访录》,段志强译注,中华书局2011年版,第8页,第23~24页。
③ [清]许梿、[清]熊莪纂辑:《刑部比照加减成案》,何勤华等点校,法律出版社2009年版,第450页。

出各自之优缺,并从中开掘"古为今用"之泉源。

整体而论,清代"律重官物",当代"国家财产神圣不可侵犯",均是把"官物"或"国家财产"置于民众的私人财产之上。① 清末之季,薛允升对这样的立法模式颇有微词:"官物与私物,虽有不同,在盗者视之则一也。不以赃数定罪,而以官、私定罪,情法似未平允。"② 当然,若是把目光再往前回溯,早在先秦时代,孔门弟子有若即言:"百姓足,君孰与不足?百姓不足,君孰与足?"(《论语·颜渊》)孟子亦对统治者有忠告:"王如好货,与百姓同之,于王何有?"(《孟子·梁惠王下》)

不过,清代尽管也"律重官物",在这一大原则之下还有"轻财物重民命"的小原则——"杂犯",使得在本应处以流刑、死刑的重罪之时,反倒对盗官物的处罚实际低于对盗私物者,也使得传统时代的官物根本谈不上什么"神圣"性。而若从整个历史长河来看,律重官物乃明清律典的特点,在之前的唐宋这一特点并不明显,其中并无类同"常人盗仓库钱粮"的律文,且对各盗特殊官物行为的处罚也较明清律为轻。③ 前引薛允升的批评,即正是对此而提出。由是,薛氏所反对者,乃官物与私物之分,而并不反对监守与常人之别——"监守重于窃盗,情法本应如是。……监临主守,俱系在官之人,非官即吏,本非无知愚民可比,乃居然潜行窃盗之事"④。而在现代刑法学看来,贪污罪所侵犯的法益之一乃国家工作人员职务行为的廉洁性,所以即便不考虑官物/私物、国家/私人财产之分别,也应由于犯罪主体之不同而区别监守盗与窃盗、贪污与盗窃。

依笔者之愚见,所有类型的财产——无论公私——都不必"神圣"。⑤ "财产神圣不可侵犯"一语,出自1789年的法国《人权宣言》,⑥其观念源于16世纪以后经马丁·路德(Martin Luther)改革后形成的基督新

---

① 有学者认为,我国"当今刑法没有明确规定盗窃公、私财物量刑的不同",笔者不敢苟同。参见郝铁川:"浅议中国古代盗窃罪",《法制日报》2023年7月19日第9版。
② [清]薛允升:《唐明律合编》,怀效锋、李鸣点校,法律出版社1999年版,第531页。
③ 参见《唐律疏议》,刘俊文点校,法律出版社1999年版,第377~386页;《宋刑统》,薛梅卿点校,法律出版社1999年版,334~341页。
④ [清]薛允升:《唐明律合编》,怀效锋、李鸣点校,法律出版社1999年版,第527页。
⑤ 经济学家晓亮曾发文指出,"宪法应明确规定私有财产神圣不可侵犯"。参见晓亮:"非公有制经济呼唤修宪",《中国经济时报》1998年2月24日。该文在当时引发热烈讨论,相关讨论如赵天佐主持:"私有财产神圣不可侵犯该不该进入宪法?",《当代法学》1998年第5期。
⑥ 参见王德禄、蒋世和编:《人权宣言》,中国图书刊行社1989年版,第16页。对这一原则的历史来源及发展,可参见赵文洪:"对资本主义私有财产神圣不可侵犯原则的历史考察",《社会科学战线》1998年第4期。

教。① 此语法语原文为 La propriété étant un droit inviolable et sacré②。英文为 The right to property being inviolable and sacred。所谓"神圣",即法语中的"sacré"或英文中的"sacred",是一个饱含宗教意蕴的词汇。我国既然从来不是基督教国家,那么有何必要在移植外国法律之时连这类宗教词汇也一并照搬呢?再者,将"神圣"一词冠于"财产"之上,以笔者之浅识,更是不能理解。众多理应比财产更"神圣"的名物,如人的生命、健康、自由、尊严等等,都未能被赋予"神圣"的地位,财产又何来此资格呢?

西人向来崇金,《圣经》所谓"你的财宝在哪里,你的心也在那里"③,因而在道德和法律上把财产视为神圣,并无足为怪。吾土先哲则不然,孔子曰:"君子喻于义,小人喻于利。"(《论语·里仁》)孟子道:"何必曰利?……上下交相利而国危矣。"(《孟子·梁惠王上》)圣人之言犹在耳,吾辈后人当警悟。

---

① 参见〔美〕伯尔曼:《法律与宗教》,梁治平译,中国政法大学出版社2003年版,第57页。
② 法文原文见法国政府法律法规网:http://www.legifrance.gouv.fr/Droit-francais/Constitution/Declaration-des-Droits-de-l-Homme-et-du-Citoyen-de-1789,最后访问时间:2014年11月16日。
③ 《新约·马太福音》6:21。

第五章 盗毁神物:神明崇拜、伦常秩序与宗教自由

> 未能事人,焉能事鬼?
> ——《论语·先进》
>
> 凯撒的物当归给凯撒,神的物当归给神。
> ——《新约·马太福音》

引论 严加保护的"神物"

无论古今中外的人类社会,均存在对超自然、彼岸世界一定程度的关注甚或崇拜现象。与此相应,和超自然、彼岸世界相关联的物品常被赋予某些特殊的意涵,或被认为拥有神奇的力量,因而获得超乎普通物品的关注、崇拜。为了论述方便,本著将这类物品统称为"神物"。

对神物的关注、崇拜还常直接体现在法律之中,即对神物施以超乎普通物品的保护。吉同钧即发现:"欧西各国崇尚宗教,凡盗及教堂者,治罪加严。德律,盗礼拜堂内器具及供礼拜神祇之建造物者,处惩役。俄律,盗教堂神物及供奉之灯烛、杯盏、经卷,罚作苦工云云。虽名色各有不同,而其尊敬神道则一也。"[①]在我国历史上,以清代为例,《大清律例》之中受到特殊保护的神物主要有神御物、祭祀场所的建筑物及周遭环境之内的物品、坟冢等。而在唐宋等其他时代,佛教、道教的神佛造像也是被纳入律典特别保护的神物。

[①] [清]吉同钧:《大清现行刑律讲义》,栗铭徽点校,清华大学出版社2017年版,第247页。法国的情形,可参见马海峰:"'财产神圣不可侵犯'之渊源考",《华东政法大学学报》2022年第6期。

目前学界还未有针对传统时代这些规则的整体性论述,仅散见一些对其中个别条文或规则的研究,如盗大祀神御物、盗毁天尊佛像、发冢等律。① 本章试图将这些有关神物的规则一并进行讨论,以清代为核心并兼及唐宋以来之演变及清末以降之近代转型,挖掘古今相关规则及背后法律思维、文化异同,为当下的相关制度、政策提供一些来自历史的正面和反面经验。

第一节 儒家的祭祀:从神明崇拜到伦常秩序

正如冯友兰先生所言:"人在原始时代,当智识之初开,多以为宇宙间事物,皆有神统治之。"②据说商代的人还比较迷信,奉祀不少神祇,既有"风雨河岳之属的自然神,也有一大批先公先王的祖灵"。《礼记·表记》即称:"殷人尊神,率民以事神,先鬼而后礼。"到周时人们虽还有对"天"的信仰,但已明白"一切固保天命的方案,皆在人事之中",将天命归结为人主自己的道德及人民的支持程度,③《尚书·周书·泰誓中》所谓"天听自我民听,天视自我民视"。故周时各类祭祀活动尚繁,然已具备了宣示政权、厘定社会关系、伦常秩序等政治、社会功能,而不仅仅是对神明的崇拜,④故《礼记·表记》又谓:"周人尊礼尚施,事鬼敬神而远之,近人而忠焉。"

子曰:"周监于二代,郁郁乎文哉!吾从周。"(《论语·八佾》)孔孟儒家大力倡导的包括各式祭礼在内的"礼",即这类继承自西周的宣示、表彰政治、伦常秩序的人文主义的礼。"子不语怪,力,乱,神"(《论语·述而》),其所祭者并非缥缈玄虚、遥不可及、超然于人的神,而是"法施于民则祀之,以死勤事则祀之,以劳定国则祀之,能御大菑则祀之,能捍大患则祀之"。并且即便是对一些自然物的祭祀,也并非简单的"自然神"迷信,而是因"日月星辰,民所瞻仰也,山林、川谷、丘陵,民所取财用也",非有功于民、有用于人事

---

① 值得关注的研究,如周东平:"论佛教礼仪对中国古代法制的影响",《厦门大学学报(哲学社会科学版)》2010年第3期;吕丽、刘玮:"唐律有关祭礼犯罪的立法及其影响",《社会科学战线》2007年第6期;刘鄂:"清代毁尸之惩:从观念基础到制度展开",《法律史评论》2023年第3期;刘鄂:"依违于礼教与宗教之间——《钦定大清刑律》'发掘坟墓罪'研究",《清华法学》2014年第1期;〔美〕张仲思:"生死同堂:坟墓在清代法律中的意义",陈煜译,《法律史译评》第8卷,2020年。
② 冯友兰:《中国哲学史》(上),重庆出版社2009年版,第28页。
③ 有关商周的这一转变,参见许倬云:《西周史》,生活·读书·新知三联书店2012年版,第114~125页。
④ 参见杨宽:《西周史》(上),上海人民出版社2016年版,第883~890页。

者,均"不在祀典"。(《礼记·祭法》)与祀典所载官方的祭祀活动的内涵同质,在民间,普通人去世之后也会得到在世亲友出于伦理、人情的祭祀。① 对于这类祭祀,孔子说:"死,葬之以礼,祭之以礼。"(《论语·为政》)曾子更道出其中的价值:"慎终追远,民德归厚矣。"(《论语·学而》)祭祀非为鬼神,而是一种"礼仪规范、道德规范",体现"报恩、报本"的人文观念,②既进行了"理性化的脱巫",又"珍视性地保留着神圣性与神圣感,使人对神圣性的需要在文明、教养、礼仪中仍得到体现"。③ 此之谓"儒家的祭祀"。

我国传统时代此后的政治、文化、社会即继续沿这一脉络发展。一方面"敬鬼神",政府及民间均一直保留各类祭祀活动;另一方面又能"远之",不佞鬼神,对鬼神的祭祀活动实则着眼于人事、伦常。这一对鬼神的态度也直接体现在清律有关神物的规则之中:一方面对神物有超乎普通物的保护,另一方面严格限定被特别保护的神物的种类、范围以及侵害的方式。

盗律中的盗大祀神御物律文曰:

> 凡盗大祀(天曰)神(地曰)祇御用祭器帷帐等物,及盗飨荐玉帛牲牢馔具之属者,皆斩。(不分首从、监守常人。谓在殿内,及已至祭所而盗者)其(祭器品物)未进神御,及营造未成,若已奉祭讫之物,及其余官物,(虽大祀所用,非应荐之物)皆杖一百、徒三年;若计赃重于本罪(杖一百、徒三年)者,各加盗罪一等;(谓监守、常人盗者,各加监守、常人盗罪一等,至杂犯绞斩不加)并刺字。(257-00)

该律仅针对神物中的大祀神御物。所谓大祀,《礼律·祭祀》"祭享"门内例文有解说:"大祀,祭天地、太社、太稷也。"(157-02)至于中祀、小祀④等其他级别祭祀涉及的神物则不在本律的处罚范围之内。此外,清末将祭孔升入大祀,于是"如盗孔庙祭器等物,应依此律办理"⑤,在此之前的案例则是比本律减一等处理。⑥ 嘉庆年间的成案还将盗关帝神像、银什供器也比照该律

---

① 前者相较后者还有宣誓政权的作用,但在传统时代"家国同构"的政治、社会构架之下,政治秩序是伦理秩序之扩展,故官方与民间的祭祀活动可谓"同质"。
② 楼宇烈:《宗教研究方法讲记》,北京大学出版社 2013 年版,第 54~55 页。
③ 陈来:《古代宗教与伦理:儒家思想的根源》,北京大学出版社 2017 年版,第 15 页。
④ 157-02 例:"中祀,如朝日夕月风云雷雨岳镇海渎,及历代帝王先师先农旗纛等神。小祀,谓凡载在祀典诸神。"
⑤ [清]吉同钧纂辑:《大清律讲义》,闫晓君整理,知识产权出版社 2017 年版,第 53 页。
⑥ [清]祝庆琪等编撰:《刑案汇览全编·刑案汇览续编》第 9 卷,法律出版社 2008 年版,第 367 页。

处理,因刑部认为"关帝虽未载在大祀,为我朝崇敬,较之神祇御用为重",只是由斩立决"奉旨改为斩候,入于秋审情实办理"。① 但若仅是行窃关帝座前御用之物,则被认为较盗关帝神像情节为轻,相关案例是比照本律减一等、杖一百、流三千里。②

神御物,即神祇御用飨荐之物。根据该律,其包括"御用祭器帷帐等物"以及"飨荐玉帛牲牢馔具之属",为神祇所御用或飨荐于神祇,在殿内或已至祭所。盗之则属"十恶"重罪中的"大不敬"(002-00),故"不分首从、监守常人",盗之皆斩。嘉庆二十年(1815)吉二偷窃堂子黄段、咸丰二年(1852)贾三等行窃天坛皇乾殿内物品即均依此拟斩立决。③ 但若"未进神御,及营造未成,若已奉祭讫之物,及其余官物",则"与盗之神前有间",④故仅"皆杖一百、徒三年"。清律对盗一般官物的处罚方式是计赃论罪(264-00、265-00),此律不计赃数皆斩或皆杖一百、徒三年,唯盗后一类大祀神御物计赃重于本罪(杖一百、徒三年)者,方较计赃之罪(分别监守、常人盗)加一等。

除了"盗"之外,清律禁止的对大祀神御物的侵犯方式还有"毁"。《礼律·祭祀》毁大祀丘坛律(158-00)第二节:"若弃毁大祀神御(兼太庙)之物者,杖一百、徒三年。(虽轻必坐)遗失及误毁者,各减三等。(杖七十、徒一年半;如价值重者,以毁弃官物科。)""弃毁"为故意,"遗失及误毁"乃过失,前者比后者重三等科处,"以毁弃官物科"即计赃准窃盗论,加二等,遗失及误亦是较故意弃毁者减三等。(098-00)该律不计赃的原因与盗大祀神御物一样,神御之物较一般官物为重,故亦是唯"价值重者"方计赃,以毁弃一般官物律科罪。道光十七年(1837)校尉张士英在南郊大祀之时失足"致将亭顶落下及出檐处略有缺痕",即本应依本律"误毁者减三等"处罚。但审理者认为,"虽讯系一时失足脱肩,惟大祀重典,亭内恭奉神座,并不敬谨将事,非寻常失误可比。其不敬莫大,于是若仅照本律问拟,未免过轻",拟依

---

① [清]许槤、[清]熊莪纂辑:《刑部比照加减成案》,何勤华、沈天水等点校,法律出版社2009年版,第59~60页。
② 又因"系新疆回子,改发黑龙江交该将军严加管束,仍照例刺字"。[清]祝庆琪等编撰:《刑案汇览全编·刑案汇览续编》第9卷,法律出版社2008年版,第367~368页。
③ [清]许槤、[清]熊莪纂辑:《刑部比照加减成案》,何勤华、沈天水等点校,法律出版社2009年版,第60页;[清]祝庆琪等编撰:《刑案汇览全编·刑案汇览续编》第9卷,法律出版社2008年版,第368页。
④ 沈之奇详解这类神物:"御用之物,未进殿内;飨荐之物,未陈祭所;及营造御用之物,尚尤未成;进奉飨荐之物,祭讫撤回;与其余官物,如七箸釜甑之属,虽大祀所用,而不系御用飨荐者。"[清]沈之奇:《大清律辑注》(上),怀效锋、李俊点校,法律出版社2000年版,第553页。

大不敬律斩立决。不过上谕并未同意这一看法，仍将其依律"减为杖徒"。①

对大祀神御物中的牺牲若"喂养不如法，致有瘦损"，也是一种清律明列之对神物的侵害方式。《礼律·祭祀》祭享律（157-00）规定了相应的处罚方式："一牲，笞四十；每一牲加一等，罪止杖八十。因而致死者，加一等。"

清律之中还规定有比大祀神御物更为神圣、贵重的神物——大祀丘坛。"大祀天地，有圜丘、方丘，即天坛、地坛也"，"享神之所……天子亲临致敬之处，故重于神御之物"，不论故意与过失，毁损（"大坏曰毁，小坏曰损"）即皆杖一百、流二千里。至于壝门，其为"坛外之坛，有门以通出入者也"，亦即"迎神之所"，同样也是"天子亲临致敬之处"，所以沈之奇笼统指出，壝门也"重于神御之物"。② 但其实细绎该律（158-00），毁损壝门者，不论故误皆杖九十、徒二年半，而故意弃毁大祀神御物者是杖一百、徒三年，过失遗失及误毁者乃杖七十、徒一年半，亦即仅在过失的状态下方是对毁壝门的行为处罚重于对神御物者，在故意的情形下则是对神御物的处罚更重，故实难从中看出律典有壝门"重于神御之物"之意。在实践中，损坏文庙内物品也是比照本律，杖一百、流二千里。③

丘坛地重，故"天地等坛内"禁止"纵放牲畜作践，及私种耤田外余地，并夺取耤田禾把"，违者"俱问违制，杖一百；牲畜入官，犯人枷号一个月发落"。（158-01）并在接下来的158-02例中规定查禁之责："八旗大臣将本旗官员职名，书写传牌，挨次递交，每十日责成一人，会同太常寺官，前往天坛严查。有放鹰打枪、成群饮酒游戏者，即行严拿交部，照违制律治罪。"据沈之奇说，158-01例云"天地等坛"，故"社稷、太庙皆同"，④但158-02例仅涉及天坛，故可看出天坛之地位又较其他丘坛为重。正因如此，在案例中，嘉庆二十一年（1816）邵亨潆将其师祖所遗天坛内坍塌房屋的木料、砖瓦等出售，虽然"经查明伊祖房屋，并非官为建盖"，但刑部亦认为"天坛重地"不能轻纵，于是将其比照盗大祀神御物律中关于"盗大祀祭器品物、未进神御及其余官物满徒"的规则上减一等处罚，杖九十、徒二年半。⑤

值得注意的是，以上律例虽多强调"大祀"，但《祭祀》祭享律第五节道：

---

① ［清］祝庆祺等编撰：《刑案汇览全编·续增刑案汇览》第4卷，法律出版社2008年版，第206~207页。
② ［清］沈之奇：《大清律辑注》（上），怀效锋、李俊点校，法律出版社2000年版，第386页。
③ ［清］祝庆祺等编撰：《刑案汇览全编·刑案汇览》第10卷，法律出版社2008年版，第645页。
④ ［清］沈之奇：《大清律辑注》（上），怀效锋、李俊点校，法律出版社2000年版，第387页。
⑤ ［清］许槤、［清］熊莪纂辑：《刑部比照加减成案》，何勤华、沈天水等点校，法律出版社2009年版，第60页。

"中祀有犯者,罪同。(余条准此)"(157-00)那么"准此"之"余条"意指哪些呢?沈之奇言:"或谓'余条准此'所该者广,则刑律盗大祀神御物坐斩,中祀亦斩耶?谬矣。曰余条,是言祭祀条内者,非曰余律而可概及也。"①吉同钧研究成案之后也发现,《刑律》的盗大祀神御物律确实"专指大祀,其中祀、小祀俱不得援引也"②。此说应为一般处理原则,刑部在处理相关案例时亦曾强调:"中祀以下诸神御用各物,即不得滥引此律。"③不得滥引,那么该如何处理呢?实践中,道光五年(1825)赵大偷窃系属中祀的先农坛内"其余官物",刑部判定,律内"并无盗中祀官物作何治罪明文,应比照'盗大祀官物'减等问拟",但因"该犯两次偷窃,情节较重,……非寻常偷窃可比,自应加重科断",于是将其直接比照盗大祀神御物律内关于盗"其余官物"的规则杖一百、徒三年,并未减等。④而同治二年(1863)买买提行窃城隍、药王神像胡须,刑部指出"按律只应计赃科罪",⑤亦即按照普通的窃盗律科处。

传统时代还广泛存在对已故之人的祭祀活动,祭祀范围上到帝王下到普通百姓,律典对这类祭祀活动涉及的神物也有不同程度的特别保护。对已故之人坟冢的保护集中在发冢门。坟冢是"死者之所藏而不致暴露,生者之所保而不忍发掘者也"⑥,不仅是超自然角度上死者魂魄的居所,更是人伦秩序中生者孝道之寄托处。大致而言,对发冢的处罚标准主要有二:其一,根据对坟冢的破坏(暴露)程度,程度越严重相应的处罚越重,反之则越轻;⑦其二,根据发冢者与坟冢主人的亲疏尊卑关系,卑发尊者罪重、亲疏关系愈近愈重,反之罪轻。(276-00~23)对一些地位高的人的坟冢还会加大保护力度,这些人主要有:贝勒贝子公夫人等、历代帝王、会典内有从祀名位之先贤名臣、前代分藩亲王、递相承袭分藩亲王、前代分藩郡王、追封藩王等。(276-12)实践中,并未被列入律典的贵人、公主的陵寝或飨堂也可能

---

① [清]沈之奇:《大清律辑注》(上),怀效锋、李俊点校,法律出版社2000年版,第384页。
② [清]吉同钧纂辑:《大清律讲义》,闫晓君整理,知识产权出版社2017年版,第53页。
③ [清]祝庆琪等编撰:《刑案汇览全编·刑案汇览续编》第9卷,法律出版社2008年版,第367页。
④ [清]许梿、[清]熊莪纂辑:《刑部比照加减成案》,何勤华、沈天水等点校,法律出版社2009年版,第418页。
⑤ [清]祝庆琪等编撰:《刑案汇览全编·刑案汇览续编》第9卷,法律出版社2008年版,第367页。
⑥ [明]雷梦麟:《读律琐言》,怀效锋、李俊点校,法律出版社2000年版,第335页。
⑦ 本著将在第七章第四节详述。

得到超越普通人的保护,①而窃盗先王陵寝的物品则更是直接比照盗大祀神御物律,不分首从皆斩。②

若是历代帝王陵寝及先圣先贤忠臣烈士坟墓,《礼律·祭祀》还有专门的历代帝王陵寝律(160-00)规定,"所在有司,当加护守","不许于上樵采耕种,及牧放牛羊等畜",违者杖八十。又有《刑律·贼盗》盗园陵树木门对皇家园陵内及普通人坟茔内的树木等物进行特别保护,甚至规定了两种直接比照盗大祀神御物律处理的情况(263-02、04),相关内容已在本著第四章第三节详论,此处不再赘述。

第二节 佛道入律:限制与保护中的伦常秩序和神明崇拜

我国传统时代历代之律典有明显的承继关系,清因于明,而明袭于唐宋元。史家向对唐律有颇高的评价,"论者谓唐律一准乎礼,以为出入得古今之平"③。而对于唐律至明律(实则包括清律)的沿革,薛允升有经典论说,称明律因"删改过多,意欲求胜于唐律,而不知其相去甚远也",出现了所谓的"轻其所轻,重其所重"现象,亦即"大抵事关典礼及风俗教化等事,唐律均较明律为重,贼盗及有关帑项钱粮等事,明律则又较唐律为重"。④

这些说法大致不谬。笼统而言,唐律至少是相较其后世之律典"儒家化"程度最高的一部。但是,若细绎唐、明(清)律的具体条文,如本章所论有关神物者,则这一概括恐不能尽概。仅以盗大祀神御物律为例,如前所论,明清该律刑罚显重于盗一般官物,凡盗者皆斩,若盗未进神御、营造未成、已奉祭讫之物及其余官物者皆杖一百、徒三年,计赃重于本罪者,各加盗罪一等。而唐宋该律处罚则仅流二千五百里,"其拟供神御,未馔呈者,徒一年半。已阙者,杖一百。若盗釜、甑、刀、匕之属,并从常盗之法"⑤。该律隶属盗律,故前后相较,确实符合"贼盗及有关帑项钱粮等事,明律则又较唐律为重"的归纳。但是,前已论及,该律主要保护的是儒家的伦常秩序,故从此

---

① 相关案例见[清]祝庆琪等编撰:《刑案汇览全编·续增刑案汇览》第5卷,法律出版社2008年版,第258~259页。
② 相关案例见[清]祝庆琪等编撰:《刑案汇览全编·刑案汇览》第12卷,法律出版社2008年版,第750~751页。
③ [清]永瑢等:《四库全书总目》,中华书局1983年版,第712页。
④ [清]薛允升:《唐明律合编》,怀效锋、李鸣点校,法律出版社1999年版,"例言"第1页。
⑤ 《唐律疏议》,刘俊文点校,法律出版社1999年版,第377页;《宋刑统》,薛梅卿点校,中华书局1999年版,第334~335页。

而论,该律则不能尽合关于"事关典礼及风俗教化等事,唐律均较明律为重"的说法。

更典型的反例是一条为唐宋所有而明清所无的律文——"盗毁天尊佛像"。如前所言,周孔以降的传统时代敬神而不佞神,呈现出鲜明的世俗化、人文主义色彩,此点体现在清律有关神物的规则中,也显露于笔者此前一篇拙文中探讨过的清律对佛道等宗教管理的问题。① 然而,若纵观整个传统时代,则在这一鲜明的主色调之下,仍不乏稍异的色彩,且这一异色恰恰发生于"一准乎礼"的唐律。如所周知,儒家思想在西汉被确立为官方正统,但在东汉覆亡之后长达四个世纪的分裂和混乱局面中,"官方确立的正统儒学不仅无法解释分崩离乱的社会现象,而且也无从慰藉人们的心灵",佛道乘机兴起,至少在理论层面、在士大夫群体的精神世界中,佛道的影响力渐呈盖过儒家之势。这样的状况甚至持续到隋唐,那时的官方也对佛道表示出充分的礼敬与支持,②"唐代尊崇释、道,以二教为国教,奉佛祖、道尊为先圣,自皇帝贵族至士庶百姓无不顶礼膜拜"③。在这一趋势之下,唐律虽仍延续汉魏晋以来的"儒家化"脉络,从整体而论敬神不佞神,譬如定有"称道士女官""私入道"等体现儒家之礼的律文限制、管控佛道,④将佛道一定程度拉入儒家构建的伦理秩序之中;但是,从有关神物的规则可以看到,此时官方对佛道的礼敬与支持态度实已铸入律典之中。⑤《唐律疏议·贼盗》"盗毁天尊佛像"律曰:

> 诸盗毁天尊像、佛像者,徒三年。即道士、女官盗毁天尊像,僧、尼盗毁佛像者,加役流。真人、菩萨,各减一等。盗而供养者,杖一百。(盗、毁不相须)⑥

该律不仅禁止道士、女官以及僧、尼盗毁本教神像并定以较重刑罚(加役流或减一等),还规定凡人盗毁以及"道士等盗毁佛像及菩萨,僧、尼盗毁

---

① 谢晶:"家可出否:儒家伦理与国家宗教管控",《北方法学》2015 年第 4 期。
② 思想史上的这一脉络,参见苏亦工:《天下归仁:儒家文化与法》,人民出版社 2015 年版,第 122~124 页。
③ 刘俊文笺解:《唐律疏义笺解》(下),中华书局 1996 年版,第 1361 页。
④ 相关律文参见《唐律疏议》,刘俊文点校,法律出版社 1999 年版,第 155~157、256~257 页。
⑤ 当然,诚如刘俊文先生所论,"唐律此条之设,虽有举国尊崇释道之背景,实亦渊源有自者也",而并非全然唐律首创。参见刘俊文笺解:《唐律疏义笺解》(下),中华书局 1996 年版,第 1361~1362 页。
⑥ 《唐律疏议》,刘俊文点校,法律出版社 1999 年版,第 383 页。

天尊若真人"亦须徒三年。唯盗而供养者,因"非贪利",仅杖一百。正如学者所言,该律"着眼点非在盗毁,乃在其亵渎神圣也"①,实则将本来是佛道教徒"才应遵守的戒律与礼仪进行普遍化、一般化、刑法化,使之成为必须普遍遵守的强制性的社会规范",亦即将佛道教礼敬各自神像的戒律、礼仪通过普遍性、强制性的国家法律作用到不信佛道的人的身上,②让这一时期的律典沿着世俗化的反方向迈了一步。

佛道日盛的态势直到中唐以后方渐止,以韩愈、李翱为代表的大儒着力辟佛抑道。沿此进路,宋儒更进一步,进行了一场"吸收学习、超越扬弃"的更高程度的批评与论辩,被誉为"理学之大纲""支配我国士人之精神思想凡五六百年"③的《近思录》卷十三"异端之学"凡十四章收录的即均是这类著述。不过,理学家这类思想的影响力在宋代还未直接、充分体现在律典之中,《宋刑统》"盗毁天尊佛像"律完全承袭自唐。④ 理学的"制度化"达成于元,⑤而理学家这类思想的影响直接达于相关制度,亦是发生于元,其相关条文主要有二。其一关于僧侣:"诸为僧窃取佛像腹中装者,以盗论。"其二针对一般大众:"诸盗塔庙神像服饰,无人看守者,断罪,免刺。"⑥在这两种情形之下,窃盗者均不仅不会被加重处罚(以盗论),且还可能减轻(免刺)。值得玩味的是,元代其实是传统时代统治阶层佞佛现象较为突出的时期,钱穆先生指出,此时"政治局面里,僧侣占到很高的位置。皇室佛事,占国家政费之泰半。……大概当时的社会阶级,除却贵族军人外,做僧侣信教最高"。举其著例,泰定二年(1325)竟"以鲜卑僧言,为全天下立祠比孔子"⑦。在如此的时代,国家法制竟然能发生那般的变化,更是彰显出理学家思想在元代制度层面的影响之深刻。

薛允升曾提到,"尝阅元史刑法志,亦间有明律相符者,知明律又承用元律也"⑧。明清时代的律典在有关佛道教神像的制度上确实延续了元代的做法,且更进一步,不再有专门关于佛道神物的规则(唐宋的"盗毁天尊佛

---

① 刘俊文笺解:《唐律疏议笺解》(下),中华书局1996年版,第1361页。
② 参见周东平:"论佛教礼仪对中国古代法制的影响",《厦门大学学报(哲学社会科学版)》2010年第3期。
③ 语出陈荣捷:《近思录详注集评》,华东师范大学出版社2007年版,"引言"第1页。
④ 《宋刑统》,薛梅卿点校,中华书局1999年版,第338页。
⑤ 这一过程可参见葛兆光:《中国思想史》第2卷,复旦大学出版社2015年版,第251~262页。
⑥ 《元史·刑法志》,载《大元通制条格》,郭成伟等点校,法律出版社2000年版,第419、421页。
⑦ 钱穆:《国史大纲》(下),商务印书馆1996年版,第654~658页。
⑧ [清]薛允升:《唐明律合编·例言》,怀效锋、李鸣点校,法律出版社1999年版,第1页。

像"律以及元代的两条均无），可谓进一步世俗化。与此同时，正如笔者已在此前拙文中详论，明清时代较唐宋还新增"僧道拜父母"律，要求僧道"出家"之后仍"在家"，继续遵循儒家伦理秩序中的拜父母、祭祀祖先、丧服等第等规则。① 故而可以说，明清律典至少在关于佛道教规则的这一减一增，实较唐宋律典更加相契于儒家所倡导的伦理秩序、更加世俗化。

第三节　积极保护与消极容忍：宗教自由观下的神明和伦常

清末修律以降，传统时代关于盗毁神物的这些规则亦随之被模仿自西洋或东洋的所谓近现代刑法取代。在1907年完成的《大清刑律草案》中，与各类祭祀活动相关的罪名主要集中在第二十章"关于祀典及坟墓罪"。第250条：

> 凡对坛庙、寺观、墓所、其余礼拜所，有公然不敬之行为者，处五等有期徒刑、拘留或一百圆以下罚金。其妨害葬仪、说教、礼拜、其余宗教上之会合者，亦同。

第251条至第255条则关于发掘坟墓、盗毁遗体及陪葬物。此后清廷及民国制定、颁布的历部刑法典、刑事规范及其草案的相关条文即均以此为模本，虽常有细节之损益但大体未改。②

按照当时立法者的说法，第250条沿革自传统时代的盗毁天尊佛像、毁大祀丘坛等律，而第251条至第255条则来自传统时代的发冢律。将这些条文合于此章的缘由是：

> 中律祀典向隶《礼律·祭祀》，凡丘坛、寺观俱赅于内。查各国刑法，宗教特立一门，盖崇奉神明之意，中外同此一理。既根于全国之习惯，即为社会秩序所关系，故仍设为专章。至各国正教亦附于后，以符信教自由之原则。

> 挖掘坟墓，大率利其棺内财物，自唐以后俱列贼盗。然就广义言

---

① 参见谢晶："家可出否：儒家伦理与国家宗教管控"，《北方法学》2015年第4期。
② 相关条文见赵秉志、陈志军编：《中国近代刑法立法文献汇编》，法律出版社2016年版，第201、236~237、274、314、362、445~446、517~518、579、639、675~676、716页；陈聪富主编：《月旦小六法》，元照出版有限公司2014年版，第陆-32、33页。

之,或挟仇示辱,或贪图吉壤,或指称旱魃,原因复杂,不仅财物一项。兹从各国通例,移辑本章之后。①

所谓"坛庙、寺观","指载列祀典或志乘者而言",故言传统律典的《礼律·祭祀》与其有某种程度的渊源关系,应无疑义。但传统律典与该条有渊源关系的可能并不限于《礼律·祭祀》,如盗毁天尊佛像律即隶属《贼盗》。而《刑律·贼盗》的盗大祀神御物律虽被立法者列为第 350 条(窃盗罪的加重情形)的渊源之一,而非此处第 250 条,但其实仅从逻辑即可推论,既然毁大祀神御物、盗毁天尊佛像均为其渊源,则盗大祀神御物亦不可不谓其渊源。

不过若仔细对比传统与近代的这些条文,则即便渊源可寻,其相异之处亦不能忽略。差异首先体现在条文所禁止的犯罪行为方式,后者为"公然不敬之行为"。按照民国时期教科书的解说,"所谓公然,即当众之意,所谓不敬,即污渎尊严之意","指积极的侮慢意思表示","如于公众面前,对坛庙寺观以言语举动表示轻侮意思"。② 而传统时代则将处罚的行为严格限定为盗、毁以及在特定地区内的放牧、耕种等特定行为(也可被归入广义的盗与毁)。两相比较显而易见,近代被纳入刑罚处罚的侵犯神物行为的严重程度远低于传统时代。

主要的差异其次体现在条文所要保护的祭祀活动的范围。"坛庙、寺观、墓所"之外,所谓"礼拜所","凡回教及各国正教载在约章,应行保护之礼拜堂均是"。③ 将传统祭祀活动与各国正教合在一处的原因在于,"以符信教自由之原则"。从立法者的这一表述来看,是把传统时代的各类祭祀活动亦作为与伊斯兰教、基督教等平等、并立的"宗教"来对待。1910 年《修正刑律草案》的按语再次确认这一做法:"祀典为崇奉神明之礼,坟墓为安葬体魄之区,事实固有不同而属于宗教之信仰,初无二致。……本章之规定系为保护宗教之信仰而设,关于祀典之罪与关于坟墓之罪,行为虽异,损害则同,合为一章,似无窒碍。"④当代台湾地区的刑法学者亦仍延续此解说,指出亵渎祀典罪是"针对足以破坏宗教信仰自由的犯罪行为",而传统"风俗习惯上对于祖先均极具孝思,不但永加怀念,而且尚以宗教方式加以祭拜",故法

---

① 高汉成主编:《〈大清新刑律〉立法资料汇编》,社会科学文献出版社 2013 年版,第 128~131、165~166 页。
② 《朝阳法科讲义》第 6 卷,陈新宇点校,上海人民出版社 2013 年版,第 233 页。
③ 高汉成主编:《〈大清新刑律〉立法资料汇编》,社会科学文献出版社 2013 年版,第 128~131、165~166 页。
④ 同上书,第 546 页。

律将其合成一罪章。①

尽管有差异,但立法者和学者均强调中外之理同——"查各国刑法,宗教特立一门,盖崇奉神明之意,中外同此一理",甚至宣称该章"根于全国之习惯"。笔者也不否认,在这一问题上古今中外颇有相通或言暗合之处,然相通或暗合并不能掩盖包括该章在内的整部草案继受外国多于继承传统的事实,将该章与日本刑法第二十章"有关礼拜场所的犯罪"②、德国刑法第十一章"涉及宗教与世界观之犯罪"③稍加对比便显而易见。④ 且相通或暗合之外的相异的背后,恐怕正能体现出古今中外法律思想、文化的某些重大差异,并可能为今天的相关宗教制度、政策提供一些正面或反面的参考。

具体来说,近代的这一立法把传统时代的各类祭祀活动亦视为与伊斯兰教、基督教等平等、并立的宗教,所谓"事实固有不同而属于宗教之信仰"。可是,传统的这些祭祀活动是否属于"宗教"呢?对这一问题的回答,须先界定"宗教"的概念,甚至我们还可进一步追问:儒学乃至受到儒学影响的中原佛教与道教是否是宗教?这些话题其实是近代西风东渐以降至今仍在聚讼者。对这些话题的回答难以一言而尽,唯可以明确的是,传统时代的各类祭祀活动与西方的典型宗教如基督教、伊斯兰教存在较大的差异,其中一个显著的、内在的差异即上文所论,传统祭祀表面上是祭祀彼岸的鬼神,但实则着眼于此岸的人事、伦常。⑤

刘鄂博士研究传统发冢律的近代转型时即指出:"日本、德国等国的刑法对墓地、尸体予以保护,主因是这些国家的丧葬文化多受宗教(如佛教、神道教、基督教等)的影响;而清人,特别是士大夫阶层,保护坟墓、尸体,却更多的是以礼教为本位,以家族为主体。"这一分析颇具启发性,德国、日本的丧葬文化与其宗教信仰同质,故刑法将这两部分内容合为一章,而我国传统上的官方与民间祭祀活动也同质,故律典将这两部放在一处亦应无可厚非。

① 林山田:《刑罚各罪论》(下),北京大学出版社 2012 年版,第 347 页。
② 张凌、于秀峰编译:《日本刑法及特别刑法总览》,人民法院出版社 2017 年版,第 98~99 页。
③ 何赖杰、林钰雄审译:《德国刑法典》,元照出版有限公司 2017 年版,第 229~230 页。
④ 当然,具体细节有别,尤其是将传统身份伦理的问题部分融入了进来(可参见刘鄂:"依违于礼教与宗教之间——《钦定大清刑律》'发掘坟墓罪'研究",《清华法学》2014 年第 1 期),但体例及主要内容仍与德日类似。其中,日本刑法典又以德国刑法典为蓝本,但日本这部"新刑法"之前的"旧刑法"因主要参考法国刑法典,相关立法模式即有较大差别,参见《新译日本法规大全》第 2 卷,李秀清点校,商务印书馆 2007 年版,第 501 页。日本刑法典的继受史参见[日]前田雅英:《刑法总论讲义》,曾文科译,北京大学出版社 2017 年版,第 2 页。
⑤ 即便是创立于印度、出世精神突出的佛教在来到中国之后,也倡导"以出世心,做入世事",强调此岸而不太注重彼岸。对于中国传统"宗教"的特点亦即其与西方典型宗教的差异,可参见楼宇烈:《宗教研究方法讲记》,北京大学出版社 2013 年版,第 63~69 页。

值得讨论者仍在传统祭祀与伊斯兰教、基督教等可否并列为一种宗教并得到刑律(刑法)的同等保护。对此,刘博士的观点是,由于"传统的身份伦理主义对立法"影响至深,故传统律典中的发冢规则"实不可以'宗教之信仰'加以解释"。① 从这一说法来看,刘博士虽仅及民间普通人的祭祀活动,但由于其理论的依据是"传统的身份伦理主义对立法"的影响,故可推论其对官方的祭祀活动的观点亦是如此。笔者也大致同意这一判断,只是该文因侧重讨论近代修律时对传统伦理观念的"依违"关系,故未再更进一步探讨将难以"宗教之信仰"视之的传统祭祀与伊斯兰教、基督教并立、同等保护之后所可能产生的问题。

对这一问题的解读,即涉及古今中外在此处立法目的的重大差异。近代从德日继受而来的该章的立法目的,如《大清新刑律》立法者所言,"以符信教自由之原则"。而"宗教自由"作为一项宪法权利来自西方,且来之不易,其"产生于中世纪对宗教压迫的抵抗,经过其后鲜血淋漓的殉教历史而形成"②。十字军东征、圣巴托罗缪惨案……大大小小的宗教迫害、屠戮异端事件不胜枚举,正是基于对这些历史经验的深刻反思,宗教自由的诉求方才诞生。易言之,西方社会因"宗教不自由"而要求"宗教自由"。这种宗教不自由表现在政治权力"对特定宗教给以优厚保护,而对于其他宗教则施以干预压迫"③。如早期欧洲各国政府的强力、财富以及其他大量资源都会支持一个教会或一种宗教,④德国在费尔巴哈(Ludwig A. Feuerbach)的时代,法律及学者即均认为"亵渎神明的行为仅涉及对被德意志帝国法律承认的基督教会的礼拜对象或者崇敬对象"⑤。直到1919年《魏玛宪法》确立政教分离原则,宗教自由亦才随之确立。⑥

由于政教"不分离",政治权力"对特定宗教给以优厚保护,而对于其他宗教则施以干预压迫",故宗教自由的诉求即针对这些提出,要求政教分离,要求所有宗教被平等保护、免受干预压迫。在政教不分离的时代,教权足以与世俗政权相抗衡甚至超越政权,"特定宗教"会受到"优厚保护"。在"宗

---

① 参见刘鄂:"依违于礼教与宗教之间——《钦定大清刑律》'发掘坟墓罪'研究",《清华法学》2014年第1期。
② 〔日〕芦部信喜:《宪法(第六版)》,林来梵等译,清华大学出版社2018年版,第120页。
③ 林来梵:《宪法学讲义》,法律出版社2011年,第296页。
④ 〔美〕卡尔·埃斯贝克:《美国宪法中的政教关系》,李松锋译,法律出版社2016年版,第8页。
⑤ 〔德〕冯·费尔巴哈:《德国刑法教科书》,徐久生译,中国方正出版社2010年版,第265~266页。
⑥ 〔德〕格哈德·罗伯斯主编:《欧盟的国家与教会》,危文高等译,法律出版社2015年版,第54页。

教自由"之后的政教分离时代,虽教权不再能凌驾于政权,但在历史传统的惯性之下,宗教仍旧占有较高的地位。只是在"平等保护"的诉求之下,"其他宗教"也能够受到与"特定宗教"平等的、同样较为优厚的保护。这一情形体现在刑法中,即是哪怕仅言语上的、较轻微的"不敬"或"亵渎"行为便可能被认定为犯罪、施以刑罚。并且由于平等的地位来之不易,故而还在法律中旗帜鲜明地明确宣告保护宗教自由,呈现出一种颇为"积极的"宗教自由观。概言之,因"不自由"而要求"自由",并表现为一种"积极的"自由。

与此形成鲜明对比的是,我国传统时代虽从无"宗教自由"的口号及法律文本上的明确宣告,宗教却向来颇为"自由",也几乎从未有如西方历史上那样政教合一或教权能与世俗政权相抗衡的时期。[1] 所以律典对其一方面"限而不禁",[2]另一方面通常不会给某种宗教特别的优待,而往往采一种视而不见、消极容忍的态度,除非其触犯刑律,或对其进行了足以触及刑律的侵犯——程度较高,如盗、毁。故相对而言,这里的"宗教自由"可谓一种"消极的"自由,虽然历代的制度和实践在程度上有所不同。

我国自清末修律以降至民国时期从德日继受而来的相关制度即体现的是"积极的"宗教自由,而放弃了传统的"消极的"自由模式。不过有意思的是,我国大陆地区现行法律制度中的宗教信仰自由条款似乎又一定程度往"消极模式"回归。《宪法》第 36 条对宗教信仰自由进行了原则性宣告:

中华人民共和国公民有宗教信仰自由。

任何国家机关、社会团体和个人不得强制公民信仰宗教或者不信仰宗教,不得歧视信仰宗教的公民和不信仰宗教的公民。

国家保护正常的宗教活动。任何人不得利用宗教进行破坏社会秩序、损害公民身体健康、妨碍国家教育制度的活动。

破坏宗教信仰自由的刑事罚则规定在《刑法》中。第四章"侵犯公民人身权利、民主权利罪"第 251 条规定:"国家机关工作人员非法剥夺公民的宗教信仰自由和侵犯少数民族风俗习惯,情节严重的,处二年以下有期徒刑或者拘役。"一方面要求"情节严重";另一方面将犯罪主体限定为"国家机关

---

[1] 尽管也曾出现过某些宗教地位相对较高的时候,但与西方历史上的政教合一甚至教权大于政权的情形不能同日而语。

[2] 参见谢晶:"家可出否:儒家伦理与国家宗教管控",《北方法学》2015 年第 4 期。

工作人员",相较"积极的"宗教自由模式"消极"了不少。① 此外,《刑法》也并未将有关坟墓的犯罪与有关宗教的犯罪并为一章,而是将其列入第六章"妨害社会管理秩序罪"第 302 条:"盗窃、侮辱、故意毁坏尸体、尸骨、骨灰的,处三年以下有期徒刑、拘役或者管制。"因而就这两点而言,当下我国的制度相较晚清、民国而言,可谓更接近于传统。只是当下的这种立法模式也并非来自传统,而是仿自苏联——《苏俄刑法典》第 143 条"妨碍举行宗教仪式"罪规定于第四章"侵犯公民的政治权利和劳动权利的犯罪",而第 229 条"亵渎坟墓"罪规定于第十章"危害公共安全、公共秩序和人民健康的犯罪"。②

小结　制度选择与本国传统

在古今中外的法律制度中,通常都会有一些对神物的不同程度的、超过对普通物品的保护规则。我国传统时代亦不例外,一方面对神物有特别保护;另一方面又因受周孔以来人文精神的影响,敬神而不佞神,对神明渐由盲目崇拜转向实则对伦常秩序的关注,于是严格限定被特别保护的神物的种类、范围以及侵害的方式等等。及至清末修律,在法制从整体上"全盘西化"的潮流之下,有关神物的制度亦不能免俗,移植来了发端于欧西的规则。这些规则呈现出一种"积极的"宗教自由,而"积极的"自由实源于"不自由",源于历史上政教不分离的宗教国家对个别宗教或教会的优厚待遇。故而在我国这样一个宗教享有"消极的"自由的非宗教国家,是否有必要继受"积极的"的宗教自由,实则不无疑义。

特定制度产生于特定社会、应对特定社会的特定需求,制度的设计须讲究"对症下药"。法律移植虽是古今中外屡见不鲜、无可厚非甚而可谓有益人类社会发展之事,但是,忽略具体法律规则背后立法目的、法律文化、历史传统等因素的移植,则将难免陷于"文不对题"之讥。

---

① 《中华人民共和国民族区域自治法》《中华人民共和国反恐怖主义法》《中华人民共和国教育法》以及国务院《宗教事务条例》等法律法规中亦有相关宗教自由的条款,但并不涉及刑罚罚则。
② 当然,虽立法模式相近,但条文的具体内容仍有不小差异。参见《苏俄刑法典(1978 年修订版)》,北京政法学院刑法教研室 1980 年印,第 68、109 页。

第六章 盗与宰杀马牛:足食足兵与不忍之心

子贡问政。子曰:"足食,足兵,民信之矣。"
——《论语·颜渊》

君子之于禽兽也,见其生,不忍见其死;闻其声,不忍食其肉。
——《孟子·梁惠王上》

引论 缘何重"马牛畜产"?

在来自西方的现代法学及实践中,"除人之身体外,凡能为人力所支配,独立满足人类社会生活需要的有体物及自然力"均为"物"。动物亦属于物,为一种动产,故无论在民法抑或刑法中,均通常将动物视作一般物处理。[1] 我国传统时代与此不同,一些律典明列的动物并不被作为一般物处理。据程树德先生考证,"《曲礼》诸侯无故不杀牛,是周时已有禁,汉特严其制耳"。[2]《盐铁论》载:"盗马者死,盗牛者加。"[3]《淮南子》高诱注:"王法禁杀牛。民犯禁杀之者诛。"尽管有学者认为此说无理,"犯禁杀牛,何至诛乎"[4],但出土文献表明,虽确未尽至于诛,秦汉时代实已有颇多专门禁止针对牲畜的盗及宰杀等伤害行为的法令,[5]并经历代之演变损益发展

---

[1] 当然,"唯对动物应受保护,对动物的支配,应受特别法的规范,受有限制"。参见王泽鉴:《民法总则》,北京大学出版社 2013 年版,第 235 页。相关"特别法",如在我国,《中华人民共和国野生动物保护法》以及《刑法》第 341 条对部分野生动物进行特别的保护;国外相关立法例,可参见常纪文:《动物福利法——中国与欧盟之比较》,中国环境科学出版社 2006 年版,第 39~49 页。

[2] 程树德:《九朝律考》,商务印书馆 2010 年版,第 141 页。

[3] 《盐铁论校注》(下),王利器校注,中华书局 1992 年版,第 566 页。

[4] 参见何宁:《淮南子集释》,中华书局 1998 年版,第 1139~1140 页。

[5] 如睡虎地秦墓竹简整理小组编:《睡虎地秦墓竹简》,文物出版社 1990 年版,第 94~105 页;彭浩等主编:《二年律令与奏谳书——张家山二四七号汉墓出土法律文献释读》,上海古籍出版社 2007 年版,第 109、192 页。

至清代,在《大清律例》之中体现为相关的盗马牛畜产律(270-00)与宰杀马牛律(233-00),以区别于普通的窃盗律(269-00)与弃毁器物稼穑等律(098-00)。

如此立法的缘由,王利器先生精到指出:"盖以为'足食足兵'之保证也。"①《唐律疏议》有更详细解说:"官私马牛,为用处重:牛为耕稼之本,马即致远供军。"由于"马牛军国所用","与余畜不同",故唐律《贼盗》篇涉及的牲畜仅限于马与牛,且"其有盗杀犘牛之类,乡俗不用耕驾者,计赃以凡盗论",而《厩库》篇的故杀官私马牛律则认定故杀马牛的行为重于故杀余畜。② 但到了《宋刑统》,由于认为驼、骡、驴等余畜亦有"负重致远"等"效用于人"的功用,③故也被纳入律典保护的范围,《贼盗》篇之起请条将驼、骡、驴、犬纳入。④ 元代踵此,涉及的牲畜除马牛外尚有驼、驴、骡、羊、猪。⑤ 明代又进一步扩大范围,计有马、牛、驼、驴、骡、猪、羊、鸡、犬、鹅、鸭,⑥清与明同。且因为"壮用其力,老弃其身,不仁也"⑦,即便这些牲畜已因年老或体弱不能再效用于人,律典亦继续保持对其之特殊保护。

概言之,传统律典对部分动物/牲畜的特殊保护缘于它们不同于一般物的特殊性,即拥有生命并能效用于人,并因这些特殊性而定以相应的规则。目前学界对这一问题的研究主要集中于宰杀马牛,⑧少有对盗马牛畜产律例及实践的关注,⑨且相关研究多是从社会史角度的描述性梳理。本章将盗与宰杀马牛两个问题联系起来,以清代相关规则与实践为切口,兼及由秦汉迄近现代各时代之变迁,在法学的规范视角之下阐释其中的原理与价值。

---

① 《盐铁论校注》(下),王利器校注,中华书局1992年版,第573页。
② 《唐律疏议》,刘俊文点校,法律出版社1999年版,第306~307、385~386页。
③ 参见[清]沈之奇:《大清律辑注》(上),怀效锋、李俊点校,法律出版社2000年版,第507页。
④ 《宋刑统》,薛梅卿点校,法律出版社1999年版,第340~341页。
⑤ 《元史·刑法志》,载《大元通制条格》,郭成伟点校,法律出版社2000年版,第417页。
⑥ 《大明律》,怀效锋点校,法律出版社1999年版,第123~124、142~143页。
⑦ [明]雷梦麟:《读律琐言》,怀效锋、李俊点校,法律出版社2000年版,第282页。
⑧ 重要的研究,如连启元:"明代禁杀牛只的相关法令与社会风气变迁",《明代研究》2015年第24期;刘鄂:"清代'宰杀马牛'律研究",《历史档案》2015年第3期;熊帝兵:"清前期的盗宰耕牛之风及治理——以陈宏谋执政期间的江西、湖南、江苏为中心",《中国农史》2019年第4期;赵晓华:"清代救灾期间的耕牛保护制度",《历史档案》2019年第2期;李尔岑:"清至民国的屠牛食牛生活习俗与禁宰政策——兼论日常生活与制度变迁",《历史教学(下半月刊)》2021年第1期。
⑨ 笔者仅见一篇研究蒙古地区相关问题的论文,参见[日]岛田正郎:"《刑科史书》所见偷窃四项牲畜罪",载《法与刑罚的历史考察——平松义郎博士追悼论文集》,名古屋大学出版会1987年版。

上篇　盗之主体与对象

第一节　以盗论之："盗马牛畜产"何故单独成律？

清律盗马牛畜产律（270-00）曰："凡盗民间马牛驴骡猪羊鸡犬鹅鸭者，并计（所值之）赃，以窃盗论。若盗官畜产者，以常人盗官物论。"对盗官私畜产的行为计赃论罪，分别以窃盗或常人盗论处。道光四年（1824）王素普行窃马匹一案即依此律，"计赃分别首从科罪"。[①] 次年，王二、龚虎听从行窃骡马四匹，亦依此律计赃以窃盗论，"窃盗赃七十两以上，杖八十[②]、徒二年，为从减一等"，各杖七十、徒一年半。[③]

这样的规则让人乍看起来颇为难解。根据《例分八字之义》："以者，与实犯同。……以盗论，并除名，刺字，罪至斩、绞，并全科。"[④]既然盗这些牲畜均计赃以窃盗或常人盗论，那么何必"多此一举"将其单独成律，而不如唐宋及现代法律般直接将之纳入窃盗（盗窃）或常人盗原律内处理呢？在实践中若遇同时窃盗畜产和其他普通财物亦是并赃计罪，似看不出将其单独成律之必要性，如道光十九年（1839）陶富偷窃骡马、衣服等物即并赃计罪依窃盗律，一百二十两以上"拟绞监候，秋后处决"。[⑤] 薛允升即对此律责以"殊觉无谓"四字。[⑥]

对这一问题的解释须得从此律的来源处着手。此律因于明，[⑦]而明之此律的渊源有唐宋与元两端。就刑罚之轻重言，明清此律与唐宋同。《唐律疏议》与《宋刑统》本律云："诸盗官私马牛而杀者，徒二年半。"[⑧]该律仅言盗杀的情形，未及盗而不杀者，据薛允升之说，这样的情形即由窃盗本律处理，故无须在此又及。[⑨] 换言之，唐宋时代盗马牛等畜产的处罚轻重与盗普通财物完全一致。元代专门言及盗而不杀："盗骆驼者，初犯为首九十七、徒二年半，为从八十七、徒二年；再犯加等；三犯不分首从，一百七、出军。盗马者，初犯为首八十七、徒二年，为从七十七、徒一年半；再犯加等，罪止一百

[①] ［清］许梿、［清］熊莪纂辑：《刑部比照加减成案》，何勤华、沈天水等点校，法律出版社2009年版，第448~449页。
[②] 原文为"杖一百"，疑为笔误，根据律文，应为"杖八十"。
[③] 内阁大库档案，登录号145855-001。
[④] 《大清律例》，田涛、郑秦点校，法律出版社1999年版，第41页。
[⑤] 宫中档奏折-道光朝，档案号405003417。
[⑥] ［清］薛允升：《唐明律合编》，怀效锋、李鸣点校，法律出版社1999年版，第521页。
[⑦] 《大明律》，怀效锋点校，法律出版社1999年版，第142~143页。
[⑧] 《唐律疏议》，刘俊文点校，法律出版社1999年版，第385页；《宋刑统》，薛梅卿点校，法律出版社1999年版，第340页。
[⑨] ［清］薛允升：《唐明律合编》，怀效锋、李鸣点校，法律出版社1999年版，第521页。

七、出军。盗牛者,初犯为首七十七,徒一年半,为从六十七、徒一年;再犯加等,罪止一百七、出军。盗律骡者,初犯为首六十七、徒一年,为从五十七、刺放;再犯加等,罪止徒三年。盗羊猪者,初犯为首五十七、刺放;为从四十七、刺放,再犯加等,罪止徒三年。盗系官驼马牛者,比常盗加一等。"又于延祐六年(1319)更定诸盗例,加重对相关行为的处罚:"一初犯偷盗驼马牛,为首者断一百七、出军;为从,断九十七、徒三年。一盗驴骡,为首者断八十七、徒二年;为从,断七十七、徒一年半。一盗羊猪,为首者断七十七、徒一年半;为从,断七十七、徒一年。"① 元代对盗牲畜规定直接对应的刑罚,而非如普通窃盗的计赃论罪,因而把盗畜产从普通窃盗律中分立出来,单列条文。

明清此律即脱胎自这两个源头:一方面,在形式上承袭元制,保留元代将盗畜产从普通窃盗律分列出来的立法形式;另一方面,又在内容上宗本唐宋,把相关刑罚从元代之直接对应固定刑罚改回到唐宋之同于盗普通财物的计赃论罪。正是由于同时受到这两个源头的形塑,导致明清此律看起来确实有"殊觉无谓"之嫌。不过,这仅是从律文而言,明清律典除了律之外还有例,若将这些律例作为整体的一门来看,则如此的立法模式在技术上也有其合理性。

明律此门例仅有两条,一者关于盗御马,一者为冒领太仆寺官马。② 清律又添入颇多,至清末据《读例存疑》之统计,共有十六条。若清律并无此门,则这些例文将可能被归入窃盗、常人盗、监守盗等门之中。但是,首先,这些门内例文本身已颇为繁杂,至清末已分别达三十二、四、七条,且此门内诸如270-01、02、04、05、07、08等例同时关涉两门甚或多门,并不能简单地归入某一门之中。其次,正如薛允升的归纳,"统观此门各例,非关系官马,即关系边外地方,故特立专条,……统而论之,大抵官马重于私马,边外蒙古又重于内地"③。将这些相对独立、可自成系统、难以并入他门的例文集中在一起单独成门,确可谓一种合情又合理的立法模式。

当然,薛氏的这一归纳只是大致而论。此十六条例之中尚有一项"严惩盗牛之专条"(270-06)或难以被归类于"非关系官马,即关系边外地方",其规则整理为如下表:

---

① 《元史·刑法志》,载《大元通制条格》,郭成伟点校,法律出版社2000年版,第417、465页。
② 《大明律》,怀效锋点校,法律出版社1999年版,第411页。
③ [清]薛允升:《读例存疑重刊本》第3册,黄静嘉编校,成文出版社1970年版,第683~684页。

表 6-1

盗牛只数	对应刑罚
一只	枷号一个月、杖八十
二只	枷号三十五日、杖九十
三只	枷号四十日、杖一百
四只	枷号四十日、杖六十、徒一年
五只	枷号四十日、杖八十、徒二年
五只以上	枷号四十日、杖一百、徒三年
十只以上	杖一百、流三千里
二十只以上	不计赃数多寡,拟绞监候

此例变律文之计赃法为计只,乾隆四年(1739)长生保盗牛一只即依此枷号一个月、杖八十。① 嘉庆十一年(1806)的张奉及道光九年(1829)的徐明亮窃牛两只亦均依本例杖九十、枷号三十五日。② 不过,若"其虽在二十只以下,除计赃轻者,分别枷杖徒流外;如计赃至一百二十两以上者,仍照律拟绞监候"。此外,该例还规定了窝家之罪,"知情分赃者,与盗同罪;知情不分赃者,杖一百"。

该例本因"牛为耕本,盗牛必妨农业,是以严立科条以惩伤农恶贼"。但乾隆二十年(1755)湖南按察使夔舒上奏指出,由于"民间之牛有高下时值,贵贱悬殊,自四五两一只起至二十余两及三十两不等",故若遇牛只价值较高则可能发生计只论罪反而轻于计赃的状况,于是建议改为计赃与计只从重处理。皇帝朱批"该部议奏",③但此议似并未得到修例的认可。乾隆二十七年(1762),盛京刑部侍郎朝铨又针对此例条奏,声称例文"之所以严盗牛者,以其为耕作之具也,而奉省以马耕种者居多,且旗人兼资当差,是以牛马并重,似当以盗马者与偷牛并论",建议"嗣后奉省所属地方遇有盗窃马匹案件,毋庸计赃科罪",而俱照此例分别治罪。此议得到认可并被定为例(270-10),且要求"黑龙江、吉林各将军一体遵照办理"④。光绪四年(1878)张帼庆等在位于黑龙江的碾子山伙窃马十七匹,计赃一百三十六两,即照这一办法处理,"虽在二十只以下计赃至一百二十两以上者,仍照律绞

---

① 内阁大库档案,登录号 012948-001。
② 后者又因加逃罪二等,拟杖六十、徒一年。[清]祝庆琪等编撰:《刑案汇览全编·刑案汇览》第 18 卷,法律出版社 2008 年版,第 1019~1021 页。
③ 宫中档奏折-乾隆朝,档案号 403009344。
④ 内阁大库档案,登录号 094028-001。

监候"①。

此外,实践中对盗犬只的处理较其他牲畜稍有特殊。一份嘉庆八年(1803)的说帖指出,"犬为畜产之一,在事主家内或引至门外偷窃,自应依律以窃盗论",但"如在旷野漫地被人捉取,即不得谓之盗",因为"犬自往来旷野,与器物之在旷野需人看守者不同"。② 道光四年(1824),张二格与王二商同将无主之犬只毒毙卖钱,刑部又重申此论,指出若照律"盗民间犬只计赃以窃盗论","未免与入人家偷窃者无所区别",仅将其依较盗马牛畜产更轻的盗田野谷麦律(271-00)处理,"盗无人看守器物者、计赃准窃盗论、窃盗赃一两以下",杖六十。③

第二节 古今相通:"宰杀马牛"着眼点在"所有权"之外

根据我国现行的《民法典》物权编第 240 条,"所有权人对自己的不动产或者动产,依法享有占有、使用、收益和处分的权利",故动物的所有权人对动物即享有包括生杀大权在内的占有、使用、收益、处分等"排他性"权利。但在我国传统时代,基于保障国家足食足兵的立法目的,法律禁止对牲畜的伤害行为,包括对自己所有的牲畜。《大清律例·兵律·厩牧》宰杀马牛律(233-00)载,"凡私宰自己马牛者,杖一百;驼骡驴,杖八十",区别杖一百与杖八十乃因"马、牛为重,驼、骡、驴次之"。④ 并根据例文,以开圈店为生之人杀自己的牛也将面临稍轻的"枷号一个月、杖八十"的处罚。(233-02)私宰自己牲畜的目的通常是为了获得皮肉等的经济价值,故为绝犯罪之心,律文规定"筋角皮张入官",类似于现代刑法中的"没收犯罪所得"。⑤ 宰杀须是故意所为,"误杀及病死者,不坐",筋角皮张亦无须入官。

宰杀他人畜产则不仅有损国家之足食足兵大政,还侵犯了他人的利益,因此其罪显然重于宰杀自己所有的牲畜,律文规定"故杀他人马牛者,杖七十、徒一年半;驼骡驴,杖一百",较后者提高二等处罚,唯"为从者,(故杀

---

① [清]祝庆祺等编撰:《刑案汇览全编·新增刑案汇览》第 6 卷,法律出版社 2008 年版,第 133 页。
② [清]祝庆祺等编撰:《刑案汇览全编·刑案汇览》第 18 卷,法律出版社 2008 年版,第 1011 页。
③ [清]许槤、[清]熊莪纂辑:《刑部比照加减成案》,何勤华、沈天水等点校,法律出版社 2009 年版,第 449 页。
④ [清]沈之奇:《大清律辑注》(上),怀效锋、李俊点校,法律出版社 2000 年版,第 507 页。
⑤ 《刑法》第 64 条:"犯罪分子违法所得的一切财物,应当予以追缴……一律上缴国库……"

伤)各减一等(官物不分首从)"。但若"他人"乃缌麻以上亲,则"与本主私宰罪同"。此处宰杀亦须是故意所为,"其误杀伤者,不坐罪,但追赔减价"。

屠户或开设圈店、汤锅等以宰杀牲畜为生者,亦不许宰杀购得他人之牲畜,若"将堪用牲畜买去宰杀者,虽经上税,仍照故杀他人驼骡律,杖一百"。(233-01)据薛允升言,此处牲畜仅指驼骡而不包括马牛在内。[1] 若是马与牛,有关牛的规定是233-02例:"凡宰杀耕牛,私开圈店,及贩卖与宰杀之人,初犯,俱枷号两个月、杖一百。若计只重于本罪者,照盗牛例治罪,免刺,罪止杖一百、流三千里。再犯,发附近充军。"据一份嘉庆十八年(1813)的说帖载,刘世倌"私开圈店,宰杀耕牛至十余只之多",即依本律"计只重于本罪者,照盗牛例治罪",盗牛例即前引270-06例,"盗牛十只以上拟杖一百、流三千里"。[2] 嘉庆二十五年(1820)关小儿起意宰杀牛只分肉,亦是照此例处理,枷号两个月、杖一百。[3]

有关马匹则规定于233-03例:"开设汤锅,宰杀堪用马匹者,计匹数论罪,一二匹者,枷号四十日、责四十板。三四匹者,杖六十、徒一年。五匹以上,每马四匹,递加一等。至三十匹者,杖一百、流三千里。三十匹以上者,发云、贵、两广烟瘴少轻地方,交与地方官严行管束。(若旗人有犯,亦计匹论罪。一匹至四匹者,俱枷号四十日。五匹以上,每四匹递加一等,加枷号五日。至三十匹以上者,发黑龙江当差。)"中介之牙行及卖马之人知情者,减宰马人罪一等。道光五年(1825)苏大即依此例,"开设汤锅,宰杀堪用马匹,旗人有犯一匹至四匹者,枷号四十日"[4]。嘉庆二十四年(1819),杨四开设汤锅、宰杀堪用马匹,王三明知其事仍代买七匹,刑部认为,若依此例"按五匹以上计算,尚未及四匹加等之数",于是将王三比照此例关于"牙行及卖马之人减一等"处罚的规则,于"宰杀堪用马四匹徒一年例"上减一等,杖一百。[5]

这两条例文还均附给地方官查禁之责。薛允升指出:"私宰牛马,律无分别,例则分列两条,罪名遂有参差之处。"[6]此论甚允当,但其实不仅233-02与233-03例,233-01例也颇有参差。律文对私宰马牛之处罚较私宰驼

---

[1] [清]薛允升:《读例存疑重刊本》第3册,黄静嘉编校,成文出版社1970年版,第531页。
[2] [清]祝庆琪等编撰:《刑案汇览全编·刑案汇览》第12卷,法律出版社2008年版,第726~727页。
[3] 同上书第18卷,第1021页。
[4] 内阁大库档案,登录号145855-001。
[5] [清]许梿、[清]熊莪纂辑:《刑部比照加减成案》,何勤华、沈天水等点校,法律出版社2009年版,第56~57页。
[6] [清]薛允升:《读例存疑重刊本》第3册,黄静嘉编校,成文出版社1970年版,第533页。

骡重二等，但根据例文，宰杀驼骡与牛（初犯）均是杖一百，后者仅多枷号两个月的处罚，律例之间显然有失均衡性。

此外，233-01 例后半段还言："若将窃盗所偷堪用牲畜不上税买去宰杀者，与窃盗一体治罪；如窃盗罪名轻于宰杀者，仍从重依宰杀本例问拟，免刺，不得以盗杀论。"①据薛允升之说，此处牲畜仅指驼、骡及耕牛，并不涉及其他种类的牲畜。② 在实践中，道光十三年（1833）张二购得他人窃盗所得犬只宰卖，除照"知窃盗赃而故买"律惩处，又因宰剥数量太大——至一千余只之多，"酌加枷号一个月"。③ 此外，道光二年（1822）韩让购得吕傻子等人窃得之赃骡开设汤锅，宰杀三头，刑部认为，若仅依本例与窃盗一体治罪拟杖"似觉情浮于法"，于是将其比照 233-03 例"开设汤锅、宰杀堪用马三匹"杖六十、徒一年。④

宰杀马牛门之律例在清末修律之时同整个传统法制一道被废止。不过，《大清刑律草案》第三十六章"关于毁弃损坏罪"第 381 条曰："凡损坏他人所有营造物、矿坑、船舰者，处三等以下有期徒刑或一千圆以下一百圆以上罚金。"在此条后附之"沿革"说明中，立法者将传统时代的宰杀马牛律条列入。刘鄂博士认为，从逻辑而言，传统时代的宰杀马牛律可能更接近于紧随此条的第 382 条："凡犯左列各款之一者，处四等以下有期徒刑、拘留或三百圆以下罚金……三、纵逸他人所有之动物，致令丧失者。"⑤但笔者对此稍有不同看法。从表面上看，传统时代的宰杀马牛律确实更似第 382 条，因为二者都有关动物的损失。但其实正如刘博士所言，前者的立法目的乃保护"农耕、作战的需要"，后者为"强调所有权不受侵犯"，二者有"根本性"差异。⑥ 所以其实在这一逻辑之下，第 381 条之保护"营造物、矿坑、船舰"，与宰杀马牛律之保护牛（生产）与马（交通），在内涵上是更为接近的。

然而无论如何解读，《大清刑律草案》的这些条文均是从所有权的角度强调"他人所有"，故较传统律典的变化确实颇大，其中突出的表现之一即私

---

① 本段例文的来源为嘉庆十六年（1811）关于雷顺买赃牛宰杀一案的一份通行，该案即通行参见［清］祝庆琪等编撰：《刑案汇览全编·刑案汇览》第 18 卷，法律出版社 2008 年版，第 1019~1021 页。
② ［清］薛允升：《读例存疑重刊本》第 3 册，黄静嘉编校，成文出版社 1970 年版，第 531 页。
③ ［清］祝庆琪等编撰：《刑案汇览全编·续增刑案汇览》第 6 卷，法律出版社 2008 年版，第 305 页。
④ ［清］许梿、［清］熊莪纂辑：《刑部比照加减成案》，何勤华、沈天水等点校，法律出版社 2009 年版，第 56 页。
⑤ 高汉成主编：《〈大清新刑律〉立法资料汇编》，社会科学文献出版社 2013 年版，第 179~181 页。
⑥ 参见刘鄂："清代'宰杀马牛'律研究"，《历史档案》2015 年第 3 期。

宰自己马牛等牲畜的行为不再受刑罚。此后,《修正刑律草案》(1910)、《钦定大清刑律》(1911)以及民国鼎革之后的《暂行新刑律》(1912)、《修正刑法草案》(1915)、《刑法第二次修正案》(1918)、《改定刑法第二次修正案》(1919)、《中华民国刑法》(1928)、《中华民国刑法修正案初稿》(1933)、《中华民国刑法修正案》(1934)、《中华民国刑法》(1935)乃至国民党政权退据台湾后采用的刑事规范亦基本延续这样的立法模式(尽管具体规则有所损益)。①

我国现行《刑法》对此问题的处理也大致属于这一模式,从所有权的角度保护他人所有的财物,但相关条文除了针对一般物的 275 条故意毁坏财物罪之外,还有第 276 条破坏生产经营罪与第 369 条破坏/过失损坏武器装备、军事设施、军事通信罪。第 369 条保护的法益是"国防利益",行为对象为"武器装备、军事设施、军事通信",②此即与传统时代保护可用于作战之马匹的律法古今相通。第 276 条故意毁坏财物罪保护生产经营且专门言及耕畜,似与传统时代保护耕牛的立法目的相通,但根据学者的解读,由于此条是在"侵犯财产罪"章,故其保护的客体是"公私财物的所有权以及其他本权"③,仍是从所有权的角度进行考量,禁止破坏"他人的"生产经营,④并不从保障国家足食足兵的角度而禁止杀伤自己所有的耕畜。不过,此条在被放入"侵犯财产罪"章之前是规定在"破坏社会主义市场经济秩序罪"章,该章罪指"违反国家经济管理法规,破坏市场经济的正常运行以及国家经济管理活动,严重侵犯社会主义市场经济秩序的行为",保护法益是社会主义市场经济秩序,⑤故若此罪仍在此章中,则或古今能有更多暗合处。此外,这仅是从刑法的角度着眼,在刑法之外,民国和新中国成立之后均制定有保护耕畜的一系列行政法律法规,⑥虽由于时代变迁,相关规则尤其是罚则发生了很大的变化,但也不可不谓古今相通。

---

① 赵秉志、陈志军编:《中国近代刑事立法文献汇编》,法律出版社 2016 年版,第 211、247、284、325、464、527、588~589、651、685、725 页;陈聪富主编:《月旦小六法》,元照出版有限公司 2014 年版,第陆-44 页。
② 张明楷:《刑法学(第六版)》(下),法律出版社 2021 年版,第 1546~1548 页。
③ 黎宏:《刑法学各论(第二版)》,法律出版社 2016 年版,第 343 页。
④ 张明楷:《刑法学(第六版)》(下),法律出版社 2021 年版,第 1344 页。
⑤ 参见黎宏:《刑法学各论(第二版)》,法律出版社 2016 年版,第 78、343 页。
⑥ 民国时期如:民国二十年(1931)实业部发布的《保护耕牛规则》(见《法令周刊》1931 年第 36 期)。新中国成立之后如 1955 年《国务院关于防止滥宰耕牛和保护发展耕牛的指示》、1957 年《中国共产党中央委员会、国务院关于耕畜问题的指示》、1979 年《国务院关于保护耕牛和调整屠宰政策的通知》等。

第三节　对象一致：盗与宰杀马牛孰重？

盗与宰杀均是对马牛等畜产的伤害行为，亦即行为对象一致，那么清律对这两种行为的处罚孰重孰轻呢？此外，与盗、宰杀两种行为相关，清律还涉及"盗杀"的问题。概括而言，清律对这三种行为的处罚从轻而重渐次为：盗<宰杀<盗杀，但清代前后其他时代的规则并不尽如此。

清律对盗马牛等畜产是计赃论罪，对宰杀马牛为直接设定固定的对应刑罚，但后者又继而规定道："若计赃重于本罪者，准盗论。若伤而不死，不堪乘用，及杀猪羊等畜类者，计（杀伤所）减（之）价，亦准盗论。"（233-00）无论所杀之牲畜的赃数而直接对应固定的刑罚，唯计赃重于本罪及伤而不死、杀猪羊等畜类的情况方计赃或计减价准盗论。所以整体而言，清律对宰杀马牛的处罚重于盗马牛。

唐、宋、明律的情形也类于此，[①]但张家山汉简规定了不同的处理方式。《贼律》四九简言："贼杀伤人畜产，与盗同法。"《田律》二五一简言："杀伤马牛，与盗同法。"[②]根据朱红林教授的解读，此处"与同法"是指"对此犯罪行为处罚所采用的法律条文与彼犯罪行为所适用的法律相同"[③]，亦即对杀伤与盗马牛的处罚一致。马志冰教授指出，如此规定的原因在于杀伤马牛的"犯罪客体是官私财产所有权，与盗罪性质相同"[④]。但支强博士提出商榷意见，认为"犯罪客体相同并不代表其犯罪性质就是一致的"，因此如此规定的原因只能说是基于两种犯罪行为的"对象（畜产）相同，客观上造成的社会危害结果（而非两种犯罪行为自身的属性或法理相通）具有一致性（都造成了畜产的损失）"，并评价如此立法"使保护相同对象（畜产）的法律制度在量刑上形成较为一致的标准"，避免了畸轻畸重。[⑤]

笔者也大致同意支强博士对如此规定乃基于这两种犯罪行为对象相同

[①]　相关律文见《唐律疏议》，刘俊文点校，法律出版社 1999 年版，第 306~307、388；《宋刑统》，薛梅卿点校，法律出版社 1999 年版，第 267、340~341 页；《大明律》，怀效锋点校，法律出版社 1999 年版，第 123~124、142~143 页。

[②]　彭浩等主编：《二年律令与奏谳书——张家山二四七号汉墓出土法律文献释读》，上海古籍出版社 2007 年版，第 109、192 页。

[③]　朱红林："竹简秦汉律中的'与同法'和'与同罪'研究"，载吉林大学古籍研究所编：《吉林大学古籍研究所建所二十周年纪念文集》，吉林文史出版社 2003 年版，第 149 页。

[④]　马志冰："张家山汉简《贼律》研究——兼与睡虎地秦简及唐律比较"，载马志冰等编：《沈家本与中国法律文化国家学术研讨会论文集》（下），中国法制出版社 2005 年版，第 658 页。

[⑤]　支强："秦汉法律用语研究——以刑律为中心"，中国政法大学博士学位论文，2013 年，第 42~44 页。

而非性质相同的判断,但对其关于两种行为"客观上造成的社会危害结果具有一致性"以及如此能"避免畸轻畸重"的评价稍有进一步的看法。因为在这样的观点之下,可能难以理解为何唐宋及明清的律典对宰杀马牛的处罚重于盗马牛,也无法解释现代刑法中看起来更加"畸轻畸重"的相关规则。

在现代刑法中,因为动物亦属物,所以盗窃动物的行为按普通盗窃罪处理,而杀伤动物的行为依普通故意毁坏财物罪处理。根据我国现行《刑法》第264条:"盗窃公私财物,数额较大的,或者多次盗窃、入户盗窃、携带凶器盗窃、扒窃的,处三年以下有期徒刑、拘役或者管制,并处或者单处罚金;数额巨大或者有其他严重情节的,处三年以上十年以下有期徒刑,并处罚金;数额特别巨大或者有其他特别严重情节的,处十年以上有期徒刑或者无期徒刑,并处罚金或者没收财产。"第275条:"故意毁坏公私财物,数额较大或者有其他严重情节的,处三年以下有期徒刑、拘役或者罚金;数额巨大或者有其他特别严重情节的,处三年以上七年以下有期徒刑。"亦即尽管犯罪行为的对象相同,但对盗窃行为的处罚重于故意毁坏,不仅不同于在处理马牛畜产问题上汉代对二者之处罚相同,也不同于唐宋明清之对杀伤行为的处罚重于窃盗行为。

其缘由者何?刑法学者从预防刑的角度解读道:"从不法层面来说,盗窃罪的法益侵害并不重[1]于故意毁坏财物罪。从责任层面来说,二者都是故意犯罪,区别在于盗窃罪具有非法占有目的。非法占有目的的内容包括排除意思与利用意思,故意毁坏财物的行为人事实上也具有排除意思,只是没有利用意思,盗窃罪的行为人则不仅具有排除意思,而且具有利用意思。恰恰是这个利用意思,说明盗窃罪的一般预防必要大。……利用意思是驱使人们实施盗窃行为的重要动因,而且一般人容易产生利用意思。相反,无缘无故或者基于报复动机毁坏他人财物,则是比较少见的现象。所以,基于利用意思实施的盗窃罪,其一般预防的必要性大,因而其法定刑重于故意毁坏财物罪。"并因此推论道:"古今中外,盗窃罪的法定刑都重于故意毁坏财物罪的法定刑。"[2]类似的立法方式在传统律典也存在,《大清律例·户律·田宅》弃毁器物稼穑等律(098-00)曰:"凡(故意)弃毁人器物,及毁伐树木稼穑者,计(所弃毁之物,即为)赃,准窃盗论,(照窃盗定罪)免刺(罪止杖一百、流三千里)。"所谓"准窃盗论",根据《例分八字之义》:"准者,与实犯有

---

[1] 原文为"轻",疑为笔误,根据上下文意,应改为"重"。
[2] 张明楷:《责任刑与预防刑》,北京大学出版社2015年版,第28~29页。

间矣。……但准其罪,不在除名、刺字之例,罪止杖一百、流三千里。"①亦即对弃毁人器物的行为处罚一定程度轻于对窃盗者。但是,传统时代——无论汉抑或唐宋明清——在处理马牛畜产问题上并未如此。究其缘由,其要者三。

其一,马牛畜产并非一般的动物,是用于耕稼或负重故而事关军国之"食"与"兵"的牲畜。如前所论,我国现行《刑法》第276条破坏生产经营罪与第369条破坏/过失损坏武器装备、军事设施、军事通信罪即亦是类似立法意旨的体现。以破坏生产经营罪为例,该罪与故意毁坏财物罪其实本质相同(前者是后者的特殊条款),都是毁坏财物,只是此罪"不是单纯的毁坏财物,而是毁坏生产资料,因而会存在间接损失",故对其处罚重于对普通的毁坏财物罪。②

其二,清人李渔指出:"禁宰耕牛一事,是弭盗良方。……盗牛入手,即售于屠宰之家,一杀之后,即无赃可认。……彼屠牛之家,明知为盗来之物,而购之惟恐不速者,贪其贱耳。从来宰牛之场,即为盗贼化赃之地。禁此以熄盗风,实是端本澄源之法。"③魏锡祚亦认为:"宰牛之家即盗牛之窝主,屠户不禁,盗源不绝。"④盗牛是为了宰牛,所以若同样用现代刑法学的预防刑理论来解读,则在古人看来,后者的"一般预防必要性"大于前者,而非如前引现代刑法学者概括而言时所得出的相反结论。

其三,现代刑法学认为盗窃/窃盗的"利用意识"说明其一般预防必要性大,而在传统时代,由于相关规则主要保护的是马牛等畜产"为军国所用"的劳力,故行为人的"利用意识"反倒能减轻其罪恶。也正因为此,盗而后杀的行为将导致畜产不能再为兵、食效力,故其相较单纯盗的行为将被处以更重的刑罚⑤:"若盗马牛(兼官私言)而杀者,(不计赃,即)杖一百、徒三年;驴骡杖七十、徒一年半。若计赃(并从已杀计赃)重于(徒三年、徒一年半)本罪者,各加盗(窃盗、常人盗)罪一等。"(270-00)例文更提高了对盗杀牛的处罚,凡盗杀者,"枷号一个月、发附近充军"(270-06)。嘉庆二十五年(1820)狄万仓"独窃牛只,起意宰杀"即依本例枷号一个月、发附近充军,同年马狗

---

① 《大清律例》,田涛、郑秦点校,法律出版社1999年版,第41页。
② 参见张明楷:《刑法学(第六版)》(下),法律出版社2021年版,第1344页。
③ [清]李渔:"禁私宰弭盗",载陈重业主编:《折狱龟鉴补译注》,北京大学出版社2006年版,第621~622页。
④ [清]魏锡祚:"禁宰耕牛",载杨一凡、刘笃才编:《中国古代地方法律文献》乙编第9册,世界图书出版公司2009年版,第531页。
⑤ 而在现代刑法中,因盗与盗杀均导致所有权人所有权的丧失(或占有转移),故一般并不区分盗与盗杀。

子、马七十三窃牛后听从宰杀,亦照本例(为从减一等)各杖一百、徒三年。① 道光年间发生的噶林察、图门窃牛宰食两案亦是照此例处理,只是因所窃为三四岁的小牛,"核与偷宰大牛有间",故在本例上量减一等,拟杖一百、徒三年。②

那么此"盗杀"与"宰杀"又有何区别呢?律学家指出,前者是"利其所有,先盗而后杀";后者是"与畜主有隙,而故加杀伤,非有利而为之,亦非盗而杀之也"。③ 易言之,前者较后者多一贪图畜产皮肉价值的念头,不仅害及畜产为人效力的使用价值,而且损及畜产所有者享有的畜产皮肉经济价值,所谓"杀罪之外复有盗罪"④,故而律文对前者之处罚高于后者。咸丰元年(1851),仇连清乘隙毒杀他人牛只,"俟牛毒发倒毙,即向牛主减价买回宰卖",仇姓的行为虽应为宰杀,但由于其怀有贪图皮肉价值的念头、损及牛主的经济利益,故审理者认定其情实与盗杀无异,于是比照270-06例处理,枷号一个月、发附近充军。⑤

《唐律疏议》对这一问题的处理方式也类于此,对盗杀、宰杀行为分别处理,并对前者之处罚重于对后者。⑥ 但《宋刑统》在承袭唐律这两条律文的同时,新增起请条曰:"今后应有盗官、私马牛及杂畜而杀之,或因仇嫌憎嫉而潜行屠杀者,请并为盗杀。"将盗杀与宰杀等同对待。据学者言,起请条虽是"参详"之文,"但同具法律效力,甚至比原旧条文更有效",⑦故起请条如此的规定似让宰杀律文形同虚设。且起请条还较大幅度地提高了刑罚:"如盗杀马、牛,头首处死;从者减一等。盗杀驼、骡、驴者,计生时价,估赃钱定罪,各准近敕处分。罪不至死者,加凡盗二等,加不至死。盗杀犬者,决臀杖十七,放。如有盗割牛鼻,盗斫牛脚者,首处死;从减一等。疮合可用者,并减一等。如盗割盗斫至三头者,虽疮合可用,头首不在减死之限。"⑧明清律典不再有这样的规则,仍是明确区分盗杀与宰杀,且即便提高刑罚也并非如此"一刀切"式为之,而是如前文所引,只是在例文中对部分情形进行提高,

---

① [清]祝庆祺等编撰:《刑案汇览全编·刑案汇览》第18卷,法律出版社2008年版,第1021页。
② [清]祝庆祺等编撰:《刑案汇览全编·续增刑案汇览》第6卷,法律出版社2008年版,第305页。
③ [清]沈之奇:《大清律辑注》(上),怀效锋、李俊点校,法律出版社2000年版,第510页。
④ 刘俊文笺解:《唐律疏义笺解》(下),中华书局1996年版,第1373页。
⑤ [清]祝庆祺等编撰:《刑案汇览全编·刑案汇览续编》第11卷,法律出版社2008年版,第470页。
⑥ 相关规则见《唐律疏议》,刘俊文点校,法律出版社1999年版,第306~307、385~386页。
⑦ 薛梅卿:《宋刑统研究》,法律出版社1997年版,第37页。
⑧ 《宋刑统》,薛梅卿点校,法律出版社1999年版,第340~341页。

因此明清律典在此处不失为较宋代之一大改进。

小结 "不忍"者究为何？

尽管在来自西方的现代法学及制度中，通常将动物视作一般物处理，但晚近以来越来越多的立法例及学者开始关注所谓"动物福利"的问题。[①] 譬如，法国刑法有"严重虐待动物罪或对动物施以暴行罪"[②]；德国《基本法》第20a条规定各类国家权力有保护动物的宪法义务,[③]《民法典》于1990年8月20日增设第90条A规定："动物非系物。动物应受特别法律的保护，除另有规定外,准用关于物的规定。"王泽鉴教授解读道："此项规定旨在表示对有生命之'物'的尊重,盖以动物与人同为受造者也。"[④] 此外，据清末律学家吉同钧的考证，当时的日本刑法"虽无盗牛马明文，而窃盗罪内于牧场窃取兽类一条，亦即中律盗官畜之意"，但彼法较凡盗处罚为轻，与中律相左；而俄律"偷窃马匹者发西伯利亚安插，或教养局习艺一二年，盖俄国北地为产马之地，故亦立有专条"；他国不载。吉氏所言不虚，即此可见，各国法律"各因其俗，各有取意"。[⑤] 难怪民国鼎革三十多年之后，仍有论者倡导、建议严惩盗牛，区别盗牛与普通盗行为，亦即一定程度恢复传统的制度和实践：

> 耕牛关系粮食增产最切，当此粮荒严重，我政府正从事奖励生产之际，保护耕牛，实为当务之急。年来生活困难，农村经济竭拮，不逞之徒，流而为盗，目下牛价动值千金，耕牛遂恒为一般贼盗之标的。各县政府每以牛盗系属盗窃范围，例送法院办理，法院判罚牛盗，恒用轻刑，仅予徒刑三月，而事主损失则绝无赔偿。流风所播，将使盗以刑轻利厚，而盗风益炽；农村经济，将益促其崩溃，影响抗战资源……乞予专请广东省政府通饬所属，嗣后，凡属盗牛犯，县政府应负责办理，严其刑

[①] 对这一论题的研究，可参看常纪文：《动物福利法——中国与欧盟之比较》，中国环境科学出版社2006年版。

[②]《最新法国刑法典》，朱琳译，法律出版社2016年版，第296页。

[③] 相关情况介绍，可参见段沁："宪法上的动物保护：现状、期待与回应"，《南大法学》2022年第2期。

[④] 王泽鉴：《民法总则》，北京大学出版社2013年版，第235页。

[⑤] [清]吉同钧纂辑：《大清律讲义》，知识产权出版社2017年版，第85页。

罚,并令赔偿损失;庶盗风可戢,耕牛可保,抗战前途亦深利赖。①

"耕牛关系粮食增产最切",可谓中国传统时代这类法律所因之"俗"。那么,其所取何"意"呢?昔日齐宣王有谓:"吾不忍其觳觫,若无罪而就死地。"孟子颇为认可此不忍之心:"君子之于禽兽也,见其生,不忍见其死;闻其声,不忍食其肉。"但又话锋一转,哂之曰:"今恩足以及禽兽,而功不至于百姓。"(《孟子·梁惠王上》)我国传统时代的律典及其实践对部分动物——马牛等畜产亦不做一般物对待,但其并非如现代动物福利问题或齐宣王这般,以保障动物的福利、体现人类的慈悲心肠为出发点。《论语·颜渊》载:"子贡问政。子曰:'足食,足兵,民信之矣。'"马牛等畜产或为"耕稼之本",或堪"致远供军",事关军国之"足食足兵"大政,"有功于世者甚大"。② 建立在这一基础之上方考虑"既尽其力,又杀其身,非仁也"③。亦即律法对马牛畜产的"仁"或曰"不忍之心"并非仅仅因为其拥有生命、"同为受造者",而更在于其已为或可为人效力,简言之,关注点在人自己的福利而非动物的福利。所以,《论语·乡党》载:"厩焚。子退朝,曰:'伤人乎?'不问马。"荀子也说,人"最为天下贵也",虽"力不若牛,走不若马,而牛马为用"。(《荀子·王制》)

为保证"足食足兵",律法体现出对禽兽之"不忍之心",而对禽兽的"不忍"实乃对人类自己之"不忍"。传统时代的律典及其实践严禁针对马牛等畜产的盗及宰杀等伤害行为,并制定如本章所述相应的细致处罚规则,正所谓"先王有不忍人之心,斯有不忍人之政矣"(《孟子·公孙丑上》)。

---

① "广东省建设厅农业局大埔县农业指导工作站关于请加重盗牛刑罚并由县政府负责保护耕牛等情的函",1943年1月15日,广东省档案馆藏,档案号:006-003-0501-064~066。
② [清]顾南楼:"严禁宰牛",载《明清法制史料辑刊》第一编第5册,国家图书出版社2008年版,第274页。
③ [清]沈之奇:《大清律辑注》(上),怀效锋、李俊点校,法律出版社2000年版,第507页。

下篇　盗之行为与后果

第七章 盗行为之阶段论：罪行与绞架

> 罪行越大,绞架越高。
> ——法谚
> 刑当罪则威,不当罪悔。
> ——《荀子·君子》

引论 盗行为的"阶段"

戴炎辉先生说:"旧律重视实害,故视行为的发展阶段,以定其责任,固属当然。"[①]我国传统律典固然如此,而来自西方的现代刑法(学)又何尝不是"视行为的发展阶段,以定其责任"？只是古今的具体做法有所不同而已。

我国现行《刑法》第22条规定:"为了犯罪,准备工具、制造条件的,是犯罪预备。对于预备犯,可以比照既遂犯从轻、减轻处罚或者免除处罚。"第23条规定:"已经着手实行犯罪,由于犯罪分子意志以外的原因而未得逞的,是犯罪未遂。对于未遂犯,可以比照既遂犯从轻或者减轻处罚。"第24条规定:"在犯罪过程中,自动放弃犯罪或者自动有效地防止犯罪结果发生的,是犯罪中止。对于中止犯,没有造成损害的,应当免除处罚;造成损害的,应当减轻处罚。""犯罪的特殊形态"是现代(西方)刑法及刑法学的一个重要部分,其包括"犯罪预备""犯罪未遂""犯罪中止"三种形态,并与"犯罪

[①] 戴炎辉:《中国法制史》,三民书局1984年版,第72页。

既遂"合称为"故意犯罪形态"。①

清代盗律类似的概念及划分集中规定在具有盗律之通例性质的公取窃取皆为盗律(280-00)之中：

> 凡盗,公取窃取皆为盗。(公取,谓行盗之人,公然而取其财,如强盗抢夺。窃取,谓潜行隐面,窃取其财,如窃盗掏摸,皆名为盗)器物钱帛(以下兼官私言)之类,须移徙已离盗所(方谓之盗)。珠玉宝货之类,据入手隐藏,纵(在盗所)未将行,亦是(为盗)。其木石重器,非人力所胜,虽移本处,未驼载间,犹未成盗。(不得以盗论)马牛驼骡之类,须出栏圈;鹰犬之类,须专制在己,乃成为盗。(若盗马一匹,别有马随,不合并计为罪。若盗其母而子遂者,皆并计为罪。)

此条乃以上盗贼诸条之通例。未成盗而有显迹证见者,依已行而未得财科断;已成盗者,依律以得财科断。

该律仍之于明,"原有小注末段律文,系顺治三年增定,并将小注增修"②,而更早的渊源是《唐律疏议》。唐律此条本身相对简洁,仅言"诸盗,公取、窃取皆为盗",并有小注:"器物之属须移徙,栏圈系闭之属须绝离常处,放逸飞走之属须专制,乃成盗。若畜产伴类随之,不并计。即将入己及盗其母而子随者,皆并计之。"不过,还有疏议曰:

> "公取",谓行盗之人,公然而取;"窃取",谓方便私窃其财:皆名为盗。注云"器物之属须移徙"者,谓器物、钱帛之类,须移徙离于本处。珠玉、宝货之类,据入手隐藏,纵未将行,亦是;其木石重器,非人力所胜,应须驼载者,虽移本处,未驼载间,犹未成盗。但物有巨细,难以备论,略举纲目,各准临时取断。"栏圈系闭之属须绝离常处",谓马牛驼骡之类,须出栏圈及绝离系闭之处。"放逸飞走之属",谓鹰犬之类,须专制在己,不得自由,乃成为盗。"若畜产伴类随之",假有盗马一匹,别

---

① 犯罪的特殊形态只存在于故意犯罪中,过失犯罪不可能有预备行为,没有发生结果时也不会成立过失犯罪,所以过失犯罪没有犯罪预备、未遂与中止形态。参见张明楷:《刑法学(第六版)》(上),法律出版社2021年版,第428页。但据戴炎辉先生之说,"旧律上过失犯有时亦处罚未遂,如合和御药误不如本方、造御膳误犯食禁、御幸舟船误不牢固,若未进御者,各减一等"。参见戴炎辉:《中国法制史》,三民书局1984年版,第72页。本著所论之盗律不涉及过失问题,故在此不详论此问题。

② [清]薛允升:《读例存疑重刊本》第4册,黄静嘉编校,成文出版社1970年版,第765~766页。明律原文见《大明律》,怀效锋点校,法律出版社1999年版,第148页。

有马随，不合并计为罪。即因逐伴而来，遂将入己，及盗其母而子随之者，皆并计为罪。①

《宋刑统》该条与此一致。② 两相比较可以发现，明清律本条实则将唐宋之律与疏糅合、精简而成，除了字词上的部分改动，文意实几乎未有更易。

该律虽为"盗贼诸条之通例"，但实际仅言"公取窃取"之盗行为的未成盗、已成盗两个阶段，未及全部盗律。本章为对清代盗律所涉及之所有盗行为的整体考察，故将该律并未涉及的各类盗行为的各个阶段，以及已行或已成盗之后的事主失足、自尽行为也纳入讨论，并专门介绍公取窃取之外的一种特殊盗行为——"发冢"的阶段划分。已行或已成盗之后事主失足、自尽行为，与行为人前期的基础盗行为之间存在紧密的承续关系，并会影响最终的量刑，而发冢行为的阶段划分较其他盗行为颇有特殊，故而将这些内容一并考论，方能一窥清律盗行为之各个阶段的全貌。查目前学术界之相关成果，尚未有如本章视角的考论。

第一节 "未成"与"已成"之划分

在现代刑法中，故意犯罪行为着手之后，犯罪形态可分为既遂与未既遂两种，后者又可根据未既遂是否因行为人自动放弃而分为犯罪未遂与犯罪中止。③ 清代盗律也有类似的划分，"已成盗"类似既遂，"未成盗"类似未既遂，只是没有再进一步将未既遂区别为未遂与中止。

从上一节所引《刑法》之相关条文（第23、24条）来看，犯罪未遂与既遂形态的界限在于犯罪是否"得逞"，以及行为人是否尚在犯罪过程之中便"自动放弃犯罪或者自动有效地防止犯罪结果发生"。但对于具体何为"得逞"、何为尚在"犯罪过程中"，也即犯罪既遂的具体标准，并无详细规范。与此不同，清律有更为详细的分类列举说明：公取窃取皆为盗律将盗之对象分为五类，分别定以不同的成盗（既遂）标准：

---

① 《唐律疏议》，刘俊文点校，法律出版社1999年版，第409~410页。
② 《宋刑统》，薛梅卿点校，法律出版社1999年版，第365~366页。
③ 参见张明楷：《刑法学（第六版）》（上），法律出版社2021年版，第428~429页。

表 7-1

盗之对象	成盗标准
器物钱帛	移徙已离盗所
珠玉宝货	据入手隐藏
木石重器	已驼载
马牛驼骡	出栏圈
鹰犬	专制在己

沈之奇的解释颇尽：

> 物有大小轻重之分，取有难易隐显之别，不可一概而论。如盗器物钱帛之类，则非入手可以隐藏者，必须移动迁徙，已离盗所，乃谓之盗。如盗珠玉宝货之类，其物轻微，随处可匿，则但据盗取入手，隐藏在身，纵在盗所，尚未将行，亦谓之盗。至于树木砖石等重大之器，非人力所能胜举者，虽移离本处，尚未及驼载而去者，则盗犹未成也。若盗马、牛、驼、骡之类，必须已出本家阑圈之外，及盗鹰、犬之类，须已就羁縶，专制在己，乃成为盗。①

我国现行《刑法》虽未如此详细列举各罪的既遂标准，但学者常会加以讨论。如关于盗窃罪的既遂问题，就有"接触说""转移说""隐匿说""失控说（取得说）""失控加控制说"等多种理论。按照张明楷教授的观点，盗窃罪的既遂标志为"行为人取得（控制）了财物"，或言"事实上占有了财物"，并指出："在认定盗窃罪的既遂与未遂时，必须根据财物的性质、形状、体积大小、被害人对财物的占有状态与管理现状、行为人的窃取样态等进行判断。……就体积小的财物而言，只要行为人将该财物夹在腋下、放入口袋、藏入怀中时，就是盗窃既遂。但就体积很大的财物（如冰箱）而言，一般只有将该财物搬出商店才能认定为既遂。"②可以发现，此说法实与上述清律的规定以及沈之奇的解释颇为相通。沈氏所谓"物有大小轻重之分，取有难易隐显之别"，亦即张教授所言根据"财物的性质、形状、体积大小、被害人对财物的占有状态、行为人的窃取样态等"判断行为人是否"取得（控制）了财物"。

---

① ［清］沈之奇：《大清律辑注》（下），怀效锋、李俊点校，法律出版社 2000 年版，第 646 页。
② 张明楷：《刑法学（第六版）》（下），法律出版社 2021 年版，第 1256~1257 页。

若是"未成盗",按公取窃取皆为盗之律文,"未成盗而有显迹证见者,依已行而未得财科断"。这里又出现了"得财"与"未得财"这一组概念,其与"成盗"与"未成盗"有什么区别和联系呢?沈之奇有精要解说:"在事主家谓之财,故取去曰得财;入盗贼手谓之赃,……不得财,是事主不曾失财也,若贼人弃财途中而去,被他人拾得,亦以得财论,盖盗虽未得财,而事主之财已失矣。惟事主拾回,方是不得财。"①简言之,"得财"与否在于事主是否失财,乃从事主的角度而言,而"成盗"与否则从行盗人角度来看。"成盗"是"得财"的先行条件,"成盗"未必"得财","得财"必定"成盗"。从嘉庆二十年(1815)刑部说帖记载的一件盗马牛案例可以清晰地看到二者的差别:行为人已成盗,但马、牛自行跑回,因而事主未失财,于是本案依未得财处理。②

至于对未成盗亦即已行而未得财的行为的科断方法,则详列于各律例条文之中,通常的做法是较已得财中最轻的一等之上减一等处理。盗之对象为官物者,仅有常人盗仓库钱粮律(265-00)对此专门有规定:"(发觉而)不得财,杖六十(从,减一等)。"该律之已得财中最轻的一等刑罚为"一两以下,杖七十",故不得财者实为在此基础上减一等。监守自盗仓库钱粮律(264-00)未言这一问题,律学家解释了其中缘由:"既称监守,则财自已掌,有意为盗,即无不得财者。若不得财,何以为盗?"③亦即在监守的情况下,财物本在行为人之手,只要起意为盗便满足得财的条件,因此不可能出现未成盗的状况。各盗特殊官物的律文也均未言此事,但在实践中,嘉庆二十年(1815)周沛在太庙重地甬子河东岸行窃匠役遗下器物未得财,乃照盗大祀营造未成及其余官律拟徒并减一等,④亦是较已得财中最轻的一等之上减一等科罚。

盗之对象为私物者,强盗律(266-00)曰:"已行而不得财者,皆杖一百、流三千里。"康熙年间(具体年月不详)的刘坎吾等强盗已行而不得财,即依此拟杖一百、流三千里。⑤乾隆六年(1741),陈三十六也因此拟杖一百、流

---

① [清]沈之奇:《大清律辑注》(下),怀效锋、李俊点校,法律出版社2000年版,第595页。
② [清]祝庆琪等编撰:《刑案汇览全编·刑案汇览》第18卷,法律出版社2007年版,第1011~1012页。
③ [明]雷梦麟:《读律琐言》,怀效锋、李俊点校,法律出版社2000年版,第314页;[清]沈之奇:《大清律辑注》(下),怀效锋、李俊点校,法律出版社2000年版,第564、571页。
④ [清]祝庆琪等编撰:《刑案汇览全编·刑案汇览》第12卷,法律出版社2007年版,第751页。
⑤ 内阁大库档案,登录号121773-001。

三千里。① 窃盗律(269-00)言:"已行而不得财,笞五十,免刺;……为从者,各减一等。"乾隆八年(1743),戴亚戊窃盗为从,已行不得财,因而拟笞四十,免刺。② 恐吓取财律(273-00)小注:"未得财者,亦准窃盗不得财罪上加等。"道光四年(1824),方阿久等听从勒赎邢廷杰一案,"已掳捉出门",掳捉行为"即属已成",但邢姓被亲属夺回。刑部发现这样的情况"例无作何治罪明文",遂将方姓等依恐吓取财门内的273-23例"量减一等"处理。③ 可以发现,本案尽管是刑部在"例无作何治罪明文"情况下对相关例文的比照适用,但其实这一处理结果与其他律例关于"未得财者减一等"的通例并不相违。

白昼抢夺律(268-00)未言这一问题,但其后有例云:"若抢夺不得财,……问不应。"(268-01)查《杂律》不应为律(386-00)载:"凡不应得为而为之者,笞四十;事理重者,杖八十。"按白昼抢夺律,对最轻一等的处罚为"杖一百、徒三年",因此不得财者依不应为律笞四十或杖八十均非仅在此基础上减一等,且若仅处笞四十之处罚,则较窃盗未得财之笞五十尚为轻。如此,则相关律例之刑罚似稍有参差,正如本著在第二章第二节已论及,这也是明清律典在强、窃盗之间添入白昼抢夺律之后常出现的弊病。

诈欺官私取财律(274-00)仅道"监临主守诈(欺同监守之人)所取监守之物"之时,对未得财者的处罚——以监守自盗论减二等。沈之奇指出,尽管"监守自盗,无未得财之律",但若为诈欺同监守之人,则可能出现未得财的状况——"同监守之人觉察而未与",并认为对其应按其所欲诈取之数科断,而如"诈取之时原未定数,则未得者止问不应"。但律文未言诈欺私物及常人诈欺官物情况下未得财者的处罚方式,沈氏继而指出,既然恐吓取财未得财者"准窃盗不得财罪上加等",则诈欺官私取财者即应"准窃盗不得财科断",因为若已得财,前者为"准窃盗论,加一等",后者为"准窃盗论"。④

以上是在一般情况下对未成盗者之认定及处罚的规则。律典尚有一些对特殊情况的特殊处理方式,亦即对包含了某些律例明列之情形的盗行为,无论行盗人是否得财,均直接认定为已成盗。这类规则主要集中在强盗门下。

---

① 内阁大库档案,登录号017301-001。
② 内阁大库档案,登录号012707-001。
③ [清]许梿、[清]熊莪纂辑:《刑部比照加减成案》,何勤华等点校,法律出版社2009年版,第455页。
④ 参见[清]沈之奇:《大清律辑注》(下),怀效锋、李俊点校,法律出版社2000年版,第613~614页。

首先,根据强盗律(266-00),若窃盗因盗而奸(不论成奸与否),则不分得财与不得财,皆斩监候。但强盗门内的266-28例对律文有所损益:"因窃盗而强奸人妇女,凡已成者,拟斩立决。同谋未经同奸,及奸而未成者,皆绞监候。"本例为嘉庆四年(1799)据刑部议覆纂为定例,①在此后的司法实践中,如遇相应情况即依此处理,如光绪二十七年(1901),成敏行窃未得财,因窃盗而强奸亦未成,依本例拟绞监候。②

其次,强盗门内的266-01例:"强盗杀人,放火烧人房屋,奸污人妻女,打劫牢狱仓库,及干系城池、衙门,并积至百人以上,不分曾否得财,俱照得财律斩,随即奏请审决枭示。(凡六项有一于此,即引枭示,随犯摘引所犯之事)③若止伤人而未得财,首犯,斩监候;为从,发新疆给官兵为奴。如未得财又未伤人,首犯发新疆给官兵为奴;从犯杖一百、流三千里。"光绪十二年(1886),曹群等即因"强盗杀人",依本例"不分曾否得财,照得财律,斩决枭示"④。乾隆二年(1737)的张文焕、乾隆十七年(1752)的赵大、乾隆五十六年(1791)的刘老十,均因"伤人而未得财",依本例拟斩监候。⑤ 嘉庆七年(1802),高殿卿依本例,强盗"未得财又未伤人",发新疆为奴。⑥ 道光十五年(1835),陈富桂等也因强盗"未得财又未伤人",依本例首犯发新疆为奴,为从杖一百、流三千里。⑦

再次,本门内还有一条地方性、临时性的例文:"京城盗案,除徒手行强,当被拿获,既未得财又未伤人者,仍照旧例办理外;如有持火执械,入室威吓,掷物打人重情;虽未得财伤人,凶恶情形业经昭著,即将为首之犯,拟绞监候;为从发云、贵、两广极边烟瘴充军。俟数年后盗风稍息,奏明仍复旧例办理。"(266-44)专言"京城",可谓"地方性"立法,又言"俟数年后盗风稍息,奏明仍复旧例办理",可谓"临时性"立法。⑧ 不过据薛允升建议,这类例文"似均应删去,以归画一"。⑨

---

① [清]薛允升:《读例存疑重刊本》第3册,黄静嘉编校,成文出版社1970年版,第606页。
② 宫中档奏折-光绪朝,档案号408003515。
③ 根据刑部说帖,"用药迷窃致毙事主二命,虽未得财,仍照强盗杀人例,斩决枭示"。[清]胡调元编辑:《续增刑部律例馆说帖揭要十七卷》,载高柯立、林荣辑:《明清法制史料辑刊》第二编第71册,国家图书馆出版社2014年版,第4、59~60页。
④ 宫中档奏折-光绪朝,档案号408012758。
⑤ 内阁大库档案,登录号066048-001、073927-001、015071-001。
⑥ 内阁大库档案,登录号191018-001。
⑦ 内阁大库档案,登录号192539-001。
⑧ 对这类立法的集中论述,参见本著第九章。
⑨ [清]薛允升:《读例存疑重刊本》第3册,黄静嘉编校,成文出版社1970年版,第619页。

第二节 "已行"之认定

清律对"未成盗"者进行处罚的前提是"已行",类似于现代刑法学中对未遂犯进行处罚的前提是"着手"。着手,是现代刑法学用于划定未遂犯的处罚时期的概念,也是将某种行为作为未遂犯处罚的根据。关于着手的概念及其认定,国内外刑法理论上存在多种学说。如我国学界的"通说"认为,着手乃"行为人已经开始实施刑法分则规范里具体犯罪构成要件中的犯罪行为"[①]。我国台湾地区学者林山田教授采"主观与客观混合理论",认为行为人只要是依据其主观的认识,而开始实行足以实现构成要件的行为,即属着手实行。[②] 而张明楷教授一一指出这些学说的缺陷,并从侵害法益的角度界定这一概念——"当行为产生了侵害法益的具体危险状态时"。[③]

我国传统时代的律学家也曾提出过判断具体盗行为是否"已行"的标准。其中,明人雷梦麟之说最为简洁,概而言之,考察行为人是否已至盗所,如常人盗仓库钱粮律,判断是否"已行至仓库之内";强盗律,判断是否"已至主家";窃盗律,判断是否"已入主家"。[④] 沈之奇的说法则较为详细:强盗律的标准为"凡先定有强谋,执有器械,带有火光,公然直至事主之家,攻打门墙者";而窃盗律乃"已至盗所,或已穿壁逾墙"。[⑤] 这些说法都是列举式,将实践中出现过的一系列情形一一列举出来,未有如现代刑法学者那般体系化、高度抽象的理论构建。但这些说法直接来源于实践,分辨起来简单明了,可操作性强,且亦符合上述张教授之说:"已至盗所"或"攻打门墙""已穿壁逾墙",即可谓实际上符合"产生了侵害法益的具体危险状态"的判断。当时的司法官员也认同律学家的观点,如嘉庆十九年(1814)的刑部官员即指出,"强盗已行不得财,系指已入主家未经得财而言"[⑥]。

此外,在犯罪着手之前,现代刑法(学)中还有"犯罪预备"阶段。清律未有类似的概念,各律例均仅言已行之后的处罚问题。但在实践中,据《清

---

① 高铭暄、马克昌主编:《刑法学(第十版)》,北京大学出版社2022年版,第151~152页。
② 参见林山田:《刑法通论》(上),北京大学出版社2012年版,第307页。
③ 参见张明楷:《刑法学(第六版)》(上),法律出版社2021年版,第439~442页;《未遂犯论》,法律出版社1997年版,第50~74页。
④ 参见[明]雷梦麟:《读律琐言》,怀效锋、李俊点校,法律出版社2000年版,第316、317、323页。
⑤ [清]沈之奇:《大清律辑注》(下),怀效锋、李俊点校,法律出版社2000年版,第574、594页。
⑥ [清]许梿、[清]熊莪纂辑:《刑部比照加减成案》,何勤华等点校,法律出版社2009年版,第65页。

稗类钞》称,"盗之行劫也,必先探其地之富室为谁,既确知其居室之所在,乃始结党而趋之"①,这一过程即可谓"犯罪预备"。行为人在这一阶段——盗行为"已行"之前,仍可能被处罚,只是具体个案的处罚方式不尽相同。道光二年(1822),陈友德"起意行劫,虽制有油捻,结伙同行,但未执有器械,亦无指劫之家"。根据现代刑法学者的观点,"犯罪预备"具有两个基本特征(成立要件):其一,客观上必须实施了对实现犯罪起实质作用的预备行为;其二,主观上必须有实现基本犯罪的目的。②若按这一标准,本案"制有油捻"的情节可谓客观上"实施了对实现犯罪起实质作用的预备行为","起意行劫"可谓主观上"有实现基本犯罪的目的",因而本案完全符合现代刑法"犯罪预备"的特征。对于这样的情况,刑部官员指出,"例无治罪明文",将陈姓比照"强盗已行而未得财"减一等处罚,亦即将强盗"预备"比照强盗"未遂"减一等处罚。类似的案例及处罚方式还有嘉庆十九年(1814)、二十年(1815)的杨有丙案、蔡亚养案。③

本来依据律例的规定只处罚已行之后的盗行为,但实践却将处罚提前到已行之前,有学者批评此乃"违背法理,言行不一,轻重失衡","实际处理的案件对于法律的适用则互相矛盾"。④笔者并不完全否定这些批评,但认为或可做一定程度的"同情之理解"。一方面,传统律典本并不存在严格的"罪刑法定"原则,如清律《名例》断罪无正条律(015-00)明言:"凡律令该载不尽事理,若断罪无正条者,(援)引(他)律,比附应加应减,定拟罪名。"故上述做法难言"违背法理"。另一方面,行为人尽管"尚未行",但既然已"起意行劫",则对其进行处罚实无可厚非,而具有其内在合理性,当代刑法对犯罪预备者处罚的原因也在于此。基于这两方面的原因,笔者窃以为,清代实践中将"犯罪预备"比照"强盗已行而未得财"减一等处罚的做法,并非简单的"言行不一,轻重失衡"。不过,嘉庆十八年(1813)"覃老凭听纠抢劫事尚未行,即被盘获",将其比照共谋为盗律(279-00)中关于强盗不行又不分赃的规定杖一百,⑤而非如上述几个案例那样比照"强盗已行而未得财"减一等。由于本案材料未有更详细记载,所以难以知晓其处理结果为何不同于其他案例的具体缘由。或许正是因为成文律例缺少专门规则,导致实

---

① [清]徐珂编撰:《清稗类钞》第11册,中华书局1986年版,第5296页。
② 参见张明楷:《未遂犯论》,法律出版社1997年版,第436~437页。
③ [清]许槤、[清]熊莪纂辑:《刑部比照加减成案》,何勤华等点校,法律出版社2009年版,第64~65页。
④ 参见孙向阳:《中国古代盗罪研究》,中国政法大学出版社2013年版,第206~208页。
⑤ [清]许槤、[清]熊莪纂辑:《刑部比照加减成案》,何勤华等点校,法律出版社2009年版,第122页。

践中各案例的处理结果不一,确实产生了前述学者所说的"轻重失衡"的问题。

第三节 事主失足身死及窘迫自尽

在盗行为人自己的盗行为之外,能影响对盗行为人量刑的行为还有事主的失足身死以及自尽行为。窃盗门269-21例云:

> 窃盗逃走,事主仓皇追捕,失足身死,及失财窘迫,因而自尽者,除拒捕伤人,及赃银数多、并积匪三犯等项罪在满徒以上,仍照律例从重治罪外;如赃少罪轻,不至满徒者,将贼犯照因奸酿命例,杖一百、徒三年。

所谓"因奸酿命例",据黄静嘉先生之说,指的是《刑律·人命》威逼人致死门下的299-03例:"妇女与人通奸,致并未纵容之父母,一经见闻,杀奸不遂,羞忿自尽者,无论出嫁在室,俱拟绞立决。其本夫并未纵容,一经见闻,杀奸不遂,因而羞忿自尽者,奸妇拟绞监候。奸夫俱拟杖一百、徒三年。"①但这一判断有待商榷。按道光十三年(1833)的一份刑部通行载:

> 江西道御史奏称:窃盗逃走,事主追捕失足身死,及失财窘迫自尽者,赃少罪轻,将贼犯照因奸酿命例,杖一百、徒三年。查因奸酿命,本例无此字样,似应查改等语。查例载:和奸之案,奸妇因奸情败露,羞愧自尽者,奸夫杖一百、徒三年等语。至窃盗逃走,例内所称因奸酿命,即系指奸妇因奸情败露,羞愧自尽之例而言,词虽约而意已赅,援引并无格碍。所有该御史奏请查改之处应毋庸议。②

是以其时之江西道御史也对此"因奸酿命例"有疑义。不过,刑部的答复很明确,指出该例系指"和奸之案,奸妇因奸情败露,羞愧自尽者,奸夫杖一百、徒三年等语"。今查律典,该句出自威逼人致死门下的299-23例。该例关于奸妇本人羞愧自尽,而299-03例则关于奸妇之父母、本夫自尽,269-

---

① [清]薛允升:《读例存疑重刊本》第3册,黄静嘉编校,成文出版社1970年版,第663页。
② [清]祝庆琪等编:《刑案汇览三编》(一),北京古籍出版社2004年版,第604页。

21例中所谓"因奸酿命例"即应指此奸妇本人自尽者。①

269-21例在实践中也常得到援引。嘉庆十八年(1813),孙四纠窃事主阮成锡家豆谷后逃逸,阮姓因"豆谷被窃,糊口无资,且被拒伤,忿迫自尽",孙姓即依本例,杖一百、徒三年。② 道光二年(1822),徐梅偷窃徐张氏麦禾,经人告知,徐张氏向问,该犯"赖称诬窃,寻衅不依,以致徐张氏气忿投井身死",自尽的原因乃"气忿"而非例文所要求的"失财窘迫",但被认为"实与窘迫自尽相同",亦将徐梅比照本例满徒。道光五年(1825),陈大沅偷窃刘杨氏家山内树枝,砍伐将断,事主刘杨氏喊阻,该犯逃跑,刘杨氏追赶,从树下经过,被风将所砍树枝吹落,致伤身死,亦被认为"因窃砍树枝追捕所致,即与失足致毙无异",将陈姓比照本例处理。若导致事主失足或自尽的基础行为并非窃盗,而是其他盗行为,亦可能比照本例(或加一等)处理。嘉庆二十四年(1819),罗亚四听从抢夺赖春华船内财物一案,事主赖金先"出船喊捕,失足落河淹毙",由于抢夺罪较窃盗为重,因此将罗姓比照本例加一等拟流,但因系为从又减一等,仍满徒。道光十一年(1831)的庞溁等抢夺僧人智先致其窘迫自尽一案,以及道光二年(1822)的仇喜牙"丢包诓骗财物"致事主祝盛昭因失财窘迫、自尽身死一案,亦均是将行为人比照本例加一等处理。③

不过,在恐吓取财门内有例言:"凡刁徒无端肇衅,平空讹诈,欺压乡愚,致被诈之人因而自尽者,拟绞监候。"(273-08)据此,导致事主自尽的前行为若为"讹诈",则行为人将被处以绞监候。薛允升对此质疑道:"致失财窘迫身死,与被诈气忿轻生,情节亦属相等,而罪名相去悬殊,岂真讹诈者情节较重,而窃取者情节独轻耶?"④笔者也赞同这一批评,在导致事主自尽的情况下,对讹诈者之处罚较窃盗、抢夺、丢包诓骗等行为者均为重,且从徒、流刑直接加到绞监候,显是例文之间有所参差。

若我们以现代刑法学的眼光来看待清律的这些规定,则清律似乎是将事主之失足身死、窘迫自尽行为当作"结果加重犯"的规则来处理:"法律规定的一个犯罪行为(基本犯罪),由于发生了严重结果而加重其法定刑。"不过,若继续以现代刑法学的眼光来评价这些规定,则将反对清代的这些做

---

① 薛允升对照本例处理颇有批评,详见薛允升:《读例存疑重刊本》第3册,黄静嘉编校,成文出版社1970年版,第663~664页。
② [清]祝庆琪等编:《刑案汇览三编》(一),北京古籍出版社2004年版,第603~604页。
③ 以上案例及更多类似者,参见[清]许梿、[清]熊莪纂辑:《刑部比照加减成案》,何勤华等点校,法律出版社2009年版,第80~81、444~447页。
④ [清]薛允升:《读例存疑重刊本》第3册,黄静嘉编校,成文出版社1970年版,第664页。

法,因为:

> 加重结果不仅应当归属于基本犯罪行为,而且与基本犯罪行为之间具有直接性关联。结果加重犯的成立,不仅要求加重结果与基本犯罪行为之间满足后述因果关系与结果归属的要求,而且要求加重结果是基本行为的高度危险的直接现实化。……行为人在实施基本行为之时或之后,被害人自杀、自残或因自身过失等造成严重结果的,因缺乏直接性关联,不能认定为结果加重犯。例如,强奸行为引起被害人事后自杀身亡的,不应认定为强奸致人死亡。又如,行为人对被害人实施轻伤行为,被害人在逃跑过程中不慎从二楼窗户掉下摔死的,不成立故意伤害致死。[1]

这样的观点奠基于现代刑法学的"责任主义"原理,所谓"没有责任就没有刑罚",即使某种行为给法益造成了侵害或者危险,但仅此不能科处刑罚,科处刑罚还要求行为人具备"非难可能性"。[2] 根据这一标准,则清律中的事主失足身死、窘迫自尽应被认定为与作为基本行为的盗行为"缺乏直接性关联",故不能将事主的死亡结果归责于行为人,行为人不具备非难可能性,不能将其作为结果加重犯来处理。现代刑法学的这一观点与清律有间,却颇可在唐宋寻得同道。唐宋之"因盗过失杀伤人"律云:"诸因盗而过失杀伤人者,以斗殴杀伤论,至死者加役流。(得财、不得财,等。财主寻逐,遇他死者,非。)"小注中所谓"财主寻逐,遇他死者,非",疏议曰:"谓财主寻逐盗物之贼,或坠马,或落坑致死之类,是遇他故而死,盗者唯得盗罪,而无杀伤之坐。"[3] 亦即如刘俊文先生之解说,"此律所谓因盗过失杀伤,乃指行为人直接杀伤。如被害者另因'他故'而致死伤,非由行为人直接杀伤,则不得定为此罪"[4]。此即与上述近现代刑法学之观点颇一致,若用这一规则来处理清律中的事主失足身死、窘迫自尽问题,则应如薛允升之推测,"窃盗可毋庸另科罪名"[5]。

不过,尽管唐律被誉为"得古今之平",来自西方的近现代刑法学亦向来

---

[1] 张明楷:《刑法学(第六版)》(上),法律出版社 2021 年版,第 217~218 页;张明楷:"严格限制结果加重犯的范围与刑罚",《法学研究》2005 年第 1 期。
[2] 张明楷:《刑法学(第六版)》(上),法律出版社 2021 年版,第 316 页。
[3] 《唐律疏议》,刘俊文点校,法律出版社 1999 年版,第 397 页。宋律与此基本一致,参见《宋刑统》,薛梅卿点校,法律出版社 1999 年版,第 354 页。
[4] 刘俊文:《唐律疏义笺解》(下),中华书局 1996 年版,第 1414 页。
[5] [清]薛允升:《读例存疑重刊本》第 3 册,黄静嘉编校,成文出版社 1970 年版,第 663 页。

号称比清律"先进"所以才取代了后者,但清律此处的规定其实不乏某种程度的合理性。现代刑法学认为事主的失足身亡及窘迫自尽不能依结果加重犯处理,不外因其乃事主自己的故意或过失行为,不能直接归咎于行为人。然而,现代刑法学也承认,"对盗窃数额的计算,虽然是以被盗财物的客观价值为标准进行计算,但同样的财物对不同的被害人所起的作用并不完全相同,故应同时考虑被盗财物对被害人的生产、生活等起的作用的大小(主观价值或使用价值)"。例如在认定《刑法》关于"数额较大"的起点时,"如果其他的不法情节严重,数额要求则应相对低一些;如果其他的不法情节轻微,数额要求则应相对高一些"。①

所谓"其他方面的情节",2013 年的最高人民法院、最高人民检察院《关于办理盗窃刑事案件适用法律若干问题的解释》第 2 条有具体列举,其中有两项:"盗窃残疾人、孤寡老人、丧失劳动能力人的财物的";"在医院盗窃病人或者其亲友财物的"。2011 年最高人民法院、最高人民检察院《关于办理诈骗刑事案件具体应用法律若干问题的解释》第 2 条也有类似列举:"诈骗残疾人、老年人或者丧失劳动能力人的财物的"。是以对含有这些情节的盗窃、诈骗行为之处罚重于对未有者。现代刑法学及司法解释何以有这样的观念和规则呢?只因认为盗窃会给这两类被害人造成比其他普通被害人更大的伤害。这样的观念和规则实际上即与清律加重对导致被害人窘迫自尽之盗行为处罚的做法同理——被害人的残疾、孤寡、丧失劳动力或生病住院等情况,也都不能归咎于行为人。试想,若事主因被窃即走上"窘迫自尽"的极端道路,则必非宽裕之家,对窃盗非宽裕之家的行为人加重处罚,即与如今加重对盗窃残疾人、孤寡老人、丧失劳动能力人、病人或者其亲友财物者之处罚的内在道理实并无二致。更有甚者,前引关于诈骗罪的司法解释第 2 条列举的第(五)项为"造成被害人自杀、精神失常或者其他严重后果的",如此则与清代的考量可谓完全一致。

至于在"事主仓皇追捕,失足身死"情况下对行为人亦加重处罚的做法,尽管于现代刑法(学)之中难以寻得认可,因为失足乃事主自己的过失,与行为人的窃盗行为并无刑法上的直接因果关系。但是也必须承认,若没有窃盗即不会有追捕更不会有失足,即便窃盗与失足之间并没有现代刑法所承认的直接因果关系,亦不可不谓存在民众"普通法感情"中的"间接"因果关系。因是之故,让行为人在这类情况下承担一定责任——并非全部责任,仅是将本不满徒者以满徒处理,实亦无可厚非。

---

① 张明楷:《刑法学(第六版)》(下),法律出版社 2021 年版,第 1242、1254 页。

第四节 发冢之阶段

曾任平湖县令的陈阶六说："凡盗,不过御货掘金,未有法马鬣之藏,觅生涯于死窟者。"不过,世间却偏有一些(且并不少见)"踽跂之不为,而幽明所深痛"者,[①]"以白骨为生涯","攫鬼之财,……索黄金于鬼窟,奇货可居"。[②] 此外,因泄愤或贪图风水而起的掘人坟冢的行为也时有发生。这类行为即清代盗律中的"发冢",由于其行为对象——坟冢——的特殊性,其行为阶段的划分与其他盗行为有较大不同,故本著特于本节专论之。

发冢律(276-00)对发冢行为的阶段有详细划分。仅以凡人发冢为例,凡发掘(他人)坟冢:(1)发而未至棺椁者,杖一百、徒三年(招魂而葬亦是。为从,减一等);(2)见棺椁者,杖一百、流三千里;(3)已开棺椁见尸者,绞(监候)。发冢律在盗律中的特殊性,乃因其盗之对象的特殊。坟冢,"死者之所藏而不致暴露,生者之所保而不忍发掘者也"[③],是死者魂魄的居所,更是传统文化中极为看重的生者之孝道寄托处。[④] 因此,对发冢的处罚标准,乃该行为对坟冢的破坏(暴露)程度:破坏(暴露)的程度越严重,相应的处罚越重,反之则越轻。律文对发冢行为阶段的划分即因于此,发冢行为一旦"已行","发而未至棺椁",杖一百、徒三年,之后又根据发掘程度的不同——"见棺椁""已开棺见尸",分别施以流、绞刑。我国现行《刑法》已不见类似罪名,[⑤]而台湾地区的刑事规范中仍有"发掘坟墓罪",[⑥]不过,对这一罪行阶段的划分,并非如传统律典这般,而是按现代刑法学的标准,仅区分未遂与既遂:行为人若已着手实行发掘行为但尚未见棺者,为未遂犯;至如棺椁、尸体、遗骨、遗发或遗灰已暴露于外,则为既遂。[⑦] 其未遂基本相当于清代发冢律的第(1)阶段,而既遂则是第(2)(3)阶段,古今之延续实仍可见得。[⑧]

---

① [清]陈阶六:"劫棺异变事",收入[清]李渔编:《资治新书》,载《明清法制史料辑刊》第一编第1册,国家图书馆出版社2008年版。
② [清]㴑德模:《吴中判牍》,梁文生、李雅旺校注,江西人民出版社2012年版,第201~202页。
③ [明]雷梦麟:《读律琐言》,怀效锋、李俊点校,法律出版社2000年版,第335页。
④ 关于清代时人的祖坟观念,可参见冯尔康:"清代宗族祖坟述略",《安徽史学》2009年第1期。
⑤ 相关罪名仅有"盗窃、侮辱尸体罪"(第302条),但与清代发冢律已相去甚远。
⑥ 除本罪外,相关罪名还有"侵害尸体罪""发掘坟墓结合罪""侵害直系血亲尊亲属尸体、坟墓之加重规定"。参见陈聪富主编:《月旦小六法》,元照出版有限公司2014年版,第陆-33页。
⑦ 参见林山田:《刑法各罪论》(下),北京大学出版社2012年版,第354页。
⑧ 关于传统发冢罪的近代转型,可参见刘鄂:"依违于礼教与宗教之间——《钦定大清刑律》'发掘坟墓罪'研究",《清华法学》2014年第6期。

清律的发冢律文在实践中也能得到严格遵守。如道光十三年(1833)，姜库儿、陶四、郑九三人"发掘坟冢未至棺椁"，为从减一等，拟杖九十、徒二年半；①顺治十一年(1654)，任尚合依"掘坟见棺椁"，杖一百、流三千里；②雍正九年(1731)，高万金"发掘他人坟冢，开棺椁见尸"，拟绞监候。③ 不过，在特殊情况下，偶有案例对该律的适用会有所变通。如嘉庆十四年(1809)，刘什尤因在"边疆重地"伊犁"发掘坟冢开棺见尸一次，又掘坟见棺一次"，被认为"情殊可恶，若仅按律拟绞监候，边疆重地无足以示惩儆"，于是拟绞立决。④ 又如道光二年(1822)，苏七发冢剥取尸衣至七次之多，被认为"凶残已极"，也被"从重"处理，拟绞立决。⑤

发冢门内的一条例文，对律文又有损益：

> 发掘常人坟冢，开棺见尸，为首者，拟斩立决；为从，无论次数，俱拟绞监候。其发冢见棺，锯缝凿孔，抽取衣饰，尚未显露尸身，为首者，拟绞立决；为从，俱拟绞监候。发冢开棺见尸，为从帮同下手开棺者，不论次数，秋审俱入情实；……至发掘常人坟冢见棺椁，为首者，改发近边充军；年五十以上，发附近充军；为从者，杖一百、徒三年。(276-13)

该例原系二条，一为雍正三年(1725)就前明旧例内分出另纂之例，一为雍正十三年(1735)例，后又经乾隆三十二年(1767)修改、五十三年(1788)修并，以及嘉庆六年(1801)、十八年(1813)修改，同治九年(1870)改定。⑥ 如此，一来加重了对一般情形下发冢见棺椁及开棺见尸者之处罚。如光绪二十九年(1903)陈登科依本例，"发掘常人坟冢，开棺见尸，为首"，拟斩立决，刘小润等为从，不论次数，拟绞监候。⑦ 同年，王冠群亦因"发掘常人坟冢，开棺见尸，为从"，拟绞监候。⑧ 二来新增"发冢见棺，锯缝凿孔，抽取衣饰，尚未显露尸身"的情形，介于开棺见尸与见棺椁两种情形之间，并逐渐加重其刑，从为首"发近边充军，为从减一等"，加至"为首拟绞立决，为从

---

① 军机处档折件，档案号 063192。
② 内阁大库档案，登录号 087494-001。
③ 内阁大库档案，登录号 011361-001。
④ 宫中档奏折-嘉庆朝，档案号 404013399。
⑤ [清]许梿、[清]熊莪纂辑：《刑部比照加减成案》，何勤华等点校，法律出版社 2009 年版，第 108 页。
⑥ [清]薛允升：《读例存疑重刊本》第 4 册，黄静嘉编校，成文出版社 1970 年版，第 745~746 页。历次例文，见《清会典事例》第 9 册，中华书局 1991 年版，第 718~719 页。
⑦ 军机处折件，档案号 158097。
⑧ 宫中档奏折-光绪朝，档案号 408002302。

俱拟绞监候"。光绪二十八年(1902),王伏粮"独发王雷氏坟冢见棺,凿孔抽取被褥等物,尚未显露尸身",即照本例拟绞监候。①

曾国荃曾道出该例之立法缘由:"用斧凿开棺盖,窃取盖内缎布衣服,尸身虽未全露,而已害及于棺内之尸。既已凿洞,即属开棺;既已窃摸衣服,即与仅仅发冢者有别。若仅判处充军,是混凿棺之犯与见棺之犯为一,轻重失平,殊非立法之本意。"②不过,吉同钧对该例颇有批评:"要之此律已较唐律为繁,而现行条律更加细碎,于律文开棺见尸内,又分出锯缝凿孔、尚未显露尸身一项,虽较开棺见尸者稍轻,究较仅见棺者为重,……且律罪止绞候,例则改为立决。"③薛允升亦指出,此例"因近京畿辅一带刨坟之案,层见叠出",但"别省此等案件并不多见,未便一概从严",故建议"将此例改为近京畿辅一带专条"。④

以上是发冢的一般情形。若是因年远,"冢先穿陷及未殡埋,而盗尸柩(尸在柩未殡或在殡未埋)者,杖九十、徒二年半;开棺椁见尸者,亦绞(杂犯)"。其中具体包括三种情形:"坟冢历年久远,砖石崩裂,先已穿陷;及尸已殓在柩,而尚未出殡;或已在殡,而尚未葬埋。"对这三种情形下盗尸柩者,杖九十、徒二年半,"盖其冢先穿陷,则已露棺椁;未殡未埋,则未入坟冢,与发掘而盗者不同,故罪轻二等"。⑤而若开棺椁见尸者,亦坐绞罪,不过并非真绞,而是"杂犯"。所谓"杂",本著第四章已详论,其乃对"真"而言,"杂犯死罪,准徒五年,非真斩真绞也"⑥。发冢开棺是真绞,此则杂犯,准徒五年,"以开棺之罪应绞,非发掘而开棺,则终有间也"⑦。

不过,虽律文如此规定,乾隆五年(1740)律例馆指出,"发冢之盗情罪可恶,律文盗未殡埋尸柩及发年久穿陷之原冢觉少轻",于是奏准雍正年间时任直隶总督之李卫的条奏,新增例文对此重新规定,⑧加重对相关行为的刑罚:

> 盗未殡未埋尸柩,及发年久穿陷之冢,未开棺椁者,杖一百、徒三

---

① 朱批奏折,档号04-01-01-1057-049。
② [清]曾国荃:《曾国荃判牍》,载陈重业辑注:《古代判词三百篇》,上海古籍出版社2009年版,第323页。
③ [清]吉同钧:《大清律例讲义·卷三刑律》,法部律学馆付印,光绪戊申本,第61页。
④ [清]薛允升:《读例存疑重刊本》第4册,黄静嘉编校,成文出版社1970年版,第746页。
⑤ [清]沈之奇:《大清律辑注》(下),怀效锋、李俊点校,法律出版社2000年版,第625页。
⑥ [清]王明德:《读律佩觿》,何勤华等点校,法律出版社2001年版,第27页。
⑦ [清]沈之奇:《大清律辑注》(下),怀效锋、李俊点校,法律出版社2000年版,第625页。
⑧ 马建石、杨育棠主编:《大清律例通考校注》,中国政法大学出版社1992年版,第758页。

年;为从,杖九十、徒二年半。如开棺见尸,为首一次者,发边远充军;二次者,发极边烟瘴充军;三次者,绞;为从一次者,仍照杂犯流罪总徒四年;二次者,发边远充军;三次者,发极边烟瘴充军;三次以上者,亦绞。(276-14)①

嘉庆十三年(1808),吉大江即依本例而非原律处理,"盗未殡未埋尸棺,开棺见尸,为首,三次",拟绞监候。② 同样,道光十三年(1833),常二"发年久穿陷之冢,开棺见尸,为首一次",拟发边远充军,六大"为从一次","照杂犯流罪总徒四年",亦是按本例处理。③

此外,律文还言,若仅"盗取器物砖石者,计赃,准凡盗论,免刺"。此处所盗之物,乃指"坟冢上所有,或先穿陷者言之,非发掘而盗也",否则仍依发掘律罪之。"准凡盗论",则依盗行为之具体情形,以窃盗律或"盗坟茔树木及无人看守器物等律"引断。④

小结 "罪行越大,绞架越高"

盗,是一个行为过程。清代盗律及其司法实践将盗行为主要划分为未行、已行未成盗、已成盗、拒捕、事主失足身死或窘迫自尽等几个阶段,对各个阶段的划分标准、处理方式等均有细致的规则,体现出了较为成熟的立法、司法技术。

处在整个盗行为过程之不同阶段的行为人,将承担不同的法律责任、面临不同的刑罚惩处,且处罚随行为阶段的逐步演进而逐层加重。法谚云:"罪行越大,绞架越高";"罪责越重,刑罚越重";"刑罚的规定应当适应不法行为的程度"。⑤ 这些原理可谓古今中西不易,尽管在具体的规则上可能不尽一致。

---

① 后又经嘉庆二十一年(1816)改定。[清]薛允升:《读例存疑重刊本》第4册,黄静嘉编校,成文出版社1970年版,第746页。
② 宫中档奏折-嘉庆朝,档案号404011593。
③ 军机处档折件,档案号063192。
④ 参见[清]沈之奇:《大清律辑注》(下),怀效锋、李俊点校,法律出版社2000年版,第625页。
⑤ 张明楷:《刑法格言的展开(第三版)》,北京大学出版社2013年版,第90~93页。

第八章　盗之时空因素：
昼与夜、家与野的意蕴

> 黑夜无论怎样悠长，白昼总会到来的。
> ——〔英〕莎士比亚《麦克白》

> 尽管你们的宅邸富丽堂皇，但无法隐藏你们的秘密，无法遮蔽你们的渴望。
> ——〔黎巴嫩〕纪伯伦《先知》

> 葛之覃兮，施于中谷，维叶莫莫。是刈是濩，为絺为綌，服之无斁。
> ——《诗经·周南·葛覃》

引论　立法中标识时间和空间的用词

《大清律例》盗律的律名和律例文之中常有一些标识时间和空间的用词，例如白昼抢夺律的"白昼"，夜无故入人家律的"夜"与"家"，以及盗田野谷麦律的"田野"和"山野"。这些时间和空间因素是对盗行为进行定罪与量刑的重要标准。若以现代刑法的目光来看这些立法，可能会感到颇为奇特，无怪乎有论者直斥其为多此一举、画蛇添足、作茧自缚。[1] 或曰："这是传统立法追求情罪相当、罚当其罪的典型体现，但往往表现为对绝对公义理想的执着，易导致立法客观具体主义的倾向，即视犯罪主体、客体、处所、犯意、方法、人数、赃数等具体因素而另立条款，各异其刑，表现为以罪统刑、以刑别罪的特征。"[2]

---

[1] 参见蔡枢衡：《中国刑法史》，中国法制出版社2005年版，第136页；孙向阳：《中国古代盗罪研究》，中国政法大学出版社2013年版，第328页。
[2] 顾元："论清代的先占制度——以'盗田野谷麦'律为中心"，《政法论坛》2020年第5期。

第八章　盗之时空因素:昼与夜、家与野的意蕴

其实这类立法和实践在古今中外均不罕见。现代犯罪学理论已指出,时间和空间因素是制约人类活动的基本条件,人类的一切外在及精神活动均具有时空属性。随着时空的改变,人类的情感体验、主观认识、行为方式和内容等也会发生相应变化。同样,犯罪现象作为人类社会生活中对某些失调状态或者矛盾、冲突的一种激烈反应,总是表现为在一定时空范围内对某种现实的社会价值和秩序的侵害,并且社会的犯罪观和对犯罪的反应方式也会随时空变化而不同,因而也具有时空特性。[1] 故而古今中外的立法、司法活动均常会考虑一些时间和空间因素。

当然,清代盗律的这类立法在体现古今中外的相通之外,亦呈现出中国传统时代的一些独特之处。在传统文化、传统法律思维中,这些时间和空间因素的背后,是人们对于盗行为恶劣程度的理解——行为人主观恶性之大小以及盗行为对被害者、社会公众产生的身心损害之程度。我国当代之刑法及刑法理论舶自欧西,其中关于"犯罪行为恶劣程度"的理解也基本舶自欧西,少有从我们自己的文化传统、法律思维角度去进行的思考。受此影响,学者对传统的微词不足为奇。

本章考察清代盗律中的这些时间和空间因素,将之与来自西方的现代刑法(学)进行比较,一来试图澄清并揭示制度背后的传统思维与文化,二来也期待能为当代之刑法学者、立法者、司法者提供一些来自我们自己文化传统的"本土资源"。[2]

第一节　"白昼":光天化日下的罪恶

在我国现行的《刑法》中,有一个较为特殊的罪名——抢夺罪(第267条)。言其特殊,乃因目前除我国大陆及台湾地区之外,[3]诸如德国、法国、日本等主要的大陆法系国家或地区的刑事规范中均不见这一罪名。有学者

---

[1]　参见张远煌:《犯罪学原理》,法律出版社2001年版,第184~185页。
[2]　本章之初稿作为单篇论文发表之后,部分观点得到刑法学者的引用和认同,或可旁证笔者之期待并非全然妄想。参见黎宏:"入户抢劫中'入户目的非法性'的要求应当取消",《上海政法学院学报(法治论丛)》2019年第6期。
[3]　台湾地区刑事规范的本罪为第325条,参见陈聪富主编:《月旦小六法》,元照出版有限公司2014年版,第陆-41页。

猜测,我国的抢夺罪很可能来自明清时期律典中的白昼抢夺律,①但也有学者表示,这一说法并未有足够的证据。②

从目前的材料来看,确实难以判断这一罪名的具体来源。我国大陆地区的刑事立法渊源,"吸取了中国历史上和国际上在刑事立法方面对人民有益的经验,特别是苏联和各人民民主国家在这方面的先进经验"。③查苏俄刑法典乃至现行的俄罗斯联邦刑法典,其中确也有"抢夺罪"。④ 而我国台湾地区的"抢夺罪"始于1918年北洋政府时代的《刑法第二次修正案》,此前清末、民初各案均无。该案立法理由书解说道:"关于抢夺罪,各国法律及判例,略分三派,第一派以强盗论,第二派以窃盗论,第三派独立科刑。本案以抢夺情节,虽重于窃盗,然不至如强盗之甚,盖强盗须依强暴、胁迫或他法致使人不抗拒。质言之,是使被害人失其自由举动,即欲抗拒,而有所不能,若抢夺则只乘人不备而掠取之,与强盗实有差别,故从第三派。"⑤这一说法仍未指明抢夺罪具体源自何处,但从其表述来看,与清代律学家的解读如出一辙。如沈之奇言:"抢夺之罪,介乎强、窃之间。"⑥薛允升说:"盖谓此等所犯,不过乘便攫取,出其不意,与公然行强不同,故不与强盗同科。"⑦所以不能排除民国时期出现的这一"抢夺罪"渊源于清代的可能性。

虽然难以确定抢夺罪的确切来源,但我国当代刑法学者在谈及本罪之时,也会提及"清律、旧中国刑法"⑧。古今中外之相通,由此可见一斑。不过相通之外,古今之间的差异也很明显,仅从罪名/律名便一眼可见,古较今多了"白昼"一词。《大清律例》白昼抢夺律(268-00)云:

(人少而无凶器,抢夺也;人多而有凶器,强劫也)

凡白昼抢夺人财物者,(不计赃)杖一百、徒三年;计赃(并赃论)重者,加窃盗罪二等;(罪止杖一百、流三千里)伤人者(首)斩(监候);为

---

① 简松柏:"明、清律之白昼抢夺罪",台湾政治大学硕士学位论文,1990年。也有学者直接断言"抢夺罪的规定源于中国古代法律"。参见张明楷:"中国刑法学的法展方向",《中国社会科学评价》2022年第2期。
② 王承山:"明清'白昼抢夺'律例初探",清华大学硕士学位论文,2013年。
③ 高铭暄、赵秉志编:《新中国刑法立法文献资料总览(第二版)》,中国人民公安大学出版社2015年版,第999页。
④ 《苏俄刑法典(1978年修订版)》,北京政法学院刑法教研室1980年印,第68~69页;《俄罗斯联邦刑法典》,黄道秀译,北京大学出版社2008年版,第77~78页。
⑤ 赵秉志、陈志军编:《中国近代刑法立法文献汇编》,法律出版社2016年版,第459页。
⑥ [清]沈之奇:《大清律辑注》(下),怀效锋、李俊点校,法律出版社2000年版,第588页。
⑦ [清]薛允升:《唐明律合编》,怀效锋、李鸣点校,法律出版社1999年版,第535页。
⑧ 张明楷:《侵犯人身罪与侵犯财产罪》,北京大学出版社2021年版,第276页。

第八章　盗之时空因素：昼与夜、家与野的意蕴

从,各减(为首)一等;并于右小臂膊上,刺抢夺二字。①

所谓"白昼",按《说文解字》,"昼"乃"日之出入,与夜为介",②换为通俗的说法,即乃"白天"之义。③《周易·系辞上》之"刚柔者,昼夜之象",以及《诗经·豳风·七月》之"昼尔于茅,宵尔索绹",即均为此义。传统时代还在制定法上对昼与夜规定了具体的判断标准,《唐律疏议》夜无故入人家律之疏议曰："依刻漏法:昼漏尽为夜,夜漏尽为昼。"④所谓"刻漏法",《唐六典》卷十《秘书省》载：

> 箭有四十八,昼夜共百刻。冬、夏之间有长短:冬至,日南为发,去极一百一十五度,昼漏四十刻,夜漏六十刻;夏至,日北为敛,去极六十七度,昼漏六十刻,夜漏四十刻;春、秋二分,发敛中,去极九十一度,昼、夜各五十刻。秋分已后,减昼益夜,九日加一刻;春分已后,减夜益昼,九日减一刻。二至前后则加减迟,用日多;二分之间则加减速,用日少。⑤

此为传统时代在制定法上对"昼""夜"二词的确切定义。在"昼"之前再加一"白"字而新组成的"白昼"一词,实并未限定或改变单独之"昼"字原有的含义,仍是表示时间的"白天"之义。

为何明清律典的抢夺一律要加上"白昼"这一表示时间的限定词呢？蔡枢衡先生直截了当批评该词为多余："惟白昼限制,有不如无,白璧之玷,显在多此一举。"⑥孙向阳博士也支持这一观点,认为"将抢夺(现)[限]定于白昼纯属画蛇添足,作茧自缚"⑦。然笔者窃以为,一个历明清两代而存在

---

① 本律因于明代,清律仅添入小注,唐宋律典均不见本律,据沈家本言,元律中"诸抢夺人财以强盗论"即白昼抢夺律之义,且"第二节原本元律加入失火一层。元比同强盗科断,其科罪不尽相同。第三节唐目日本以他故殴击人,而无勾捕罪人一层,其罪则计赃以强盗论。明于抢夺计赃加窃盗二等,盖别成一法也"。参见[清]沈家本：《历代刑法考》(下),商务印书馆2011年版,第838~839页。
② [汉]许慎撰,[清]段玉裁注：《说文解字注》,上海古籍出版社1988年版,第117页。
③ 王力主编：《王力古汉语字典》,中华书局2000年版,第434页。
④ 《唐律疏议》,刘俊文点校,法律出版社1999年版,第374页。据程树德考证,此制沿自汉代,参见程树德：《九朝律考》,商务印书馆2010年版,第186~187页。
⑤ [唐]李林甫等：《唐六典》,陈仲夫点校,中华书局1992年版,第305页。
⑥ 蔡枢衡：《中国刑法史》,中国法制出版社2005年版,第136页。
⑦ 原文"限定"一词写作"现定",可能是笔误。参见孙向阳：《中国古代盗罪研究》,中国政法大学出版社2013年版,第328页。

的法律词汇,恐怕不宜如此不加辨析便草率否定之。

清律白昼抢夺门内第一条例文(268-01)道:"在白昼为抢夺,在夜间为窃盗。"是以用时间因素——白昼与夜间——来作为区分"白昼抢夺"与"窃盗"二罪行之标准。有当代学者即言,之所以"抢夺罪名冠以'白昼',因为在夜间则以窃盗论处"①。而早在明代,雷梦麟还更细致解析过如此区分的原因:"暮夜无携财外行者,故无抢夺之事,设有犯者,昏夜对面不相认识,是亦潜行隐貌之意也,止以窃盗科之。"②不过,这里"暮夜无携财外行者,故无抢夺之事"的说法,可能正如当代学人王承山所言,"较为牵强"。③ 268-01例继而之言也否定了雷氏此说:"在途截抢者,虽昏夜仍问抢夺,止去白昼二字。"④亦即,例文承认夜间仍有可能发生抢夺,只是在实际问拟之罪名前去掉"白昼"二字即可。这样的案例在司法实践中也并不罕见,如乾隆六十年(1795)的李启用等,及道光十七年(1837)的麦如哲等,即均因"黑夜截路抢夺"而依照本例科处。⑤ 所以,有学者说"夜晚抢夺即为强盗罪",笔者也难以认同。⑥

那么,既然例文及案例都承认白昼及昏夜均有可能发生抢夺行为,且均按白昼抢夺门内律例问拟,为何在律名和律文中仍"多此一举"地保留"白昼"二字呢?在我国当下的刑法理论及司法实践中,抢夺罪与盗窃罪的"此罪与彼罪"问题是争论的一大焦点。早在明清时代,类似问题其实也已存在,而解决这一问题的要点,即正在这"白昼"一词之上。公取窃取皆为盗律文(280-00)首句之小注云:

> 公取,谓行盗之人,公然而取其财,如强盗抢夺。窃取,谓潜行隐面,窃取其财,如窃盗掏摸。

因之,"白昼抢夺"与"窃盗"的区别,在于"公然"与"潜行隐面"之间。白昼抢夺的"白昼"一词,正是被赋予了"公然"的意蕴——"明目张胆,无所顾忌"⑦,而非仅具有其原初简单的时间状语的含义。这样的用法及含义,类

---

① 郑秦:《清代法律制度研究》,中国政法大学2000年版,第227页。
② [明]雷梦麟:《读律琐言》,怀效锋、李俊点校,法律出版社2000年版,第321页。
③ 参见王承山:"明清'白昼抢夺'律例初探",清华大学硕士学位论文,2013年。
④ [清]薛允升:《读例存疑重刊本》第3册,黄静嘉编校,成文出版社1970年版,第629页。
⑤ [清]许梿、[清]熊莪纂辑:《刑部比照加减成案》,何勤华等点校,法律出版社2009年版,第635~636页;宫中档奏折-道光朝,档案号405001294。
⑥ 郭建:《中国财产法史》,复旦大学出版社2018年版,第65页。
⑦ 《辞源》(上),商务印书馆2012年版,第341页。

似于我们熟悉的成语"光天化日"——大庭广众、人所共见。① 当代刑法学者屈学武教授即把明清律典中的白昼抢夺列为"公然犯罪"之一种,并指出这类犯罪的"本质特征"——"面目的公开性、手法的张狂性和活动的明目张胆性",其"实质是个体对国家法律的公然挑衅反抗,因而其特定的主观恶性所致的人身危险性,对社会所造成的精神伤弊和负向性的示范效应及其文化价值上的逆向行径,是秘行犯、一般犯均难匹敌的"。易言之,"明目张胆、无所顾忌地实施犯罪行为,无疑比秘密实施犯罪行为者,在主观不法要素上,有更深一层次之恶"。② 林山田教授也指出,"在光天化日之下,熙来攘往的大街上的强盗行为,除了显示行为人的高犯罪性外,亦有较高的社会治安危害性,因为如此明目张胆的犯罪行为,较易引起社会大众的不安,或是造成高犯罪倾向者的模仿"③。

申而论之,"白昼"一词,一方面体现出行为人主观上的"明目张胆,无所顾忌",正所谓"白昼公行,不畏人知,迹近于强"④,"目无法纪"⑤,"实属悍不畏死"⑥。简言之,"白昼"这一客观的时间状语,蕴含了对行为人主观恶性的评价。在道光年间的一桩案件中,陶富等人窃盗十八次、抢夺一次,"窃多抢少,例应照纠窃次数科罪"。但其事后"胆敢勒令事主回赎赃物多次"的行为,承审官认为"实属明目张胆,横行乡里,为害旗民,殊非寻常狗偷鼠窃、畏人知觉者可比,核与白昼抢夺无异"。亦即尽管"敢勒令事主回赎赃物"的行为在客观表现上并非白昼抢夺,但其隐藏在客观行为背后的主观恶性却是"与白昼抢夺无异",所以承审官认为本案应当依据白昼抢夺而非窃盗处理。⑦ 另一方面,"白昼"也强调"光天化日"之下如此行为对(以及可能对)社会造成的恶劣影响,比如对社会秩序的破坏、对公众心理造成的恐惧感及其对社会秩序的不信任感,以及可能引起高犯罪倾向者的模仿。从而早在《庄子》一书中,即把"正昼为盗"列为堪与"子有杀父""臣有杀君"相并列的恶劣行径之一(《庄子·庚桑楚》)。这两个方面也是明清时代白昼抢夺与窃盗相区别,以及对白昼抢夺的处罚重于窃盗者的内在原因所在。

---

① 《辞源》(上),商务印书馆 2012 年版,第 302 页。王承山也曾提出类似观点,但未及深论,也未与当下之刑法理论、实践作比较研究。参见王承山:"明清'白昼抢夺'律例初探",清华大学硕士学位论文,2013 年。
② 屈学武:《公然犯罪研究》,中国政法大学出版社 1998 年版,第 57、176~177 页。
③ 林山田:《刑法通论》(下),北京大学出版社 2012 年版,第 361 页。
④ [清]吴坤等编撰:《大清律例根源》(二),上海辞书出版社 2012 年版,第 952 页。
⑤ 宫中档奏折-道光朝,档案号 405010271。
⑥ 淡新档案,档案号 ntul-od-th33205,台湾大学图书馆藏。
⑦ 宫中档奏折-道光朝,档案号 405003417。

在我国当下之《刑法》中，虽则"抢夺"罪名之前已不见"白昼"这一描述"公然"意蕴的词汇，但按照目前刑法学界之"通说"，盗窃与抢夺二罪的区别，仍在于判定其行为是否"公然"为之。盗窃，是秘密窃取公私财物，数额较大，或者多次盗窃公私财物的行为；抢夺，是不使用暴力、胁迫等强制方法，公然夺取公私财物，数额较大的行为，而"公然夺取"，是指采用可以使被害人立即发觉的方式。① 不过，不少学者对此提出批评：盗窃行为应不限于"秘密窃取"，而抢夺行为是否"可以使被害人立即发觉"其实无关紧要，行为人是否系公然而夺取，与抢夺罪的成立无关。② 批评及修正的主要目的之一，是为了解决逻辑上的困境，因为现实中可能存在：(1)行为在客观上是公开取得，行为人却认为自己在秘密窃取；(2)行为人在客观上是秘密取得他人财物，行为人却认为自己是在公开取得。③ 在这两种情况之下，按"通说"均难以认定其为盗窃或抢夺。

这一批评确实道出了"通说"的逻辑漏洞，不过，该批评可能并不能针对明清律典。按"通说"之论，虽然抢夺与盗窃的区别看起来与明清类似，都在于考察行为是否为"公然"为之，但其对"公然"的定义乃"采用可以使被害人立即发觉的方式"，也即没有了"公然"一词原本包含的丰富内涵，仅剩下"公开"的含义。因而在对"通说"进行商榷时，如张明楷教授，直接把通说中抢夺与盗窃的区别归纳为"秘密与公开"的区别，④ 林山田教授虽仍使用"公然"一词，但对该词的理解也基本仅有"公开"的含义，⑤ 而持"通说"论的高铭暄教授在部分作品中也直接使用"公开"一词而非"公然"。⑥ 从"公然"到"公开"，内涵已发生显著变化，后者仅能描述一种简单的客观状态，而前者概括了对行为人主观恶性、被害人/社会公众身心伤害程度等的评价。屈学武教授在研究"公然犯罪"时，即仅将明清之白昼抢夺列入其中，而未列当代之抢夺罪。⑦ 因而对"通说"的批评，是对以"公开"与"秘密"作为抢夺与盗窃界限的批评，但明清律典中白昼抢夺与窃盗的界限却并不在

---

① 参见高铭暄、马克昌主编：《刑法学（第十版）》，北京大学出版社2022年版，第512页。
② 参见张明楷："盗窃与抢夺的界限"，《法学家》2006年第2期；张明楷：《刑法学（第六版）》（下），法律出版社2021年版，第1298~1300页；周光权：《刑法各论（第四版）》，中国人民大学出版社2021年版，第128、134页。台湾地区学者的观点，参见林山田：《刑法各罪论》（上），北京大学出版社2012年版，第258页。据林氏言，台湾学界关于这一问题的通说也基本同于大陆学界之通说。
③ 参见张明楷：《刑法分则的解释原理》（上），中国人民大学出版社2011年版，第79页。
④ 参见张明楷："盗窃与抢夺的界限"，《法学家》2006年第2期。
⑤ 参见林山田：《刑法各罪论》（上），北京大学出版社2012年版，第258页。
⑥ 高铭暄：《中华人民共和国刑法的孕育诞生和发展完善》，北京大学出版社2012年版，第131页。
⑦ 屈学武：《公然犯罪研究》，中国政法大学出版社1998年版，第98~99页。

于此。

在这一理解之下,通说的批评者提出了新的区别抢夺与盗窃的方法——考察夺取他人财物的行为是否有可能致人伤亡:第一,所夺取的财物必须是否为被害人紧密占有的财物;第二,是否对财物使用了非和平的手段。若同时具备这两个条件,成立抢夺罪,若仅具备条件之一,则成立盗窃罪。① 因此,这一新的意见既否定了通说关于"秘密与公开"的界分,也不存在明清律典中的丰富内涵,是仅从形式逻辑的角度解决抢夺罪与盗窃罪的界限问题。

根据现代刑法学理论,刑法的功能之一乃借刑法的威吓力昭示社会大众法律秩序的不可破坏性,以发挥社会教育以及预防犯罪的作用。② 而早在《管子》中,也有"法者,所以兴功惧暴也"的名言。③ 明清律典将"白昼"二字加于"抢夺"之前而为一律名,即是强调对这种公然犯罪行为、光天化日下之罪恶的否定和禁止,因此白昼抢夺与窃盗二律之界限并非仅从简单的形式逻辑角度进行考量。遗憾的是这种立法意旨在当代刑法典及刑法学中已几乎不再存在,④后者强调禁止的只是"公开"(通说)或者"致人伤亡的可能性"(对通说的批评),不再考虑行为人"公然"行为的主观恶性及其对被害人、社会造成的精神伤弊和负向性示范效应等等。或许正因为此,刑法学界虽然对抢夺与盗窃此罪与彼罪的问题争议很大,但其实现行《刑法》规定的两罪罚则本身几乎一致,⑤不再如明清时代那样前者较后者加重二等处罚。刑法学者说,关于抢夺罪的此罪与彼罪问题的阐释,"不能只是将各种犯罪现象予以类型化,而是要建构一套实质且合理的评价准据"⑥。明清时代的做法可能才是真正提供了一套"实质且合理"的准据。

这一改变自清末法制改革即始。经沈家本删修的《大清现行刑律》还保留着"白昼抢夺"律名,⑦但在 1907 年《大清刑律草案》、1910 年《修正刑律草案》以及根据两部草案形成的 1911 年《钦定大清刑律》,乃至民国以后的

---

① 参见张明楷:《刑法学(第六版)》(下),法律出版社 2016 年版,第 998 页。
② 参见林山田:《刑法通论》(上),北京大学出版社 2012 年版,第 21 页。
③ 黎翔凤:《管子校注》,中华书局 2004 年版,第 998 页。
④ 仅可能作为一种"非法定刑罚裁量事实"或言"酌定量刑情节"。参见林山田:《刑法通论》(下),北京大学出版社 2012 年版,第 361 页。
⑤ 《刑法》第 264、267 条对二罪涉及的数额较大、数额巨大、数额特别巨大的处罚完全一致,相关司法解释对于二罪之数额较大、数额巨大的认定标准也一致,惟关于数额特别巨大的认定标准稍有不同,盗窃罪为三十万元至五十万元以上,抢夺罪为二十万元至四十万元以上,体现出对后者的处罚重于前者。
⑥ 参见古承宗:《刑法分则——财产犯罪篇》,三民书局 2018 年版,第 117 页。
⑦ 《大清法规大全》,考政出版社 1972 年版,第 3417 页。

1912年《暂行新刑律》、1915年《修正刑法草案》中均不仅不见"白昼"二字，"抢夺"一罪也消失了踪影。① 直到1918年《刑法第二次修正案》，才又新增"抢夺罪"，但已无"白昼"二字，并一直保留在其后的1919年《改定刑法第二次修正案》、1928年《中华民国刑法》、1933年《中华民国刑法修正案初稿》、1934年《中华民国刑法修正案》、1935年《中华民国刑法》以至现行台湾地区刑事规范中。唯在罚则上，对抢夺罪的处罚仍重于窃盗罪，但加重的程度已很小。② 大陆地区的1979年及1997年两版《刑法》中，这一罪名也为"抢夺罪"而不见"白昼"。

不过，虽然明清时代以"白昼"为前缀的抢夺律名退出了历史舞台，其背后的立法意旨却仍然以其他形式、某种程度地存在。例如，我国现行《刑法》对"在公共交通工具上抢劫的"加重处罚（第263条）；台湾地区刑事规范对"在车站、埠头、航空站或其他供水、陆、空公众运输之舟、车、航空机内"犯窃盗、抢夺、强盗者加重处罚。③ 现代刑法中的这些空间因素即与明清律的时间因素"白昼"可谓古今暗合，因为其加重处罚的原因均是在这些因素之下，盗行为对被害人及公众均将造成或可能造成更大的身心伤害，对社会秩序的破坏更大，犯罪者之主观恶性也更大。

第二节 "夜"与"家"：恐惧的心需要安放

无独有偶，《大清律例》盗律中的时空因素，还有与上一节所论之"白昼"相对应的时间因素"夜"，以及常与"夜"连用的空间因素——"家"。夜无故入人家律（277-00）言：

> 凡夜无故入人家内者，杖八十；主家登时杀死者，勿论。其已就拘执而擅杀伤者，减斗杀伤罪二等；至死者，杖一百、徒三年。

本律在整个盗律中显得甚为独特，因为其他律文所载之盗行为，基本必对应有行为人明确的主观意图——如强盗、窃盗、诈欺等。唯有本律，不考

---

① 以上各刑律及草案或修正案均见黄源盛纂辑：《晚清民国刑法史料辑注》（上），元照出版有限公司2010年版。
② 黄源盛纂辑：《晚清民国刑法史料辑注》，元照出版有限公司2010年版，第745、857、1010、1082、1147、1244、1399页。
③ 陈聪富主编：《月旦小六法》，元照出版有限公司2014年版，第陆-40~41页。

第八章　盗之时空因素：昼与夜、家与野的意蕴

虑行为人确切的主观意图，只要在客观行为上表现为"夜无故入人家"，即将面临"杖八十"的处罚，且主家因此而杀伤（登时或擅杀伤）行为人还会被减免刑罚。如嘉庆十八年（1813），黄凝泰将贪夜入其家之刘幅邦殴伤身死，刘姓为发疯之人，主观上并无为非作歹的明确意图，黄姓即依本律"夜无故入人家已就拘执而擅杀"，拟杖一百、徒三年。①

沈之奇道出了此律独特处之缘由："无故而来，其意莫测，安知非刺客、奸人？……无故入人家，一不应罪耳，而附于盗律之内者，谓其近于盗也。"并对此律之成立要件，作了经典的概括：

> 必是黑夜，必是无故，必是家内，必是主家，必是登时杀死。②

此五点与本章主题——时空因素——相关者，乃"黑夜"与"家内"二者，而此二者，也正是本律的两项客观前提要件。并且，即便这一对时空因素并未同时出现，只要有"夜"或"家"之一项因素的出现，清律也会有相应的特殊规定。如本律后附两条相关例文，其一言：

> 邻佑人等因贼犯黑夜偷窃，或白日入人家内院内偷窃，携赃逃遁，直前追捕，或贼势强横，不能力擒送官，登时仓猝殴毙者，杖一百、徒三年；余人，杖八十。若贼已弃赃及未得财，辄复捕殴致毙，并已被殴跌倒地，及就拘获后，辄复叠殴，又捕人多于贼犯，倚众共殴致毙者，仍照擅杀罪人律，拟绞监候；余人，杖一百。其贼犯持仗拒捕，登时格杀者，勿论。（277-01）

其二曰：

> 凡事主（奴仆雇工皆是）因贼犯黑夜偷盗，或白日入人家内院内偷窃财物，……登时追捕殴打至死者，不问是否已离盗所，捕者人数多寡，贼犯已未得财，俱杖一百、徒三年；余人，杖八十。若贼犯已被殴跌倒地，及已就拘获，辄复叠殴致毙，或事后殴打至死者，均照擅杀罪人律，拟绞监候。……如贼犯持仗拒捕，被捕者登时格杀，仍依律勿论。（凡

---

① ［清］祝庆祺等编撰：《刑案汇览全编·刑案汇览》第21卷，法律出版社2007年版，第1193页。

② ［清］沈之奇：《大清律辑注》（下），怀效锋、李俊点校，法律出版社2000年版，第634～635页。

下篇　盗之行为与后果

刀械石块,皆是持仗。事在顷刻,势出仓猝,谓之登时。抵格而杀,谓之格杀。)(277-02)

是以如若具备"黑夜"或"入人家"二因素之一,事主或邻右即能在杀伤行为人的情况下减免刑罚,只是此时加入了对行为人主观意图的要求——偷窃。道光十二年(1832),许成即依277-01例,"邻佑人等因贼犯入人家内院内偷窃,携赃逃遁,直前追捕,或贼势强横,不能力擒送官,登时仓猝殴毙",杖一百、徒三年。嘉庆十六年(1811),张德雄依277-02例,"事主因贼犯黑夜偷盗登时追捕殴打至死",拟杖一百、徒三年,因张德英系"余人",杖八十。嘉庆二十二年(1817),郑琴依277-02例,"事主因贼犯黑夜偷窃事后殴打至死照擅杀罪人",拟绞监候。① 例文对行为人的主观意图要求为偷窃,对抢夺者并无明文规定,但在案例中,情节为"贼犯黑夜在途抢夺财物、被事主殴打致死"之时,直接比照277-02例处理。②

与此相对,若时空因素上既非"夜"也非"家",比如是在"白日"之"旷野",则对杀伤行为人的事主邻右不再如此宽免。雍正三年(1725)续增现行例有言曰:"若非黑夜,又未入人家内,止在旷野白日摘取苜蓿、野菜等类,不得滥引'夜无故入人家'律。"③后几经修订,"不得滥引"者不再仅限于摘取"苜蓿、野菜":"贼犯旷野白日盗田园谷麦、蔬果、柴草、木石等类,被事主邻佑殴打至死,不问是否登时、有无看守,各照擅杀罪人律,拟绞监候。其贼犯持仗拒捕,登时格杀者,仍勿论。"(277-03)④道光十一年(1831),王呈祥、邓得宽二人即照此例拟绞监候。⑤

那么,《大清律例》因何之故而特别对"夜"与"家"这一双时空概念有不同的规范呢?

所谓"夜",与"白昼"公然抢夺给受害人及公众造成的恐惧感不同,黑夜"粗暴地夺走了人类感官中最珍贵的视觉",天然即给人类造成一种疑虑、

---

① [清]祝庆琪等编撰:《刑案汇览全编·刑案汇览》第21卷,法律出版社2007年版,第1210、1213页。
② [清]许槤、[清]熊莪纂辑:《刑部比照加减成案》,何勤华等点校,法律出版社2009年版,第506页。
③ [清]吴坤修编撰:《大清律例根源》(三),上海辞书出版社2012年版,第1149页。
④ 乾隆年间的刑部侍郎钱维城对上述本门律例颇有批评,但其所论无关本著主旨,故不在此深究。参见[清]钱维城:"杀贼无抵命法论",载[清]贺长龄、[清]魏源等编:《清经世文编》(下),中华书局1992年版,第2268~2270页。
⑤ [清]祝庆琪等编撰:《刑案汇览全编·刑案汇览》第21卷,法律出版社2007年版,第1204页。

不安和恐惧的感觉。① 这些疑虑、不安和恐惧，除了来自黑夜的自然属性本身，还有黑夜之下常伴随的人类的危险行为——犯罪。根据现代犯罪学的研究，诸如杀人、伤害、抢劫、强奸等针对人身的犯罪，以及用强力破坏障碍物的入室盗窃犯罪，多发生在夜间。这一现象的原因在于，从生理和心理角度而言，夜间人体处于休息和疲惫状态，警觉性降低，抵抗力减弱，常常疏于防备或难以防备外来侵袭，易于给犯罪者以可乘之机；在社会防范方面，夜间的防范力量有所减少，有效的社会控制面相对缩小，可以为犯罪人利用的作案空间相应扩大，并且由于夜幕的掩护，犯罪者既便于作案，也易于隐蔽和逃脱，一定程度上强化了犯罪人的作案心理。② 据言，清代有俗称所谓"打闷棍"者，即专于夜间"伺于僻左之道路，见有徒行之孤客，即狙击之，劫其财物而去"③。

因此根据"法者，所以兴功惧暴"的原理，《大清律例》对"夜"这一时间因素作了上述特殊的规定。其实对"夜"的特殊立法，不仅在传统时代的中国有，即便在其他国度的历史上也并不罕见。如《圣经》即有记载，若在夜间"遇见贼挖窟窿，把贼打了，以至于死，就不能为他有流血的罪"，但若是在白天，"太阳已经出来，就为他有流血的罪"。④ 再如古罗马的《十二铜表法》第12条："如果于夜间行窃，（就地）被杀，则杀死（他）应认为是合法的。"⑤ 又如在英格兰，爱德华一世（Edward Ⅰ）执政期间颁布的《温切斯特条例》（1285）规定，可以在夜间逮捕任何可疑的人，一名北安普敦郡的犯罪嫌疑人即因此而被指控"夜间在街头和公共场所闲逛，对所有邻居构成了威胁，也给其他人树立了危险的榜样"。中世纪时，此类歹徒被称为"夜游的人"，1500年又将他们重新命名为"夜间为非作歹者"，⑥1532年的制定法还规定对"夜盗进行防卫时，杀人是正当的"⑦。还如，法国1810年刑法将"夜间为盗"列为应受无期徒刑的严重盗行为之一。⑧

对于"家"，来自西方的现代刑法中也有类似概念，并也对这一空间进行

---

① 参见〔美〕A.罗杰·埃克奇：《黑夜史》，路旦俊、赵奇译，湖南文艺出版社2006年版，第14~15页。
② 参见张远煌：《犯罪学原理》，法律出版社2001年版，第188页。
③ 〔清〕徐珂编撰：《清稗类钞》第11册，中华书局1986年版，第5347页。
④ 《旧约·出埃及记》22:2。
⑤ 法学教材编辑部《外国法制史》编写组：《外国法制史资料选编》（上），北京大学出版社1982年版，第153页。
⑥ 参见〔美〕A.罗杰·埃克奇：《黑夜史》，路旦俊、赵奇译，湖南文艺出版社2006年版，第34~35页。
⑦ 〔美〕乔治·弗莱彻：《反思刑法》，邓子滨译，华夏出版社2008年版，第25页。
⑧ 商务印书馆编译所编译：《法国六法》，上海人民出版社2013年版，第508页。

了异于其他空间的特殊的保护,比如我国现行《刑法》中这一概念的用词为"住宅"或者"户"。《刑法》第 245 条第 1 款规定:"非法搜查他人身体、住宅,或者非法侵入他人住宅的,处三年以下有期徒刑或者拘役。"应当说,对"家"的特殊保护,可谓"古今中外同此一理也"。正如《大清刑律草案》相应条文之立法理由书所言:"家宅即私人之城郭营垒,所以安其生命而全其财产者。且家内平和为社会、国家平和之本,倘有侵害即关系公共之秩序,故有成文宪法之国,率以不可侵入家宅揭明宪法之中。中国宪法虽未制定,然自汉迄今俱有无故入人室宅格杀无罪之例。"①

不过,有学者在比较本罪与传统夜无故入人家律时指出,二者表面相似但实质有很大差异,因为后者"所保护的法益,不仅仅是家宅的安宁,更重要的是社会秩序的安宁",而前者则体现了公民"人身自由权的自然延伸"。这一观点很有启发性,但是笔者稍有一些不同看法:一者,传统时代并无"法益"概念,故而也并未在立法中以保护法益的角度为出发点;二者,若要说保护"社会秩序的安宁",则整个传统时代律典所有条文的初衷恐怕都在于此;三者,即便是在现代刑法学中,也有观点认为非法侵入住宅罪的法益是"公共秩序或者社会利益",②而非只是"住宅成员许诺他人进入自己住宅的权利"。③ 如若仅从来自西方的法益概念的角度理解传统时代的律文,可能难以把握其真正的特色所在。鉴于此,笔者窃以为,对于本律的考察,仍须从"家"这一特殊空间因素入手,并仍可将其与现代刑法中之"非法侵入住宅"罪的"住宅"相类比。正如这位学者也承认,"尽管中西法制的具体内容有重大不同,但在最基本的保护私宅不受侵犯这一点上却并无二致"。④

这点从域外立法例也可得到佐证。在明治十三年(1880)日本第一部"全盘西化"的刑法中,"侵入住所罪"把"无故入人居住之宅及有人看守之建造物者"区分为"昼间"与"夜间"两种行为,⑤认可古今该罪之延续的态度一目了然。日本现行刑法的"侵入住宅"罪虽不再有如传统的昼、夜之分,但《盗窃犯防止法》将"夜间侵入有人居住或者有人看守的住宅、建筑物或者舰船"作为盗窃罪、抢劫罪的加重情节之一,⑥仍是承认传统与现代的相通、相类。而法国现行刑法将"夜间击退以破门撬锁、暴力或诡诈方式进入居住

---

① 高汉成主编:《〈大清新刑律〉立法资料汇编》,社会科学文献出版社 2013 年版,第 116 页。
② 参见张明楷:《刑法学(第六版)》(下),法律出版社 2021 年版,第 1180~1181 页。
③ 张明楷:《刑法格言的展开(第三版)》,北京大学出版社 2013 年版,第 179 页。
④ 张群:"也谈'夜无故入人家'——评《唐律'夜无故入人家'条源流考》",《北大法律评论》第 12 卷第 2 辑,2011 年。
⑤ 《新译日本法规大全》第 2 卷,李秀清点校,商务印书馆 2009 年版,第 490 页。
⑥ 张凌、于秀峰编译:《日本刑法及特别刑法总览》,人民法院出版社 2017 年版,第 30、227 页。

场所"的行为直接推定为正当防卫,①这一规则更是与我国传统上的夜无故入人家律惊人地相似,"古今中外同此一理"再次可见。有学者论及中西法律文化传统之不同的时候,举了一个例子:"未经允许进入他人不动产,只要没有造成损害,中国古代法律并没有明确将其作为要予以严惩的行为;而古希腊、古罗马法律中将这种行为视为对私有财产的侵犯,构成'非法入侵',需要予以处罚。"②这一说法似乎与笔者的观察全然相左。

古今相较,我国历史上该罪的用语从"家"到"住宅"用词的换用,确有其合理性,因为随着社会的发展,人们用于"日常生活使用的场所"已不再仅限于"家",比如很多人长期居住在出租屋、学校宿舍等空间内。这一换用自清末即始然,《大清现行刑律》仍保留"夜无故入人家"律名,③但1907年《大清刑律草案》与1910年《修正刑律草案》不再有该律名,取而代之的是舶来于西方的"非法侵入住宅"罪,只是那时的用词尚非"住宅",而是"人所居住或现有看守之邸宅、营造物或船舰"。1911年《钦定大清刑律》、1912年《暂行新刑律》以及1915年《修正刑法草案》,用语又稍作修正,变为"现有人居住或看守之第宅、建筑物、船舰"。到了1918年《刑法第二次修正案》才第一次使用"住宅"一词——"他人住宅、建筑物或附连栏绕之土地或船舰"。1919年《改定刑法第二次修正案》又将"栏绕"改为"围绕",其他用词不变。"他人住宅、建筑物或附连围绕之土地或船舰"这一用语也一直相仍不变于1928年《中华民国刑法》、1922年《中华民国刑法修正案初稿》、1934年《中华民国刑法修正案》、1935年《中华民国刑法》乃至台湾地区现行刑事规范。④

有意思的是,在我国现行《刑法》第263条抢劫罪以及第264条盗窃罪所规定的加重情节中,类似"家"或"住宅"的用语又换为"户"。"两高"的司法解释对"户"一词有具体的界定。2000年11月最高人民法院《关于审理抢劫案件具体应用法律若干问题的解释》第1条规定:"'入户抢劫',是指为实施抢劫行为而进入他人生活的与外界相对隔离的住所,包括封闭的院落、牧民的帐篷、渔民作为家庭生活场所的渔船、为生活租用的房屋等进行抢劫的行为。"2005年6月最高人民法院《关于审理抢劫、抢夺刑事案件适用法律若干问题的意见》规定:"'户'在这里是指住所,其特征表现为供

---

① 《最新法国刑法典》,朱琳译,法律出版社2016年版,第9页。
② 郭建:《中国财产法史》,复旦大学出版社2018年版,第63页。
③ 《大清法规大全》,考政出版社1972年版,第3444页。
④ 黄源盛纂辑:《晚清民国刑法史料辑注》,元照出版有限公司2010年版,第134、245、332、458、739、853、1003、1080、1144、1390页。

他人家庭生活和与外界相对隔离两个方面,前者为功能特征,后者为场所特征。一般情况下,集体宿舍、旅店宾馆、临时搭建工棚等不应认定为'户',但在特定情况下,如果确实具有上述两个特征的,也可以认定为'户'。"又,2013 年 4 月最高人民法院、最高人民检察院发布《关于办理盗窃刑事案件适用法律若干问题的解释》第 3 条规定:"非法进入供他人家庭生活,与外界相对隔离的住所盗窃的,应当认定为'入户盗窃'。"

按《说文解字》,"户,护也,半门曰户,象形"①。此为"户"字较原初的含义,而后直至现代汉语中,其更为常见的含义是"住户,一家为一户"②。上述司法解释把"他人生活"修改为"他人家庭生活",是以专门强调"户"的家庭特征,似乎让这一法律用语又回到了传统律典中的"家"的概念。这样的做法,遭到了学者的批评:"一方面,这容易给人一种以'家庭关系'是否被侵害作为成立财产犯罪的强烈印象,这是否符合财产犯罪的规范目的,令人怀疑;另一方面,这也不能说明入户盗窃或者入户抢劫的刑罚加重理由。"进一步,该学者还提出解决这一问题的办法:"将司法解释中'户是供他人家庭生活之用的处所'理解为他人用于生活的住所,而不能限定为具有亲属关系的家庭生活住所。"③

对这一批评与解决的意见,笔者基本赞同。至于司法解释这一修改的原因,笔者不得而知,更不知其是否是为了"回归传统"。不过,即便果真是在"回归",笔者认为,这也只是一种"字面回归",而非"实质回归"。"家",《说文解字》谓"凥也",段玉裁注曰:"凥各本作居,今正。凥,处也,处,止也,释宫。牖户之间谓之扆,其内谓之家。……本义乃豕之凥也,引申叚借以为人之凥。"④因之"家"之原初含义,也仅有空间上的概念,往后才引申为包含有家人关系在内的抽象概念,类似于英文中"house"与"home"的差异,只是在汉语中,这两层含义都能用"家"这一个词来表达。

古今法律对"家"或"户"或"住宅"有别于其他空间因素的特殊规范,缘于这种空间因素的特殊性。西谚云:"各人的家是各人最安全的避难所。"⑤对我们所有人来说,家都是一个特殊的地方,是日常生活的中心。纪伯伦即有诗叩问:

---

① [汉]许慎撰,[清]段玉裁注:《说文解字注》,上海古籍出版社 1988 年版,第 586 页。
② 王力主编:《王力古汉语字典》,中华书局 2000 年版,第 345 页。
③ 蒋铃:"刑法中'户'的界定及其实践展开——以对《关于办理盗窃刑事案件适用法律若干问题的解释》的解释为视角",《政治与法律》2013 年第 9 期。
④ [汉]许慎撰,[清]段玉裁注:《说文解字注》,上海古籍出版社 1988 年版,第 337 页。
⑤ 张明楷:《刑法格言的展开(第三版)》,北京大学出版社 2013 年版,第 179 页。

> 告诉我,奥菲里斯城的人们,你们房子里有什么?你们大门紧闭是在守护什么?
>
> 你们拥有安宁吗?——那足以在沉静的驱动下显示强大力量的平安?
>
> 你们拥有回忆吗?——那跨越意志巅峰的依稀闪烁的拱门?
>
> 你们拥有美吗?——那将心灵从木石所在之地引向圣山的向导?
>
> 告诉我,你们的房子是否拥有这些?①

正如犯罪学者所论,家被盗意味着对我们隐私空间的侵犯,也是对我们身份的攻击,这种侵犯和攻击是心理上的,具有象征意义。入侵还会危及被害者的控制感,并且威胁他们保护自己个人领地的能力。对于许多被害者而言,入室行窃造成的心理创伤是真实的,而且可能会持续很多年。② 因此只要行为人夜间无故入于他人用于日常生活之居所,即已达到这些法律意图禁止的行为的标准。而传统律典中对"家"的定义——"当家宅院之内"③,也并未专门强调其"家庭生活"的功能意涵,具有空间意义上的含义——人之居所即可。当然,也并不是说"家"的意涵可以广泛到包含一切人之居所,例如官衙、旅店等可能就不能用"家"一词来概括,因此张明楷教授对当代刑法"非法侵入住宅"罪"住宅"一词的定义,笔者认为用来界定此处的"家"颇为恰当——用于"日常生活"的居所。④ 只是在传统时代,人们的流动性(速度、频率、时长等)远低于现代社会,在"家"之外尚少有其他种类的用于日常生活的居所,更少有在其他种类居所发生的案件以及因此而产生的争议,所以才使得在传统律典中,"家"一词已基本足够实现本律之立法目的,而无须换用他词。可是,如果在当代社会,在法典中仍然使用"家"一词或者与此相类似的"户"一词,甚而进一步强调"户"一词的"家庭生活"内涵,恐怕就不再合适。随着社会的发展,人们流动的速度、频率越发提升,有越来越多人们的"日常生活"并非仅在拥有"家庭生活"内涵的"家"或"户"中。也正因此,学界及司法实践对"户"一词的理解分歧颇大,对诸如学生宿舍、旅馆、流浪汉栖身之所等是否能被认定为"户"争论不休。⑤

---

① 〔黎巴嫩〕卡里·纪伯伦:《先知》,林志豪译,哈尔滨出版社2004年版,第59页。
② 参见〔美〕巴特尔等:《犯罪心理学(第七版)》,杨波、李林等译,中国轻工业出版社2009年版,第335页。
③ 《唐律疏议》,刘俊文点校,法律出版社1999年版,第374页。
④ 张明楷:《刑法学(第六版)》(下),法律出版社2021年版,第1182页。
⑤ 相关争论可参见蒋铃:"刑法中'户'的界定及其实践展开——以对《关于办理盗窃刑事案件适用法律若干问题的解释》的解释为视角",《政治与法律》2013年第9期。

下篇　盗之行为与后果

这一切争论的根源,即不外在于这一被不当使用的"户"字之上。其实修正之法极易:将"户"改为"非法侵入住宅"罪中的"住宅"一词即可。一方面,"住宅"一词含义更明确,更能符合立法目的,因为此词不再含有"家庭生活"这一在此处并不需要的意涵;另一方面,这也能使前后法律用语一致,既然"非法侵入住宅"罪与抢劫罪、盗窃罪对"入户"行为加重处罚所保护之法益均为住宅之安宁,①那么法律上的相关用词就应当保持统一。我国台湾地区现行刑事规范中的这两项罪名的用词即均是"住宅"。②

第三节　"田野"或"山野":情微罪轻的空间因素

与前两节介绍的加重对行为人处罚的时空因素不同,清代盗律还有旨在减轻处罚的空间因素——"田野"或"山野"。上一节提及的277-03例即属此类,该例之外还有盗田野谷麦律(271-00):

> 凡盗田野谷麦菜果,及无人看守器物(谓原不设守,及不待守之物)者,并计赃准窃盗论,免刺。
> 若山野柴草木石之类,他人已用工力砍伐积聚,而擅取者,罪亦如之。(如柴草木石虽离本处,未驼载间,依不得财笞五十;合上条有拒捕,依罪人拒捕。)③

本律规定之处罚为"计赃准窃盗论,免刺"。根据《例分八字之义》:"准者,与实犯有间矣。谓如准枉法、准盗论,但准其罪,不在除名、刺字之例,罪止杖一百、流三千里。"④是以律典有意减轻对本律中所规定之情形的处罚。乾隆七年(1742),张三即按本律准窃盗论,仅拟"杖六十,免刺"。⑤

在唐宋的相关律文中,并未有本律的第一节,仅有类似第二节的内容,

---

① 参见张明楷:《刑法学(第六版)》(下),法律出版社2021年版,第1181页;蒋铃:"刑法中'户'的界定及其实践展开——以对《关于办理盗窃刑事案件适用法律若干问题的解释》的解释为视角",《政治与法律》2013年第9期。

② 参见陈聪富主编:《月旦小六法》,元照出版有限公司2014年版,第陆-40页。

③ 该律仍为明律,见《大明律》,怀效锋点校,法律出版社1999年版,第143页。括号内小注乃顺治三年(1646)添入,雍正三年(1725)删定。参见[清]薛允升:《读例存疑重刊本》第3册,黄静嘉编校,成文出版社1970年版,第684页。

④ 《大清律例》,田涛、郑秦点校,法律出版社1999年版,第41页。

⑤ 内阁大库档案,登录号071343-001。

198

且文字不尽相同:"诸山野之物,已加功力刈伐积聚,而辄取者,各以盗论。"疏议曰:"'山野之物',谓草、木、药、石之类。有人已加功力,或刈伐,或积聚,而辄取者,'各以盗论',谓各准积聚之处时价,计赃,依盗法科罪。"①"依盗法科罪",即对盗山野之物处以与盗其他财物相同的刑罚,并未如明清律之规定减轻处罚。刘俊文先生道出其立法依据:"草木药石等山野之物,本非私有财产,但既经人施加功力,'刈伐积聚',则已变成归属有主之劳动成果。擅自取用者,即为侵犯他人劳动成果,其性质实无异于侵犯他人私有财产,故律文规定,犯者各计赃以盗论。"②

对于明清律较唐宋变化的原因,薛允升道:"惟山野物已加工力而辄取者,既以盗论,则谷麦菜果等物之亦以盗论,不待言矣。……盖为免刺而设,亦宽典也。……唐律不刺字且无死罪,故稍有不同耳。"③是为一方面,山野之物"本无物主"④,既然擅取已加工力之山野物即准盗论,那么盗取他人田野中的谷麦菜果则必然也应准盗论;⑤另一方面,变"以盗论"为"准盗论",乃因明清律与唐宋律相较,对窃盗之处罚不仅有较大幅提高,还新增了刺字以及死刑。⑥为了使这一"颇尚严苛"的立法稍有宽缓,于是对被认为情节较轻的也即本律所规定的几种情形仅"准盗论",但准其罪,并不施以刺字以及死刑。不过薛氏并未道出本律较普通窃盗律减轻处罚的更为内在的原因,亦即沈之奇之说:

> 此条要看"田野""山野"字。凡谷麦菜果,尚在田野,未经收取到家,及一切无人看守之器物,而有盗者,与在家及有人看守者不同,……若山野柴草木石之类,本无物主,人得共采。⑦

换言之,空间上的因素——"田野"与"山野"是本律的关键词。山野之物本无物主,盗他人已加工力者,与盗他人原有之物毕竟不同。而田野谷麦之类,如刑部官员指出:"窃见田禾无人看守,拾取一束,与人室行窃有

---

① 《唐律疏议》,刘俊文点校,法律出版社1999年版,第399页;《宋刑统》,薛梅卿点校,法律出版社1999年版,第356页。
② 刘俊文:《唐律疏义笺解》(下),中华书局1996年版,第1418~1419页。
③ [清]薛允升:《唐明律合编》,怀效锋、李鸣点校,法律出版社1999年版,第554页。
④ [清]沈之奇:《大清律辑注》(下),怀效锋、李俊点校,法律出版社2000年版,第601页。
⑤ 有学者猜测,添入此层可能是因为现实中此类案件常发。参见顾元:"论清代的先占制度——以'盗田野谷麦'律为中心",《政法论坛》2020年第5期。
⑥ 详见本著第十二章。
⑦ [清]沈之奇:《大清律辑注》(下),怀效锋、李俊点校,法律出版社2000年版,第601页。

间。"①究竟有何之"间"呢？光绪二十年(1894)的一份刑部说帖所言颇尽："地既处乎闲旷，物未经夫盖藏，主家之防守原疏，则宵小之取携较便。律以准窃盗免刺，正悯其易于蹈法而宽之，至忠厚也。"②因此更进一步，《户律》中的擅食田园瓜果律(099-00)规定，如果只是在"他人田园，擅食瓜果之类"，也即乘无人之时"泰然取之"，并不按"盗"处理，③而是仅"坐赃论"——"计所食之物价，一两以上，笞一十；二两，笞二十；计两加等，罪止杖六十、徒一年"，处罚较盗田野谷麦律更轻。也是因此，前述277-03例中之"白日"，即因与"田园"这一可使对行为人之处罚减轻的空间因素相连，而不再被认为蕴含白昼抢夺律中"白昼"一词的公然性，故不再是加重对行为人处罚的时间因素。尽管从字面上看，"白日"与"白昼"二词并无实质区别。

当然，也有地方官员认为，"偷窃田场谷麦，最为农民之害，自应拘案惩办，以安闾阎"④。或谓："农民万苦千辛始能盼有今日，如有不法之徒强割私偷，以及妇女成群结队，借拾麦为名任意攫取，凡此皆非善良之辈，……有犯必惩，加倍治罪。"⑤不难发现，这种认为应当将盗田野谷麦行为从重治罪的观点，乃是从盗之对象——农作物的角度出发，而并未考虑该盗行为的空间因素。

薛允升对本律也有批评，质问其"添入无人看守器物一层，不知何故"，并认为将田野谷麦"与无人看守器物并论，不免参差"。⑥查本律此处原文为"盗田野谷麦菜果，及无人看守器物"，所谓"及"，《例分八字之义》释曰："及者，事情连后。"⑦王明德谓："及者，推而及之也。……大约凡系人与事，各有不同，而罪无分别者，则皆以及字联属之。"⑧"及"字连接前后项，"表达

---

① 内阁大库档案，登录号049355-001。
② [清]祝庆琪等编撰：《刑案汇览全编·刑案汇览续编》第11卷，法律出版社2007年版，第472页。
③ 沈之奇指出："擅之义与盗不同。盗者，乘人之不见而窃取之，擅则不掩人知而泰然取之，时即无人，其心固不畏人之见也。故擅将去者，亦不得谓之盗。若系窃取，则自依盗田野谷麦菜果矣。"参见[清]沈之奇：《大清律辑注》(上)，怀效锋、李俊点校，法律出版社2000年版，第245页。
④ [清]钟体志：《柴桑偫录》，载《明清法制史料辑刊》第一辑第34册，国家图书馆出版社2008年版，第262页。
⑤ [清]严作霖：《陕卫治略》，载《明清法制史料辑刊》第一辑第33册，国家图书馆出版社2008年版，第15~16页。
⑥ [清]薛允升：《唐明律合编》，怀效锋、李鸣点校，法律出版社1999年版，第554页。
⑦ 《大清律例》，田涛、郑秦点校，法律出版社1999年版，第41页。
⑧ [清]王明德：《读律佩觿》，何勤华等点校，法律出版社2001年版，第12页。

前后项之间某种相似、相通意味"①,亦即"田野谷麦菜果"与"无人看守器物"之间并非毫无关联,而是存在某种程度上的相似、相通。那么二者是怎样的相似、相通呢?前引沈之奇之说已道:"凡谷麦菜果,尚在田野,未经收取到家,及一切无人看守之器物,而有盗者,与在家及有人看守者不同。"乾隆五年(1740)吏部上奏议定旧例时也有类似的看法:"田野谷麦及无人看守器物等项,原与收贮家内并人身携带物件不同。"②一言以蔽之,二者之相似、相通在于其都是无人看守。司法实践亦可证实此论,若所盗之物确为"田野谷麦菜果",但实为有人看守,则不再以本律论处,而是按窃盗原律,如咸丰三年(1853),秦登科等前往有人看守的瓜地行窃,乃按窃盗律处理,而非盗田野谷麦律。③

对于"无人看守器物",律文小注还有进一步解释,"谓原不设守,及不待守之物",即如沈之奇之言,"若原有人看守,而偶然无人,即不得谓无人看守矣"。④故而若所盗之物不符合这一对"无人看守器物"的定义,则不能对行为人以本律论处。白昼抢夺门内一条例文亦是对此之申说:

> 事主闻警逃避,乘间抢夺无人看守空室财物,如仅止一二人,并未持械者,照抢夺律问拟。若伙众三人以上持械者,照抢夺律加等问拟。(268-27)

虽然行盗的空间因素仍是无人看守之空室,但对行为人的处罚为照抢夺律或加等问拟,而非以较轻的窃盗律或盗田野谷麦律论。如光绪七年(1881)看守一粮局的委员、书役闻匪逃走,导致原有看守的粮局无人看守,梁田生等人趁机抢夺,照白昼抢夺律杖一百、徒三年。⑤究其缘由,乃因本例之前提——"事主闻警逃避",所以才导致了财物无人看守,也所以本例才将后续之行为照抢夺处理。薛允升在此又指摘道:"此例专指寇警而言,似嫌不能赅括,拟改为事主或因事故外出,或闻寇警逃避。"⑥实际上,薛氏此说恰是由于未与上述他批评的盗田野谷麦律之"添入无人看守器物一层"相参看,

---

① 参见张田田:《唐律疏议》中的'及'字例析——传统中国的立法技术一瞥",《法学家》2014年第5期。
② 内阁大库档案,登录号019566-001。
③ 宫中档奏折-咸丰朝,档案号406003633。
④ [清]沈之奇:《大清律辑注》(下),怀效锋、李俊点校,法律出版社2000年版,第602页。
⑤ [清]祝庆琪等编撰:《刑案汇览全编·新增刑案汇览》第6卷,法律出版社2007年版,第128页。
⑥ [清]薛允升:《读例存疑重刊本》第3册,黄静嘉编校,成文出版社1970年版,第646页。

因为后者即是规定事主"因事故外出"的情形,亦即"原有人看守,而偶然无人"云云。

传统律典这一对在特殊空间行盗减轻刑罚的立法,未在当代刑法中得到继承。不过本章第一节提到,当代刑法对"公共交通工具"或"车站、埠头、航空站"行盗加重刑罚,这类特殊的空间因素正与本节之"田野"或"山野"相对,后者无人看守也无人在盗行为发生的当时直接受其威胁,因而对被害人及社会公众造成的危害及示范效应均较小,行为人的主观恶性也相对较小,与前者正相反。因此,可以说,古今刑法的立法意旨在此处仍是一种暗合,只是一者"轻其所轻",而一者"重其所重"。

小结　独特用词背后的法律思维

在清代的盗律中,诸如"白昼""夜""家""田野""山野"等时间和空间因素标示了盗行为的恶劣程度——行为人的主观恶性、行为对被害人及社会造成的危害等,因此这些时空因素也能直接决定该盗行为适用的具体律例及其刑罚的轻重。

于"白昼"大庭广众之下的公然抢夺,行为人的肆无忌惮体现其主观恶性之大,并会对被害人及公众造成较大的精神伤害及负向性的示范效应。"夜"天然地给人们带来疑虑、不安和恐惧的感觉,并常是为非作歹者出没的时间;"家"是人们日常生活的居所,是隐私空间也是避难所,其被侵害将给居住者造成较大的身心伤害。因此,律例对发生在"白昼"和"夜—家"的特定盗行为,施以比在其他时空条件之下的盗行为更重的处罚。而在田野或山野,盗谷麦菜果及无人看守器物、山野柴草木石之类,对被害人及社会公众所造成之精神损害较小,因此对在此空间下发生的盗行为之处罚相对较轻。

这些中国传统的法律思维,若单纯以今天的目光来看,可能确实有些令人费解。然而正是这些难解之处,展现了传统时代立法者的智慧,彰显出我们文化中的特别部分,也可能更契合我们的国情民心。不过遗憾的是,这些立法及其背后的逻辑、理性等不再为后世直接继承(尽管也偶有暗合处),而被来自西方的所谓"现代"法律取而代之,且遭当代学者一笑置之。《左传·昭公十五年》:"籍父其无后乎!数典而忘其祖。"《庄子·天运》:"彼知颦美,而不知颦之所以美。"百年法制现代化(西方化)的步履踽跚,其因岂不正在此处耶?

第九章　特定地区之盗:因地(人)制宜

> 刑新国用轻典,……刑乱国用重典。
> ——《周礼·秋官》
> 在法律领域没有什么比对相同事件依不同法律进行评价更难忍受。
> ——法谚

引论　因地、因人

《大清律例》盗律项下之例文中,有众多关于发生在特定地区的盗行为之特别处理规则,所谓"因地制宜";亦有一些与因地制宜立法目的相近或关系紧密的对特定人群行盗之特别规则,所谓"因人制宜"。

学术界已颇有一些对清代这类法制及实践的研究。重要的作品,如王志强教授对"条例中的地区性特别法"以及省例的探讨,① 苏亦工教授对省例、"边疆部族立法"的解析,② 郑秦教授、刘广安教授、苏钦教授对民族法制的考论。③ 但就笔者目力所及,目前还并未有专门对清代盗律涉及的特别地区规则的整体性研究,反见对个别地区、个别犯罪的单独探讨,④ 更罕及古今

---

① 参见王志强:《清代国家法:多元差异与集权统一》,社会科学文献出版社2017年版,第1~65页。
② 参见苏亦工:《明清律典与条例》,商务印书馆2020年版,第63~86、309~312页;苏亦工:"清律回民相关条例及其影响",《政法论坛》2016年第3期。
③ 参见郑秦:《清代法律制度研究》,中国政法大学出版社2000年版,第284~313页;刘广安:《清代民族立法研究》,中国政法大学出版社2015年版;苏钦:《中国民族法制研究》,中国文史出版社2004年版。
④ 参见〔日〕岛田正郎:"《刑科史书》所见偷窃四项牲畜罪",载《法与刑罚的历史考察——平松义郎博士追悼论文集》,名古屋大学出版会1987年版;李守良:"清末循化厅抢劫案件法律适用问题探析",《中国边疆史地研究》2021年第2期;姬元贞:"清代蒙古人口买卖的罪与罚——以土默特司法档案为中心",《河北学刊》2023年第5期。

类似立法之贯通比较。本章便为填补这一空白,条分缕析相关律例,考察其在实践中的运行状况,总结其特点,并发掘古今类似立法之异同与得失。

第一节 别地分人:范围与适用

清代盗律对特定地区的特别规范,分列于强盗、白昼抢夺、窃盗、盗牛马畜产、恐吓取财、诈欺官私取财、略人略卖人、盗贼窝主、起除刺字等各门的例文之中。

其中,强盗门内涉及的特定地区有山东、广东、广西与京城四地:

表9-1

编号	地域	例名
266-35	山东	结捻结幅强劫得赃及执持军器聚众抢夺得赃不得赃
266-39	广东、广西	行劫后复将事主等捉回勒赎
266-46	粤东	行劫伙众四十人以上或不及四十人而有别项重情
266-43	京城	盗犯斩决枭示
266-44		盗犯执火持械威吓掷打虽未得财伤人

实践中,咸丰元年(1851),山东巨野县的谢裦、杨安、谢九三人合依266-35例,"山东省匪犯,审有执持器械、结捻抢夺得赃,不论赃数多寡,数至五人以上,为从实发云、贵、两广极边烟瘴充军",又"各加拒捕罪二等,拟发新疆给官兵为奴"。① 道光二十九年(1849),在粤东广宁县监生江樏才家被劫一案中,陈均保等行劫伙众四十人以上,按266-46例先行正法,已故之犯戮尸,首犯"悬竿示众,以昭炯戒"。② 咸丰九年(1859),门大等在京城行强盗,依266-43例,拟斩立决加枭示。③

白昼抢夺门涉及的地区更广,且划分得更为细致,不仅有特定省区的规范,还深入至特定府、县:

表9-2

编号	地域	例名
268-10	江南通州、崇明、昭文	沙民伙众争地及持械聚众抗官
268-11	直隶	因荒哄堂罢市辱官

---

① 北大移交题本,档号02-01-02-2825-009。
② 录副奏折,档号03-3961-035。
③ 宫中档奏折-咸丰朝,档案号406010141。

(续表)

编号	地域	例名
268-13	台湾	盗劫及聚众散札竖旌、妄布邪言、抢夺杀人放火等案罪应立决之犯枭示传首
268-22	奉天	匪徒纠伙持械抢夺
268-23	川省匪徒,并河南、安徽、湖北三省交界地方,山东之兖州、沂州、曹州,江苏之淮安、徐州、汉州	在场市横行抢劫伤人及拒捕杀人
268-24		在野拦抢伤人未伤人及杀人
268-25	湖北	匪徒聚众十人以上抢夺及不满十人持械入室吓禁事主搜劫财物

嘉庆十八年(1813),安徽船户陆有田等在沿江旷野之处抢夺,依268-24例"在野拦抢止二三人",俱发云、贵、两广极边烟瘴充军。二十一年(1816),川省匪徒刘顺被胁同行抢夺,也比照此例"在野拦抢四人至九人遣罪"量减拟徒。值得注意的是,道光元年(1821)直隶省的王学礼、王允在野拦抢过客行李一案,虽并非发生在该例明列的地区之内,亦比依该例,"在野拦抢止二三人、不分首从"发云、贵、两广烟瘴充军。[①]

窃盗门内的特定地区亦是精确到了厅、县一级:

表9-3

编号	地域	例名
269-03	京城	捕役获贼呈报迟延及勒索事主
269-05	直隶	捕役私自搜赃中饱
269-28		寻常窃盗依初犯再犯次数人数有无结伙持械加枷或加带铁杆
269-19	两广、两湖、云南、贵州	匪徒明知窃情表里为奸勒赎事主者
269-29	山东、安徽	罪应枷杖窃犯如有携带铁枪及倚众拒伤等情加系铁杆
269-30	湖南、湖北、云南	罪拟杖徒抢窃及兴贩私盐等犯分别加带铁杆石墩
269-31	四川、陕西及甘省附近,川境巩昌府属之洮州、岷州、西和,并秦州、阶州及所属秦安、清水、徽县、礼县、两当、文县、成县、三岔、白马关	结伙携械绺窃罪应杖徒匪徒分别加带铁杆石墩巨石

---

① 本段案例均见[清]许梿、[清]熊莪纂辑:《刑部比照加减成案》,何勤华等点校,法律出版社2009年版,第75~76页。

盗牛马畜产门内主要涉及蒙古[①]、察哈尔、奉天等边疆之地：

表 9-4

编号	地域	例名
270-10	奉天	奉天旗、民偷窃马匹
270-05	察哈尔	察哈尔等处牧厂将在官牲畜偷卖宰食及入私者
270-14	札萨克、察哈尔及边陲新疆地方	新降六项蒙古人等偷窃四项牲畜
270-11	蒙古	蒙古偷窃牲畜数案并发
270-13	蒙古	民人、蒙古、番子偷窃四项牲畜
270-15	蒙古	窃盗蒙古四项牲畜
270-16	蒙古	民人行窃蒙古地方民人牲畜

恐吓取财门涉及的特定地区与犯罪行为的种类尤为广泛与复杂：

表 9-5

编号	地域	例名
273-05	苗境	近苗地方吏民擅入苗境籍差欺陵
273-09	台湾	无籍游民犷悍凶恶肆行不法
273-10	贵州、云南	黔省匪徒如有帽顶大五小五名号及滇省匪徒带刀械游历
273-11	安徽	拿获水烟箱主匪徒
273-12	陕西	匪徒结伙三人十人以上持械挟诈行凶及纠众报复杀人
273-13	盛京	棍徒勾结旗、民投托宗室、觉罗聚众拦河讹诈肆行抢夺
273-15	山东、安徽	结捻结幅聚众讹索强当

---

① 对蒙古的特别规范主要集中在《蒙古律例》之中，但因其不属于《大清律例》，故不在本章讨论范围。《蒙古律例》中有关盗贼问题的具体规定，见张锐智、徐立志主编：《中国珍稀法律典籍集成》丙编第 2 册，科学出版社 1994 年版，第 331~340 页。对《蒙古律例》的专门研究，可参见苏亦工：《明清律典与条例》，商务印书馆 2020 年版，第 72~83 页；〔日〕岛田正郎：《清朝蒙古例的研究》，创文社 1982 年版；〔日〕岛田正郎：《清朝蒙古例的时效性研究》，创文社 1992 年版。另，《西宁青海番夷成例》中也有关于盗的部分，参见张锐智、徐立志主编：《中国珍稀法律典籍集成》丙编第 2 册，科学出版社 1994 年版，第 391~392 页。

（续表）

编号	地域	例名
273-16①	江西南安、赣州、宁都州，广西	江西匪徒及广东匪徒偷入（江）[广]②西有拜会抢劫讹诈等案者
273-17	江苏徐州、淮安、海州，山东兖州、沂州、曹州，河南汝宁、陈州、光州，安徽、陕西	匪徒佩戴刀械挟诈逞凶
273-18	广东、广西	匪犯捉回十五岁以下幼童勒赎
273-19		捉人勒赎达三人及三次以上之案
273-23		捉人勒赎之案计赃逾贯
273-21	广东	匪徒伙众打单吓诈
273-22		棍徒及打单吓诈各犯罪应拟徒之犯

道光四年（1824），在广东发生的方阿久等听从掳捉邢廷杰勒赎一案，邢姓被亲属夺回，方姓等人即照其中的 273-23 例，在"审无凌虐重情、止图获利关禁、从犯拟军"上，量减一等，杖一百、徒二年。③

诈欺官私取财门内的相关例文，为五条针对京城钱铺者：④

表 9-6

编号	例名
274-08	钱铺侵蚀藏匿银钱闭门逃走
274-09	钱铺关闭如有包揽折扣及借名取钱毁窗抢物者
274-10	假称金店私自换银出票
274-11	私设钱铺
274-12	短保钱铺关闭不能开发

略人略卖人门，有一例涉及盛京、乌喇，一例关于云南、四川并贵州，其他四例均针对贵州：

---

① 此条系道光十年（1830）刑部议覆江西巡抚吴光悦，又二十三年（1843）江西巡抚吴文镕，并广西巡抚周之琦奏准并纂为例。吴光悦之奏，见录奏折，档号 03-4039-006。
② 原书为"江"，根据例文内容改为"广"。参见[清]薛允升：《读例存疑重刊本》第 4 册，黄静嘉编校，成文出版社 1970 年版，第 717 页。
③ [清]许梿、[清]熊莪纂辑：《刑部比照加减成案》，何勤华等点校，法律出版社 2009 年版，第 455 页。
④ 这五条例文的立法缘由、修订过程及实践状况等，可参见[清]赵舒翘：《慎斋文集》，闫晓君整理，法律出版社 2014 年版，第 56~57 页。

表 9-7

编号	地域	例名
275-04	盛京、乌喇	乌喇居住之人混行买人
275-07	贵州、云南、四川	诱拐本地子女在本省售卖
275-05	贵州	外省民人买贵州穷民子女
275-06		窝隐川贩果有指引捆拐藏匿递卖阙据者
275-08		杀害荒村民苗人户人命掳卖其妇人子女强绑并诱拐往川贩卖
275-09		流棍贩卖贵州苗人

盗贼窝主门内亦有数条相关例文。其中，山东例与恐吓取财门 273-15 例相对应，两广例与 273-18、19、23 三条例对应：

表 9-8

编号	地域	例名
278-16	西宁	私设歇家
278-19	山东	匪徒有窝留捻幅匪犯者
278-22	广东、广西	奸徒窝匪捉人关禁勒赎坐地分赃
278-24	顺天府五城、直隶、山东	窝藏窃盗依人数治罪

278-24 例为嘉庆二十三年（1818）拟定，道光九年（1829）、二十五年（1845）修改，同治九年（1870）改定。① 其加重对顺天府五城窝主处罚的缘由或可在光绪十五年（1889）御史牟荫乔的奏疏中见得一斑：

> 京师重地弭盗为先，各衙门额设番捕，昼则稽查，夜则巡逻，所以盘诘奸宄，绥靖市廛者，立法至严密矣。乃有悍不畏法之徒，往往执持器械，结党连群，强入铺户人家，劫取财物。此等抢夺重案，不惟外城所在多有，即内城近亦层见叠出，防不胜防，藐无忌惮之尤，尚复成何事体？究其忽聚忽散，来去自如，必有窝藏之家借以栖身销赃，故敢如此恣意横行也。②

起除刺字门内相关的例文仅有一条：

---

① ［清］薛允升：《读例存疑重刊本》第 4 册，黄静嘉编校，成文出版社 1970 年版，第 763 页。
② 牟氏还建议：" 饬下步军统领衙门顺天府五城各饬所属文武员弁，加意访查。倘经缉获奸徒，必须严究，窝主一并从重治罪，将盗贼之根源可绝，而地方亦渐冀敉安矣。" 见录副奏折，档号 03-7356-065。

表 9-9

编号	地域	例名
281-13	台湾	逐回游民刺字

与特定地区特别立法的立法目的类似,清代盗律还涉及特定人群行盗的特别规则。其主要包括旗人、回民、苗人,相关例文分布在强盗、白昼抢夺、窃盗、恐吓取财、起除刺字等门：

表 9-10

人群	编号	所属	例名
旗人	266-23	强盗门	旗人有犯盗劫
	269-04	窃盗门	旗人及旗下家奴肆行偷窃
	269-22		旗人初犯窃
回民	268-17	白昼抢夺门	回民结伙抢夺
	269-11	窃盗门	回民结伙持械及徒手行窃
	281-08	起除刺字门	回民窃犯刺字
苗人	268-04	白昼抢夺门	苗人聚众烧劫抢掳
	268-19		黔楚两省相接红苗彼此仇忿聚众抢夺
	268-20		苗人抢夺土官约束不严或教令通同
	273-04	恐吓取财门	苗人伏草捉人勒赎

这些例文在实践中也均能得到遵循。如咸丰十年(1860),旗人莽喀等强盗杀人,依 266-23 例"俱照强盗本律定拟,不得以情有可原声请"①。道光二十五年(1845),回民马金有等三人行窃,依 269-11 例"结伙三人以上,但有一人执持器械,无论绳鞭刀棍棒,俱不分首从,不计赃数次数,改发云、贵、两广极边烟瘴充军"②。嘉庆六年(1801),苗人梁和尚、吴周三等"纠伙焚村劫杀",依 268-04 例,为首斩立决枭示、为从斩立决。③

第二节　列举例文：特点与评价

清代盗律这类针对特定地区(人群)的规则,为直面复杂、多变的社会现

---

① 宫中档奏折-咸丰朝,档案号 406011993。
② 宫中档奏折-道光朝,档案号 405007766。
③ 宫中档奏折-嘉庆朝,档案号 404006447。

209

实,采"列举"而非概括的方式立法,呈现出处罚加重与复杂失衡两方面特点。

一、处罚加重

这类立法无一例外不是加重对相关行为的处罚,即便对律例原本颇为优待的旗人亦是如此。《名例律》"犯罪免发遣"律(009-00)言:

> 凡旗人犯罪,笞、杖,各照数鞭责。军、流、徒,免发遣,分别枷号。①

实践中,如顺治十一年(1654)小狗子、裘大等人白昼抢夺行人钱米等物,本应杖一百、徒三年,但因身份乃满洲家人,于是被免徒,仅拟鞭一百。② 道光四年(1824),广林依恐吓取财门内的273-02例处理,本应杖一百、徒三年,但因系旗人,"照例折枷"。③

然而,盗律中的例文让这一优待发生了部分变化。乾隆三十五年(1770)强盗门新增一例:"满洲旗人有犯盗劫之案,俱照强盗本律定拟,不得以情有可原声请。"(266-23)声明旗、民一体照强盗本律拟罪,不再对旗人有如犯罪免发遣律文所言之区别对待。乾隆五年(1740)、三十年(1765)窃盗门新增的两条例亦有类似的意旨,④规定"凡旗人初次犯窃,即销除旗档",日后不能再享受旗人特权。当次所犯,若为徒罪以上,也"即照民人一体刺字发配",只有"罪止笞杖者",方能"照律科断,免其刺字",日后"再行窃,依民人以初犯论",比民人行窃处罚稍轻。且若被认为"其情同积匪,及赃逾满贯者,该犯子孙一并销除旗档,各令为民",即子孙日后也不能再享有法律对旗人的优待。(269-22)

定例之外,光绪元年(1875)因发现"奉省乡镇市集,宗室、觉罗各项旗

---

① 原律目系军官军人犯罪免徒流。雍正三年(1725)以现行旗下人犯流等罪准折枷号,与军官犯罪免徒流之意相符,因另立犯罪免发遣律名,列于军籍有犯之前,以旗下犯罪折枷号之例载入,作为正律。参见[清]薛允升:《读例存疑重刊本》第2册,黄静嘉编校,成文出版社1970年版,第33页。对这一律例的细致研究,可参见苏钦:"清律中旗人'犯罪免发遣'考释",载苏钦:《中国民族法治研究》,中国文史出版社2004年版。《大清会典》对旗人在法律上享受之优待有详细记载,参见《钦定大清会典》卷53,光绪乙亥刻本。

② 内阁大库档案,登录号008836-001。

③ [清]许梿、[清]熊莪纂辑:《刑部比照加减成案》,何勤华等点校,法律出版社2009年版,第468页。

④ 乾隆四十七年(1782)删并为一,乾隆五十七年(1792)、道光五年(1825)改定。本例之增修过程,参见[清]薛允升:《读例存疑重刊本》第2册,黄静嘉编校,成文出版社1970年版,第664页。乾隆五十七年关于本例之上谕,见军机处档折件,档案号057199。

人往往窝庇贼匪,缉捕官弁惧被诬赖受累,不敢搜拿",遂发布上谕曰:"嗣后奉天各处,……如有图利窝留,即与盗贼同罪,无论宗室、觉罗。"①道光五年(1825),旗人幅受照恐吓取财门273-02例减一等处理,便未享受到任何优待,"销除旗档,照民人一例问拟"②。光绪二十八年(1902),旗人荣生等违犯略人略卖人律,也被"销除旗档,照民人一例办理"③。

这类例文也并非对特定地区、特别人群的所有盗行为均加重处罚,而仅是针对那些包含有例文明列的情节的盗行为,明列的情节如聚众达到一定人数、执持器械、杀伤事主等。

对回民、苗人的加重处罚,主要针对聚众行盗者。凡回民抢夺,结伙在三人以上,及二人以下"审有纠谋持械逞强情形者",不分首从,俱发云、贵、两广极边烟瘴充军。(268-17)回民行窃,结伙三人以上,但有一人执持器械(无论绳、鞭、刀、棍、棒),或结伙十人以上无论是否执持器械,俱不分首从、不计赃数、次数,发云、贵、两广极边烟瘴充军,若未得财,及结伙虽在三人以上而俱徒手行窃,于前军罪上减一等,杖一百、徒三年。(269-11)薛允升曾对这两条例文提出疑问:"三人以上,内如有民人,如何科断?记参。"④实践中,嘉庆二十二年(1817),回民杨大榜听从民人杨大怀等行窃,同伙六人,仅杨大榜系回民,安徽巡抚将其照269-11例,徒手拟徒,但刑部认为,"该犯系听从行窃,较回民独窃之案,情节尤轻",于是依窃盗原律处理,仅杖七十。⑤

对苗人聚众行盗的人数要求更高——百人以上,其如有"烧村劫杀抢掳妇女"情节(268-04):

表9-11

首从	刑罚
造意首恶	在犯事地方斩决枭首
下手杀人、放火抢掳妇女	斩立决
附和随行、在场助势	枷号三个月

若抢夺者为在黔、楚两省交界的红苗,则分人数不及五十、至五十、至百

---

① 内阁大库档案,登录号227567-001。
② [清]许槤、[清]熊莪纂辑:《刑部比照加减成案》,何勤华等点校,法律出版社2009年版,第469页。
③ 军机处档折件,档案号152202。
④ [清]薛允升:《读例存疑重刊本》第3册,黄静嘉编校,成文出版社1970年版,第658页。
⑤ [清]许槤、[清]熊莪纂辑:《刑部比照加减成案》,何勤华等点校,法律出版社2009年版,第79页。

人分别拟罪。(268-19)土司官对苗人的约束之责也与聚众人数有关,"凡苗人犯抢夺,该管土司官约束不严,俱交部议",若聚至百人以上,土司府州革职,百户、寨长罢职役、满杖。(268-20)

对执持器械者加重处罚的规则亦出现在多条例文中。举例而言,除了上述回民例,还如强盗门内,若在京城"持火执械,入室威吓,掷物打人",即便未得财伤人,为首之犯拟绞监候,为从者发云、贵、两广极边烟瘴充军。(266-43)再如白昼抢夺门内,奉天地方匪徒纠伙抢夺,不论人数多寡、曾否伤人,但有一人执持鸟枪,不分首从,斩立决枭示;结伙不及三人,但有持械威吓事主情事,除实犯死罪外,余俱不分首从,发云、贵、两广极边烟瘴充军。(268-22)

加重处罚的方式主要有三种:(1)直接加重主刑(笞、杖、徒、流、死五刑);(2)斩立决者加枭首示众;(3)加附加刑(枷号、锁带铁杆/石墩/巨石等)。

直接加重主刑是加重处罚的最常见方式。以恐吓取财门内例文为例,江西省南安(今福建南安市)、赣州、宁都三府州所属匪徒,以及广东省匪徒偷入广西省勾结土匪,如有拜会、抢劫、讹诈等案,军流以下各犯,均为应得本罪上加一等定拟。(273-16)广东、广西二省拏捉匪犯,如有将十五岁以下幼童捉回勒赎者,罪应斩绞监候者,加拟立决;罪应军遣者,加拟绞监候;罪应拟徒者,发极边四千里充军。(273-18)两广的捉人勒赎之案,如被捉人数在三人以上及拏捉至三次以上同时并发,除被胁同行者,亦照273-18例的加重办法处理。(273-19)

对斩立决者加枭首示众,也是较为常见的加重处罚方式。如强盗门内,在广东、广西二省抢劫之盗犯,如有行劫后因赃不满欲,复将事主人等捉回勒赎者,无论所纠人数多寡及行劫次数,为首之犯拟斩立决、枭示。(266-39)在粤东内河盗劫,若行劫伙众四十人以上,或不及四十人而有拜会结盟、拒伤事主、夺犯伤差、假冒职官,或脱逃二三年后就获,应斩决者,均加枭示。(266-46)

对犯罪者加枷号、锁带铁杆、石墩、巨石等附加刑的例文,集中在窃盗门:

表 9-12

编号	地区	情节	附加刑
269-28	直隶	初犯再犯,纠伙四名以下,带器械	加枷号一个月

第九章 特定地区之盗:因地(人)制宜

(续表)

编号	地区	情节	附加刑
269-28	直隶	初犯行窃四次以上,再犯三次以上,结伙已有四名,持有凶器刀械,计赃罪止杖枷	系带铁杆一枝,以四十斤为度,定限一年释放
		初犯系带铁杆,限满释放后,再行犯窃,计赃罪止杖枷	
		抢窃犯案拟徒	于到配折责后,锁带铁杆,徒限届满,开释递籍
		在配逃脱被获(讯无行凶为匪)	仍发原配,从新拘役,锁带铁杆
		因抢窃拟徒,限满释回后,复行犯窃,罪止杖枷者	于责刺后,系带铁杆二年释放;倘不悛改,滋生事端,再系一年释放
269-29	山东	携带铁枪流星刀刃等物,及倚众叠窃,并凶横拒捕伤人,本罪止于枷杖	酌加锁带铁杆、石墩一二年;如能悔罪自新,或有亲族乡邻保领者,地方官查实,随时释放,仍令该州县报明院司考察
	安徽	罪止枷杖,情节较重之窃盗	
269-30	湖南、湖北、福建、广东	(抢窃)罪应拟徒	在籍锁带铁杆石墩五年
		罪应拟杖(广东省除外)	在籍锁带铁杆石墩三年
		释后复犯,罪止拟徒	在籍锁带铁杆石墩年限上,递加二年
	云南	纠窃不及四次,罪止枷杖	本地方系带铁杆一年;不知悛改,再系一年;始终怙恶不悛,照棍徒扰害例(273-02)
269-31	四川、陕西及甘省附近,川境巩昌府属之洮州、岷州、西和,并秦州、阶州及所属秦安、清水、徽县、礼县、两当、文县、成县、三岔、白马关	携带刀械绺窃之案,结伙三人以上,绺窃赃轻,结伙不及三人而讯系再犯,带有刀械	拟徒	枷号三个月,满日责四十板,系带铁杆石墩三年
			拟杖	枷号两个月,满日责四十板,系带铁杆石墩两年
		并未窃物分赃,而随行服役及带刀到处游荡		枷号一个月,满日责四十板,系带铁杆石墩一年
		不知悛改,复敢带杆滋扰,或毁杆潜逃,持以逞凶拒捕	军流	本罪上加一等,加枷号两个月
			徒	大链锁系巨石五年
			杖	锁系巨石三年

213

二、复杂失衡

（一）规则复杂

对不同的地域(人群)进行不同的立法,导致这类立法的规则极为复杂。其中不仅有实体性的规范(大多数),亦不乏程序性的规则,如窃盗门内关于京城及直隶省捕盗规则的 269-03、269-05 例,再如略人略卖人门内关于外省民人买贵州穷民子女的 275-05 例。

实体性的规范中,因地区、聚众人数、首从、杀伤人程度、赃数等之不同,惩罚随之不同。以白昼抢夺门内的 268-23、268-24 两条例文为例,其适用涵盖的地域乃六个省区的部分府州:四川省全境,河南、安徽、湖北三省交界地方,山东省的兖州、沂州、曹州,江苏省的淮安、徐州、汊州;针对的情节为"有红胡子、白撞手、拽刀手等名目"者,因行抢之具体地点的不同——场市人烟凑集之所与野外人烟稀少处,分为前后两个例文,相应的处罚标准及程度即不同;在具体例文中,又根据聚众人数、首从、杀伤人程度等分别定有不同的处罚方式,其规定之繁复如下可见一斑。

在场市人烟凑集之所横行抢劫,纠伙不及五人者:

表 9-13

未伤	刃伤及折伤以上	伤非金刃、伤轻平复	拒捕杀人	
			为首	为从帮殴
发伊犁,分给该处察哈尔及驻防满洲官兵为奴	斩监候	绞监候	斩立决	刃伤及折伤以上　斩监候
				非金刃又非折伤　绞监候
				未伤　发伊犁为奴

纠伙五人以上,无论曾否得财:

表 9-14

首从	处罚
为首	斩立决
为从同抢	绞监候

拒捕夺犯,杀伤兵役、事主及在场之人者:

表 9-15

首从	处罚
首犯	即行正法枭示
在场加功及助势	绞立决
同谋抢夺而拒捕夺犯之时并未在场	绞监候

若是在野拦抢,未经伤人之案,除实犯死罪外:

表 9-16

聚众人数	处罚
二三人,徒罪以上	发云、贵、两广极边烟瘴地方充军
四人以上至九人	发伊犁,分给该处察哈尔及驻防满洲官兵为奴

但伤人者:

表 9-17

伤人程度	处罚
刃伤及折伤以上	斩监候
伤非金刃,伤轻平复	绞监候

拒捕杀人者:

表 9-18

为首杀人	为从帮殴	
	伤人程度	处罚
斩立决	刃伤及折伤以上	斩监候
	伤非金刃,又非折伤	绞监候
	未经帮殴成伤	发往伊犁为奴

纠伙数至十人以上,则无论伤人与否:

表 9-19

首从	处罚
为首	斩立决
为从	绞监候
被胁同行	发乌鲁木齐给官兵为奴

倘有杀人、夺犯、伤差等事:

表 9-20

首从	处罚
为首	正法枭示
在场加功及助势	绞立决
同谋抢夺,拒捕夺犯之时并未在场	绞监候

下篇　盗之行为与后果

（二）轻重失衡

这类例文因规则复杂,而又难免产生轻重失衡的问题。薛允升即对268-23例批评道:"在市场横行抢劫,与强盗何异？未及五人,首从俱无死罪,较寻常抢夺之例治罪反轻。"①窃盗门内的269-30、269-31两条例文亦颇可说明此问题。

269-30例涉及五个省区之多,各个省区的规定还有所不同;269-31例之适用地区精确到县(州、厅)一级,又根据窃盗次数、结伙人数、主刑种类等不同,而加以不同之附加刑,涉及的方式及年限,可谓极尽复杂。正因此复杂,遂产生了例文之间或例文本身的轻重参差、失衡问题。薛允升精到指出,269-30例:

> 系两湖、福建、广东及云南各省专条,此外山东、安徽、直隶、四川、陕、甘亦各立有专条。山东、云南专言窃贼,福建、广东、直隶兼及抢夺,两湖又旁及盐匪,四川、陕、甘又专言绺匪,其寻常抢夺窃盗,亦另立有通例。而治罪又各有不同之处,有此轻而彼重者,有此重而彼轻者,且有专例与通例互相参差者,条例愈烦,办理愈不能画一。山东、安徽、云南锁带铁杆石墩,专为枷杖之犯而设,未及徒罪以上;直隶、两湖、福建则枷杖徒罪,均应锁带铁杆石墩,直隶徒犯系在配所锁带;两湖、福建徒犯则无庸解配,在籍锁带五年;广东徒犯亦然,而杖罪贼犯并不锁带杆墩;四川等省,亦无论杖徒,均分别系带铁杆石墩,惟徒犯亦不发配,俱属参差,不能一律。

薛氏并有修法建议:"虽一省有一省情形,第系均严惩窃匪之意,未便一省一例,致涉纷歧,似应参酌通例,修改画一。"②这一"参酌通例,修改画一"的建议被薛氏在多处对例的评析中提及。实践中,本章上一节述及之王学礼、王允在野拦抢过客行李一案,案件发生在直隶省,但却对抢犯照四川、山东部分州府及河南、安徽、湖北三省交界地方之例(268-24)处理,或即可作为薛氏之论必要性及可行性的旁证。

还有的例甚至不仅是失衡、参差的问题,而已是相互矛盾、冲突。如窃盗门内针对直隶省的程序性的269-05例要求,捕役私自搜赃以致中饱者,与窃盗同科。然而在《刑律·受赃》刬留盗赃门内又有例言:"胥捕侵剥盗

---

① ［清］薛允升:《读例存疑重刊本》第3册,黄静嘉编校,成文出版社1970年版,第645页。
② 同上书,第669~670页。

赃者,计赃,照不枉法律,从重科断。"(353-01)几近相同的情节,一者与窃盗同科,一者照不枉法科断,显是相互矛盾。①

盗律中类似的失衡、参差、矛盾状况还有多处,此不赘举。其实更进一步言,这样的情况不仅发生在盗律中,甚至在整个《大清律例》都并不罕见。《清史稿·刑法志》即有言曰:"盖清代定例,一如宋时之编敕:有例不用律,律既多成虚文,而例遂愈滋繁碎,其间前后抵触,或律外加重,或因例破律,或一事设一例,或一省一地方专一例,甚且因此例而生彼例。不惟与他部《则例》参差,即一例分载各门者,亦不无歧异。辗转纠纷,易滋高下。"②

三、直面实践

从本章所论清代盗律的这类因地(人)制宜的立法来看,上引《清史稿》的指摘不无道理。后世学者也多认同这些看法,如瞿同祖先生直斥这种立法模式为"列举主义":"情伪无穷,而法典中的律文不足以包罗万象,恐法外遗奸,或情罪不当,因此针对不同情况而有例。但例也同样不足以包罗万象,于是例愈来愈多,愈来愈烦琐,甚至前后抵触。"③王志强教授也说,一旦旧例已定,新例再生,"特别法与一般法之间、特别法相互之间的矛盾龃龉便层出不穷,并由于当时立法一事一刑、情罪严格对应的体制,而使各种弊端不可能根本得到解决"④。

但是苏亦工教授引述大量文献证明,这些说法可能有失公允。事实上,清代例文虽多,然以例破律的现象并非常态,律以各种方式、从各个角度对例的制定与修改进行着制约和规范。并且例文再多也不过两千条上下,⑤远远达不到"列举主义"的程度。⑥笔者赞同苏教授的判断,但又禁不住继而思考,既然连瞿先生这样一位一生"以研究中国传统社会见长"的学者也会有此偏颇,并赢得众多后辈学者的共鸣,除了因为他在研究方法上基本"照搬西方的套路"之外,是否清律本身也确实引人有此联想? 毕竟仅就本章的描述而言,至少清代盗律的这类因地(人)制宜立法确实看起来是在"列

---

① 窃盗与不枉法量刑的对比,参见《六赃图》,载《大清律例》,田涛、郑秦点校,法律出版社1999年版,第42~46页。
② 邱汉平编著:《历代刑法志》,商务印书馆2017年版,第588页。
③ 参见瞿同祖:"清律的继承和变化",载瞿同祖:《瞿同祖法学论著集》,中国政法大学出版社2004年版,第431~432页。
④ 王志强:《清代国家法:多元差异与集权统一》,社会科学文献出版社2017年版,第25页。
⑤ 根据《清史稿·刑法志》的统计,最后"增至一千八百九十有二"。参见邱汉平编著:《历代刑法志》,商务印书馆2017年版,第588页。
⑥ 参见苏亦工:《明清律典与条例》,商务印书馆2020年版,第224~245页。

举",虽然可能并不至于"列举主义"的地步。

那么接下来的问题就变成了:为何清代的例文要采这种抽象性偏低的、列举的方式?王志强教授对此的解答是,这些例文是中央和地方之间权力与利益平衡的结果,其中有很大一部分是"封疆大吏们根据自身管理和利益需要,以及各自辖区内的特定情况要求制定的",所以主要反映了地方官员特别是省级高官们的利益要求,往往"缺乏全局性眼光,只顾地方利益"。① 这一观点极具启发性。确如王教授的观察和总结,清代盗律的这些因地(人、时)制宜的例文也常常直接来自地方官员的上奏。只是王教授在此更强调中央和地方之间权力、利益关系的分配和互动,而在笔者看来似乎也稍显牵强,毕竟例文以及相关奏请中难言有多大个人"利益"。其实,王教授所言之各地方官员多根据"各自辖区内的特定情况要求"奏请修例,便可完全解答这一问题。换用笔者的说法,即这些例文都是直面实践的产物——因地、因人制宜。

譬如发现"两粤盗风之炽,甲于通国,俗有男子三十不成事业便当落草之谚"②,曾在广东为官二十载的程含章也称,"初到时,见贼盗繁多,甲于天下"③。所以例文中有众多专门针对广东的规则,如266-46、273-21、273-22。且其中"掳人勒赎之事,初惟广东为甚",继而引得东三省、江、浙、上海等地效仿,影响恶劣,④故而盗律内还有多条针对广东掳人勒赎的例文,如266-39、269-19、273-18、273-19、273-23。还如,道光五年(1825)河南巡抚指出:"回民之习为匪者,其情固与捻匪殊,而其齐心党恶,不必谋而响应。是以乾隆年间纂定回民结伙之例,并无预谋事样、请复旧例等语。"⑤与回民相关的268-17、269-11例缘由均在于此。⑥ 多条与苗人相关的例文,如268-04、268-19、268-20的立法缘由也类似于此。据称,"九股苗"喜为盗,"在施秉凯里,与偏头黑苗同类。服尚青,性尤猛悍。头盔身铠,铠重三十余斤。又以铁片裹骸。左手木牌,右手镖杆,口衔大刀,上山如飞。挽强弩,名曰偏架,一人持之,二人蹶张,发无不贯,故常喜为盗"。⑦ 再如,269-31例专

---

① 参见王志强:《清代国家法:多元差异与集权统一》,社会科学文献出版社2017年版,第16~22页。
② [清]徐珂编撰:《清稗类钞》第11册,中华书局1986年版,第5337页。
③ 朱批奏折,档号04-01-01-0691-038。
④ "虽人烟稠密,探捕林立,不顾也。限满不赎,则被掳者之生命不保矣。"参见[清]徐珂编撰:《清稗类钞》第11册,中华书局1986年版,第5296页。
⑤ [清]许梿、[清]熊莪纂辑:《刑部比照加减成案》,何勤华等点校,法律出版社2009年版,第434页。
⑥ 参见苏亦工:"清律回民相关条例及其影响",《政法论坛》2016年第3期。
⑦ [清]徐珂编撰:《清稗类钞》第11册,中华书局1986年版,第5352页。

门针对四川、陕西以及甘肃各地,此为嘉庆十六年(1811)四川总督常明并陕西巡抚董教增、陕甘总督那彦成先后奏准定例,同治九年(1870)改定。① 那氏的奏文道出该例在陕西省适用之原因:"陕西山南一带,在在与川省毗连,五方杂处,间有无籍贫民携带刀锚,四处游荡,乘机绺窃,甚或抢夺行凶。虽经随时惩办,究未能敛迹。今四川酌定章程,小惩大诫,更恐彼省严办,又多窜入陕境。"遂奏请该省日后照川省之例画一办理。② 郑秦教授说,清代的每一条例文背后都有"生动的案例或事例"③,此言不虚。

这种直面实践的立法方式,笔者已在本著第三章做过部分讨论。清代的律较为抽象、体系化,可以保证律典的稳定性;而例以实践为导向,为及时、灵活应对现实中的纷繁变迁,出现新的、值得规范的情形便新增相应规则,所以便呈现出"列举"的现象,也所以抽象性与体系性必然有所不足。为应对新情况,亦即出现新的犯罪类型或某些种类的犯罪高发,故而这类例文都是新增处罚规则或加重原有的处罚,概括而言就是本节总结的第一个特点——处罚加重。④ 随着社会的不断发展、变化,新的情况会不断出现,这种"列举"也自然会越来越多,变得复杂失衡,本节所言之第二个特点便也在所难免。

第三节　古今之变:差异与延续

清律存在的这些问题还未来得及修正、解决,清廷即告覆灭,民国、新中国相继鼎革,绵延数千年的传统律典亦随之而被来自西方的"现代"法典取代。不过,若我们放宽历史的视角,则会发现,后世之诸多立法意旨实与清代这种因地、因人制宜的立法模式颇为相通。

民国二年(1913),临时参议院议决并公布《省议会暂行法》,给予各省议会议决本省单行条例的职权。⑤ 十二年(1923),《中华民国宪法》第五章"国权"第24至第28条规定,各省有权在不与中央制定法相抵触的前提下

---

① [清]薛允升:《读例存疑重刊本》第3册,黄静嘉编校,成文出版社1970年版,第670页。
② 朱批奏折附片,档号04-01-01-0535-013。
③ 郑秦:"康熙《现行则例》:从判例法到法典化的回归",《现代法学》1995年第2期。
④ 王志强教授仍从中央、地方的权力、利益角度进行分析这一问题,笔者认为似亦可不必。参见王志强:《清代国家法:多元差异与集权统一》,社会科学文献出版社2017年版,第20~21页。
⑤ 谢振民编著:《中华民国立法史》(下),张知本校订,中国政法大学出版社2000年版,第674页。

单独立法,①首次在宪法上承认地方的立法权。② 二十年(1931),蒙藏委员会在南京召开蒙古会议,通过《蒙古盟旗组织法草案》,当年立法院议决并由民国政府正式公布施行,最终定名为《蒙古盟部旗组织法》。③ 1949年后,更是不仅赋予各省区及部分市一定的立法权,还划分出特别行政区、民族自治地方、经济特区等,给予更大的立法权以至不适用或变通适用某些法律的权力。仅以民族自治地方的立法权为例,《宪法》规定:

> 第四条 ……各少数民族聚居的地方实行区域自治,设立自治机关,行使自治权。各民族自治地方都是中华人民共和国不可分离的部分。
> 第一百一十五条 自治区、自治州、自治县的自治机关行使宪法第三章第五节规定的地方国家机关的职权,同时依照宪法、民族区域自治法和其他法律规定的权限行使自治权,根据本地方实际情况贯彻执行国家的法律、政策。
> 第一百一十六条 民族自治地方的人民代表大会有权依照当地民族的政治、经济和文化的特点,制定自治条例和单行条例。

《立法法》第85条言:

> 民族自治地方的人民代表大会有权依照当地民族的政治、经济和文化的特点,制定自治条例和单行条例。……
> 自治条例和单行条例可以依照当地民族的特点,对法律和行政法规的规定作出变通规定,但不得违背法律或者行政法规的基本原则,不得对宪法和民族区域自治法的规定以及其他有关法律、行政法规专门就民族自治地方所作的规定作出变通规定。

更有《民族区域自治法》对民族自治地方进行专门的规范。此外,《刑法》中亦有相关条文,如第90条规定:

---

① 郭卫编:《中华民国宪法史料》,文海出版社1973年版,第32~33页。
② 参见王志强:《清代国家法:多元差异与集权统一》,社会科学文献出版社2017年版,第26页。
③ 谢振民编著:《中华民国立法史》(下),张知本校订,中国政法大学出版社2000年版,第737~739页。

民族自治地方不能全部适用本法规定的,可以由自治区或者省的人民代表大会根据当地民族的政治、经济、文化的特点和本法规定的基本原则,制定变通或者补充的规定,报请全国人民代表大会常务委员会批准施行。

当然,古今的这类立法有显著的差异。其一,如今之民族区域自治制度的直接来源并非我国传统时代,而是如《民族区域自治法》序言所说,"是中国共产党运用马克思列宁主义解决我国民族问题的基本政策"。具体而言,学者已道明:马克思主义的平等原则、列宁主义民族自决权理论、斯大林民族定义,苏联的民族区域自治理论是新中国民族政策的"理论基石之一",并深刻塑造了延续至今的民族理论话语风格,中国共产党的革命经验与毛泽东思想,是新中国建设民族区域自治制度的"直接理论来源"。[①] 其二,从立法的主体和权限而言,清代这类例文的制定者乃中央朝廷(以皇帝的名义),[②]而当代则将这一权力部分下移给地方权力机关,中央仅保留批准或备案的权力。其三,从适用这类规范的后果来看,清代是加重对特定人群、特定地域犯罪的处罚,而当代则多为对特定人群、特定地域依据其民族、地域特点,"对法律和行政法规的规定作出变通规定",譬如民族自治地方有权依照当地民族的政治、经济和文化的特点制定自治条例、单行条例,亦可对包括《刑法》在内的法律和行政法规作变通或补充规定,还可能在刑事司法的过程中享受诸如"少捕少杀""一般要从宽"的特殊待遇。

然而,差异归差异,在笔者看来,古今的这类立法实则同大于异。因为二者所异,不过表面之规则,而其所同者,乃内在的立法意旨。此立法意旨,不外如前引薛允升所言,"一省有一省情形",如今《宪法》和各法律一再强调"依照当地民族的政治、经济和文化的特点"亦是此意。主持起草《民族区域自治法》的乌兰夫即曾指出,实行民族区域自治就是为了应对各民族、各地区之间差异的问题:

中国各民族的特点是千姿百态的。就民主改革以前的社会形态来看,有些民族和汉族大同小异,有些民族中存在着农奴制,有些民族中

---

① 参见关凯:"内与外:民族区域自治实践的中国语境",《清华大学学报(哲学社会科学版)》2015年第1期。

② 据王志强教授统计,清代条例中对特定地域的特别立法大多数是应各地督抚的要求分别纂定,经中央最高统治者的首肯,以立法形式确立。参见王志强:《清代国家法:多元差异与集权统一》,社会科学文献出版社2017年版,第17页。

存在着奴隶制,还有些民族中或多或少地保留着原始公社制,合起来几乎可以构成一部活的社会发展史。为了使这些处在不同社会发展阶段上的民族都走到共同的社会主义道路上来,决不能把汉族地区或其他民族地区成功的经验当作通用的程式,要求他们"齐步走""一刀切",更不能象列宁所反对的那样"用棍子把人赶上天堂",而必须允许他们采取适合自己特点的方式和步骤,才可以收殊途同归之效。①

简而言之,古今均有的这种立法模式的缘由,乃为因地、因人制宜。故而在如今对各地区、人群的不同规范,不仅体现在明文的法律之中,司法解释、刑事政策亦多有涉及。举例而言,《刑法》关于盗窃罪的第264条规定:

> 盗窃公私财物,数额较大的,或者多次盗窃、入户盗窃、携带凶器盗窃、扒窃的,处三年以下有期徒刑、拘役或者管制,并处或者单处罚金;数额巨大或者有其他严重情节的,处三年以上十年以下有期徒刑,并处罚金;数额特别巨大或者有其他特别严重情节的,处十年以上有期徒刑或者无期徒刑,并处罚金或者没收财产。

对于"数额较大""数额巨大""数额特别巨大"的具体标准,《刑法》并未言明,陆续出台的司法解释方填补了这一空白。1997年的最高人民法院《关于审理盗窃案件具体应用法律若干问题的解释》和2013年的最高人民法院、最高人民检察院《关于办理盗窃刑事案件适用法律若干问题的解释》,均根据当时的情况确定了一个对应的范围,如后者第1条第1款:"盗窃公私财物价值一千元至三千元以上、三万元至十万元以上、三十万元至五十万元以上的,应当分别认定为《刑法》第264条规定的'数额较大''数额巨大''数额特别巨大'。"但这也仅是范围,对于范围内执行的具体数额标准,两份司法解释均把确定的权限交移给了地方,如2003年《解释》的第1条第2款:"各省、自治区、直辖市高级人民法院、人民检察院可以根据本地区经济发展状况,并考虑社会治安状况,在前款规定的数额幅度内,确定本地区执行的具体数额标准,报最高人民法院、最高人民检察院批准。"

应该说,当代的这些法律、司法解释及刑事政策,确可在一定程度上应对各民族、各地区之间的差异问题。但同时我们也须得注意到,由于古今这类立法意旨的一致性或言相似性,清代这类立法模式的弊端——复杂失衡,

---

① 乌兰夫:"民族区域自治的光辉历程",《人民日报》1981年7月14日第2版。

在当代仍然存在或可能存在。

一方面,当代我国省一级的行政区划包括省、自治区、直辖市、特别行政区,市一级又被区别为省/自治区的人民政府所在地的市、经济特区所在地的市、国务院已经批准的较大的市、设区的市等,不同级别及类型的行政区对应有不同的立法权限和审批程序。仅从《立法法》第72条、《香港特别行政区基本法》与《澳门特别行政区基本法》的第17、18条这些关于行政区域的划分及其立法权限、程序的差异着眼,当代这类立法规则的复杂程度已让人眼花缭乱。

另一方面,赋予各地一定的立法权限,即是允许或言鼓励各地就同一事项作出不同规定,甚至对某些刑事规则亦是如此。① 以上文述及之确定窃盗罪"数额较大""数额巨大""数额特别巨大"的标准为例,司法解释在给出大概的范围之后,将确定具体标准的权力交给了各省区的高级人民法院、人民检察院。在这一授权之下,各地纷纷出台相应的具体标准,如北京市高级人民法院《关于适用办理盗窃刑事案件司法解释的若干意见》规定:"'数额较大'认定标准为二千元以上,'数额巨大'认定标准为六万元以上,'数额特别巨大'认定标准为四十万元以上。"云南省高级人民法院《关于我省办理盗窃刑事案件执行具体数额标准的通知》规定:"'数额较大'以一千五百元为起点,'数额巨大'以四万元为起点,'数额特别巨大'以三十五万元为起点。"而广东省高级人民法院、人民检察院《关于确定盗窃刑事案件数额标准的通知》更是将该省分为两类地区分别确定标准:

一、一类地区包括广州、深圳、珠海、佛山、中山、东莞等六个市,盗窃数额较大的起点掌握在三千元以上;数额巨大的起点掌握在十万元以上;数额特别巨大的起点掌握在五十万元以上。

二、二类地区包括惠州、江门、汕头、肇庆、阳江、茂名、韶关、清远、湛江、潮州、揭阳、云浮、河源、汕尾、梅州等十五个市,盗窃数额较大的起点掌握在二千元以上;数额巨大的起点掌握在六万元以上;数额特别巨大的起点掌握在四十万元以上。

《宪法》第3条规定:"中华人民共和国公民在法律面前一律平等。"第4条规定:"对任何人犯罪,在适用法律上一律平等。"为何对于同样的盗窃行

---

① 不过,尽管《宪法》及《刑法》一定程度允许省一级的少数民族自治地方对《刑法》作变通或者补充的规定,但就笔者目力所及,目前尚未有任何一省区行使过这一权力。

为,在不同的省区甚至同一省区的不同地区要适用不同的量刑标准呢? 其中原因不外各地经济发展水平不一。可是,广东省"一类地区"的六个市、"二类地区"的十五个市经济发展水平就全然一致吗?"一类地区"数额较大的起点设在三千元,"二类地区"设在二千元,就真的能保证公平与均衡吗?《刑法》第5条谓:"刑罚的轻重,应当与犯罪分子所犯罪行和承担的刑事责任相适应。"司法解释及各地规则的细化,实则导致了与《宪法》和《刑法》的这几条声明相抵牾。① 前文已提及王志强教授曾指出,造成清代这类立法参差、矛盾、不平衡的原因乃"由于大量特别法由地方督抚奏请,因此有些内容缺乏全局性眼光,只顾地方利益,打击对象过于偏颇,以致畸轻畸重,有失公平"②。此说或确为清代之实况,但从对此处的分析可以看到,其实无论古今,无论由谁奏请、由谁制定,这种因地(人)制宜立法模式本身即必然存在参差与不平衡的问题。

小结　必要但须克制的立法模式

古今中外均常见因地(人)制宜的立法,所谓"治蜀用严,治吴用宽,见于史册,彰彰可考"③。据载,早在《周礼》便有"建邦之三典"的原则:"大司寇之职,掌建邦之三典,以佐王刑邦国,诘四方,一曰刑新国用轻典,二曰刑平国用中典,三曰刑乱国用重典。"④清人汪绋亦精彩解说道:

> 三典之异用于三等之国者,权也。刑必协于中,则中典为不易之常法,曰轻曰重,盖视中为轻重,非以意为轻重也,而亦有一定之制,故均名曰典则,权也而仍为轻,俾邦国之民,各喻其意,庶可免于刑诛。其由新而故,既乱而平,或先平而后乱者,必随时斟酌轻重,以求其中,而凡因地制宜之道视此矣。……三典虽异,要之一中而已,平国用中典,新国则以轻为重,乱国则以重为中。不如是不足以治之也。⑤

---

① 对这一司法解释的评析,还可参见张明楷:"简评近年来的刑事司法解释",《清华法学》2014年第1期。
② 王志强:《清代国家法:多元差异与集权统一》,社会科学文献出版社2017年版,第22页。
③ [清]吉同钧:《乐素堂文集》,闫晓君整理,法律出版社2014年版,第130页。
④ 《周礼·大司寇》,《汉书·刑法志》对此有申说。
⑤ [清]汪绋:《祥刑经解》,载杨一凡编:《中国律学文献》第三辑第4册,黑龙江人民出版社2006年版,第287~288页。

224

此后,唐宪宗元和八年(813)诏:"若强盗持仗劫京兆界中及它盗赃逾三匹者,论如故。其余死罪皆流。"①迨至北宋,仁宗时期首创专门针对盗贼的"重法地法"——"在常法之外,针对特定地区,特定犯罪,制定特别法规,实行特殊法统治"②。如嘉祐六年(1061),"始命开封府诸县盗贼囊橐之家立重法,后稍及曹、濮、澶、滑等州。熙宁中,诸郡或请行者,朝廷从之,因著为令。至元丰,更定其法,于是河北、京东、淮南、福建等路用重法,郡县浸益广矣"③。至清代,"直、奉、川、陕各省犹有专条,蒙古有蒙古之例,回民有回民之例,苗蛮有苗蛮之例","旗、蒙、回、汉、苗、瑶、蛮、壮,种类不一,刑法各殊"。④ 其实也不仅在中国,即便在国外亦不乏类似立法,如美国各州均有较大的立法权,⑤日本在"地方自治"的宗旨之下,各地亦被赋予一定的立法权。⑥

无论古今中外的这类立法自有其不得不为之缘由——因地、因人制宜。研究法律史的王志强教授说:"在幅员辽阔、民族众多的大国内,各地自然和人文地理状况各异,情况千差万别,统一的全国性立法往往不能有针对性地切实解决各地方的具体问题。"⑦立法法专家许俊伦教授谓,在我们这样一个传统的大国,"赋予地方立法权是一件高瞻远瞩、具有战略眼光的大事,不但有利于地方法制建设,而且有利于地方市场经济体制的建设。十几年以来,全国各地共制定了地方性法规4000余件,在我国立法体制中不但占有重要的地位,而且发挥了重大作用"⑧。然而,我们同时也须得注意到,事物常有利、弊两面,因地(人)制宜的立法模式在其必然性与优点之外,亦存在弊端:规则日益复杂并由此而导致法律整体上的失衡、参差。此点可谓无论古今。因是之故,如今我们所应着力者,即发挥优点、克服弊端。克服之方,依笔者愚见,乃对这类立法(尤其刑事领域)采克制的态度。

首先,国家法制应是统一的整体,由各地就同一事项分别立法,或由中央针对不同人群、不同地域分别立法,均难以保障人群之间、地域之间法律的均衡,从而便可能破坏国家法制的整体性,并违反"法律面前人人平等"的

---

① 《历代刑法志》,群众出版社1988年版,第315页。
② 参见郭东旭:"论北宋'盗贼'重法",《河北大学学报(哲学社会科学版)》2000年第5期。
③ [宋]李焘:《续资治通鉴长编》第23册,中华书局1990年版,第8255页。
④ 点校本"蒙古之例""回民之例""苗蛮之例"加有书名号,似有不当,故笔者引用时删去。参见[清]吉同钧:《乐素堂文集》,闫晓君整理,法律出版社2014年版,第87、131页。
⑤ 参见刘建兰、张文麒:《美国州议会立法程序》,中国法制出版社2005年版。
⑥ 参见万鹏飞、白智立主编:《日本地方政府法选编》,北京大学出版社2009年版,第31~32、43~47页。
⑦ 王志强:《清代国家法:多元差异与集权统一》,社会科学文献出版社2017年版,第16页。
⑧ 许俊伦:《地方立法论》,中国民主法制出版社1997年版,第73页。

现代法治原则。此点对于刑事法制而言更是如此,故而《立法法》第 8 条中明列的"只能制定法律"也即只能由全国人民代表大会及其常务委员会进行立法的事项,即有"犯罪和刑罚"一项。

其次,这类立法所意欲应对的问题,若可以通过其他方式解决——如教义学、司法自由裁量,则宜尽量通过这些方式解决,而不必尽靠制定成文的规范性文件——法律、司法解释、刑事政策等。正如张明楷教授所言:一者,法律规定得越具体,漏洞就越多,也就越难适应日益变化的社会生活;二者,法律是正义的文字表述,但正义是活生生的,为了对纷繁复杂的具体案件作出符合正义的结论,法律必须使用抽象性、一般性的语言。①

再次,当不得不因地、因人制宜立法之后,如若"不得不"之原因消失,即应尽快取消特殊规则、恢复法制统一。对此其实清代的立法者已经认识到,在多条这类例文末尾都会加上一句"俟数年后,盗风稍息,奏明仍复旧例办理"之类的表述。② 薛允升称,事实上这类例文"改归旧例者十无一二"③。但笔者搜检之后发现,改归者似乎也并非罕见,如嘉庆年间两广总督觉罗吉庆上奏请求删除强盗门内一条针对粤东的例文之时,便声称其原因乃在"该省盗风渐减"④。只是清律中确有诸多应删而未删者,薛氏方有此批评。对于今天而言,我们即应汲取清代的这些经验和教训。

法谚有云,"法律不区分人","在法律领域没有什么比对相同事件依不同法律进行评价更难忍受"。⑤ 从古今之因地(人)制宜立法模式(尤其刑事领域)的理论和实践来看,均应尽量采取克制的态度。

---

① 参见张明楷:《刑法分则的解释原理(第二版)》(上),中国人民大学出版社 2011 年版,第 7 页。
② 如强盗门内的 266-35、43、44 等。
③ [清]薛允升:《读例存疑重刊本》第 3 册,黄静嘉编校,成文出版社 1970 年版,第 619 页。
④ [清]吴坤修等编撰:《大清律例根原》(二),上海辞书出版社 2012 年版,第 924 页。
⑤ 张明楷:《刑法格言的展开(第三版)》,北京大学出版社 2013 年版,第 68、75 页。

第十章　从洋盗例到海盗罪：
固有与外来规则的互动交融

> 我的海盗的梦,我的烧杀劫掠的使命。……为这快乐,我们迎向战斗。
>
> ——〔英〕拜伦《海盗》
>
> 封侯非我意,但愿海波平。
>
> ——〔明〕戚继光《韬钤深处》

引论　古今之间的"海盗"

随着轰轰烈烈的经济全球化趋势和我国"一带一路"倡议的展开,作为通商生命线的海上通道之安全问题变得愈加关系紧要,但一些重要航道和繁忙海域(如南海、马六甲海峡、亚丁湾、西非几内亚湾等)却经常面临海盗的严重威胁。[①] 所谓"海盗",目前的国际条约和各国国内法中并无统一的定义。2001 年国际海事委员会《关于海盗和海上暴力行为的示范国内法》也未对海盗直接下定义,而是借助其他公约、法律的规定列举其表现形式:(1)从事 1958 年《公海公约》第 15 条所定义的海盗行为;[②](2)从事 1982 年

[①] 参见李卫海:"中国海上航运的安保模式及其法律保障——以应对 21 世纪海上丝路的海盗为例",《中国社会科学》2015 年第 6 期;曹玉墀:"2021 年全球海盗事件分析",《世界海运》2022 年第 3 期。

[②] "海盗指下列任何行为:(1)私有船舶或私有航空器之航员或乘客为私人目的,对下列之人或物实施任何不法之强暴行为、扣留行为或任何掠夺行为:(a)公海上另一船舶或航空器,或其上之人或财物;(b)不属任何国家管辖之处所内之船舶、航空器、人或财物;(2)明知使船舶或航空器成为海盗船舶或航空器之事实而自愿参加其活动;(3)教唆或故意便利本条第一款或第二款所称之行为。"见联合国公约及宣言检索系统,https://www.un.org/zh/documents/treaty/ILC-1958-3,最后访问时间:2024 年 2 月 23 日。下文引用本公约时不再注明出处。

《海洋法公约》第101条所定义的海盗行为;①(3)从事根据(某一制定国)刑法典规定构成海盗的行为;(4)从事先前被(某一制定国的最高法院)认为是构成海盗的行为;(5)从事根据国际惯例法被认为是具有海盗性质的行为。"任何人为了非法目的,有意地或轻率地从事上述行为",即是海盗。②本著试图做古今中西之贯通,故借鉴林山田教授的说法,对海盗采较为模糊的界定:"就一般人的法感,海盗系指发生在海洋上的强盗而言。"③在这样的界定之下,我国传统时代对海盗的称呼还有"海贼""海寇""洋匪""岛寇"等,而笔者在清代的史料中见得最多的用词乃"洋盗"。本章即用"海盗"一词统称这类行为,但涉及史料解读之时尽量保持史料中的用词。

海盗在中外历史上均屡见不鲜。在西方世界,从古希腊、古罗马到中世纪以至近代前夕的"海盗业黄金时代",北欧海盗、加勒比海盗、北非海盗……你方唱罢我登场,叱咤海疆风云,并给西方历史进程带来深远影响。④而在我国,据考证,史书上首次出现的关于海盗的记载是早在东汉年间的张伯路,东晋末年更是出现了被称为"中国海盗之始祖"的孙恩,其后隋唐宋元此风不衰,毋论明清两代大炽之倭寇、海患。⑤漫长、多彩的海盗史,也让历代王朝积累了应对、治理海盗的丰富经验,如《大清律例》便订有多条专门惩治海盗的例文。

我国自清末法制近代化(西化)以降,历次修律虽向以"中外通行"为旨归,所谓"折衷各国大同之良规,兼采近世最新之学说,而仍不戾乎我国历世相沿之礼教民情"。无奈"参酌各国法律"易,如当时翻译并参考、继受了德、法、日、俄、英、美等国法律,但"不戾乎我国历世相沿之礼教民情"难,⑥讥者谓

---

① "下列行为中的任何行为构成海盗行为:(a)私人船舶或私人飞机的船员、机组成员或乘客为私人目的,对下列对象所从事的任何非法的暴力或扣留行为,或任何掠夺行为:(1)在公海上对另一船舶或飞机,或对另一船舶或飞机上的人或财物;(2)在任何国家管辖范围以外的地方对船舶、飞机、人或财物;(b)明知船舶或飞机成为海盗船舶或飞机的事实,而自愿参加其活动的任何行为;(c)教唆或故意便利(a)或(b)项所述行为的任何行为。"见联合国公约及宣言检索系统,地址:https://www.un.org/zh/documents/treaty/UNCLOS-1982,最后访问时间:2024年2月23日。下文引用本公约时不再注明出处。
② 参见"关于海盗和海上暴力行为的示范国内法"简介,《中国远洋航务公告》2001年第5期。
③ 参见林山田:《刑法各罪论》(上),北京大学出版社2012年版,第288页。
④ 相关历史可参见〔加〕提姆·特拉弗斯:《海盗史》,李晖译,海南出版社2010年版;〔西〕西尔维娅·米格恩斯:《海盗简史》,夏侯珺、周默草译,百花文艺出版社2013年版。
⑤ 对我国海盗史的一般性介绍,可参见〔日〕松浦章:《中国的海贼》,谢跃译,商务印书馆2011年版;上海中国航海博物馆编著:《新编中国海盗史》,中国大百科全书出版社2014年版。
⑥ 语出"伍廷芳、沈家本等奏删除律例内重法折""修订法律馆为刑律分则草案告成缮具清单折",载高汉成主编:《〈大清新刑律〉立法资料汇编》,社会科学文献出版社2013年版,第5、23页。

"一概效颦他人，……数典忘祖"①。不过有意思的是，近代以降历部刑律/刑法典中有关海盗的立法竟不同程度保留了清律中的相关规则，乃至一直延续至今天的台湾地区刑事规范中，在近代史上颇为罕见地上演了一出与"伦常条款"无关的固有与外来规则的互动大戏。②

我国已加入联合国《海洋法公约》，承诺对海盗承担普遍管辖义务，但现行《刑法》没有规定专门的海盗罪，实践中的做法是根据案件的具体情况将其按照抢劫罪、故意杀人罪、故意伤害罪等相关罪名处理。为了更好地应对频发的海盗事件并承担国际义务，目前学界研究我国当下海盗问题的法律对策时多倡借鉴域外立法、增设海盗罪，并常提及台湾地区刑事规范中的海盗罪，似尚未关注到我国历史上亦有经验可寻，且如今台湾地区之海盗罪其实蕴涵着颇多传统的因素。而学界关于传统时代海盗的考察，又多是社会史、经济史的史实爬梳，③鲜及法史视角的规范分析。④本章即试图从这一角度出发，寻觅以《大清律例》为代表的固有法制及其实践中有关海盗问题的可资当下镜鉴的历史经验，并考察清末、民国相关立法的过程，借此进一步探讨我们在百余年至今仍未停歇的法制近现代化/西化/全球化道路上，应如何面对固有与外来规则的关系，并保障、促进二者之间健康、有效的互动交融。

第一节 重且详之：清律洋盗例及其实践

一、"江洋大盗"斩立决

《大清律例》有关海盗的立法位于强盗门内，乃作为一种特殊的强盗类

---

① 〔清〕吉同钧："论新律之颠末流弊并始终维持旧律之意"，载高汉成编著：《〈大清新刑律〉立法资料补编汇要》，中国社会科学出版社 2016 年版，第 97 页。
② 清末修律之时对无夫奸、干名犯义、子孙违犯教令等固有法制中与伦常相关的条款有颇多争论，并部分保留在当时和其后的近现代法典中。学界亦有颇多对相关论题的论述，但伦常条款之外的固有与外来规则的互动问题似较少受到关注。有关伦常条款的争论过程以及学界的代表性成果，参见黄源盛：《法律继受与近代中国法》，黄若乔出版 2007 年版。
③ 值得关注的重要作品，如〔美〕穆黛安：《华南海盗：1790—1810》，刘平译，商务印书馆 2019 年版；〔芬〕利留斯：《近代华南海盗记事》，沈正邦译，花城出版社 2020 年版；〔日〕松浦章：《中国的海贼》，谢跃译，商务印书馆 2011 年版。
④ 法律史的作品，笔者仅见周鹏博士对洋盗问题有集中关注，但篇幅很小，只是简要介绍。参见周鹏："《大清律例·强盗》例文所见清代强盗罪中的几个问题"，《吉林师范大学学报（人文社会科学版）》2022 年第 2 期。

型而被加重处罚。266-02例规定：

> 凡响马强盗,执有弓矢军器,白日邀劫道路,赃证明白者,俱不分人数多寡,曾否伤人,依律处决,于行劫处枭首示众。(如伤人不得财,依白昼抢夺伤人斩)其江洋行劫大盗,俱照此例立斩枭示。①

概言之,本例是为加重对"响马强盗"与"江洋行劫大盗"两种特别的强盗情形的处罚,在强盗律(266-00)规定的罚则"但得财者,不分首从,皆斩"之外,再加枭首示众。该例原出明代问刑条例。② 万历二年(1574)刑科给事中郑岳言:"如有拿获响马及大伙强盗百人以上,干系城池衙门,赃证明白,即时奏请审决,不必概候决单。"③因而定例。但当时之例仅关于"响马强盗","江洋行劫大盗"一节乃入清之后,康熙五十年(1711)安徽巡抚叶九思审题续获行劫繁邑吴文耀等客船案内首盗罗七一案,附请定例,雍正三年(1725)馆修,另立专条附律。④ 这也是清律对海盗问题的首次专门、明确立法。乾隆五年(1740),因"俱是一例枭示之案,应并"⑤,这两条例文方才并而为一如前引。

所谓"响马强盗",沈之奇释曰:"响马,谓有响箭为号也。乘马执械,白日公行,其罪重于强盗,故枭示以别之。"⑥何以例文将其与"江洋行劫大盗"相提并论、同等加重治罪呢? 薛允升道:"陆路则曰响马强盗,水路则曰江洋行劫大盗,较之在乡市黑夜直入人家行劫者,治罪尤重。"⑦亦即这两种行为要么"陆路"要么"水路",都发生于人迹罕至的路途之上,与发生在其他地点的强盗行为相较,"此时被害人保护财产之能力毫无存在,其侵害之程度较大,故更加重其刑"⑧。

笔者所见定例之后的历朝相关案件确均是据此办理,立斩枭示。⑨ 实践

---

① 《清会典事例》(九),中华书局1991年版,第588页。
② 《大明律》,怀效锋点校,法律出版社1999年版,第409页。
③ [清]薛允升:《读例存疑重刊本》第3册,黄静嘉编校,成文出版社1970年版,第591页。
④ 马建石、杨育棠主编:《大清律例通考校注》,中国政法大学出版社1992年版,第685页。
⑤ 郭成伟主编:《大清律例根原》(二),上海辞书出版社2012年版,第906页。
⑥ [清]沈之奇:《大清律辑注》(下),怀效锋、李俊点校,法律出版社2000年版,第581页。
⑦ [清]薛允升:《读例存疑重刊本》第3册,黄静嘉编校,成文出版社1970年版,第621页。
⑧ 夏勤述,胡长清疏:《刑法分则》,载《朝阳法科讲义》第6卷,陈新宇点校,上海人民出版社2013年版,第155页。
⑨ 各朝的案例,如宫中档奏折-雍正朝,档案号402010092;档奏折-乾隆朝,档案号403038539;宫中档奏折-嘉庆朝,档案号404001047;宫中档奏折-道光朝,档案号405003287;宫中档奏折-咸丰朝,档案号406000167。

中,除斩决枭示被抓获者外,已故者也难逃惩罚,会面临戮尸并将首级在犯事地方"悬竿示众,以昭炯戒"的后果。① 另,乾隆六十年(1795)上谕:"盗犯林诰……以江洋大盗又复胆敢拒捕致差役二死一伤,核其情罪即当问拟凌迟。……嗣后遇有此等案件,即当一体严加惩治,庶使匪徒渐知畏法,以期洋面肃清,不可稍事姑息。"②此后的案件中,遇拒伤差役、官兵或事主人数多人者均照本案办理。如道光二十五年(1845)林鱼"起意拒捕以致各船事主同时惨毙至三十余人之多",两年后魏正、林沅"施放枪炮火礶"致一人死亡、十六人受伤,均援引本案,问拟凌迟。③

嘉庆六年(1801),本例"枭首示众"句下小注将"不得财"者细致分为首/从犯、伤人/未伤人几种情况分别处罚:"如伤人不得财,首犯斩监候,为从发黑龙江为奴,如未得财又未伤人,首犯发黑龙江为奴,从犯杖一百、流三千里。"嘉庆十七年(1812),又将发黑龙江俱改发新疆给官兵为奴。④ 嘉庆十三年(1808)潘炳海等人"听纠出洋为盗,尚未行劫得财"被拿获,即照本例"未得财又未伤人从犯"的规则,杖一百、流三千里。⑤ 在定本例之前,嘉庆二年(1797)姚亚汤等十五人作为从犯参与洋盗但未得财,是照强盗律(266-00)所言之"已行不得财"科断,杖一百、流三千里,⑥而非当时小注所言"如伤人不得财,依白昼抢夺伤人斩",故可推测此十五人未伤人,也可看出小注的修改实为对实践中做法的确认。

值得注意的是,本例对海盗的用词是"江洋行劫大盗",其他例文中还有"江洋大盗"⑦及"洋盗"⑧的说法。简单来说,"江洋大盗"乃"江洋行劫大盗"之简称,而"洋盗"则不仅是简称。薛允升对"洋盗"这一表述有质疑:"此条指明洋盗,若在江面行劫,即与此例不符,岂大江湖河案内,即无此等从犯耶?"⑨例文舍"江"而仅言"洋"的缘由,恐怕并非是否有无"此等从犯"的问题,而是认为在洋之犯较之在江等其他水路为重,故专门加重对在洋者之处罚,而江上之此等从犯则径照普通强盗之从犯处理即可。相同的逻辑之下,除了江与洋,内河亦为水路,但"海洋行劫盗犯,情罪较重,非内河陆路

---

① 如宫中档奏折-道光朝,档案号 405003287、405005521。
② 《大清高宗纯皇帝实录》卷 1482,乾隆六十年乙卯秋七月。
③ 宫中档奏折-道光朝,档案号 405008286、405010507。
④ 《清会典事例》(九),中华书局 1991 年版,第 588 页。
⑤ 宫中档奏折-嘉庆朝,档案号 404010316。
⑥ 宫中档奏折-嘉庆朝,档案号 404003459。
⑦ 马建石、杨育棠主编:《大清律例通考校注》,中国政法大学出版社 1992 年版,第 695~696 页。
⑧ 如 266-48、266-49、278-15 例。
⑨ [清]薛允升:《读例存疑重刊本》第 3 册,黄静嘉编校,成文出版社 1970 年版,第 621 页。

可比"①,故发生于内河的强盗案件并不如江、洋盗案处罚之重,只在例文明定的部分情况下(如266-46例)较一般强盗案件处罚为重。

从相关例文来看,"江洋行劫大盗"或"江洋大盗"与"洋盗"相较,变化的关键词实乃一个"大"字,代表了律典及实践对"法所难宥"与"情有可原"两种情况的区别对待。"江洋大盗"者"法所难宥",而非"大盗"者则有可能"情有可原",故仅称其为"洋盗"。此外,"洋盗"一词也被用于对所有在洋行盗者的统称。这里"法所难宥"与"情有可原"的区别,即是下一部分所要讨论的话题。

二、"情有可原"免死发遣

按照强盗律(266-00)的一般规则,"但得财者,不分首从,皆斩",则作为特殊强盗的海盗即亦应依此处理。但康雍以后,对强盗"渐从宽宥",分别法所难宥及情有可原两项,前者照律斩决,后者免死发遣。② 雍正十年(1732)发生在广州府香山县的一起洋盗案中,相关行为人即被如此分别,盗首六人"法无可贷",其余八十三个自行投首的伙盗"情有可原"。③ 乾隆八年(1743),这一区别被正式定例:

> 强盗重案,除定例所载杀人放火、奸人妻女、打劫牢狱、仓库,干系城池、衙门,并积至百人以上,及响马④强盗、江洋大盗、老瓜贼仍照定例遵行外,其余盗劫之案,各该督、抚严行究审,将法所难宥及情有可原者,一一分晰,于疏内声明。大学士会同三法司详议,将法所难宥者正法,情有可原者发遣。⑤

所谓"法所难宥",也称"法无可贷","如转纠党羽、持火执械、涂脸入室、助势搜赃、架押事主、送路到案、诬扳良民并行劫二次及沿江滨海行劫、过船搜赃";而"情有可原"者,"在外瞭望、接递赃物,并未入室过船搜赃,并被人诱胁上盗,或行劫一次并无凶恶情状"。⑥ 该例专门指出"江洋大盗"并不在从宽、分别之列,但实践中的各洋盗案件仍会做此分别处理,此即可看

---

① 《清会典事例》(九),中华书局1991年版,第623页。
② 参见[清]吉同钧纂辑:《大清律讲义》,闫晓君整理,知识产权出版社2017年版,第69页。
③ 宫中档奏折-雍正朝,档案号402010092。
④ 点校本此处有顿号,疑句读有误,应删。
⑤ 本例及康熙、雍正之谕旨,见马建石、杨育棠主编:《大清律例通考校注》,中国政法大学出版社1992年版,第695~696页。
⑥ [清]吉同钧纂辑:《大清律讲义》,闫晓君整理,知识产权出版社2017年版,第69页。

出江洋大盗特指法所难宥者。在乾隆四十八年(1783)的一起洋盗案中,吴金雀等十二犯被认定为"法无可贷",立斩枭示,而刘长、张绥"被胁随行"则为"情有可原","免死发遣黑龙江等处,给披甲人为奴"。① 不过,乾隆五十二年(1787)刑部议覆广东拿获洋盗王马成一案,"因值台匪滋事,正整饬海疆之时,将情有可原之郭韦及年未及岁之陈螺纪优三犯,拟以斩枭具奏,奉旨改为应斩监候秋后处决,俟满三年,再行照例分别发遣完结"②,从此部分加重了对洋盗中的情有可原者之处罚。两年后的林远、洪梅二犯"被诱胁上船鸡奸,无随同行劫分赃",即照这一处理方式,"拟斩监候,先行刺字,俟三年后再行发遣"。③

此后又发生一些相关案件,"审明拿获行劫浙省外委陈学明巡船首伙洋盗,及续获闽浙二省海洋各案逸盗,并被诱逼胁窝留销赃等犯"。案件中的"被诱逼胁并未随同上盗"之犯,承审总督亦将其照陈螺之例,"拟斩监候,俟满三年,再行发遣回疆给回子为奴"。上谕指出,如此固属遵例办理,"但海洋行劫盗犯,情罪较重,非内河陆路可比。此等匪徒,既经被诱在船,随同出洋,听从盗匪指使,为其煮饭,即非善类,若拟斩监禁,三年后再发回疆,仍恐复行为匪滋事,且回疆渐多发遣之恶人,亦非善事",故要求"嗣后凡江洋大盗案内,情有可原之犯,及被诱在船日久,为盗匪服役者,竟当问拟斩候,永远监禁,以示惩儆。其内河陆路盗案,仍照旧例办理"。④ 再次加重对情有可原者的处罚。

不过,乾隆五十九年(1794)刑部对这一处罚方式提出异议:"洋盗案内被盗逼胁在船服役之犯,并未随同上盗,较寻常情有可原发遣盗犯情罪尚轻,虽拟斩候,既已蒙照,免其正法。若仍令久禁囹圄,徒靡囚食,将来日积日多,恐不免壅滞之虞,请旨均予发遣,以清监狱。并以黑龙江遣犯已有五千余名,回疆各城不过二百余人,尚可分拨安插。"朱批"依议"。⑤ 乾隆六十年(1795)正式定例即采纳此方案:"洋盗案内,如系被胁在船,止为盗匪服役,并未随行上盗者,发往回疆为奴,其虽经上盗,仅止在外瞭望,接递财物,并无助势搜赃情事者,改发黑龙江给牲索伦达呼尔为奴。"⑥该例将情有可原者分随行上盗与否两种情形处理,未随行者仍发回疆,随行者则改发黑龙江。嘉庆

---

① 宫中档奏折-乾隆朝,档案号 403045305。
② 参见《清会典事例》(九),中华书局1991年版,第623页。
③ 军机处档折件,档案号 042560。
④ 参见《清会典事例》(九),中华书局1991年版,第623页。
⑤ 郭成伟主编:《大清律例根原》(二),上海辞书出版社2012年版,第918页。
⑥ 《清会典事例》(九),中华书局1991年版,第604页。

元年(1796),罗阿箸等十三人"被盗逼胁服役"即发往回疆为奴,何胜坤"接递财物,并无助势搜赃情事",发黑龙江给打牲索伦达呼尔为奴。①

此外,乾隆四十五年(1780)定有一条专门针对粤东地区的例文,较上述普通例文严厉不少:"粤东拿获强盗,……如出劫洋面,或在陆路谋劫,纠伙至十人以上,无论犯次多寡、曾否入室搜赃,均不得以情有可原声请。"②直到嘉庆四年(1799)两广总督觉罗吉庆具奏:"该省盗风渐减,请将盗犯纠伙在十人以上之案,仍分别法无可贷、情有可原旧例办理。"刑部议准,两年后奉旨正式删除该例。③

三、情有可原再论是否"上盗"

上一部分已及,乾隆六十年(1795)的定例将洋盗中的情有可原者分为随行上盗与否两种情形处理,分别发往回疆与黑龙江为奴。

(一)随行上盗

嘉庆六年(1801),对随行上盗者再定新例,分作案次数之多寡处以不同刑罚:"洋盗案内,除被胁接赃瞭望仅止一次者,照例发黑龙江给打牲索伦达呼尔为奴外,其有接赃瞭望已至二次者,即照二次以上例,斩决枭示,不应声明被胁字样。如投回自首者,尚知畏法,仍照接赃一次例,改发索伦达呼尔为奴。"④嘉庆十三年(1808)张亨组等十九人接赃一次,即发黑龙江给打牲索伦达呼尔为奴。⑤嘉庆十五年(1810)韩定广等人、道光二十一年(1841)俞得松接赃二次,拟斩决枭示。⑥

然而到了同治九年(1870),前述针对所有强盗分别法所难宥、情有可原的例文被删除,并增266-45例:"盗劫之案,……把风接赃等犯,虽未分赃,亦系同恶相济,照为首一律问拟,不得以情有可原,量为末减。"如此,则如薛允升之说:"寻常盗案把风接赃等犯,不得以情有可原声请,……洋盗岂能办理转轻。"⑦故而这些关于洋盗情有可原者的例文因之被一条颇为严厉的例文取代:"洋盗案内,接赃瞭望之犯,照首盗一例斩枭,不得以被胁及情有可原声请;如投回自首,照强盗自首例,分别定拟。此外实在情有可原,如十五岁以下,被人诱胁随行上盗,仍照本例问拟。"(266-49)

---

① 宫中档奏折-嘉庆朝,档案号404001047。
② 《清会典事例》(九),中华书局1991年版,第604页。
③ 郭成伟主编:《大清律例根原》(二),上海辞书出版社2012年版,第924页。
④ 《清会典事例》(九),中华书局1991年版,第605页。
⑤ 宫中档奏折-嘉庆朝,档案号404010724。
⑥ 明清内阁大库档案,登录号041184-001;宫中档奏折-道光朝,档案号405003675。
⑦ [清]薛允升:《读例存疑重刊本》第3册,黄静嘉编校,成文出版社1970年版,第621页。

吉同钧言:"从此强盗之案惟中途折回不行者,始分别畏惧、患病量减。若一到事主门首,无论瞭望把风,一概斩决。"①该说似未注意到该例"实在情有可原"之句,仍留下了从宽的余地。而这里专门提及"十五岁以下"之情形,乃缘于乾隆四年(1739)新增之针对所有强盗的266-20例:"凡情有可原之伙盗内,如果年止十五岁以下,审明实系被人诱胁,随行上盗者,无论分赃与不分赃,俱问拟满流,不准收赎。"乾隆四十九年(1784)洋盗案内的蔡蓝、五十二年(1787)年的江道,即俱因未满十五岁、被人诱胁,照此拟杖一百、流三千里,不准收赎。②强调"不准收赎",乃因原本应收赎。根据承袭自明律的"老小废疾收赎"律(022-00),凡十五岁以下,"犯流罪以下,收赎"。薛允升解释了本例不准收赎之立意:"此等案件,从前康熙年间均系拟流收赎。乾隆四年以此等年幼为盗之人,仍得安居故土,无所惩警于法,未免太轻,改定此例。既不与伙盗同拟发遣,亦不照他盗一体拟流,亦酌量办理之意也。"③

(二)未随行上盗

对情有可原并且未随行上盗之犯,例文及实践会较上盗者更加网开一面。前及分别之例之外,乾隆五十四年(1789)刑部"酌议洋盗案内林皮等,或事后被诱上船,或年未及岁被胁鸡奸,禁押舱内,上盗时畏惧藏匿,情节较轻,均于遣罪上减一等,杖一百,徒三年等因,奏准遵行在案"④。嘉庆元年(1796)林成华等三犯"被盗逼胁迫鸡奸,并无为匪",即"照林皮之例,杖一百、徒三年"。⑤

乾隆五十七年(1792)两广总督觉罗长龄奏称,盗匪行劫,每将客船之水手等"抢掳过船,胁逼入伙",这些人通常"不得已为目前之计,屈身从盗,情殊可悯",请将被胁服役一项有能自首者免罪。虽经军机大臣议驳,未经准行,但此后刑部"办理洋盗案内被胁服役之犯,如被拿获者,照例拟遣;其自行投首者,减等拟徒"。⑥嘉庆二年(1797),王灼灼"被盗逼胁服役","旋即乘间逃回",虽未去自首,亦被认为"尚知畏法","在遣罪上量减一等",仅拟杖一百、徒三年。⑦次年郑潮印等人"被掳后押令服役,不甘从盗,暗纠被押难民陈添号等十九人,杀贼投首",则直接认定为"虽经服役,但不甘从

---

① [清]吉同钧纂辑:《大清律讲义》,闫晓君整理,知识产权出版社2017年版,第69页。
② 宫中档奏折-乾隆朝,档案号403047767、403052752。
③ [清]薛允升:《读例存疑重刊本》第3册,黄静嘉编校,成文出版社1970年版,第601页。
④ 郭成伟主编:《大清律例根原》(二),上海辞书出版社2012年版,第922页。
⑤ 宫中档奏折-嘉庆朝,档案号404001047。
⑥ 郭成伟主编:《大清律例根原》(二),上海辞书出版社2012年版,第922页。
⑦ 宫中档奏折-嘉庆朝,档案号404002850。

盗",杀贼投首,以自首论,免其治罪。①

到了嘉庆六年(1801)修例(266-48)方正式部分采纳了觉罗长龄的建议和实践中的做法:"洋盗案内,如系被胁在船,止为盗匪服役,或事后被诱上船,及被胁鸡奸,并未随行上盗者,自行投首,照律免罪。如被拿获者,均杖一百徒三年。年未及岁者,仍照律收赎。(如已经在盗所,自行逃回,欲行投首,尚未到官,即被拿获者,仍同自首免罪;若已经到家,并不到官呈首,旋被拿获者,不得同自首论)其虽经上盗,仅止在外瞭望,接递财物,并无助势搜赃情事者,改发黑龙江给打牲索伦达呼尔为奴。"②

道光二十二年(1842),张棉"被胁在船鸡奸,并未随行上盗",即依此例杖一百、徒三年。③ 此前一年,年仅十五的林蟹收赎。④ 例文未言对年长者(022-00 律所言之"老")的处理方式,案例中是仍准其收赎。⑤ 而若实在"年幼不知盗情",则直接开释,不予处罚。⑥ 本案材料中未载此二人的具体年龄,但从对另二人年未及岁、照律收赎的处理来看,对这二人应是依据 022-00 律所言"七岁以下,虽有死罪不加刑"的规则处理的。此外,道光二十五年(1845)的一起洋盗案内,林塔"被胁在船服役,并未随行上盗",本应也因此例杖一百、徒三年,但此人"被胁服役,并非甘心从盗",最终减为仅杖一百。⑦ 既是"被胁",则表明"并非甘心",仅从这两句解释看不出此人之行比例文所言情节更轻,故从现有材料尚不明确此人被额外减轻处罚的更多原因,但亦可再次看出实践中确对这类盗犯颇有宽宥。

嘉庆十八年(1813),本例又因"调剂黑龙江遣犯,将原例在外瞭望、拟发黑龙江人犯,改发新疆"⑧。道光十八年(1838)叶成阻等十人"在洋被胁扳船接赃一次"、三年后金沅发等五犯接赃一次,均因此拟发新疆给官兵为奴。⑨ 但到咸丰五年(1855),因前引 266-45 例"严定洋盗案内接赃瞭望之犯,俱照首盗一例斩枭,不得以情有可原声请",故将例末"其虽经上盗"以下字句删除。⑩

---

① 宫中档奏折-嘉庆朝,档案号 404003963。
② 《清会典事例》(九),中华书局 1991 年版,第 604 页。
③ 宫中档奏折-道光朝,档案号 405005521。
④ 宫中档奏折-道光朝,档案号 405004149。
⑤ 宫中档奏折-道光朝,档案号 405005403。
⑥ 宫中档奏折-道光朝,档案号 405006771。
⑦ 宫中档奏折-道光朝,档案号 405008286。
⑧ 《清会典事例》(九),中华书局 1991 年版,第 604 页。
⑨ 宫中档奏折-道光朝,档案号 405003287、405003675。
⑩ 《清会典事例》(九),中华书局 1991 年版,第 604 页。

又经同治九年(1870)改定,本例文字稍有改动,并加小注解释所谓"服役":"如摇橹写账等项,均以服役论。"在加小注之前,据刑部称"被盗逼胁在船摇橹、写账者,即与被胁服役无异。近年亦有于本例之外加等拟流,究属凭空加重"。如嘉庆十三年(1808),杨阿明"为盗写账"被认为"较服役为重",拟于满徒上量加一等,杖一百、流二千里。① 刑部反对这样的做法,于嘉庆十八年(1813)发布通行,要求"不得凭空加等",②道光二十一年(1841),程大毛等"被胁在船摇橹、炊煮"被拿获,即"以服役论",杖一百、徒三年。③ 小注之说乃再次确认了该通行。不过,若是"为盗把舵",则仍被认为"较之服役为重",于满徒上加一等,杖一百、流二千里。④

本例还言及对被胁迫且未上盗之人自首情况的处理,而对于一般的洋盗之人自首,是按 266-49 例,"照强盗自首例,分别定拟"。所谓"强盗自首例",即适用于一般强盗行为的 266-41 例,此例经多次修并,删改颇多,⑤嘉庆三年(1798)时,李元春"听从行劫二次,并未分赃,逃回"自首,"系在事未发之前",于是按照当时的例文⑥拟发近边充军。⑦

四、严缉接济、销赃等犯

嘉庆皇帝尝强调,"严缉接济、销赃等犯",洋面"自可渐臻宁静"。⑧ 嘉庆年间的两广总督倭什布、广东巡抚孙玉庭上奏具体指出,应"严查各口米粮、火药,以杜接济",因为洋盗"食用所需者惟米,行劫所需者惟火药",若缺此二项"即难为匪"。⑨ 而道光年间的福建道监察御史董国华发现,各海口开设的米铺常为洋盗买米、寄赃、窝顿之"渊薮","根株净绝"洋盗、"重洋永远肃清"之方即在"严加禁戢"这类交通资盗的"奸宄"之徒。⑩ 律典及实践对并未直接参与洋盗行为,仅事后接买盗赃或事前事后接济洋盗者,亦专门定以罚则。

---

① 宫中档奏折-嘉庆朝,档案号 404010866。
② [清]祝庆琪等编撰:《刑案汇览全编·刑案汇览》第 14 卷,法律出版社 2007 年版,第 842~844 页。
③ 宫中档奏折-道光朝,档案号 405003675。
④ [清]许梿、[清]熊莪等纂辑:《刑部比照加减成案》,何勤华、沈天水等点校,法律出版社 2009 年版,第 424 页。
⑤ 修并的过程参见[清]薛允升:《读例存疑重刊本》第 3 册,黄静嘉编校,成文出版社 1970 年版,第 616 页。
⑥ 见马建石、杨育棠主编:《大清律例通考校注》,中国政法大学出版社 1992 年版,第 691 页。
⑦ 宫中档奏折-嘉庆朝,档案号 404004056。
⑧ 宫中档奏折-嘉庆朝,档案号 404005520。
⑨ [清]倭什布、[清]孙玉庭:"筹剿捕洋匪章程疏",载罗振玉辑:《皇清奏议》(下),张小也、苏亦工等点校,凤凰出版社 2018 年版,第 1530 页。
⑩ 宫中档奏折-道光朝,档案号 405000163。

(一) 接买盗赃

洋盗事后"接买盗赃"者,处理规则定在"盗贼窝主"门:"洋盗案内,知情接买盗赃之犯,不论赃数多寡,一次,杖一百、徒三年;二次,发近边充军;三次以上,发新疆给官兵为奴。"(278-15)道光二十五年(1845),洋盗案内万彩红(云)知情接买盗赃二次,即依此发近边充军。①

此例定于嘉庆十八年(1813),在此之前的洋盗案内接买盗赃者是照盗贼窝主律(278-00)处理:"若知强窃赃而故买者,计所买物坐赃论。"以及该门内的一条例文:"知强、窃盗赃而接买受寄,若马骡等畜至二头匹以上,银货坐赃至满数者,俱问罪,不分初犯、再犯,枷号一个月发落。若三犯以上,不拘赃数多寡,与知强盗后而分赃至满数者,俱免枷号,发近边充军。(接买盗赃至八十两为满数,受寄盗赃一百两为满数,盗后分赃至一百二十两以上为满数)"②所谓"坐赃论",即《刑律·受赃》中的坐赃致罪律(345-00)。

嘉庆四年(1799)林悦基接买洋盗赃一次,即照此律拟笞。③ 同年李有韩等接买盗赃三次,照此发近边充军,而杨冯接买二次,被认为若仅照例枷号,满日之后"令回沿海地方,仍恐故智复萌",故拟"照广东省办理金亚发等案内杨亚我之例,杖一百、徒三年,安插不近海地方,饬令州县管束"。④ 而另几个定此例之前的相关案件,接买盗赃一次和两次者,均是从重照接买三次发近边充军处理,时任福建巡抚姚棻道出其中缘由:"盗匪在洋肆劫,全恃赃有销路,其接买赃物之犯自当从严惩治,以靖盗源。"浙江巡抚阮元看法类似:"海洋不靖,皆由此等渔利之徒代为销赃所致。"⑤正是出于这些考量,故专门订278-15例统一加重对相关行为的处罚。

这条例文在同治九年(1870)又被拆为两条,分别关于窃盗和强盗两种情形。278-21例专言窃盗,为原例文删除强盗之后形成。278-20例针对强盗:"强盗案内知情买赃之犯,照洋盗例,分别次数定拟。"该例实则将前述洋盗专例278-15变为了强盗通例。

(二) 接济洋盗

实践中不仅不允许事后接买盗赃,还不允许接济或仅为图利贩卖东西给洋盗,违犯者比照兵律"私出外境及违禁下海"门内的225-11例(或减等)处理:"奸徒将米谷豆麦杂粮偷运外洋,接济奸匪者,拟绞立决。如止图

---

① 宫中档奏折-道光朝,档案号405008286。
② 马建石、杨育棠主编:《大清律例通考校注》,中国政法大学出版社1992年版,第761页。
③ 宫中档奏折-嘉庆朝,档案号404004607。
④ 宫中档奏折-嘉庆朝,档案号404004511。
⑤ 宫中档奏折-嘉庆朝,档案号404001429、404004220、404011004。

渔利,并无接济奸匪情弊者,米过一百石,发近边充军;一百石以下,杖一百、徒三年;不及十石者,枷号一个月,杖一百。为从及知情不首之船户,各减一等。谷及豆麦杂粮,每二石作米一石科断。"

嘉庆三年(1798),林秋、丁阿全"贪图重利,卖给盗船糕饼食物,虽讯非有心济盗,但已卖给多次",照本例"止图渔利,并无接济奸匪情弊者,米过一百石,发近边充军"。① 嘉庆七年(1802),沈文佐卖衣物给洋盗,莫原哲等听从携猪、鸭等欲卖给洋盗,亦均比照此例,沈姓在绞立决上减一等,杖一百、流三千里,莫姓等为从再减一等,杖一百、徒三年。② 而嘉庆十三年(1808),陈玉赫、郑牌二犯"各将衣物济匪二三次不等,又各消卖盗赃一次",被认为"其情较重",于是"照部议成案,发黑龙江给披甲人为奴";施妈一犯"仅止食物济匪,并未消卖盗赃",照拟绞例上量减一等,杖一百、流三千里;陈马爱挑送糕饼并未上盗船、黄亚纪携带烟叶尚未卖给盗船,照流罪上再减一等,杖一百、徒三年。③ 在其他案例中,贩卖蔬菜、淡水、食物给洋盗,均是减此例一等处理。④

实践中还常有租借船只出洋为盗者,⑤且据称,"向来盗船多系租赁,若船主杜绝租赁,匪徒自无从售奸"⑥,所以船主即便不知情也可能面临处罚,照"私出外境及违禁下海"门内的"租赁船只出洋为匪船主不知情者"例(225-25)处理。本例根据出洋者所犯罪行的轻重分别定拟,犯该徒罪以下,船主杖一百、枷号三个月,流罪以上则杖一百、徒三年,乾隆四十八年(1783)船户高喜即照此拟杖一百、徒三年。⑦

第二节　近代转型:强盗加重情节与单独成罪

一、清末之变

清末变法之后,第一部正式颁布的刑律乃宣统二年(1910)在《大清律

---

① 宫中档奏折-嘉庆朝,档案号 404004217。
② 宫中档奏折-嘉庆朝,档案号 404009487。
③ 宫中档奏折-嘉庆朝,档案号 404010724。
④ [清]祝庆琪等编撰:《刑案汇览全编·刑案汇览》第 14 卷,法律出版社 2007 年版,第 844~845 页。
⑤ 有学者发现:"商船船主往往并不亲身在船,而是将注册的商船转租他人,从而导致匪人驾船在洋行劫。"参见谢湜:《山海故人:明清浙江的海疆历史与海岛社会》,北京师范大学出版社 2020 年版,第 283 页。
⑥ 《大清高宗纯皇帝实录》卷 750,乾隆三十年乙酉十二月。
⑦ 宫中档奏折-乾隆朝,档案号 403045305。

例》基础之上删改而成的《大清现行刑律》，经此一修，后者有关海盗的例文仅剩下266-02、266-48、278-15三条。且由于伍廷芳、沈家本等人"刑法之当改重为轻"的奏请，光绪三十一年（1905）"所有现行律例内凌迟、斩、枭各条，俱改为斩决"，①266-02例之刑罚由"立斩枭示"减为"斩立决"，266-48例由"杖一百、徒三年"改为仅"徒三年"。② 278-15例涉及的三个等级的刑罚也相应降低，并如前提及，该例已并非洋盗专例而是强盗通例，薛允升指出，如此则应与278-20修并为一条。③ 这一修并亦在此进行："洋盗并强盗案内知情接买盗赃之犯，不论赃数多寡，一次徒三年，二次流二千五百里，三次以上发烟瘴地方安置。其知而寄藏及代为销赃者，一次徒二年，二次徒二年半，三次以上徒三年。"④

与此同时，西式的所谓近代化刑法典也在紧锣密鼓地制定之中。1907年《大清刑律草案》不再采《大清律例》"律例合编"的方式，海盗被归为强盗罪的加重情节之一，看起来形式变了，但其实与清律将洋盗作为强盗的特殊情形规定于附于强盗律的例文中的做法异曲同工。本条规定的加重情节有四："一、强取御物者；二、结伙三人以上在途行劫者；三、在海洋行劫者；四、因而致人于死或笃疾或伤害至二人以上者。"后附"沿革"并未讲明此四款的具体来源，但通过分析可以发现，四款均不啻固有与外来规则互动交融之后的结果。首先，从形式上来看，草案整体而言为西式，所谓"折衷各国大同之良规"，本章之模式亦是如此，"设关于窃盗及强盗普通之规定，……更列举理论上及实际上情节之重轻，……欧美、日本亦莫不然也"。⑤ 其次，就实质内容而言，列举"情节之重轻"时，综合考量了固有与外来规则，以使"兼采近世最新之学说，而仍不戾乎我国历世相沿之礼教民情"。

具体而言，第一款"强取御物者"。所谓"御物"，根据后附"沿革"说明，即传统律典中的"大祀神御物""内府财物"等皇室御用之物。当时立法的主要参照模本之一是同样保留君主制度的日本，但类似的规则却并不见于当时日本刑法典的相关律条之中，⑥故该款为中国固有法制的遗产，应无疑

---

① 高汉成主编：《〈大清新刑律〉立法资料汇编》，社会科学文献出版社2013年版，第4~6页。
② ［清］吉同钧：《大清现行刑律讲义》，栗铭徵点校，清华大学出版社2017年版，第260、263页。
③ ［清］薛允升：《读例存疑重刊本》第4册，黄静嘉编校，成文出版社1970年版，第759页。
④ ［清］吉同钧：《大清现行刑律讲义》，栗铭徵点校，清华大学出版社2017年版，第297页。
⑤ 高汉成主编：《〈大清新刑律〉立法资料汇编》，社会科学文献出版社2013年版，第169、165~166、161页。
⑥ 《新译日本法规大全》第2卷，李秀清点校，商务印书馆2007年版，第514~515页。

义。① 第四款"因而致人于死或笃疾或伤害至二人以上者",此为一种典型的"结果加重犯",同类立法例在古今中外均为常见,②此不赘述。

第二款"结伙三人以上在途行劫者"与第三款"在海洋行劫者"相关。"结伙三人以上在途行劫者",相关意旨的立法例在域外亦并不罕见,因为这类犯罪的"被害者往往因之不敢施其防卫之手段,其情节较为重大,非加重处罚不可"。③ 如差不多同一时期的日本、德国刑法均以二人以上共犯为强盗罪的加重情节。④ 不过,德、日强盗罪的加重情节均仅涉及共犯或结伙而未言"在途",亦无有关第三款"在海洋行劫者"加重处罚的规则。日本至2009年方颁布专门关于海盗的法律规范《海盗行为处罚及应对法》,⑤而德国至今仍无专门立法。有意思的是,学者研究古希腊时发现,当时的"leistes"与"peirates"两个词"都可以毫无区别地指海盗或是沿路抢劫的强盗","尽管现在我们认为海盗和沿路抢劫的强盗是有区别的,但在古时候这两个概念是密切相关,甚至毫无差异的"。⑥ 然而就笔者目力所及,仅见域外有这样类似的观念而未见相似立法例。

这种将"结伙+在途"与"在海洋"相提并论作为强盗罪加重情节的做法直接来源于清律,亦即本章第一节详论之266-02例,将"响马强盗"与"江洋行劫大盗"同等加重处罚。另,前及粤东专例亦是将"出劫洋面"与"陆路谋劫"并列为加重情节,只是后者要求结伙达十人以上。⑦ 正如民国时期法学家胡长清所言,"在途行劫,即大清律所谓拦路抢夺,包括结队持械横行之情形而言",在海洋行劫即"旧例所谓江洋行劫大盗之类,其加重理由与在途行劫同"。⑧ 无怪乎《热河签注清单》亦认草案此条"与现行律例不甚

---

① 参见本著第四、五章。
② 略举几例,如《大清律例》的266-01等例;《刑法》第263条第(五)款;日本《刑法》第240条,见张凌、于秀峰编译:《日本刑法及特别刑法总览》,人民法院出版社2017年版,第50页;德国《刑法》第250、251条,见《德国刑法典》,徐久生、庄敬华译,中国方正出版社2004年版,第122页。
③ 夏勤述,胡长清疏:《刑法分则》,载《朝阳法科讲义》第6卷,陈新宇点校,上海人民出版社2013年版,第150页。
④ 《新译日本法规大全》第2卷,李秀清点校,商务印书馆2007年版,第514页。商务印书馆编译所编译:《德国六法》,冷霞点校,上海人民出版社2013年版,第461页。
⑤ 《海贼行為の処罰及び海賊行為への対処に関する法律》,见日本法务省官网,http://law.e-gov.go.jp/cgi-bin/idxsearch.cgi,最后访问时间:2019年4月12日。
⑥ 〔西〕西尔维娅·米格恩斯:《海盗简史》,夏侯珺、周默草译,百花文艺出版社2013年版,第10、7页。
⑦ 《清会典事例》(九),中华书局1991年版,第604页。
⑧ 夏勤述,胡长清疏:《刑法分则》,载《朝阳法科讲义》第6卷,陈新宇点校,上海人民出版社2013年版,第155页。

相悬"①。

值得注意的是,此条后附"注意"称:"所谓海洋,系国际法上不归中国、外国管领之海面。"②简言之,此中"海洋"意指"公海"。显然,国际法上的公海、领海等概念并不出于固有法制。据国际法史学者的研究,公海概念产生于近代航海、贸易的大发展过程中。17世纪,欧洲各国之间及其与美洲新大陆之间的国际贸易、经济大发展,为了保障航行、贸易自由,海洋法上的"管辖基础"观念开始形成,沿海国家仅对一定区域的海洋(领海)享有主权,领海之外的区域则采"公海自由"原则。与国际贸易、经济的大发展同步,海盗活动也猖獗起来,严重干扰航海与贸易自由、损害相关利益。于是,各国逐渐达成共识,对海盗行为的管辖权应当是普遍的,即尽管海盗行为发生在各国主权不及之公海,各国亦可逮捕、审判、惩罚之。③ 因而从普遍管辖以及保障航行安全的角度出发,国际法及各国国内法常将海盗行为的发生地限定在公海。

在美国最早关于海盗的立法(1790年犯罪法案)中,即把海盗行为发生地界定在"公海或任何特定州的管辖范围之外的河流、港口、盆地、海湾"。在1818年的帕尔默案(Palmer case)中法院再次阐明海盗行为的定义:"普通法承认和界定的在公海实施的抢劫行为。"再到1909法案以及今日的法律中,均认海盗行为发生地为公海。④ 到了1926年,最早致力于海盗国际法编纂的组织国际联盟召集的专家委员会制定出《制止海盗行为草案》,亦明确将海盗行为的定义局限于发生在公海的行为。⑤

《大清刑律草案》该条"注意"所言,即显然是受到了这一外来规则的影响。然而从"海洋"到"公海",一字之别,背后的立法目的已差之甚远。故这一变化遭到反对,《两广总督签注刑律分则草案》称:"其在海洋行劫者,为江洋大盗,凡属洋内皆是,似亦不必定指不归中国外国管领之海面而言。"⑥此言实为向固有法制之回归,此后民国时期的刑法学者亦通常持此

---

① 高汉成主编:《〈大清新刑律〉立法资料汇编》,社会科学文献出版社2013年版,第426页。
② 同上书,第169页。
③ See P. W. Birnie, "Piracy: Past, Present and Future", *Marine Piracy*, Vol. 11(1988), p. 164.
④ See James Kraska, *Contemporary Maritime Piracy: International Law, Strategy, and Diplomacy at Sea*, Praeger, 2011, pp. 109–112.
⑤ See Alfred P. Rubin, *The Law of Piracy*, Transnational Publisher, Inc., p. 332.
⑥ 高汉成主编:《〈大清新刑律〉立法资料汇编》,社会科学文献出版社2013年版,第272页。

观点,认法典中的"海洋"兼指公海与领海。①

此外,闽浙与湖南的签注对该款亦有不满。前者曰:"在途行劫、在洋行劫,与侵入有人居住或者看守之邸宅、营造物、矿坑、船舰内行劫,均属凶暴昭著,法难宽有,定罪岂可歧异?"后者认为,海盗"应处以唯一之死刑,并明著斩刑方足示儆"②。但这些建议均未被采纳,1910年的《修正刑律草案》、1911年正式颁布的《钦定大清刑律》该款均延续草案不变。③

二、民国以降

清朝覆亡,民国鼎革,但1912年北洋政府的《暂行新刑律》有关海盗的条款仍继续沿用清末条文,一字未易。不过,1914年北洋政府公布《惩治盗匪法》作为《暂行新刑律》的特别法,规定强盗犯有刑律第374条各款之罪者——其中第二款即"在海洋行劫者"——一律处死刑。④

其后,北洋政府继续修订刑律/刑法,1915年《修正刑法草案》有关海盗的部分,改原先各律中的"在海洋行劫者"为"在江、湖、海洋实行者"。⑤ 上一节已及,薛允升曾批评清律的266-48、49两条例文:"此条指明洋盗,若在江面行劫,即与此例不符,岂大江湖河案内,即无此等从犯耶?"⑥而民国时期法学家胡长清也指责《暂行新刑律》该款:"在江河行劫危险与海洋行劫等,刑律无加重明文,未免失当。"⑦这次的修法者或正与薛、胡二位持同样观念,认为在江、湖、海洋行劫的危险程度同等,故该款有此变化。

此外,这一草案还将加重情节的"结伙三人以上在途行劫者"改为"二人以上共同实行者",又加"携带凶器者"与"放火者"两款。⑧ 根据立法理由书,这三款变化的缘由,第一个在于"三人之共同与二人之共同,其易犯难防情节相等,故改为二人以上",第二个则为"原案无文,按旧律,持械伙窃,罪

---

① 夏勤述,胡长清疏:《刑法分则》,载《朝阳法科讲义》第6卷,陈新宇点校,上海人民出版社2013年版,第155页;林山田:《刑法各罪论》(上),北京大学出版社2012年版,第288页;黄仲夫:《刑法精义》,元照出版有限公司2012年版,第743页。

② "闽浙签注清单""湖南签注清单",载高汉成主编:《〈大清新刑律〉立法资料汇编》,社会科学文献出版社2013年版,第380、411页。

③ 高汉成主编:《〈大清新刑律〉立法资料汇编》,社会科学文献出版社2013年版,第573~574、765页。

④ 赵秉志、陈志军编:《中国近代刑法立法文献汇编》,法律出版社2016年版,第282、530页。

⑤ 同上书,第374页。

⑥ [清]薛允升:《读例存疑重刊本》第3册,黄静嘉校,成文出版社1970年版,第621页。

⑦ 夏勤述,胡长清疏:《刑法分则》,载《朝阳法科讲义》第6卷,陈新宇点校,上海人民出版社2013年版,第155页。

⑧ 前两款被置于前一条、轻一等的加重情节中,第三款被放于后一条、更重的加重情节中。

至外遣,如与普通之窃盗同论,似涉轻纵"。① 该说未提外国立法例的影响,也未解释第一款删除"在途"这一重要情节的原因。但可以看到,当时的日本、德国刑法强盗罪的加重情节均有二人以上共犯及携带凶器两款,②与草案的这两款高度一致,故此处乃受外来规则影响的可能性较大。至于"放火者"一款,未见于德、日刑法,理由书言"旧律在六项之列,上年经政治会议议准加入"③。所谓旧律之"六项",即清律强盗门之 266-01 例所言六种较重情节:"强盗杀人,放火烧人房屋,奸污人妻女,打劫牢狱仓库,及干系城池、衙门,并积至百人以上",凡发生其中一项,即"不分曾否得财,俱照得财律斩,随即奏请审决枭示",故该款出自固有法制应无疑义。这三款的变化再次表现了固有与外来规则的互动与融合。

到 1918 年的《刑法第二次修正案》,"原案海盗罪无明文,惟在海洋行劫者,为强盗加重之情节,本案另规定为海盗,科以较重之刑",首次将海盗罪从强盗罪中分立出来,单独成罪,并与抢夺、强盗并列为一章。第 343 条第 1 款关于海盗罪的概念与罚则规定:"未受交战国之允准或不属于各国之海军,而驾驶船舰,意图施强暴、胁迫于他船或他船之人或物者,为海盗罪,处无期徒刑或七年以上有期徒刑。"第 2 款为结果加重犯:"因而致人于死者,处死刑;因而致重伤者,处死刑或无期徒刑。"第 344 条乃海盗结合罪,犯海盗罪而有以下行为之一者,处唯一死刑:放火罪、强奸罪、故意杀人罪。④

据伍朝枢、徐元诰、王宠惠三人撰呈的《审查刑法草案意见书》,新增本罪的原因为"参照犯罪事实","社会进步,犯罪方法亦不同","海洋行劫比强盗罪尤应加重",⑤但未及条文之具体来源。从第 343 条第 1 款之用语表述来看,犯罪主体为"未受交战国之允准或不属于各国之海军",犯罪对象是"他船或他船之人或物",均显然并非来自固有法制,与清律洋盗相关例文相距甚远。而笔者遍阅当时翻译、参酌的德、日、法、美、英、俄等国法典,亦均未有类似表述,唯与荷兰刑法(1881 年公布)的相关条文相近:"未经任何战事权力部门批准,不是国防部备案的海军舰队,明知目的是在公海上使用暴力袭击其他船只、船上的人或船上物品。"⑥故第 343 条第 1 款源于域外的可

---

① 参见赵秉志、陈志军编:《中国近代刑法立法文献汇编》,法律出版社 2016 年版,第 373~374 页。
② 《新译日本法规大全》第 2 卷,李秀清点校,商务印书馆 2007 年版,第 514 页;商务印书馆译所编译:《德国六法》,冷霞点校,上海人民出版社 2013 年版,第 461 页。
③ 赵秉志、陈志军编:《中国近代刑法立法文献汇编》,法律出版社 2016 年版,第 374 页。
④ 同上书,第 459~460 页。
⑤ 同上书,第 599~600 页。
⑥ 《荷兰刑法典》,颜九红、戈玉和译,北京大学出版社 2008 年版,第 162 页。

能性较大。此后,1921年通过、次年实施的阿根廷《刑法》也有相似表述:"对船舶、船舶上的人员或财产实施抢劫或暴力,但是,交战国授权实施的或对属于其他特定国家的海军所属船舶实施的除外。"① 近代以降法制变迁的全球化趋势,在此颇可见得一斑。不过,第343条第2款以及第343条有关结果加重犯、海盗结合罪的规则,荷兰与阿根廷刑法之中仅见暴力致人死亡为加重情节,未见放火、强奸、故意杀人等其他几项,而这几项其实与前引清律强盗门之266-01例所言之"六项"中的"强盗杀人,放火烧人房屋,奸污人妻女"可谓内涵一致。前已及,1915年《修正刑法草案》的立法理由书明确指出放火一项来自清律本例,那么便可作出合理推测,此处的放火、强奸、故意杀人等项同样出于本例。

这一稿修正案将海盗罪与抢夺罪、强盗罪并为财产罪章,表明三者保护的主要法益均为财产法益。然而根据条文,海盗罪的犯罪对象乃"他船或他船之人或物",行为人只要驾驶船舰而对于他船或他船之人或物,以具体行为显现出有施强暴或胁迫的意图,即属海盗行为,而不以盗取他人的财物为必要。林山田教授批评如此规则有"构成要件不明确之弊",因为其客观不法构成要件却与财产处分或财产损失毫不相关,简言之,虽有盗名却不必有盗行、盗意。② 林先生所言颇切,但这一问题却不存在于前及有相近条文的荷兰、阿根廷刑法典中,因为这两国并未将海盗罪作为与强窃盗等并列的财产犯罪来处理,而是置于"危害水运与空运的重罪"或"侵犯公共安全的犯罪"篇章中,如此则避免了财产犯罪对于盗行、盗意的要求。为何这一问题在中国出现呢?原因即正在于这一规则有着固有与外来两个源头。一方面,海盗罪在篇章归属上延续了固有法制。清律的洋盗为一种特殊的强盗,法典西化后,一开始海盗保留而为强盗的一种加重情节,单独成罪之后即继续和强盗同属一处。另一方面,海盗本罪的具体规则(第343条第1款)来自域外,而近代以降国际法和域外各国惩处海盗的出发点乃在保障航海安全及其背后的贸易自由,故其海盗罪的客观不法构成要件不必以侵犯财产法益为限。此外,海盗罪的结果加重犯以及海盗结合罪(第343条第2款、第343条)又出自固有法制。此处也可看出,海盗单独成罪之后,固有规则的因素有所淡化,但并未完全消失。

1919年《改定刑法第二次修正案》相关条文与前述条文基本一致,仅在

---

① 《阿根廷刑法典》,于志刚译,中国方正出版社2007年版,第52页。
② 参见林山田:《刑法各罪论》(上),北京大学出版社2012年版,第254~255、287~289页。

文字上稍有变动。① 1928 年南京国民政府正式公布实施《中华民国刑法》，第 352 条海盗罪将死刑添入一般海盗行为的罚则之中，并增第二项"准海盗罪"："船员或乘客意图掠夺财物，施强暴、胁迫于其他船员或乘客，而驾驶或指挥船舰者，以海盗论。"②变化的原因，据《审查刑法草案意见书》："因近年海盗之盛，非严格规定，从重处刑，不足以资惩创，亦辟以止辟之意也。"③此后，1933 年《中华民国刑法修正案初稿》延续该案。④ 次年《中华民国刑法修正案》在第 325 条海盗结合罪中添入"掳人勒赎者"一款。⑤ 据修正案要旨，"犯强盗罪、海盗罪而又掳人勒赎，情节至为重大，应处极刑，故本案定之"⑥。1935 正式颁行的《中华民国刑法》依此。⑦

1949 年之后，大陆地区的 1979 与 1997 两部《刑法》均不见专门的海盗罪，但民国时期的刑法典继续在台湾地区施行、演变，海盗罪亦在此地继续保留。直至今日，台湾地区刑事规范中的海盗罪继续保持民国时期留下的立法模式，但刑罚有所减轻。一方面，在结果加重犯中，因而致人于死者，在死刑之外添入"无期徒刑或十二年以上有期徒刑"；致人重伤者，在死刑、无期徒刑之外增十年以上有期徒刑。另一方面，海盗罪结合犯不再适用唯一死刑，而是犯海盗罪而故意杀人者，处死刑或无期徒刑；有放火、强制性交、掳人勒赎、使人受重伤行为之一者，处死刑、无期徒刑或十二年以上有期徒刑。⑧

第三节　鉴古揆今：当下并无必要增设海盗罪

一、对增设海盗罪必要性之检讨

林山田教授从实体和程序两个方面精要指出海盗行为的特殊性："行为地系公权力所不及或难及的汪洋大海，故其损害性与危险性，远高于强盗罪，更由于海盗罪的行为人可能是'外国人'或'无国籍人'，且行为工具亦

---

① 参见赵秉志、陈志军编：《中国近代刑法立法文献汇编》，法律出版社 2016 年版，第 525 页。
② 同上书，第 586 页。
③ 同上书，第 602 页。
④ 同上书，第 648 页。
⑤ 同上书，第 683 页。
⑥ 同上书，第 691 页。
⑦ 同上书，第 723~724 页。
⑧ 参见陈聪富主编：《月旦小六法》，元照出版有限公司 2014 年版，第陆-41~42 页。

为武装船舰,故必须通过国际司法协助,始能有效追诉与审判。"①从程序的角度考量,如今国际公约的通行做法是对海盗行为在刑法的空间效力上不采一般的属地原则,而是普遍管辖原则。如《公海公约》第 14 条:"各国应尽量合作取缔公海上或不属任何国家管辖之其他处所之海盗行为。"《海洋法公约》第 100 条:"所有国家应尽最大可能进行合作,以制止在公海上或在任何国家管辖范围以外的任何其他地方的海盗行为。"但在实体方面,两部公约均未进一步规定罚则,各国须依据本国法进行具体的定罪与量刑。

我国现行《刑法》并无专门的海盗罪,故不少研究国际刑法、海洋刑法的学者提出在《刑法》中增设海盗罪的设想。总结而言,学者提出的增设理由主要有四点:其一,目前定罪量刑过程太烦琐,容易造成偏失。根据《海洋法公约》第 101 条,海盗行为可能触及的我国《刑法》中的罪名有抢劫罪、故意杀人罪、故意伤害罪、绑架罪、劫持航空器罪、劫持船只罪、暴力危及飞行安全罪、破坏交通工具罪等,并常涉及数罪并罚等罪数理论问题,对相关行为定性容易出现错误,烦琐的定罪量刑过程还会使整个刑事诉讼的时间延长、效率降低。② 其二,与海盗行为相关的罪名虽多,但并不能涵盖公约中的全部罪行。如此可能会使部分海盗行为逃避制裁,造成放纵海盗行为的"恶劣后果"。③ 其三,我国已加入《海洋法公约》,故而负有"合作制止海盗行为"的义务,若不按海盗罪而按其他罪名判决的话,则又缺失普遍管辖的正当性,从而可能陷入"双重尴尬"境地。④ 其四,增设海盗罪有利于威慑、预防海盗行为。⑤ 鉴于这些理由,有学者甚至建议制定专门的单行刑法,尝试起

---

① 林山田:《刑法各罪论》(上),北京大学出版社 2012 年版,第 255 页。
② 王国华、孙誉清:"21 世纪海盗:无人船海上航行安全的法律滞碍",《中国海商法研究》2018 年第 4 期;许雯安:"海洋发展战略背景下我国海洋刑事立法若干理论问题探讨",《北方法学》2016 年第 6 期;马惊鸿:"海盗法的双重属性与协调规制的发展路径",《社会科学辑刊》2014 年第 5 期;阎二鹏:"海洋刑法学的提出与国际海上犯罪的立法规制",《河南财经政法大学学报》2013 年第 1 期;郭玉川:"我国刑法该如何规定海盗罪",《检察日报》2009 年 1 月 23 日第 3 版。
③ 许雯安:"国家安全法治视野下管辖海域刑事立法的反思与完善",《中国海洋大学学报(社会科学版)》2021 年第 2 期;童伟华:"海洋刑法特性及其罪刑规范体系建构",《刑法论丛》2018 年第 4 期;阎二鹏:"海上非传统安全犯罪与中国刑法应对",《福建江夏学院学报》2014 年第 4 期;李文沛:《国际海洋法之海盗问题研究》,法律出版社 2010 年版;黄立:"我国刑法与国际刑法的衔接——以海盗罪为研究样本",《法学杂志》2009 年第 4 期。
④ 宋杰:"刑法修正需要国际法视野",《现代法学》2017 年第 4 期;马呈元:"论中国刑法中的普遍管辖权",《政法论坛》2013 年第 3 期;邓大鸣:"论我国刑法与国际法海盗罪立法之接力",《郑州大学学报(哲学社会科学版)》2010 年第 5 期。
⑤ 欧阳铭:"海盗罪国内管辖:'一带一路'必要的海事司法保障",《中国海商法研究》2019 年第 3 期;李文沛:《国际海洋法之海盗问题研究》,法律出版社 2010 年版,第 154~155 页;童伟华:"海盗罪名设置研究",《海峡法学》2010 年第 4 期;郭玉川:"我国刑法该如何规定海盗罪",《检察日报》2009 年 1 月 23 日第 3 版。

草了一份《海上反恐及反海盗法（草案）》，①亦有学者主张可以考虑先制定一部反海盗的单行条例。②

然而，这四方面问题似乎并非在现行刑法规则之下不能被解决。第一，涉及罪名多，虽确可能造成定罪量刑过程烦琐，但如此其实同时更有利于保障精确量刑，根据行为人各自涉及的不同罪行分别定罪量刑，而非在一个单一罪名之下笼统的刑罚幅度内量刑。

第二，所谓现有罪名不能涵盖公约中的全部罪行，笔者仅见学者们举出一个具体的例子：抓捕海盗往往是在海盗快艇以武力威胁、追逐船只而尚未登船的过程中，然而面对在追逐时抓到的嫌犯，检察官很难举证证明嫌疑人杀人、抢劫的故意，"客观方面，该时段嫌疑人的行为显然谈不到杀人、抢劫的既遂，这种场合下如无海盗罪的规定会导致处罚的困难"③。可是，根据刑法学有关"着手"的理论，"侵害法益的危险达到紧迫程度（发生危险结果）时，就是着手"。至于何种行为才具有侵害法益的紧迫危险，则根据不同犯罪、不同案件的具体情况综合判断，"考察行为是否已经接触或者接近犯罪对象，行为人是否已经开始使用为着手实行犯罪而准备的工具，是否开始利用了所制造的条件，行为人与被害人的距离，行为的具体方式等"。④既然海盗快艇已经处于以武力威胁、追逐船只而尚未登船的过程中，则其"侵害法益的危险"必然已可谓"达到紧迫程度"，从而可被认定为着手而未遂。我国《刑法》对未遂犯有相应的罚则，故并不存在放纵犯罪的问题。至于检察官难以举证未遂犯的具体犯意，则是所有未遂犯均面临的问题，并非仅限于海盗行为。除了本例之外，未见学者举出其他例子，而笔者愚钝，也未能设想出其他可能的属于公约中的罪行而我国《刑法》不为罪的行为。

第三，依据公约，确实仅有海盗行为等国际犯罪我国才享有普遍管辖权，对在公海及其他管辖范围以外的地方发生的普通犯罪并无管辖权。但是，公约所言乃"海盗行为"，亦即只要符合公约界定的海盗行为，缔约国便可行使普遍管辖权、依据本国法律的规则进行具体处理，而并未要求最终处理结果必须以"海盗罪"命名，才反过来享有普遍管辖权。

---

① 童伟华：《海上恐怖主义犯罪及海盗犯罪的刑事规制》，法律出版社2013年版，第229~231、247~251页。

② 胡城军：《论海盗犯罪——兼论海盗犯罪在我国刑法中的适用》，中国检察出版社2009年版，第298~299页。

③ 于阜民："反海盗国际刑事法动态与我国的对策"，《检察日报》2011年6月17日第3版；于阜民："国际犯罪管辖和审理的制度建构与完善"，《中国法学》2018年第3期；童伟华："海盗罪名设置研究"，《海峡法学》2010年第4期。

④ 参见张明楷：《刑法学（第六版）》（上），法律出版社2021年版，第441页。

第四,增设专门的海盗罪确可能对海盗行为起到一定程度的威慑、预防作用。但是既然海盗行为可被归入抢劫罪、故意杀人罪等罪名中处罚,那么这些罪名本身亦同样可以起到威慑、预防的作用。起到威慑、预防作用的并非"海盗罪"这个名称,而是这些罪名背后的处罚措施。

笔者认同刑法教义学倡导者的观念,"法律不是嘲笑的对象",不能随意主张修改法律,[1]将刑法学研究的重心置于批判刑法的做法"不仅偏离了刑法学的研究方向与目标,而且存在诸多不当"[2]。如若在现有刑法体系内能解决问题,即似无必要擅言修法。

二、增设海盗罪的替代方案

当然,尽管笔者并不赞同在《刑法》中专门增设海盗罪的做法,但仍认可不能忽视海盗行为的特殊性,并应有所对策。前文已及,海盗行为的特殊性在于实体和程序两个方面,故替代增设新罪名的方案也须从这两方面入手,而清代、民国的历史经验亦不外如此。此方案可借用《韩非子·五蠹》之言以概括之:"罚莫如重而必。"

首先是"重"。针对实体上海盗行为的损害性与危险性高于普通强盗的问题,《商君书·开塞》言:"过有厚薄,则刑有轻重。"根据《刑法》第5条所言之罪责刑相适应原则,可对海盗行为一定程度加重刑罚。而加重刑罚并非仅有增加新罪名这一种方式,清代及民国1918年刑法草案之前的做法即是如此,如前文所述,前者以例文(而非新增律文)的形式规定对洋盗的处罚重于对普通强盗,后者将海盗作为强盗罪的法定加重情节之一处理。但是在如今的法律体系中,不再有"以例附律"的立法形式,而按照国际公约,海盗行为可能触及的我国《刑法》中的罪名不止抢劫罪,故若仍以法定加重情节的方式加重处罚,会导致法典冗杂,并陷于本文所反对的"擅言修法"的做法。所以清代和民国的这两种做法今天难以完全照搬,笔者建议不若将其作为酌定从重情节,交给司法自由裁量,毕竟《刑法》中与海盗行为相关的抢劫罪、故意杀人罪、故意伤害罪等的法定刑最高即已可达极刑。

其次曰"必"。从程序上有效追诉与审判的角度而言,此实为保障刑罚的必定性。虽然"罚重则所恶之禁也急"(《韩非子·六反》),对于可能犯罪的人来说,重刑的威慑力总是大于轻刑。[3]但贝卡里亚有名言:"对于犯罪

---

[1] 参见张明楷:《刑法格言的展开(第三版)》,北京大学出版社2013年版,第3页。
[2] 张明楷:《刑法学(第六版)》(上),法律出版社2021年版,第2页。
[3] 参见张明楷:《责任刑与预防刑》,北京大学出版社2015年版,第52页。

最强有力的约束力量不是刑罚的严酷性,而是刑罚的必定性,……即便是最小的恶果,一旦成了确定的,就总令人心悸。"①事实上,据刑法学者的说法,我国如今《刑法》分则各罪的法定刑已普遍较重,②故为预防犯罪,更为重要的恐怕是保证刑罚的必定性而非严厉性,这也即笔者建议将其作为酌定从重情节而非法定从重情节的另一个原因。道光年间的闽浙总督钟祥说,"必须遇案严办,庶期辟以止辟,不致姑息养奸",也是从这个角度而言,"当即遴委熟悉之员渡台密查"。③

对于海盗行为,目前国际社会公认较为有效,也是国际公约通行的保障刑罚必定性的方式,为实行普遍管辖制度以及与之相关的加强国际协作,④乃至不惜动用国家武装护航、抓捕,以及有学者提出的一定程度允许私人安保公司实施驻船武装护卫。⑤ 在武装应对这一点上,古今也可谓颇为相通。嘉庆年间治理洋盗经验颇丰的两广总督觉罗吉庆即曾总结道:"海洋缉捕,全在水师出力认真。"笔者所见清代的洋盗案件几乎均为水师兵甲负责抓捕。而其中的缘由古今亦相似,一因觉罗吉庆所言,"外洋风涛浩渺,沙屿繁多,而盗踪忽聚忽散"⑥。二因海盗能成事,须啸聚甚众、武力齐备,声势浩大甚而气焰嚣张。略举著例,嘉庆六年(1801)觉罗氏上奏的另一起洋盗案,据称共有五六十艘盗船"东拿西窜,沿海抢劫",遭遇飓风"淹毙盗匪甚多"之后,仍生擒多达三百余名,"所获炮械甚多,并获伪统兵铜印一件,大旗数杆"。⑦ 而到了当代,据称索马里海盗的可怕之处正在于其装备精良、先进,有诸多重武器、现代通信系统、全球定位仪等设备,并以其采取偷袭的方式、高频率的作案以及残暴的作案手段而震惊全世界。⑧ 因是之故,无论古今,普通的缉盗差役、警察用一般的缉盗方法难以捕获海盗。

---

① 〔意〕切萨雷·贝卡里亚:《论犯罪与刑罚》,黄风译,北京大学出版社 2008 年版,第 62 页。
② 参见张明楷:《刑法学(第六版)》(上),法律出版社 2021 年版,第 753 页。
③ 宫中档奏折-道光朝,档案号 405000640。
④ 参见张建军:"打击索马里海盗中的国际合作问题研究",《现代法学》2009 年第 4 期;〔俄〕安东·瓦尔福洛梅耶夫:"当代海盗与现行国际法",张广翔、王目坤译,《社会科学战线》2018 年第 3 期。
⑤ 参见李卫海:"中国海上航运的安保模式及其法律保障——以应对 21 世纪海上丝路的海盗为例",《中国社会科学》2015 年第 6 期。
⑥ 宫中档奏折-嘉庆朝,档案号 404001125。
⑦ 宫中档奏折-嘉庆朝,档案号 404006211。
⑧ 徐冬根:"打击海盗犯罪行为 保障海洋航运安全 共建'人类命运共同体'",《中国远洋海运报》2017 年 12 月 15 日第 B02 版。

小结　至刑与至仁之间

我国历史上有漫长的海盗史,如孟森先生概括,"海盗之为患,至明而始大且久","海上言剿捕之事,日有所闻,至乾隆末而大炽"。① 海盗猖獗,王朝政府自不会袖手旁观,在相关的制度和实践方面均大有可观,并颇可资当下镜鉴。

总结而言,《大清律例》有关洋盗的规则,曰至重与详密。一曰至重,江洋大盗在普通强盗斩立决的极刑之上再加枭首示众,已故者也难逃戮尸、悬挂首级,拒伤官兵、事主人数多者甚至会被凌迟处死。《国语·鲁语》:"大刑用甲兵。"对洋盗之至重、至刑还体现在对其之缉捕常会动用水师兵甲,而非普通的缉盗差役。二曰详密,例文并非简单地将相关行为人一概处以极刑,而是将其分为得财与未得财,未得财者再分首、从犯与伤人、未伤人,得财者分法所难宥、情有可原,情有可原又分实行上盗、未上盗等不同情况,分别议处,并对未直接参与洋盗但与之相关的接济、销赃等犯亦定有专门罚则。

然而,重典治盗"正所以安靖闾阎"②,"非求伤民也"(《商君书·赏刑》),律典及实践在对洋盗施用"至刑"的同时,亦辅之以"至仁"之术。本章第一节已及,律典对自首的洋盗颇有减免刑罚之惠,而实践中还会更进一步,对并不满足于律典所定免罪要求者,亦可能直接免罪。嘉庆六年(1801),"著名巨匪""夷洋盗首"陈添保率众投诚,所有人等被"一体免罪","安插在离海最远之南雄府,交营县管束"。③ 此前一年,"夷洋著名盗首"冯胜率众投诚亦被免罪,"准予自新,分别安插",还对冯胜以及由其派遣先行投首的谢经通等人"量加赏给",且皇帝朱批:"分别安插甚是,更宜严禁胥役勒索。"④可谓考虑周至。⑤ 甚至为达"以盗止盗"的效用,有的洋盗投诚后还被赏给官职,如"由把总历升浙江黄岩镇总兵"⑥。究其缘由,即如

---

① 孟森:《清史讲义》,中华书局2010年版,第292页。
② 《大清高宗纯皇帝实录》卷1332,乾隆五十四年己酉六月。
③ 宫中档奏折-嘉庆朝,档案号404006211附。
④ 宫中档奏折-嘉庆朝,档案号404004688。
⑤ 根据相关通行,"洋盗投首发往各省安插入伍人犯,如已入伍当差,复又逃脱被获者,仍照闻拿投首本例"处理。参见[清]祝庆琪等编:《刑案汇览三编》(一),北京古籍出版社2004年版,第512~513页。
⑥ [清]祝庆琪等编撰:《刑案汇览全编·刑案汇览》第3卷,法律出版社2007年版,第261页。

嘉庆皇帝所言"法外施仁,贷其一死,一时权宜之道"也。① 如此做的首要原因在于"原其畏法之心,故予以自新之路"②,另外也不啻一种"权宜之道",可以鼓励犯罪人悔过自新、不再作案,有利于及时平息案件、节省司法资源,或换用时人之语,"各匪闻风向化,海洋可期肃清"③。

或许正因其可取之处,这些有关洋盗的固有规则被十分难得地、不同程度地保留在了西法东渐之后的历部可谓"全盘西化"的刑律/刑法典中,这种不完全蔑弃传统、力图融合中西的尝试在我国法制近代化史上着实难能可贵。一般而论,无论古今中西,任何制度之变,必有其变之因,并通常可分为外因与内因两类。"外因"乃受外力逼迫,与制度本身无涉,如清末变法之受列强压力、为收回领事裁判权。"内因"为出于制度本身的动力,其或在价值上违背伦常道德、主流意识形态,或在技术层面有逻辑瑕疵、欠缺可操作性。外因只能说明变的缘由,不能必然证成其合理性。合理性只能来自内因,而相应的合理的变,亦必然直接回应内因。且只要是回应内因,则不必问回应之方来自传统或域外,能解决问题便可,无须存中外之偏见。我国法制近代化的缘由本兼有外因与内因,但限于收回领事裁判权、救亡图存的紧迫压力,外因压过内因,变的时候来不及细致考察内因以及应对之方,只能采取最方便、简单的办法——全盘照抄。并正因其方便、简单,在巨大的惯性和惰性之下,哪怕到今日已不再有或至少不再有那么强大的外因,亦仍持续上演着"一概效颦他人,数典忘祖"的故事,罔顾本应正视的、合理性依托的内因。

不过,在这一"全盘照抄"的主旋律之外,近代有关海盗的立法竟难得并未完全如此。由1907年《大清刑律草案》至1915年《修正刑法草案》,海盗作为强盗罪的加重情节之一加以规定,与清律以例的形式将洋盗作为强盗的一个特殊种类加重处罚的做法,可谓一脉相承。而一开始将"海洋"解释为"公海"的做法来自域外,但由于这一变化并非针对内因,故很快被来自固有规则的解释方案取代。1918年《刑法第二次修正案》将海盗单独成罪,虽立法理由书将缘由解释为内因,但从条文表述来看,外来规则的成分明显多于固有,造成了前述林山田先生所言之虞。究其原因,还是在于当时之变并非直接针对内因,而是再次选择了最方便、简单的照抄照搬之法。所以,林先生提出的修正方案即针对此:"意图为自己或第三人之不法取得,在'本

---

① [清]祝庆琪等编撰:《刑案汇览全编·刑案汇览》第14卷,法律出版社2007年版,第849页。
② 同上书,第852页。
③ 宫中档奏折-嘉庆朝,档案号404006211附。

国'领海或公海上,对人或对船舶施以强暴,或以对生命或身体之现时危险而行胁迫,而强取他人之物,或强使他人交付,或强得财产利益,或使第三人得之者,为海盗罪。"[1]

如今我国《刑法》不再有专门的海盗罪,不少学者提出增设的建议。虽然这些建议确实试图针对内因,但回应内因的方式并非只有修改法律这一种方式。从历史经验和现实条件来看,在实体上把海盗作为酌定从重情节,在程序上通过国际协作、武装护卫等方式保障抓获、惩治海盗的成功率(刑罚的必定性),可能是更佳的选择。

---

[1] 林山田:《刑法各罪论》(上),北京大学出版社 2012 年版,第 289~290 页。

第十一章　盗贼自首:逻辑之外的"理"

> 既道极厥辜,时乃不可杀。
> ——《尚书·康诰》

> 这个世界发生了很大的变化。始料不及的是,我们得到的不是一种宽容,而是一打不宽容。
> ——〔荷〕房龙《宽容》

引论　自首之前世今生

盗行为完成之后的盗贼自首问题,是与盗律及其实践相关的重要内容。在当代,我国大陆及台湾地区,以及日本、韩国等东亚国家的刑法或刑事规范中都有自首制度,[①]但作为东亚各国家、地区法律近代化过程中主要学习对象的德、法等欧西国家,却不见这一制度。事实上,当代东亚自首制度的源头即是我国古代律典。我国近代第一部仿西方刑法订立的刑律草案《大清刑律草案》第九章"自首减轻"的立法理由书便明言:"各国多数之例惟认特别自首者,著之于分则,有其规定于总则者,盖缘于中国法系也。"[②]此古今之延续,在法律体系已几乎被"全盘西化"的东亚,实属凤毛麟角。

然古今相较,延续性虽则尚在,差异亦较为明显。如今"缘于中国法系"者,恐怕确乎仅有将"其规定于总则"中而已。《大清律例·名例》"犯罪自首"律(025-00)云:

[①]《日本刑法典(第二版)》,张明楷译,法律出版社 2006 年版,第 21 页;《韩国刑法典及单行刑法》,〔韩〕金永哲译,中国人民大学出版社 1996 年版,第 10 页;陈聪富主编:《月旦小六法》,元照出版有限公司 2014 年版,第陆-10 页。下文引用这些条文时,不再注明出处。

[②] 参见高汉成主编:《〈大清新刑律〉立法资料汇编》,社会科学文献出版社 2013 年版,第 56~57 页。

凡犯罪未发而自首者,免其罪,(若有赃者,其罪虽免)犹征正赃。(谓如枉法、不枉法赃,征入官。用强生事逼取、诈欺、科敛、求索之类及强窃盗赃,征给主)其轻罪虽发,因首重罪者,免其重罪。(谓如窃盗事发,自首又曾私铸铜钱,得免铸钱之罪,止科窃盗罪)若因问被告之事,而别言余罪者,亦如(上科)之。(止科见问罪名,免其余罪,谓因犯私盐事被问,不加拷讯,又自别言曾窃盗牛,又曾诈欺人财物,止科私盐之罪,余罪俱得免之类)

其(犯人虽不自首)遣人代首,若于法得相容隐者(之亲属)为(之)首,及(彼此诘发互)相告言,各听如罪人身自首法。(皆得免罪。其遣人代首者,谓如甲犯罪,遣乙代首,不限亲疏,亦同自首免罪。若于法得相容隐者为首,谓同居及大功以上亲,若奴婢雇工人为家长首及相告言者,皆与罪人自首同得免罪。卑幼告言尊长,尊长依自首律免罪,卑幼依干犯名义律科断)若自首不实及不尽者,(重情首作轻情,多赃首作少赃)以不实不尽之罪罪之;(自首赃数不尽者,止计不尽之数科之)至死者,听减一等。其知人欲告及逃(如逃避山泽之类)叛(是叛去本国之类)而自首者,减罪二等坐之。其逃叛者,虽不自首,能还归本所者,减罪二等。

其损伤于人,(因犯杀伤于人而自首者,得免所因之罪,仍从本杀伤法。本过失者,听从本法。损伤)于物不可赔偿,(谓如弃毁印信、官文书、应禁兵器及禁书之类,私家既不合有,是不可偿之物,不准首。若本物见在,首者,听同首法免罪)事发在逃,(已被囚禁越狱在逃者,虽不得首所犯之罪,但既出首,得减逃走之罪二等,正罪不减。若逃在未经到官之先者,本无加罪,仍得减本罪二等)若私越度关及奸者,并不在自首之律。

若强窃盗诈欺取人财物,而于事主处首服,及受人枉法、不枉法赃,悔过回付还主者,与经官司自首同,皆得免罪。若知人欲告,而于财主处首还者,亦得减罪二等。其强窃盗若能捕获同伴解官者,亦得免罪,又依常人一体给赏。(强窃盗自首免罪后,再犯者,不准首)

我国现行《刑法》第 67 条规定:

犯罪以后自动投案,如实供述自己的罪行的,是自首。对于自首的犯罪分子,可以从轻或者减轻处罚。其中,犯罪较轻的,可以免除处罚。
被采取强制措施的犯罪嫌疑人、被告人和正在服刑的罪犯,如实供述司法机关还未掌握的本人其他罪行的,以自首论。

犯罪嫌疑人虽不具有前两款规定的自首情节,但是如实供述自己罪行的,可以从轻处罚;因其如实供述自己罪行,避免特别严重后果发生的,可以减轻处罚。

我国近代以降有关自首的这些面目全非的条文的直接来源,是经过了"近现代化"洗礼的日本刑法,①而日本刑法本条的最早来源又是我国的传统律典。日本刑法(刑律)关于自首的规定,在明治维新之后颁布的《假刑律》《新律纲领》《改定律例》中还均基本同于我国传统。② 但到了1880年深受法国刑法影响的第一部近代刑法典之中,其条文已发生显著变化,如犯罪事发前自首免罪变为仅减一等。③ 我国1905年的《大清新刑律草案》稿本本条即深受此影响,只是犯罪事发前自首的为减二等,而在1907年的正式草案中,减二等变为减一等,与日本更加接近。④ 自首制度在中华大地的演变可谓经历了"出口转内销",经过一"转"以及后来的发展演变,古今之差异逐渐显现,而其中最直观的差异,是前者似乎不符合逻辑。

笔者不禁设问:传统律典为何常发生不合逻辑的现象?并进而追问:是否不完全符合逻辑即一定不正确?是否法律仅有简单形式逻辑这一条道路可走?笔者窃以为,对后两个问题的回答应当是否定的。

日本法制(包括自首制度)经过的近现代化洗礼,也即是接受了欧西近现代的法律体系及法学理论,而欧西的这些近现代法律体系及法学理论乃奠基于文艺复兴之后"理性主义"思潮的兴起。然而正如牟宗三先生所言,"现在西方人所说的理性,大抵是用 logic 作标准,来界定理性,这即是所谓 logical reason"⑤,但"中国文化传统中,不喜欢讲那抽象的死硬的理性,而是讲那具体的情理或事理"⑥。梁漱溟先生又谓:"西洋偏长于理智而短于理性,中国偏长于理性而短于理智。"至于何为"理性"、何为"理智",梁先生进一步道:"必须摒除感情而后其认识乃锐入者,是之谓理智;其不欺好恶而判

---

① 日本刑法的近现代化过程,可参见黎宏:"日本近现代刑法学的发展历程及其借鉴意义",《法学评论》2004年第5期;〔日〕大冢仁:《刑法概说(第三版)》,冯军译,中国人民大学出版社2003年版,第43~46页。
② 参见杨鸿烈:《中国法律对东亚诸国之影响》,中国政法大学出版社1999年版,第299~300页。
③ 《新译日本法规大全》第2卷,李秀清点校,商务印书馆2007年版,第479~480页。
④ 黄源盛纂辑:《晚清民国刑法史料辑注》(上),元照出版有限公司2010年版,第26、71~72页。
⑤ 牟宗三:《中国哲学十九讲》,吉林出版集团有限责任公司2010年版,第287页。
⑥ 牟宗三:《生命的学问》,广西师范大学出版社2005年版,第41页。

别自然明切者,是之谓理性。"易言之,同样是"理",中国人所长的理性之"理",偏重人世间的情理、伦理,而西方人所长的理智之"理",则侧于自然科学、社会科学中抽象的数理、物理与论理。① 钱穆先生也说,西方哲学的本意应译为"爱智","然理智仅占人类心知之一部分而非全体",由理智获得之人生真理亦只是人生真理的一部分而非全体,唯中国传统文化尤其儒家思想讲求"仁智兼尽",在"理智"之外兼顾属于"情感"范畴的"仁"。②

故而西方人所谓的"理性主义",若用中国人的目光来看,不过是"逻辑主义"或言"理智主义"。深受这一思潮影响而建立、发展并远渡重洋移植于近代以降之中国、日本等东亚国家的欧西近现代法学及法律制度——包括在这一过程中被近现代化洗礼的自首制度,即在很大程度上体现出这种注重形式逻辑、摒除感情的"理"。而中国传统所擅长者,乃梁先生所谓的真正的"理性"——本于天理人心的人世间的"理"。此"理"在大多数情况下,并不与逻辑相违,但又因其不受制、束缚于逻辑,所以在某些时候能够超脱于逻辑,而成为逻辑之外并高于逻辑的"理"。在中国传统社会文化中土生土长的传统法律,即有相当部分立足于这种"理"之上,对于这类法律——如盗贼自首制度,即不能再仅以简单形式逻辑的目光审视之。

目前学术界已有一些对我国古代自首制度的研究。但整体而言,研究或集中于清以前之断代,③或是对整个传统时代的笼统概述。④ 专门对清代自首问题的研究尚属少见,且仅有的作品由于篇幅、视角的限制,在系统性与深入程度等方面均有欠缺,⑤更少见对清代盗贼自首制度的特意探讨。⑥ 最近几年蒋正阳博士对传统自首及近代转型问题有不少颇值关注的研究,其注重在中西比较的视野之下挖掘传统制度及实践的价值,但因重在

---

① 参见梁漱溟:《中国文化要义》,上海人民出版社2011年版,第122~123页。
② 钱穆:《中国思想史》,九州出版社2012年版,第3页。
③ 如万荣:"秦汉简牍'自告'、'自出'再辨析——兼论'自诣'、'自首'",《江汉论坛》2013年第8期;赵旭:"'自首者,原其罪'之诠释及其司法实践",《辽宁大学学报(哲学社会科学版)》2010年第1期;赵晓耕:"自首原则在宋代的适用——阿云之狱",《中国审判》2007年第5期;苗苗、赵晓耕:"从'阿云之狱'看宋代刑法中的自首制度",《河南省政法管理干部学院学报》2005年第3期。
④ 如徐道隣:"'自首'制在唐明清律中的演变",载徐道隣:《徐道隣法政文集》,清华大学出版社2017年版,第177~181页;程树德编:《中国法制史》,河南人民出版社2016年版,第164~168页;李中和、金伟:"中国古代自首制度考析",《西部法律评论》2010年第6期;朱仕金:"中国古代减罪自首制度考论",载陈煜主编:《新路集——第五届张晋藩法律史基金会征文大赛获奖作品集》,中国政法大学出版社2016年版,第174~191页。
⑤ 如罗平:"清代律例中的犯罪自首问题",《法学杂志》1987年第6期。
⑥ 目前仅见孙向阳、周鹏二位有一些简要介绍。参见孙向阳:《中国古代盗罪研究》,中国政法大学出版社2013年版,第95~100页;周鹏:"《大清律例·强盗》例文所见清代强盗罪中的几个问题",《吉林师范大学学报(人文社会科学版)》2022年第2期。

法理层次的宏观叙述,故未及对具体律例(尤其例)的细致分析。[①] 为了一定程度弥补这些缺憾,本章以清代盗贼自首制度与实践为经,古今法律和文化比较为纬,围绕自首之后果、主体、范围、对象等该制度最核心的几个部分进行论述,试图一方面对清代盗贼自首制度作相对系统的研究;另一方面在古今互为观照的问题意识下,发掘并揭示这一制度及其实践所体现出的逻辑之外并高于逻辑的"理"——此正我国近代以降移植欧西法律体系、法学理论过程中所丢失者。

第一节 自首之后果:大幅度减免刑罚

清律"犯罪自首"律文开端详言对自首者之处理方式,也即行为人自首的后果。根据本律首节、次节及本门内例文,自首之后果根据自首的时间不同而变化:一、犯罪未发而自首者,免其罪;二、知人欲告而自首者,减罪二等;三、闻拿投首之犯,减罪一等;(025-09)四、在监斩绞重囚,及遣军流徒人犯,如有因变逸出,自行投归者,照原犯罪名减一等。(025-02)[②]其中,前三个阶段处于行为人未被捕之前,第四个阶段位于行为人被捕之后。

律例文关于不同阶段的处理规则,在实践中能得到严格遵守。乾隆三十七年(1772),土尔扈特汗渥巴锡属下抢掠商人财物,因自首被免罪。[③] 嘉庆二十一年(1816),邓谭氏被诱卖与张榜安为妻,依略人略卖人律(275-00),"若和同相诱(取在己),及(两)相(情愿)卖良人……为妻妾子孙者,杖九十、徒二年半;被诱之人,减一等"。但邓谭氏因尚在第一个阶段,即"旋因思念伊子,心生追悔,告知娶主,经张榜安呈首"而被免罪。[④] 乾隆三年

[①] 参见蒋正阳:"清代与现代自首制度的比较研究——对法律现代主义的几点反思",载〔美〕黄宗智、尤陈俊主编:《历史社会法学:中国的实践法史与法理》,法律出版社2014年版;蒋正阳:"家族主义在自首制度中的实践变迁",《政治与法律》2021年第6期;蒋正阳:"变革与承续:陕甘宁边区自首制度的表达与实践",《北大法律评论》第20卷第1辑,2020年。

[②] 第三、四项出自例文,蒋正阳博士认为第二项也出于例文,恐误,并认为关于第三项闻拿自首的情节为清代之首创(参见蒋正阳:"清代与现代自首制度的比较研究——对法律现代主义的几点反思",载〔美〕黄宗智、尤陈俊主编:《历史社会法学:中国的实践法史与法理》,法律出版社2014年版)。但薛允升指出,此项在早唐律中即已被归入"犯罪之徒,知人欲告及案问欲举而自首陈;……各得减二等坐之"(《唐律疏议》,刘俊文点校,法律出版社1999年版,第114页)。清代新纂此例实际是较唐律为苛者,而非扩大可自首的时间范围。

[③] 录副奏折,档号03-0185-2460-18。

[④] 〔清〕许槤、〔清〕熊莪纂辑:《刑部比照加减成案》,何勤华等点校,法律出版社2009年版,第106页。

(1738),在张世重等强盗案中,张姓照第二个阶段,"知人欲告而自首"减罪二等,杖一百、徒三年。嘉庆十九年(1814),林亨进"窃盗未经得财,被事主追逐,拒捕刃伤"事主,本应拟绞监候,但因"闻拿投首",于是依第三个阶段,减一等,杖一百、流三千里。① 此外,若是在第二和第三个阶段之间,亦即在"事主报官之后"、"闻拿"之前自首者,律文未言明,案例中是减一等,近于对第三阶段的处理。② 有关第四个阶段规则实施情况,史料里也有颇多记载。③

清人刚毅在《审看拟式》中虚构了如下一案:饥民赵甲、钱乙、孙丙爬抢食物,"惟一闻张三欲控,即自悔惧首服,情愿以所领赈谷如数偿还"。根据本案之情节,赵、钱、孙三人系知人欲告而自首者(第二个阶段),依律应减二等处理。但作者给出的处理意见却是"合依强抢盗取人财物而于事主处首服付还者,与经官自首同,皆得免罪律,免其抢夺首从之罪"(第一个阶段),显然是没考虑到律文关于自首时间阶段的规定。④

我国现行《刑法》(第67条)对自首的时间段并未做如此详细的划分,仅笼统规定为"犯罪以后"。司法解释有进一步说明,指出"自动投案,是指犯罪事实或者犯罪嫌疑人尚未被司法机关发觉,或者虽被发觉,但犯罪嫌疑人尚未受到讯问、未被采取强制措施时"⑤。这一界定包括清律中的第一至三三个阶段,⑥对这三个阶段的自首者,均"可以从轻或者减轻处罚","犯罪情节较轻的,可以免除处罚"。至于具体确定是否从轻、减轻、免除处罚以及从轻、减轻处罚的幅度,根据司法解释,"应当根据犯罪轻重,并考虑自首的具体情节"。⑦ 古今相较,清代对自首者减免罪行的幅度远大于当代。一方面,在四个阶段中的任何一阶段自首,均为"应当"减免,而在当代则只是"可以"从宽。⑧ 另一方面,清代对自首者的从宽处罚为免罪、减二等、减一等,不论犯罪情节的严重程度;而当代仅为从轻或减轻处罚,犯罪较轻的才

---

① 内阁大库档案,登录号032800-001、112209-001。
② [清]许槤、[清]熊莪纂辑:《刑部比照加减成案》,何勤华等点校,法律出版社2009年版,第77页。
③ 参见[清]吴翼先:《新疆则例说略》,载杨一凡、田涛主编:《中国珍稀法律典籍续编》第7册,齐钧点校,黑龙江人民出版社2002年版,第163页。
④ 参见[清]刚毅辑:《审看拟式四卷卷首一卷卷末一卷》,载高柯立、林荣辑:《明清法制史料辑刊》第二编第72册,国家图书馆出版社2014年版,第165~167页。
⑤ 1998年4月17日最高人民法院《关于处理自首和立功具体应用法律若干问题的解释》第1条。
⑥ 韩国刑法对自首的时间规定也是犯罪之后,而在日本及我国台湾地区,自首的时间限定为未被发觉之前,亦即清律中的第1、2个阶段。
⑦ 最高人民法院《关于处理自首和立功具体应用法律若干问题的解释》第3条。
⑧ 在当代日本、韩国及我国台湾地区的刑事规定中,对自首者也仅"可以"从宽。

可以免除处罚。

当代减免罪行幅度不大的原因,张明楷教授曾指出,如此"能够防止犯罪人恶意利用自首制度达到其不当目的",且"有些犯罪的情节特别恶劣,罪行特别严重,如果在结局上从宽处罚,必然不符合罪行相适应原则"。[1] 1905 年的《大清新刑律草案》稿本自首条的按语也有类似说法:"设若遽予免罪,易启奸人尝试之心。"[2] 这些观点确有其道理,且可以说是显而易见的道理或言逻辑,那么为何传统时代的中国人却似乎没有发现?笔者认为,可能并非没有发现,也不是视而不见,而是传统律典在当代法律及法学这种纯粹形式逻辑之外,尚有其他方面的考量,并认为后者较前者更为重要,此即为中国人心目中逻辑之外的"理"。

此"理"从主观讲,《尚书·康诰》曰:"乃有大罪,非终,乃惟眚灾,适尔,既道极厥辜,时乃不可杀。"亦即一个人即便犯了很大的罪,只要知道悔过、不坚持错误,就不应当被杀,所以《尚书·胤征》又说:"旧染污俗,咸与维新。"据邱濬考证,《康诰》之说即"此后世律文自首者免罪之条所自出也"[3]。《唐律疏议》沿此申说:"过而不改,斯成过矣。今能改过,来首其罪,皆合得原。"[4] 律学家也有解说,如雷梦麟之"取其悔心之萌,其人能改"[5];沈之奇之"惧法悔罪,出于本心"[6]。简而言之,犯罪人如若真心悔罪,则"再犯可能性"较小,因而对其进行较大幅度的减免刑罚,如张明楷教授之说:"在任何犯罪中,表明被告人再犯罪危险性小的情节都应当受到重视。"[7] 更进一步,贝卡里亚发现,"为了摆脱对一次罪行的刑罚,人们会犯下更多的罪行"[8]。所以,自首制度"非独开改恶之路,恐犯者自知不可免死,则欲遂其恶心,至于必杀"[9]。此为其在主观上的又一层"理",如若不给犯罪者改过自新之路,则可能激起他们"破罐子破摔"的心理:反正都是一死,不如继续把罪恶"进行到底"。

主观上的这些因素,使得在客观上也确可能更大程度地起到鼓励犯罪

---

[1] 张明楷:《刑法学(第五版)》(上),法律出版社 2016 年版,第 567 页。本书的最新版删除了这里引用的后一部分,参见张明楷:《刑法学(第六版)》(上),法律出版社 2021 年版,第 739 页。

[2] 黄源盛纂辑:《晚清民国刑法史料辑注》(上),元照出版有限公司 2010 年版,第 26 页。

[3] [明]邱濬:《大学衍义补》(中),林冠群、周济夫点校,京华出版社 1999 年版,第 860 页。

[4] 《唐律疏议》,刘俊文点校,法律出版社 1999 年版,第 110 页。宋代同此,参见《宋刑统》,薛梅卿点校,法律出版社 1999 年版,第 82 页。

[5] [明]雷梦麟:《读律琐言》,怀效锋、李俊点校,法律出版社 2000 年版,第 41 页。

[6] [清]沈之奇:《大清律辑注》(上),怀效锋、李俊点校,法律出版社 2000 年版,第 73 页。

[7] 张明楷:"论预防刑的裁量",《现代法学》2015 年第 1 期,第 102~117 页。

[8] [意]萨切雷·贝卡里亚:《论犯罪与刑罚》,黄风译,北京大学出版社 2008 年版,第 62 页。

[9] [清]沈家本:《寄簃文存》,商务印书馆 2015 年版,第 137 页。

人自首的作用，节省司法资源及社会成本。嘉庆六年(1801)，时任两广总督的觉罗吉庆与广东巡抚瑚图礼便指出，如若能对投诚之洋盗"一体免罪"，则"俾各匪闻风向化，海洋可期肃清"。① 我国台湾地区于 2005 年修改刑事规范时，将原本"必减"的规定改为"得减"，修改理由是逻辑方面的考量："自首的必减规定，不仅难于获致公平，且有使行为人恃以犯罪之虞。此外，在实务上也因必减的规定，而难以应对各种不同动机的自首案。"但林山田教授批评道：

> 惟刑事立法上必须有"必减"的明确承诺，才足以奖励行为人挺身而出，以接受法律的制裁，今如将自首改为得减，则因减轻与否，尚需经由法官的自由裁量，这自会引发行为人的疑惧，而足以降低行为人的自首意愿，致失却自首制度的立法目的。②

林教授此说亦是从客观上鼓励犯罪人自首的角度，肯定自首"必须从宽"的立法价值。

或许正是基于这些方面的考虑，我国在司法实践中其实也并未完全恪守如上《刑法》条文的规则。2010 年 2 月 8 日最高人民法院《关于贯彻宽严相济刑事政策的若干意见》第 17 条言："对于自首的被告人，除了罪行极其严重、主观恶性极深、人身危险性极大，或者恶意地利用自首规避法律制裁者以外，一般均应当依法从宽处罚。"也即从《刑法》规定的由司法机关自由裁量是否从宽以及从宽的幅度，变为除了"罪行极其严重、主观恶性极深、人身危害性极大，或者恶意地利用自首规避法律制裁"的案件之外，均"应当"从宽。这样的规则也可以说是对传统律典中相关理念一定程度的回归，尽管制定者可能并未意识到。

盗贼自首案件通常还会涉及赃物的问题。律文继而言之："若有赃者"，其罪虽免或减，犹征正赃，如"用强生事逼取、诈欺、科敛、求索之类及强窃盗赃，征给主"。乾隆二十六年(1761)，甘肃按察使文绶上奏指出这一规则在实践中可能存在的问题："若原赃全无，或完不足数，惟因其畏罪自首，即全行免罪，则凡窃盗重赃之犯，或任意花销，或隐匿寄顿，监追一年之后，即得题请豁免，逍遥事外。"于是建议严自首之法，"分别完赃之多寡，定以治罪之条"："凡窃盗得赃于事未发觉之前，畏法惧罪，抱携全赃出首者，准其照律免

---

① 宫中档奏折-嘉庆朝，档案号 404006211。
② 林山田：《刑法通论》(下)，北京大学出版社 2012 年版，第 340 页。

罪外,如无原赃及赃数不全者,仍照例监追,能于一年限内全完结给主者,亦一体免罪,倘监追一年之上,仍不能完,应请豁免者,比依自首不尽科罪之条,计未完赃数,照窃盗赃减一等,按律治罪至死者,听减二等,俱免刺字。"但该奏折之朱批仅言"该部议奏,钦此",①而后也并未因此增修律例,仍是不分完赃之多寡,一体减免刑罚。

  以上为对犯罪自首处理的一般规则,律文接下来谈及对两种特殊情况的处理方式:其一,如果行为人所犯之罪不止一项,则"其轻罪虽发,因首重罪者,免其重罪","若因问被告之事,而别言余罪者,亦如上科之"。其二,"若自首不实及不尽者,以不实不尽之罪罪之;至死者,听减一等"。总而言之,对自首的罪名或罪行部分均免罪,仅对未首者科罪。当代也有与此类似的规则,即根据《刑法》第67条规定,"被采取强制措施的犯罪嫌疑人、被告人和正在服刑的罪犯,如实供述司法机关还未掌握的本人其他罪行的,以自首论"②,即类似于前述第一点。根据司法解释,"犯有数罪的犯罪嫌疑人仅如实供述所犯数罪中部分犯罪的,只对如实供述部分犯罪的行为,认定为自首"③,则又类似于前述第二点中的"自首不尽"者。而若是"自首不实",当代及清代对不实之罪均不能认定为自首,但清代"至死者,听减一等",当代并无此规。

  此外,因自首而减免处罚者,还涉及是否仍刺字的问题。"起除刺字"门下例云:"凡监守常人盗仓库钱粮及抢夺,并一切犯罪应刺事由之犯,如畏罪自首者,各照律例分别减等科断,均免其刺字。"不过,"惟强盗自首,例应外遣者,仍刺地名",但仍不刺事由。(281-04)有关窃盗自首的规定位于"犯罪自首"门,窃盗自首免罪亦免刺字自不待言,而若"不实不尽,及知人欲告,而于财主处首还者,律该减等拟罪者",亦俱免刺。(025-05)沈之奇道出其中缘由:"窃盗之罪,虽不得全免,而窃盗之情,已经首出,故俱免刺。"④

第二节　自首之主体:本人、遣人及亲属

  律文次节言自首之主体。除了行为人本人的自首,"其遣人代首",或

---

① 内阁大库档案,登录号155282-001。
② 《关于处理自首和立功具体应用法律若干问题的解释》第4条:"被采取强制措施的犯罪嫌疑人、被告人和已宣判的罪犯,如实供述司法机关尚未掌握的罪行,与司法机关已掌握的或者判决确定的罪行属同种罪行的,可以酌情从轻处罚;如实供述的同种罪行较重的,一般应当从轻处罚。"
③ 《关于处理自首和立功具体应用法律若干问题的解释》第1条。
④ [清]沈之奇:《大清律辑注》(上),怀效锋、李俊点校,法律出版社2000年版,第81页。

"于法得相容隐者为首,及相告言",均以行为人本人自首论。

首先,"遣人代首"即直接等同于行为人本人自首,无须具备任何前提条件。但当代仅能在"犯罪嫌疑人因病、伤或者为了减轻犯罪后果"的前提之下,"委托他人先代为投案,或者先以信电投案的",才应当被认定为自首。[1]

其次,行为人之亲属"为首"或"相告言",均等同于行为人本人自首。据律学家言,"为首者,代为之首也;相告言者,互相评发也。状首曰告,口诉曰言"[2]。不过,律文限定了可以为首或相告言的亲属范围,乃"于法得相容隐者"。根据亲属相为容隐律(032-00),这一范围具体为:"凡同居,(同谓同财共居亲属,不限籍之同异,虽无服者亦是)若大功以上亲,(谓另居大功以上亲属,系服重)及外祖父母、外孙、妻之父母、女婿,若孙之妇、夫之兄弟,及兄弟妻,(系恩重)有罪(彼此得)相为容隐;奴婢雇工人,(义重)为家长隐者,皆勿论。"雍正元年(1723),吴尚老等强盗伤人,吴姓之妻章氏代首,吴姓即"合依身自首法"处理。[3] 乾隆三年(1738),张世重等强盗案中,张姓胞兄张世德将其"首获",亦认定为"如罪人身自首"。[4] 两桩案件均是将"于法得相容隐"的亲属为之首告直接等同于行为人本人自首。不过,乾隆三十七年(1772)上谕,若因亲属"首告而贷死",仅一次为限——"不知悛改,复敢脱逃,虽有父兄首告,亦不准其宽减"[5]。如果是"于法得相容隐"之外的亲属为首或相告言,例文云:"小功、缌麻亲首告,得减罪三等。无服之亲,减一等。"(025-01)[6]雍正十二年(1734),戴大成等伙盗行劫,戴姓被其缌麻服侄戴元吉拿获并首报武邑,即照本例减三等处罚,杖九十、徒二年半。[7] 当然,如果是"亲属本身被劫,因而告诉到官者",根据025-04例,不再"同自首法"处理,而是依亲属相盗律原律科罪。

律例关于亲属首告规定的原因,首先,如沈之奇之说,"欲其亲之免罪,本乎亲爱之意"[8]。其次,如此在客观上也能起到节省司法资源的效果。因为我国传统社会极为重视家庭伦理,人们与亲属之间的关系密切,故而如若发生了犯罪,一者,亲属极有可能很快知道,清人所谓"为盗一二次者,父兄

---

[1] 《关于处理自首和立功具体应用法律若干问题的解释》第1条。
[2] [清]沈之奇:《大清律辑注》(上),怀效锋、李俊点校,法律出版社2000年版,第74页。
[3] 内阁大库档案,登录号119864-001。
[4] 内阁大库档案,登录号032800-001。
[5] [清]全士潮、[清]张道源等纂辑:《驳案汇编》,何勤华等点校,法律出版社2009年版,第28页。
[6] 此亦与亲属相为容隐律(032-00)之第三节的规定相一致:"其小功以下相容隐,及漏泄其事者,减凡人三等;无服之亲减一等(谓另居小功以下亲属)。"
[7] 内阁大库档案,登录号016107-001。
[8] [清]沈之奇:《大清律辑注》(下),怀效锋、李俊点校,法律出版社2000年版,第834页。

知之"①，二者，由亲属劝说犯罪人悔过自新的效果也会较好。

有意思的是，清律规定亲属首告规则的同时，又规定了看似与之矛盾的亲属相为容隐律与干名犯义律（337-00）。前者前文已引述，后者云："凡子孙告祖父母、父母，妻妾告夫及夫之祖父母、父母者，（虽得实，亦）杖一百，徒三年；（祖父母等，同自首者免罪）……若告期亲尊长、外祖父母，（及妾告妻者）虽得实，杖一百；（告）大功，（得实，亦）杖九十；（告）小功，（得实，亦）杖八十；（告）缌麻，（得实，亦）杖七十。"亦即，法律制裁卑幼告尊长的行为。那么，律文何以出现如此一面提倡亲属容隐、严禁干名犯义，一面又规定亲属首告免其罪的"矛盾"呢？沈之奇的解释很精彩：

> 亲属得相容隐，又准为首免罪，而告则干名犯义，盖名分所关，恩义为重。若不许容隐，则恐有以伤其恩；若不许为首，则恐无以救其亲。首则欲其亲之免罪，本乎亲爱之意而出之也；告则欲其亲之正法，本乎贼害之意而出之也，故既著容隐为首之例，又严干名犯义之法，真天理、人情之至也。②

易言之，律典为了既保障骨肉亲情，又防范贼害其亲之意，故而有此看似矛盾，实则面面俱到之法。而即便发生了以"贼害"为目的的"相告"，亦对犯罪人以自首论、减免刑罚，让相告者"贼害"的目的不能完全得逞，如此不啻再次向当事人乃至社会公众宣谕、强调律典对伦理亲情的倡导和保护。此处，再一次地表明，若单以形式逻辑的目光来看似乎矛盾重重，但在形式逻辑之外，尚有在中国人看来更重要的理——伦理、情理之理。

而在我国现行的移植于西方的《刑法》中，由于奉行"个人责任原则"，已无此亲属为首告的规则。如当代刑法学者指出："因家属的主动负担而减轻行为人责任的做法，虽然没有直接违反个人责任的原则，但也与该原则的精神相悖，应当杜绝。犯罪人的罪责大小，由犯罪行为的性质、情节等综合决定，而不能由无关的第三者的行为决定。应当说，这是个人责任原则的延伸内容。例如，犯罪人盗窃后自动退赃的，是从宽处罚的根据。但是，犯罪人盗窃后由其家属退赔的，则不是对犯罪人从宽处罚的根据。"③不过，相关司法解释其实已添入了"亲友"这一主体：犯罪嫌疑人"经亲友规劝、陪同投

---

① ［清］佟国器："弭盗九条疏"，载来新夏主编：《清代经世文选编》（上），黄山书社2019年版，第4页。
② ［清］沈之奇：《大清律辑注》（下），怀效锋、李俊点校，法律出版社2000年版，第834页。
③ 张明楷：《刑法格言的展开（第三版）》，北京大学出版社2013年版，第116页。

案的；公安机关通知犯罪嫌疑人的亲友，或者亲友主动报案后，将犯罪嫌疑人送去投案的"，应当视为自动投案，也因此而应当被作为自首处理。①2010年12月22日最高人民法院《关于处理自首和立功若干具体问题的意见》又言："犯罪嫌疑人被亲友采用捆绑等手段送到司法机关，或者在亲友带领侦查人员前来抓捕时无拒捕行为，并如实供认犯罪事实的，虽然不能认定为自动投案，但可以参照法律对自首的有关规定酌情从轻处罚。"2010年2月8日最高人民法院《关于贯彻宽严相济刑事政策的若干意见》还规定："对于亲属以不同形式送被告人归案或协助司法机关抓获被告人而认定为自首的，原则上都应当依法从宽处罚；有的虽然不能认定为自首，但考虑到被告人亲属支持司法机关工作，促使被告人到案、认罪、悔罪，在决定对被告人具体处罚时，也应当予以充分考虑。"

在司法实践中，据《南方都市报》报道，2013年1月14日广东高州籍男子钟建宁犯下命案，构成强奸罪和故意杀人罪，应数罪并罚，且是累犯，依法应从重处罚，但法院最终决定对他判处死缓而非死刑立即执行。主审法官指出，"由于钟建宁的妻子在案发后，带领侦查人员前往其丈夫躲藏地将后者抓获，这几乎成为本案唯一一个可以从轻的情节"，"可以这么说，是他妻子救了他一命"。并进一步解释道，"家属大义灭亲对案件有何影响，作为从轻量刑情节可以减到什么程度，在目前的法律和司法解释中都缺乏明确的规定和解释。但在全国的司法实践中，大义灭亲基本上都被公认为一个可以从轻量刑的情节"，"这是基于对打击犯罪的需要"，"本案中如果法庭对钟建宁妻子的这一举动从量刑上不予考虑，那判决结果可能在价值导向上会形成不足"。② 法院对本案的处理，即一方面是对上述司法解释的遵循，另一方面也不啻对传统理念的回归。

司法解释及实践一定程度添入了"亲友"的因素，只是仍要求犯罪嫌疑人必须亲自前往投案，且若是被亲友捆绑送案或被亲友带领侦查人员抓捕的，不能被认定为自首，仅能被酌情从轻处罚。这些条件较清代为苛刻，清代只要是亲属代首——无论犯罪人本人是否到场以及以何种方式到场——均可被认定为自首或减等处理。但是，当代这些条件与唐宋较相近，其曰

---

① 《关于处理自首和立功具体应用法律若干问题的解释》第1条。
② "男子强奸杀人因妻子带警察抓捕被法院判死缓"，民主与法制网，2014年3月19日，http://www.mzyfz.com/cms/fayuanpingtai/xinwenzhongxin/fayuanxinwen/html/1071/2014-03-19/content-980721.html，最后访问时间：2024年2月27日。

"其闻首告,被追不赴者,不得原罪",①也要求犯罪人本人必须亲自赴官才能被认定为自首,只是不论其到场是出于主动或被捆绑、被抓捕。

对于律典从唐宋到明清的这一变化,②薛允升仅以责备口吻说了四个字——"未知何故"。③但在笔者看来,这实际上使得律典更加合理。因为若从当代的规则来看,是强调犯罪嫌疑人主观上的"自动投案",而从清代之法而言,则仅要求亲属首告这一客观事实,无犯罪人本人主观态度之要求。但唐宋律文则是处在当代与清代规则之"中",有时考虑犯罪人本人主观态度,有时又不考虑——"其闻首告,被追不赴者,不得原罪"是考虑,而"不论其到场是出于主动或被捆绑、被抓捕"又是不考虑。这里就出现了一个逻辑矛盾:被捆绑、被抓捕到案的,与被追未赴者,实并未有本质之差别,因为二者均非犯罪人本人出于本心之赴案,至于是否被带到案,乃是由不可确定的客观条件所决定,而这些不可确定的客观条件并不应作为与犯罪人之定罪量刑直接相关的依据。因而在笔者看来,清代(明清)之法在逻辑上优于唐宋,从逻辑之外的"理"而言,则显示出不同于当代之特色。

第三节 自首之边界:明列"不准首"各项

若仅从上文"自首之后果"与"自首之主体"来看,则清代相关律文较当代为宽大。然而,一味宽大也难称良法,须是"宽而有制"④方为上乘。因是之故,在对自首者进行大幅度减免刑罚的同时,本律之第三节对认定自首的范围作出一定限制——所谓"不准首",亦即在几种特殊情形之下,行为人即便自行投案也不能被认定为自首。这样的情形包括五种:损伤于人、于物不可赔偿、事发在逃、私越度关、犯奸。⑤除了私越度关,其他五种情况均有可能发生在盗案中。另根据第四节小注,强窃盗自首免罪后再犯者亦不准首。

我国现行《刑法》并无类似"不准首"的规定,只是在司法解释中有言:"犯罪嫌疑人自动投案后又逃跑的,不能认定为自首。"⑥因而张明楷教授总

---

① 《唐律疏议》,刘俊文点校,法律出版社1999年版,第111页;《宋刑统》,薛梅卿点校,法律出版社1999年版,第83页。
② 明律之律文同于清律,参见《大明律》,怀效锋点校,法律出版社1999年版,第13~14页。
③ [清]薛允升:《唐明律合编》,怀效锋、李鸣点校,法律出版社1999年版,第67页。
④ 语出同上书,第821页。
⑤ 原先还有"私习天文"一项,雍正三年(1725)馆修时删除。参见马建石、杨育棠主编:《大清律例通考校注》,中国政法大学出版社1992年版,第278页。
⑥ 《关于处理自首和立功具体应用法律若干问题的解释》第1条。

结道,自首制度适用于一切犯罪。① 但前文已引证过,张教授曾说:"有些犯罪的情节特别恶劣,罪行特别严重,如果在结局上从宽处罚,必然不符合罪行相适应原则。"亦即张教授也承认,对一些"情节特别恶劣""罪行特别严重"的案件,不应从宽处罚。因此在当代,虽在原则上"自首制度适用于一切犯罪",但却以规定"可以"而非"应当"从宽的方式,事实上实现"不准首"的规则,只是清代明列了"不准首"之项目,而当代是将"不准首"之认定权交予司法的自由裁量。

关于清代明列的几项不准首的原因,律学家已道明:损伤于人,己虽悔罪,而人之被其损伤者不可赔矣;损伤于物,罪虽可原,而物之被其损伤者不可尝矣。奸,虽悔而不可追。② 概括而言,这几种情形会导致被害之人或物无法恢复原状。事发在逃不准首一项则较为特殊,按照本律律文之言,事发之后即本不在允许自首的时间范围之内,则事发之后逃亡的自然更不在可以自首的范围内。③ 不过,《捕亡》篇罪人拒捕律(388-00)之小注云:"虽不得首所犯之罪,但既出首,得减逃走之罪二等。"

强盗案件常会存在这五种"不准首"情况中的一种或几种,强盗门内有例文(266-41)继而细说:凡强盗"杀死人命,奸人妻女,烧人房屋,罪犯深重,及殴事主至折伤以上,首伙各犯俱不准自首"。不过,其仍留下这些情况之下自首以及自首减刑的可能性:"其伤人首伙各盗,伤轻平复,如事未发而自首,及强盗行劫数家,止首一家者,均发遣新疆给官兵为奴;系闻拿投首者,拟斩监候。未伤人之首伙各盗,及窝家盗线,事未发而自首者,杖一百,流三千里;闻拿投首者,实发云、贵、两广极边烟瘴充军。"当然,除却这些情况,强盗"其未下手杀人与并无他隙主谋者,俱可准其自首免罪"。④ 本例经过多次删修改定,至嘉庆六年(1801)方定例如上并纂入强盗门内。⑤ 雍正元年(1723)时,该例尚在犯罪自首门内,例文内开:"强盗殴伤事主,伤非金刃而所伤又轻、旋经平复者,系伙盗,仍准自首,发边卫充军。"⑥ 当年,发生

---

① 张明楷:《刑法学(第六版)》,法律出版社 2011 年版,第 734 页。
② 参见[明]雷梦麟:《读律琐言》,怀效锋、李俊点校,法律出版社 2000 年版,第 43 页。
③ 在当代,"犯罪后逃跑,在被通缉、追捕过程中,主动投案的"应当视为自动投案,在这一点上是较清代为宽。参见《关于处理自首和立功具体应用法律若干问题的解释》第 1 条。
④ 据称,在司法实践中,"强盗自首,须问明行劫几次,曾否于何年月日杀人行奸放火,然后申详,盖自首虽免死罪,而律例处治各别,宜详审明白"。[清]徐栋辑:《刑名》,载杨一凡编:《中国律学文献》第三辑第 5 册,黑龙江人民出版社 2006 年版,第 508、513 页。
⑤ [清]薛允升:《读例存疑重刊本》第 3 册,黄静嘉编校,成文出版社 1970 年版,第 615~617 页。
⑥ 马建石、杨育棠主编:《大清律例通考校注》,中国政法大学出版社 1992 年版,第 280 页。

前述吴尚老等强盗伤人一案,吴姓"之妻章氏随首知事主",被伤之人"随即平复不死",因而依此例文,发边卫充军。又,乾隆十三年(1748)时,陆大系"未伤人之盗首,闻拿投首",照当时之例,"发黑龙江等处给披甲人为奴"。①

正因为本例有此规定,"恐寻常盗案知情分赃之亲属因此一概畏罪隐匿",于是在犯罪自首门内定例言:"强盗同居之父兄、伯叔与弟,明知为匪,或分受赃物者,许其据实出首,均准免罪,本犯亦得照律减免发落。"(025-07)但乾隆十七年(1752)云南按察使沈嘉征上奏指出,既然"强窃同属盗犯",那么本例也应添入窃盗一项,许其出首免罪。是以该氏未能了解本例之立法目的,皇帝朱批也未置可否,仅曰"该部议奏"。②次年,刑部尚书刘统勋等议奏,方道出此中缘由,并言实无须另立一例专言窃盗者,其自应被许自首。③

除了例文对强盗案件的专门规定,犯罪自首律文小注有言:"因犯杀伤于人而自首者,得免所因之罪,仍从本杀伤法。"亦即杀伤之罪不免,而免导致杀伤的"所因之罪"。④强盗律文(266-00)的小注又再次强调这一规则:"窃盗伤人自首者,但免其盗罪,仍依斗殴伤人律论。"嘉庆二十三年(1818),张恂行窃,致伤事主之子身死,于"尸亲未经告发以前自行投首",于是依这两处小注所言,"免其所因行窃之罪,科以杀人本法"。⑤乾隆四十一年(1776),对王廷吉图财害命一案的处理也与此类似,因其父代首,"免其所因图财之罪,乃依本杀法问拟"。⑥咸丰十一年(1861),侯立行窃拒杀事主,本应拟斩监候,但"伊兄带同投首,即与自首无异,自应免其所因,仍按斗杀本律",拟绞监候。⑦

涉及犯奸问题的盗行为,除了强盗,还可能是略人略卖人,犯罪自首门内的025-11例专言这一问题。该例首先规定一般处理原则:"凡诱拐不知情妇人子女,首从各犯","自为妻妾或典卖与人已被奸污者,不准自首"。其次说明对犯罪情节较轻的自首之犯的处理:"甫经诱拐,尚未奸污,亦未典卖与人,即经悔过自首,被诱之人即时给亲完聚",减二等发落。再次言及已

---

① 内阁大库档案,登录号 119864-001、050050-001。
② 宫中档奏折-乾隆朝,档案号 403003126。
③ 内阁大库档案,登录号 023499-001。
④ 对本段小注的精彩解读,可参[清]姚文然:"犯罪自首说",载[清]贺长龄、[清]魏源等编:《清经世文编》(下),中华书局 1992 年版,第 2260 页。
⑤ [清]许梿、[清]熊莪纂辑:《刑部比照加减成案》,何勤华等点校,法律出版社 2009 年版,第 12 页。
⑥ [清]全士潮、[清]张道源等纂辑:《驳案汇编》,何勤华等点校,法律出版社 2009 年版,第 30~31 页。
⑦ 内阁大库档案,登录号 015228-001。

将被诱之人典卖与人并无下落的情况下,对自首之犯"仍各按例拟罪监禁",倘若"自投首到官之日起,三年限满,被诱之人仍无下落,或限内虽经查获,已被奸污者,即将原拟绞候之犯,入于秋审办理,原拟流罪之犯,即行定地发配",而"倘能限内查获,未被奸污,给亲完聚者,各于原犯罪名上减一等发落"。

道光十年(1830),赵和等纠抢唐氏,尚未奸污,赵姓之父赵殿沅于事发之前将唐氏送回,被认为与"诱拐不知情妇女悔过自首者"情节相同,即依该例之第二种情况,减二等处罚。该例为嘉庆二十五年(1820)拟定,此前一年,山东发生田四、大刀等听从秦三孟抢夺周氏一案,"尚未嫁卖,旋即首还",若按照该例处理,则应属于第二种情况,"减二等发落"。但当时并无此例,经刑部拟断,首犯照"未伤人首盗闻拿投首例",发极边烟瘴充军,从犯依"聚众伙谋抢夺路行妇女已成、为从绞监候罪"上,比照"强盗人财物、知人欲告、财主处首还、减罪二等律",杖一百、徒三年,亦即是将首犯减一等、从犯减二等处罚。①

第四节　自首之对象:官府及事主

清代自首者除了可以"经官司自首",本律末节规定,若是强盗、窃盗、诈欺取人财物三种盗行为,"于事主处首服","悔过回付还主者,与经官司自首同,皆得免罪"。前述雍正元年(1723),吴尚老等行强盗,吴姓之妻章氏代其在事主处首服,吴姓即被认定为自首。② 当然,既然是"与经官司自首同",则同样,"若知人欲告,而于财主处首还者,亦得减罪二等"。

在《唐律疏议》中,本句律文为位于《名例》之中的单独一条律,名为"盗诈取人财物首露":"诸盗、诈取人财物而于财主首露者,与经官司自首同。"疏议曰:"盗,谓强盗、窃盗。诈,谓诈欺取人财物。"③《宋刑统》将本律并入"犯罪已发未发自首"门下,律文及疏议与唐律一致。④ 明律与清律同,均是继承唐宋而来。⑤ 正因为这一继承性,唐宋本律可向财主首露者,仅有强、窃

---

① [清]许梿、[清]熊莪纂辑:《刑部比照加减成案》,何勤华等点校,法律出版社2009年版,第366、12页。
② 内阁大库档案,登录号119864-001。
③ 《唐律疏议》,刘俊文点校,法律出版社1999年版,第118~119页。
④ 《宋刑统》,薛梅卿点校,法律出版社1999年版,第88~89页。
⑤ 《大明律》,怀效锋点校,法律出版社1999年版,第13~14页。

盗及诈欺取人财物三种,明清本律可向事主首服者,也继续仅有此三种,尽管后者已在强盗与窃盗之间加入了白昼抢夺一律。于是,只好在例文中作出补正：

> 若抢夺不得财,及所夺之物即还事主,俱问不应。(268-01)

根据不应为律:"凡不应得为而为之者,笞四十;事理重者,杖八十。"(386-00)也即将抢夺之物还给事主的笞四十或杖八十,与强窃盗之免罪不同。本著已在多处提到明清律典添入了"介乎强、窃之间"的白昼抢夺律,却常忘记修正相关律例以保证律典体系的协调这一问题,无怪薛允升责备道:"明特立白昼抢夺专条,而此处并无抢夺字样,显系遗漏,应有而却无,应无而却有,而后来遂愈增改而愈觉纷岐矣。"[1]此言不谬。

对于犯罪自首本句律文的立法缘由,沈之奇解释道:"虽不经官首告,而赃既还主,罪亦发露,其悔罪之心,与自首一也。"[2]易言之,既然"悔罪之心一也",且事主也并未遭受实际损失,于是将这一行为等同于向官司自首。如此还可省去案件进入司法程序之后对司法资源的占用,使社会秩序尽快恢复常态。[3] 正因此,强盗门内还有266-27例云:"窃盗拒捕,刃伤事主,罪应拟绞之犯,如闻拿畏惧,将原赃送还事主,确有证据者,准其照闻拿投首例,量减拟流。"即便在有"刃伤事主"这一属于上一节所述"不准首"事项的情形下,只要"闻拿畏惧,将原赃送还事主,确有证据者",亦能照自首减免刑罚的第三个时间段的规则减一等处理。

而在当代,根据司法解释,可以接受自首的组织或个人仅包括:公安机关、人民检察院、人民法院,以及犯罪嫌疑人所在单位、城乡基层组织或者其他有关负责人员。[4] "事主"不能成为自首的对象,犯罪人不能因此免罪。根据现代刑法学,抢劫、抢夺、盗窃或诈骗他人财物并于之后返还被害人的,

---

① [清]薛允升:《唐明律合编》,怀效锋、李鸣点校,法律出版社1999年版,第68页。
② [清]沈之奇:《大清律辑注》(下),怀效锋、李俊点校,法律出版社2000年版,第76页。
③ 蒋正阳博士亦有类似观点:"首服的规定,最能体现清代对财产犯罪和自首本质的定位,对于财产侵害来说,归还财产,向事主请罪,则被破坏的社会关系已经恢复;同时,认错本身也表明行为人真诚悔改。能首露的犯罪都是侵犯财产的犯罪,属于细事的范畴,对此国家权力仅作出制度引导,之后不须介入,依其利害设计,社会自行疗伤。"参见蒋正阳:"清代与现代自首制度的比较研究——对法律现代主义的几点反思",载〔美〕黄宗智、尤陈俊主编:《历史社会法学:中国的实践法史与法理》,法律出版社2014年版。
④ 《关于处理自首和立功具体应用法律若干问题的解释》第1条。另,《关于办理职务犯罪案件认定自首、立功等量刑若干问题的意见》亦有申说:"犯罪分子向所在单位等办案机关以外的单位、组织或者有关负责人员投案的,应当视为自动投案。"

是犯罪既遂后所实施的行为,不能影响定罪,至多是一种"酌定量刑情节"。① 只是学者指出,"反省、悔罪与赔礼道歉虽然不是法定量刑情节,却是减少预防刑的重要情节,法官在裁量预防刑时必须予以重视。事后积极退赃、赔偿损失与积极挽回损失的行为,既可能使特殊预防必要性减少,也可能使一般预防必要性减少"②。2013 年最高人民法院、最高人民检察院出台的《关于办理盗窃刑事案件适用法律若干问题的解释》第 7 条也认可这样的观点:盗窃公私财物数额较大,行为人认罪、悔罪、退赃、退赔,且取得被害人谅解的、情节轻微的,可以不起诉或者免予刑事处罚;必要时,由有关部门予以行政处罚。学者及司法解释的意见,亦可谓是一定程度承认了传统立法的价值。

此外,本节律文之末句言:"强窃盗若能捕获同伴解官者,亦得免罪,又依常人一体给赏。"本律之外,犯罪共逃律(027-00)也有相关规则:"凡犯罪共逃亡,其轻罪囚,能捕获重罪囚而首告,及轻重罪相等但获一半以上首告者,皆免其罪。"前者比后者少"轻罪囚能捕获重罪"或"轻重罪相等但获一半以上"的条件限制,并可"依常人一体给赏",鼓励强窃盗捕获同伴解官之意更为明显。③ 强盗门内 266-42 例又对强盗案件中的此类情形专论之:

> 强盗首伙各犯,于事未发觉,及五日以内,果能悔罪捕获他盗④及同伴,解官投首者,系伤人盗犯,于遣罪上减一等,拟杖一百、徒三年;未伤人盗犯,照例免罪。若在五日以外,或闻拿将他盗及同伴捕获,解官投首者,系伤人盗犯,于斩罪上减一等,杖一百、流三千里;未伤人盗犯,杖一百、徒三年。

这些行为若以现代刑法学视之,则应该类属于"立功"。根据《刑法》第 68 条规定:"犯罪分子有揭发他人犯罪行为,查证属实的,或者提供重要线索,从而得以侦破其他案件等立功表现的,可以从轻或者减轻处罚;有重大立功

---

① 参见张明楷:《刑法学(第六版)》(上),法律出版社 2011 年版,第 770~771 页。
② 张明楷:"论犯罪后的态度对量刑的影响",《法学杂志》2015 年第 2 期。
③ 唐宋犯罪自首律文中并无此句,薛允升认为,应将此句纳入犯罪共逃律文中,"以省烦复"。参见[清]薛允升:《唐明律合编》,怀效锋、李鸣点校,法律出版社 1999 年版,第 67 页。
④ 本例中加入"捕获他盗"亦能减罪一项,乃因乾隆三十八年(1773)对丁直安"盗首伤人,伤轻平复,捕获另案重盗投首"案情的处理,当时之律例并无对这一情况的明文规定,刑部审理认为,应将该犯比照"伤人自首拟军"例酌减一等,如此"既不泯其捕获他盗之功,而仍惩其伤人之罪"。这一处理方式被皇帝认可,并纂入本例。参见[清]全士潮、[清]张道源等纂辑:《驳案汇编》,何勤华等点校,法律出版社 2009 年版,第 29~30 页。

表现的,可以减轻或者免除处罚。"相关司法解释也说,"协助司法机关抓捕其他犯罪嫌疑人(包括同案犯)"的,应当认定为立功;又,"共同犯罪案件的犯罪分子到案后,揭发同案犯共同犯罪事实的,可以酌情予以从轻处理"。①

古今相较,清代对相关行为人刑罚的减免程度仍是大于当代,且可依常人捕获盗贼一体给赏。前者可更大程度鼓励行为人捕获同伴,而盗贼同伴之间又互知底细、互相信任,其捕获同伴的可能性及效率均远高于官方,因而也能更大程度节省司法资源,此即所谓"弭盗之微权"②也。当然,也正是由于这一规则对盗贼的"诱惑性"很大,导致现实中出现了"投首之贼,借追赃名色,将平人捏称同伙,或挟仇扳害,或索诈财物"的情况。康熙皇帝即曾举出一例:"前辅臣时有包衣佐领下一人,外作善状,内怀凶恶,卒为强盗,于通州被擒。有包衣人见之云:'尔不悛改,今事发矣。'因历数其恶,以鞭鞭之。后鞫审时,啣恨扳陷包衣人同为强盗。同伙皆云'勿妄陷无辜',其人不听。此包衣人竟坐法。由此观之,天下此等事不少。"③于是为杜绝之,强盗门266-09例申明严禁此类行为,行之者"不分首从,得财与未得财,皆斩立决"。

小结 宽而有制,恕并有养

有学者言,建立自首制度,"旨在通过鼓励犯罪人自动投案,一方面促使犯罪人悔过自新,不再继续作案;另一方面使案件及时侦破与审判"④。这一立法目的可谓古今同此一理,但若细绎制度中的具体规则,则如本章各节之论,古今虽然不乏相通之处,亦存在颇多差异。

古较今之宽缓,是比较之后得出的最直观结论,前者自首之后果乃大幅度减免刑罚,自首之主体不仅限于犯罪人本人,自首之对象包括官府与事主。不过,在"宽"之外,清律还规定了"不准首"之条目,限制自首之范围,此所谓"宽而有制"。在制度之外,清代实践中不仅对自首之盗贼大幅度减免刑罚,还可能继续给他们提供自新的物质保障,以防止其自首后又因贫困及无所约束复而为盗。如雍正六年(1728),两广总督孔毓珣上疏,建议将投诚盗匪收编为巡缉私盐的巡丁,一者发给口食,一者"使有约束",皇帝也赞

---

① 《关于处理自首和立功具体应用法律若干问题的解释》第5、6条。
② 语出[清]沈之奇:《大清律辑注》(上),怀效锋、李俊点校,法律出版社2000年版,第76页。
③ [清]蒋良骐:《东华录》,齐鲁书社2005年版,第189页。
④ 张明楷:《刑法学(第六版)》(上),法律出版社2021年版,第734页。

同这一建议。① 此所谓"恕并有养"。

在古今制度及实践差异的背后,是二者法律理性的扞格。来自西方的现代法律制度及法学理论注重、强调逻辑性,力图构建逻辑自洽之完整规则与理论大厦。而我国传统时代的律典及实践在简单形式逻辑之外,试图将来自人伦日用的情理、伦理也纳入其中,故而导致逻辑性显得并不那么严密。然而,正是这些逻辑不甚严密或言逻辑之外的"理",更契合这片土地和文化之中的国情民心,也更能保证古今同理的自首制度之立法目的的实现。② 此即学者所说,中国人"能运用逻辑但又绝非逻辑的奴隶"③。

真正的止盗良策,能从根源处解决问题,因而它不可能是"禁于已然之后"的刑罚——既不是刑罚的"严酷性",也不是刑罚的"必定性",更不会是刑罚的"逻辑性"。中国传统时代不尚律法而重教化的治国平天下理念的内在缘由,也正在于此。金克木先生说:"我们中国人最喜欢讲道理。不论识字不识字,读书不读书,大家都知道凡事要讲道理,也就是讲理。"甚而"你讲理不讲理?"一句竟常是大家吵架和打架的"序言"。④ 金先生语带揶揄,但的确道出了中国人"讲理"的事实。梁漱溟先生也指出:"理性实为人类的特征,同时亦是中国文化特征之所寄。"⑤从本章的论述可以看到,这种中国式的"理性",超越逻辑、高于逻辑,被传统时代的中国人自如运用在日常扫撒之间,并充分熔铸于法律制度及实践之中。沿梁先生之语继而言之,这种理性应既是中国传统法律特征之所寄,同时亦是深值当下无论中西之全人类共同采酌的古老智慧。

---

① 宫中档奏折-雍正朝,档案号 402019004。
② 蒋正阳说:"法律自身逻辑一致,并不意味着就能顺畅地应对现实,因为法律面对的现实本身并不是逻辑严整的。……传统法既有效地调整一定的社会关系,又使这种调整促进其所承载的价值,无疑提供了评价法律的另一种思路。"参见蒋正阳:"清代与现代自首制度的比较研究——对法律现代主义的几点反思",载〔美〕黄宗智、尤陈俊主编:《历史社会法学:中国的实践法史与法理》,法律出版社 2014 年版。
③ 苏亦工:《天下归仁:儒家文化与法》,人民出版社 2015 年版,第 5 页。
④ 金克木:《人生与学问》,陕西师范大学出版社 2010 年版,第 153~154 页。
⑤ 梁漱溟:《中国文化要义》,上海人民出版社 2011 年版,第 118 页。

第十二章　盗律刑罚根据:儒与法之间

> 刑期于无刑,民协于中。
> ——《尚书·大禹谟》
> 以刑去刑,刑去事成。
> ——《商君书·靳令》

引论　因为有犯罪并为了没有犯罪

刑罚的根据[①]为何?易言之,为什么要对犯罪的人科处刑罚?这是古今中外刑事立法、司法、研究者热烈探讨并争论不休的话题,被学者称为"刑法论理上争论最多的论题"[②]。因为对这一问题的解答关乎"对危险的行为进行处罚的范围,以及刑罚的内容和范围的标准问题":

> 如果立法者对某个犯罪概念确定量刑幅度的话,他就需要一个标准;法官在刑罚幅度内对具体的犯罪行为确定具体刑罚,同样需要一个标准;刑罚执行官员在刑罚执行中给予刑罚以具体内容,同样也需要一个标准。

李斯特指出,在人类文化史的初始阶段,刑罚是"社会对成员个人,及由具体成员组成的社会本身的外在扰乱行为的盲目的、本能的、原始的、不受目的思想决定的一种反应",随着人类智慧的发展进步,刑罚才逐渐从"本能

[①] 对"刑罚根据"一词及其相关概念的细致辨析,可参见张明楷:《责任刑与预防刑》,北京大学出版社2015年版,第1~9页。
[②] 林山田:《刑法通论》(下),北京大学出版社2012年版,第273页。

行为"转变成"意志行为",并被赋予道德、伦理或法律上的意义和目的。① 自此以降,西方刑法学史上出现了多种关于刑罚根据的理论,并可大致归纳为报应刑论、预防(目的)刑论、并合主义三种。

报应刑论又称绝对主义,将刑罚理解为对犯罪的报应,即刑罚是针对恶行的恶报,所谓"因为有犯罪而科处刑罚"。预防刑论(目的刑论、相对主义)则认为,刑罚本身并没有意义,只有在为了实现一定目的即预防犯罪的意义上才具有价值,亦即"为了没有犯罪而科处刑罚"。根据预防对象的不同,其可进一步分为一般预防论与特殊预防论两大类。根据预防方法之差异,一般预防论又可分为消极的一般预防(威慑)与积极的一般预防;特殊预防又分为威慑论与矫正(教育)刑论。由于消极的一般预防与特殊预防中的威慑论均以威慑为方法,积极的一般预防与特殊预防中的矫正(教育)刑论均含教育矫正的因素,故亦可直接从预防方法的角度把预防刑论分为威慑刑论与教育刑论两大类。并合主义乃报应刑与预防刑两种理论之综合与折中,认为刑罚一方面是为了满足"恶有恶报、善有善报"的正义要求,同时也必须是防止犯罪所必需且有效的,应当在报应刑的范围内实现一般预防与特殊预防的目的。法谚"因为有犯罪并为了没有犯罪而科处刑罚"即对并合主义之表述。②

我国传统时代未形成如此系统的刑罚理论、概念术语,然而漫长的法律史上不乏相关思想与实践。法家不必多言,向来强调法治、刑罚的重要性。儒家虽倡导以德礼而非刑杀治天下,但仍承认难免有"自暴者拒之以不信,自弃者绝之以不为"③,故"至礼变为刑"④,儒家也并不绝对排斥刑罚。作为对传统中国法制影响最为深刻的学派,儒、法两家均对有关刑罚根据的问题有所探讨,并亦大致从报应、威慑与教育矫正三个方面着手。概括而言,两家均承认刑罚乃对罪行之报应,并均将预防犯罪作为刑罚的目的。在预防犯罪的对象方面,两家均同时关注一般预防与特殊预防,其分歧主要在于预防之具体手段:相较而言,法家更重视刑罚的威慑作用,而儒家偏向于借助刑罚的教育矫正效果。儒、法两家的这些思想也充分渗透进后世的历代律典及实践之中。

目前学界对刑罚根据论的讨论多沿西方学术脉络,仅偶对中国传统中

---

① 参见〔德〕冯·李斯特:《论犯罪、刑罚与刑事政策》,徐久生译,北京大学出版社2016年版,第1~2、6~15页。
② 本段部分参见张明楷:《刑法学(第六版)》(上),法律出版社2021年版,第668~671页。
③ [宋]朱熹:《四书章句集注》,中华书局2012年版,第177页。
④ [清]王明德:《读律佩觽》,何勤华等点校,法律出版社2001年版,第1页。

的相关问题稍加提及。① 而众多专门研究中国传统刑罚问题的作品,又多限于史学角度的考据、叙事,较少对刑罚根据论之类法学理论的系统提炼。作为当代中国的法学研究者,问题意识自应是或潜在地是当代中国的问题,对于刑罚根据这类古今中外共通的、在刑事法制中居于核心地位的论题,即应尝试从自己的历史经验中攫取可供当下借鉴的制度、实践及理论资源。为系统阐释中国传统的刑罚根据问题,本章取清代盗律罚则为切入点,梳理并展示儒、法两家相关思想理论及其对后世律典与实践的影响,并尝试评析此中之利弊与得失。

第一节 罪有应得:计赃科刑中的报应原理

一、作为人类普遍的古老正义观的报应思想

报应思想是人类社会相当古老的一种观念,"原始社会中的'以命偿命''以牙还牙'与'以眼还眼'的观念或做法,即是众所公认的报应思想所形成的行为准则",又加上后来各宗教的"因果报应"说,更使"善有善报,恶有恶报"的报应思想深植于一般人心目中。② 正是基于这样的思想,既然犯罪是一种恶害,刑罚是对恶害的恶报,那么刑罚的内容也应当是一种恶害,③并常直接体现为"体者以体偿、肢者以肢偿"④的"同态复仇"现象。如《汉谟拉比法典》有:

> 第一九六条　倘自由民损毁任何自由民之子之眼,则应毁其眼。
> 第一九七条　倘彼折断自由民[之子]之骨,则应折其骨。
> 第二〇〇条　倘自由民击落与之同等之自由民之齿,则应击落其齿。

《中亚述法典》第 50 条载:

---

① 如陈兴良:《刑法哲学(第五版)》,中国人民大学出版社 2015 年版,第 426~428 页;林山田:《刑法通论》(下),北京大学出版社 2012 年版,第 292~296 页;邱帅萍:《刑法目的论:基于近现代思想史的考察》,知识产权出版社 2016 年版,第 130~132 页。
② 林山田:《刑法通论》(下),北京大学出版社 2012 年版,第 274 页。
③ 参见张明楷:《刑法格言的展开(第三版)》,北京大学出版社 2013 年版,第 460 页。
④ 张明楷:《刑法格言的展开(第三版)》,北京大学出版社 2013 年版,第 90 页。

[如果某人]打了他人[之妻]因而使[其流产],则应依[此人之所为]以对待这个使别人妻流产的人之妻:他应当像抵偿生命一样来抵偿胎儿。

如果此妇女死亡,则应杀那人;他因抵偿生命一样来抵偿胎儿。

如果这一妇女的丈夫没有儿子,而他打了她,她流产,则应杀殴打者,抵偿她的胎儿。

即使是女胎,他仍然应当像抵偿生命一样来抵偿。①

《圣经》里更是有名言:"以命偿命,以眼还眼,以牙还牙,以手还手,以脚还脚,以烙还烙,以伤还伤,以打还打。"并说:

凡流人血的,他的血也必被人所流。

打死人的,必被治死。打死牲畜的,必赔上牲畜以命偿命。人若使他邻舍的身体有残疾,他怎样行,也要照样向他行。以伤还伤,以眼还眼,以牙还牙。他怎样叫人的身体有残疾,也要照样向他行。打死牲畜的,必赔上牲畜;打死人的,必被治死。②

《古兰经》也有与《圣经》颇为类同的表述,如"那些干罪的人们,将依他们所营干的而受到报复","以命还命,以眼还眼,以鼻还鼻,以耳还耳,以牙还牙"。③

中国传统刑罚思想里也存在报应观念。如荀子认为,"凡爵列、官职、赏庆、刑罚,皆报也,以类相从者也",故"杀人者死,伤人者刑"。(《荀子·正论》)韩非子指出,"赏罚随是非"(《韩非子·安危》),"诛罚生于罪"(《韩非子·外储说右下》),"以罪受诛",如此方能"人不怨上"。(《韩非子·外储说左下》)王先慎释道,"罪当,故不怨也"④。而所谓"罪当",即如商鞅所言,"过有厚薄,则刑有轻重"(《商君书·开塞》)。所以荀子又有言曰,"刑称罪则治,不称罪则乱","罚不当罪,不祥莫大焉"。(《荀子·正论》)

这一人类普遍的古老正义观发展到近现代,形成了刑法中的"罪刑相适

---

① 法学教材编辑部《外国法制史》编写组:《外国法制史资料选编》(上),北京大学出版社 1982 年版,第 40、69 页。
② 《旧约·出埃及记》21:23-25,《旧约·创世记》9:6,《旧约·利未记》24:17-21。
③ 伊斯梅尔·马金鹏:《古兰经译注》,宁夏人民出版社 2005 年版,第 140、174 页。对《圣经》《古兰经》报应思想的介绍,可参见〔阿塞拜疆〕拉基莫夫:《犯罪与刑罚哲学》,王志华、丛凤玲译,中国政法大学出版社 2016 年版,第 142~149 页。
④ [清]王先慎:《韩非子集解》,钟哲点校,中华书局 2013 年版,第 312 页。

应"或言"罪刑相当"原则。法谚有云:"罪责越重,刑罚越重";"应当根据犯罪裁量刑罚"。① 我国现行《刑法》亦采纳这一原则,第5条规定:"刑罚的轻重,应当与犯罪分子所犯罪行和承担的刑事责任相适应。"只是,人类原始的"等量报应"亦即同态复仇观念已演变成刑法中抽象的"等价报应"原理,②此即本节下一部分将要讨论的话题。

二、计赃科刑中的等量与等价报应

等价报应如何在刑法中具体实现呢?贝卡里亚提出了著名的"刑罚阶梯"理论,将"人类行为组合"用"几何学"的方式排列成"由最强到最弱的""精确的、普遍的犯罪与刑罚的阶梯"。③

中国传统盗律罚则中的"计赃科刑"规则即一定程度体现了这些观念和原则——根据赃值多少来确定刑罚的轻重。早在睡虎地秦墓竹简里即有如此规则,《法律答问》载:"士五(伍)甲盗,以得时直(值)臧(赃),臧(赃)直(值)过六百六十,吏弗直(值),其狱鞫乃直(值)臧(赃),臧(赃)直(值)百一十,以论耐,问甲及吏可(何)论?甲当黥为城旦;吏为失刑罪,或端为,为不直。"④据此,若盗赃值六百六十,应科黥为城旦,盗赃一百一十,则科耐刑。汉承秦制,亦延续计赃科刑规则,张家山汉简《二年律令·盗律》首条曰:"盗臧(赃)直(值)过六百六十钱,黥为城旦舂。六百六十到二百廿钱,完为城旦舂。不盈二百廿到百一十钱,耐为隶臣妾。不盈百一十到廿二钱,罚金四两。不盈廿二钱到一钱,罚金一两。"⑤据张铭博士的考证,计赃科刑规则在秦汉时期"非但有一明确的刑罚等第,且此一论罪系统的细密程度亦当不在各代律典之下"⑥,亦即已形成了类同贝卡里亚所言之"刑罚阶梯"。

刘俊文教授指出,此即后世《唐律疏议》窃盗律文之张本:"诸窃盗,不得财笞五十;一尺杖六十,一疋加一等,五疋徒一年;五疋加一等,五十疋加

---

① 张明楷:《刑法格言的展开(第三版)》,北京大学出版社2013年版,第90页。
② 学者指出,康德的主张尚为等量报应,而黑格尔提出等价报应,即允许作为犯罪影像的刑罚在犯罪的基础上发生一定的变形(抽象)。参见陈金林:"从等价报应到积极的一般预防——黑格尔刑罚理论的新解读及其启示",《清华法学》2014年第5期。
③ 〔意〕切萨雷·贝卡里亚:《论犯罪与刑罚》,黄风译,北京大学出版社2008年版,第18页。
④ 睡虎地秦墓竹简整理小组编:《睡虎地秦墓竹简》,文物出版社1990年版,第101页。
⑤ 彭浩、陈伟、工藤元男主编:《二年律令与奏谳书:张家山二四七号汉墓出土法律文献释读》,上海古籍出版社2007年版,第112页。
⑥ 张博士将睡虎地秦简、龙岗秦简、张家山汉简中有关赃值和刑罚的规则制作成表格,直观展现了这一"刑罚阶梯"。参见张铭:"《奏谳书》中的秦汉财产犯罪案件",《法制史研究》第23期,2013年。

役流。"①此后宋、元、明历代相仍,②至清代窃盗律(269-00)之"刑罚阶梯"的细密程度已发展如下:

表 12-1

不得财	笞五十
一两以下	杖六十
一两以上,至一十两	杖七十
二十两	杖八十
三十两	杖九十
四十两	杖一百
五十两	杖六十,徒一年
六十两	杖七十,徒一年半
七十两	杖八十,徒二年
八十两	杖九十,徒二年半
九十两	杖一百,徒三年
一百两	杖一百,流二千里
一百一十两	杖一百,流二千五百里
一百二十两	杖一百,流三千里
一百二十两以上	绞(监候)

与以牙还牙的同态复仇不同,传统盗律罚则对窃盗行为施以笞、杖、徒、流、死五刑,是抽象的报应刑(等价报应),而在部分历史阶段存在过的倍备(倍赃)制度则体现了等量报应。《唐律疏议·名例》"以赃入罪"律要求"正赃见在者,还官、主",小注规定"盗者,倍备",疏议曰:"谓盗者以其贪财既重,故令倍备,谓盗一尺,征二尺之类。"③亦即勒令窃盗者除返还原赃外,另缴纳同等数额的罚金作为对其"贪财既重"的惩罚。④《周礼·秋官·司厉》载:"掌盗贼之任器、货贿,辨其物,皆有数量,贾而楬之,入于司兵。"郑玄注云:"任器、货贿,谓盗贼所用伤人兵器及盗财物也。入于司兵,若今时伤杀

---

① 刘俊文:《唐律疏义笺解》(下),中华书局1996年版,第1382~1384页。
② 参见《宋刑统》,薛梅卿点校,法律出版社1999年版,第345页;《元史·刑法志》,载《大元通制条格》,郭成伟点校,法律出版社2000年版,第417页;《大明律》,怀效锋点校,法律出版社1999年版,第141~142页。
③ 刘俊文:《唐律疏义笺解》(上),中华书局1996年版,第328~329页。
④ 倍备制度在唐代的司法实践中的运行状况,可参见田振洪:《中国传统法律的损害赔偿制度研究》,法律出版社2014年版,第126~129页。

人所用兵器,盗贼赃,加责没入县官。"贾公彦疏云:"其加责者,即今时倍赃者也。"①此或为唐律倍备制度的渊源,唐之后宋、元二代仍保留此制。② 我国现行《刑法》(第264条)及相关司法解释(最高人民法院、最高人民检察院于2013年3月18日颁布的《关于办理盗窃刑事案件适用法律若干问题的解释》)对盗窃行为的处罚方式亦是计赃科刑并附加罚金(财产)刑,可谓古今暗合:

表12-2

情节	处罚
一千元至三千元以上	三年以下有期徒刑、拘役或者管制,并处或者单处罚金
三万元至十万元以上	三年以上十年以下有期徒刑,并处罚金
三十万元至五十万元以上	十年以上有期徒刑或者无期徒刑,并处罚金或者没收财产

有学者指出,这类对窃盗行为人附加罚金(财产)刑的处罚方式颇为可取,如贝卡里亚尝言:"刑罚应尽量符合犯罪的本性,这条原则惊人地进一步密切了犯罪与刑罚之间的重要连接,这种相似性特别有利于人们把犯罪动机同刑罚的报应进行对比,当诱人侵犯法律的观念竭力追逐某一目标时,这种相似性能改变人的心灵,并把它引向相反的目标。"③现代刑法学者亦认为,财产刑对于贪利性的财产犯罪和经济犯罪具有较大的个别预防作用,"因为这种犯罪往往以牟利为目的,对这样的犯罪人剥夺一定的财产,使其偷鸡不成蚀把米,这本身就具有教育意义,使犯罪人知道不义之财不可贪"④。

然而,明清盗律罚则中不见这类罚金(财产)刑,其由或缘《宋刑统》本律所附之起请条:"近来盗赃多不征倍,倍备之律,伏请不行。"⑤据学者言,起请条"同具法律效力,甚至比原旧条文更有效"⑥。故可推测,倍备制度可能在宋代便已不再通行,明清律典只是删去了这一已沦为具文的制度。笔者认为,尽管罚金刑有如上优点,但倍备制度的消亡却亦有其合理性。因为倍备乃对行为人收缴与其所盗数额同等的罚金,亦即行为人须承受等量报应的同态复仇加上笞杖徒流死这类抽象刑罚,这样的惩罚必然超过等量/等

---

① [汉]郑玄注,[唐]贾公彦疏:《周礼注疏》(下),北京大学出版社1999年版,第955页。
② 参见《宋刑统》,薛梅卿点校,法律出版社1999年版,第72页;《元史·刑法志》,载《大元制条格》,郭成伟点校,法律出版社2000年版,第416页。
③ [意]切萨雷·贝卡里亚:《论犯罪与刑罚》,黄风译,北京大学出版社2008年版,第48页。
④ 陈兴良:《刑法哲学(第五版)》,中国人民大学出版社2015年版,第375页。
⑤ 《宋刑统》,薛梅卿点校,法律出版社1999年版,第74页。
⑥ 薛梅卿:《宋刑统研究》,法律出版社1997年版,第37页。

价原则。现代刑法学强调"对任何犯罪所科处的刑罚,都不得超出报应的限制"①,唐以后盗律罚则在实践和法典中相继取缔倍备制度实不可不谓刑罚史上的改进。

当然,尽管报应乃人类普遍的朴素正义观念,但是"刑罚的目的既不是要摧残折磨一个感知者,也不是要消除业已犯下的罪行。……难道一个不幸者的惨叫可以从不可逆转的时间中赎回已经完成的行为吗?"②作为报应的刑罚终究无法对于业已成为事实的恶害有所弥补,或恢复犯罪行为发生之前的原状,报应刑论遭到颇多批判。③ 这时,犯罪预防思想应运而生,认为"一个明智的人施加惩罚,不是因为错误已经铸成,而是让错误不再发生"④,亦即"阻止罪犯再重新侵害公民,并规诫其他人不要重蹈覆辙","预防犯罪比惩罚犯罪更高明,这乃是一切优秀立法的主要目的"。⑤ 我国传统时代的儒法两家亦均在报应之外关注刑罚的预防作用。儒家谓"刑期于无刑"(《尚书·大禹谟》),法家言,"以刑去刑,刑去事成"(《商君书·靳令》),"非求伤民也,以禁奸止过也"(《商君书·赏刑》)。只是两家对预防的具体策略各有所重,此为本章接下来两节的内容。

第二节 杀一儆百:重而又重的重刑威慑论

一、重刑威慑之理论

预防犯罪首重预防犯罪人再次犯罪,因为已然犯罪之人的再犯可能性必然大于尚未犯罪之人,此所谓特殊预防。特殊预防中最简洁、有效的方法是直接剥夺犯罪人的再犯能力,使其"不能再犯",西晋时期的廷尉刘颂对此有经典论说:

> 圣王之制肉刑,远有深理,其事可得而言,非徒惩其畏剥割之痛而不为也,乃去其为恶之具,使夫奸人无用复肆其志,止奸绝本,理之尽

---

① 张明楷:《责任刑与预防刑》,北京大学出版社2015年版,第12~13页。
② 〔意〕切萨雷·贝卡里亚:《论犯罪与刑罚》,黄风译,北京大学出版社2008年版,第29页。
③ 相关批判,参见张明楷:《责任刑与预防刑》,北京大学出版社2015年版,第35~40页。
④ 〔德〕梅尔:《德国观念论与惩罚的概念》,邱帅萍译,知识产权出版社2015年版,第19~20页。
⑤ 〔意〕切萨雷·贝卡里亚:《论犯罪与刑罚》,黄风译,北京大学出版社2008年版,第29、102页。

也。亡者刖足,无所用复亡。盗者截手,无所用复盗。淫者割其势,理亦如之。除恶塞源,莫善于此,非徒然也。①

到了当代,仍有学者倡议对部分性犯罪者实施某种程度和形式的阉割。② 其实除了"去其为恶之具"的肉刑,徒刑、流刑、死刑亦有剥夺再犯能力的功能:徒刑和流刑因剥夺自由而使其在一定时期内不能再犯,死刑则永远不能再犯,此即现代刑法学所言之刑罚的"保安功能"。然而,"在一个一心一意将镇压犯罪作为社会生活的首要目标的社会中,剥夺能力会是对犯罪人适用惩罚的貌似最合理的功利性根据。但是,如果予以进一步的审视,它的这种貌似合理性会消失殆尽",因为其预防的有效性值得怀疑且暗含"严厉性"的问题。③

故而在"去其为恶之具"的剥夺功能之外,人们还关注到刑罚"惩其畏剥割之痛而不为"的威慑功能。前者使犯罪人不能再犯,后者则是使犯罪人及一般国民不敢(再)犯。威慑刑论分为特殊威慑与一般威慑。特殊威慑,指使犯罪人承受一定的痛苦,使其认识到犯罪后刑事责任的不可避免性和罪有应得,从而不敢再次犯罪,重受痛苦处遇;一般威慑,是通过对犯罪规定和适用刑罚而向一般人宣告:谁实施犯罪行为谁就受到刑罚处罚,从而威慑一般人,使其不敢犯罪。④ 二者针对的对象不同,但预防原理均是借助刑罚的威慑力量使威慑对象不敢犯罪。

法家向来强调刑罚的威慑作用,商鞅所谓"刑戮者,所以止奸也"(《商君书·算地》)。思想已颇近法家的儒家人物荀子亦同意此说:"抃急禁悍,防淫除邪,戮之以五刑,使暴悍以变,奸邪不作。"(《荀子·王制》)后世立法者即据此理论"因时制治,设刑宪以为之防,欲使恶者知惧而善者获宁。传所谓狱者万民之命,所以禁暴止邪"⑤。刑法学者指出,死刑的威慑力总是大于其他刑罚,重刑的威慑力一定大于轻刑,于是对刑罚威慑作用的过分强调存在着认为"刑罚愈严厉威慑力愈强预防效果愈佳的倾向"。⑥ 在这一理论之下制定的刑罚必然会过于严厉,甚至产生诸如龙勃罗梭(Cesare

---

① 《晋书》卷 30 志第 20《刑法》。
② 姚建龙:"对性侵儿童犯罪人实施化学阉割的本土化探索",《环球法律评论》2022 年第 3 期。
③ 参见[美]哈伯特·L. 帕克:《刑事制裁的界限》,梁根林等译,法律出版社 2008 年版,第 48~53 页。
④ 参见张明楷:《责任刑与预防刑》,北京大学出版社 2015 年版,第 45、52 页。
⑤ [明]刘惟谦等:"进大明律表",载《大明律》,怀效锋点校,法律出版社 1999 年版,第 2 页。
⑥ 参见张明楷:《责任刑与预防刑》,北京大学出版社 2015 年版,第 52 页。

Lombroso)"天生犯罪人"之类的极端理论,"不等到他们犯下某种罪行,就采取断然的社会保护措施,用人工选择的方法,来消灭人类中的坏分子"①。

荀子尚属儒家,故尚且认为罪刑应相当,多次提及诸如"刑不过罪""刑罚不怒罪"(《荀子·君子》)的观点,指出"刑不欲滥,……刑滥则害及君子"(《荀子·致士》),"刑当罪则威,不当罪悔"(《荀子·君子》)。法家则径直提倡重刑,商鞅说:"王者刑用于将过,则大邪不生。"(《商君书·开塞》)蒋礼鸿释曰:"行刑重其轻者,轻者不生;重者不来也。"②故"以刑去刑,虽重刑可也"(《商君书·画策》)。韩非子承袭此观念,指出"罚莫如重而必,使民畏之"(《韩非子·五蠹》),"重一奸之罪而止境内之邪,此所以为治也。重罚者盗贼也,而悼惧者良民也,欲治者奚疑于重刑"(《韩非子·六反》)。

这类威慑刑论的哲学基础是功利主义趋利避害的人性论以及"两害相权取其轻"的算计、权衡。被誉为"功利主义先驱"的贝卡里亚即认为,"只要刑罚的恶果大于犯罪所带来的好处,刑罚就可以收到它的效果。这种大于好处的恶果中应该包含的,一是刑罚的坚定性,二是犯罪既得利益的丧失"③。倡导功利主义的梅尔(J. C. Merle)也指出,惩罚是一种恶,这种恶必须被它带来的利益超越,且一定要使其接受者觉得它是一种恶并"留下深刻的印象"。④ 中国传统哲学中也不乏这类"功利主义"的思想,并亦是重刑威慑论的哲学基础。⑤ 儒家虽不否定人的正常欲望,但并不直接提倡功利,所谓"子罕言利"(《论语·子罕》),认为"放于利而行,多怨"(《论语·里仁》),倡导"见利思义"(《论语·宪问》)。墨家反对孔孟,径直将功利置于其"哲学之根本意思"的地位,"凡事物必有所用,言论必可以行,然后为有价值"。儒家发展到荀子一脉,"在此方面,盖与墨家之功利主义,完全相同矣",⑥指出"饥而欲食,寒而欲暖,劳而欲息,好利而恶害,是人之所生而有也,是无待而然者也,是禹、桀之所同也"(《荀子·非相》),"好荣恶辱,好利恶害,是君子小人之所同也"(《荀子·荣辱》)。法家的功利思想亦是延续此脉络。商鞅谓:"劳而求佚,苦则索乐,辱则求荣,此民之情也。"(《商君

---

① 陈兴良:《刑法哲学(第五版)》,中国人民大学出版社 2015 年版,第 377~378 页。
② 蒋礼鸿:《商君书锥指》,中华书局 1986 年版,第 57 页。
③ 〔意〕切萨雷·贝卡里亚:《论犯罪与刑罚》,黄风译,北京大学出版社 2008 年版,第 63 页。
④ 〔德〕梅尔:《德国观念论与惩罚的概念》,邱帅萍译,知识产权出版社 2015 年版,第 20~21 页。
⑤ 当然,贝卡里亚的功利主义与中国古代的还有所不同,前者除了考虑潜在犯罪人的利益算计,还会着力于用最小的代价实现犯罪预防的效果,所以反对超过必要限度的刑罚,并不支持"重刑威慑"。相关论述参见〔意〕切萨雷·贝卡里亚:《论犯罪与刑罚》,黄风译,北京大学出版社 2008 年版,第 63 页。
⑥ 参见冯友兰:《中国哲学史》(上),重庆出版社 2009 年版,第 77、243 页。

书·算地》)韩非子更是多有论证:"贪盗不赴谿而掇金,赴谿而掇金,则身不全,……盗跖不计可则利不成。"(《韩非子·守道》)进而得出"严刑重罚"方是治国之道的结论:"凡治天下,必因人情。人情者有好恶,故赏罚可用"(《韩非子·八经》),"设民所恶以禁其奸,故为刑罚以威之"(《韩非子·难一》),"严刑者,民之所畏也;重罚者,民之所恶也。故圣人陈其所畏以禁其邪,设其所恶以防其奸,是以国安而暴乱不起"(《韩非子·奸劫弑臣》)。

因是之故,荀子、韩非等均批评儒家理想中的"象刑"之类轻刑是"罚不当罪"。荀子言:"罪至重而刑至轻,庸人不知恶矣,乱莫大焉。……杀人者不死而伤人者不刑,是谓惠暴而宽贼也。"(《荀子·正论》)商鞅宣称:"罪重刑轻,刑至事生。"(《商君书·靳令》)韩非子之说更为系统、精彩,"罪重而刑轻,刑轻则事生,此谓以刑致刑,其国必削"(《商君书·饬令》),"缓刑罚行宽惠,是利奸邪而害善人也"(《韩非子·难二》),还道:

> 学者之言,皆曰轻刑,此乱亡之术也。……其恶乱甚者其罚必重矣。今取于轻刑者,其恶乱不甚也。其欲治又不甚也。此非特无术也,又乃无行。是故决贤不肖愚知之美,在赏罚之轻重。……今不知治者皆曰:"重刑伤民,轻刑可以止奸,何必于重哉!"此不察于治者也。夫以重止者,未必以轻止也;以轻止者,必以重止矣。是以上设重刑者而奸尽止,……所谓重刑者,奸之所利者细,而上之所加焉者大也。民不以小利蒙大罪,故奸必止者也,所谓轻刑者,奸之所利者大,上之所加焉者小也。(《韩非子·六反》)

二、以刺字刑为例看重刑威慑论

清人谓:"以中国幅员至广之域,人民良莠不齐之众,承平之际,时无论日夕,地无论远近,一人独行而不忧其不至,一人独居而不虑其有他,非治盗之重典,曷可臻此!"[1]明清时代盗律罚则中增入的刺字刑即重刑威慑论在实践中的典型体现。刺字,古墨辟遗意也,乃"肉刑之一,律第严于贼盗"[2],可溯源至唐虞三代五刑之一的墨刑(黥刑),汉文帝时除肉刑,"当黥者髡钳为城旦舂"。刺字在后世的重出与因革,沈家本概括如下:

---

[1] [清]刘体智:《异辞录》,刘笃龄点校,中华书局1988年版,第75页。
[2] [清]赵尔巽等:《清史稿》第15册,中华书局1976年版,第4196页。

第十二章 盗律刑罚根据:儒与法之间

宋太始中,有劫窃遇赦,颇黥"劫"字之制。梁天监初,定律:"劫身皆斩。遇赦降死者,黥面为'劫'字。"盖即昉于太始,此今刺强盗之意也,然第施之一事一时者耳。《唐律》十二篇不言刺字,殆尚无此制欤?石晋天福中,始有刺配之法。宋参用其制,凡应配役者傅军籍,用重典者黥其面。犯盗者刺环于耳后:徒、流,方;杖,圆;三犯杖,移于面。迨其后,科禁日密,刺配特繁,孝宗时增至五百七十条,臣僚多议其重,历请裁定。元承宋制,然颇疏略。亦越前明,其法加详。国朝因之,损益尽善矣。①

正如程树德之说,"文帝虽废黥,而六朝以后仍相沿用之,特不列为刑名耳"②。《御制大明律序》云:"合黥刺者,除党逆家属并律该载外,其余有犯,俱不黥刺。"③是以明律在刺字的适用范围上,尚有节制,"律内该载者亦止抢夺、窃盗两项,逆党家属,律无明文"④。但到了清代,刺字的适用范围、烦琐程度等均有较大幅度的提升,论者谓:"刺字之条原为贼盗而设,……迨自莠民杂出,诡谲难穷,而立法不得不周,有迹非为盗,而情同于盗者,亦有逞凶毙命藐法脱逃者,于是贼盗而外,别类分门,各有刺字之例。"⑤《清史稿·刑法志》对清代刺字的情形有精要概述:

刺字,古肉刑之一,律第严于贼盗。乃其后条例滋多,刺缘坐,刺凶犯,刺逃军、逃流,刺外遣、改遣、改发。有刺事由者,有刺地方者,并有分刺满、汉文字者。初刺右臂,次刺左臂,次刺右面、左面。大抵律多刺臂,例多刺面。⑥

《大清会典则例》的总结更为全面:

犯逃盗者,犯谋故及拒捕杀人者,外省死囚决不待时者,皆应刺字。旗人刺臂,奴仆刺面,民犯徒罪以上刺面,杖罪以下刺臂。再犯者亦刺

---

① [清]沈家本:《寄簃文存》,商务印书馆2015年版,第196~197页。该氏对这一流变更详细的论述,见[清]沈家本:《历代刑法考》(上),商务印书馆2011年版,第190~205页。
② 程树德:《九朝律考》,商务印书馆2010年版,第55页。
③ 《大明律》,怀效锋点校,法律出版社1999年版。
④ [清]沈家本:《历代刑法考》(上),商务印书馆2011年版,第205页。
⑤ [清]王有孚:《一得偶谈初集》,载杨一凡编:《中国律学文献》第三辑第4册,黑龙江人民出版社2006年版,第469页。
⑥ [清]赵尔巽等:《清史稿》第15册,中华书局1976年版,第4196~4197页。

面,刺面在鬓之下、颊之上,刺臂在腕之上、肘之下。逃犯刺左,余犯刺右,初犯刺左者,再犯累犯刺右,初犯刺右者,再犯累犯刺左,罪名刺左者,地名刺右,罪名刺右者,地名刺左,地名谓遣犯应刺所遣地方者。字方一寸五分,画阔一分有半,并不得过限。立决者狱成即刺,监者奉旨始刺,余犯皆于起解责释之前刺之。①

刺字原本针对盗贼,后来适用范围越来越广,此即刑罚重而又重的表现之一。但本著关注的是盗律,故此处仅探讨盗律中的刺字问题。② 清律对于刺字的规范散见于各律例之中(盗大祀神御物、盗制书、盗印信、盗城门钥、监守自盗仓库钱粮、常人盗仓库钱粮、白昼抢夺、窃盗),虽有专门的"起除刺字"律例,但未有"起除"之前刺字的"总例"。吴坛曾建议,"犯罪刺字,即古之墨刑也,原载五刑之内","自应于名例五刑律后热审事例之前一并载入","以为诸律刺字之统,较与律意相符,以便查用"。③ 但薛允升不认同此论,指出若将刺字"入于名例,则五刑之外,又多一刑矣",会导致律典繁杂。④ 姑且不论此处孰是孰非,清律始终未有作为刺字之总例的专门律例,唯监守自盗仓库钱粮律(264-00)小注云:"每字各方一寸五分,每画各阔一分五厘,上不过肘,下不过腕。余条准此。""余条准此"四字表明,此乃其余所有律例涉及刺字且无特别说明之时所遵循的通行原则,亦即该条便在一定程度上可谓刺字的"总例"。

在这一"总例"之外,部分律例还对刺字的具体部位与内容有一些特别说明。如监守自盗仓库钱粮律(264-00)与常人盗仓库钱粮律(265-00):"于右小臂膊上,刺盗官(银粮物)三字。"白昼抢夺律(268-00):"于右小臂膊上,刺抢夺二字。"而窃盗律(269-00)按作案次数,有初犯、再犯、三犯之分:"初犯,并于右小臂膊上刺窃盗二字;再犯,刺左小臂膊;三犯者,绞(监候)。以曾经刺字为坐。"监守自盗仓库钱粮、常人盗仓库钱粮、白昼抢夺三条,"止云并于右臂刺字,上无初犯字,下无再犯、三犯之文",据沈之奇言,"则此三项,再犯不刺,三犯不绞矣"⑤。至于窃盗分初犯、再犯、三犯的原因,王有孚有精到解说:"鼠窃之辈,总由饥寒所迫,当其初犯时,羞恶之心未

---

① 《大清会典则例》卷124《刑部》,清文渊阁四库全书本。
② 其他律例关于刺字规定的情况,可参见[清]沈家本:《刺字集》,载徐世虹主编:《沈家本全集》第2卷,中国政法大学出版社2010年版。
③ 马建石、杨育棠主编:《大清律例通考校注》,中国政法大学出版社1992年版,第766~767页。
④ 参见[清]薛允升:《唐明律合编》,怀效峰、李鸣点校,法律出版社1999年版,第565页。
⑤ [清]沈之奇:《大清律辑注》(下),怀效锋、李俊点校,法律出版社2000年版,第566页。

尽泯灭,何尝不可化诲? 所以律设大法于窃盗,则计赃论罪,初犯仅刺小臂,不欲遽暴其恶,予以自新之路也。再犯则刺面,三犯则赃多者绞候,赃少者分别遣戍,恶其怙恶不悛也。"①

这些与刺字相关的律文多沿于前代,清代的发展、变化主要体现在例文。这类例集中在"起除刺字"门,并散见于盗律其他各门之中,比律文更为细致地规定了具体情形之下刺字的内容、方式等。相关例文可大致分为以下几类:

一类针对具有特殊身份的人群。如针对奴仆,"奴仆为窃盗,或抢夺,并盗家长财物,俱刺面"。(281-19)对于不同族群,"凡回民行窃,分别初犯再犯,于臂膊面上,概刺窃贼二字";(281-08)"凡蒙古、民人、番子人等,有犯抢劫之案,应照蒙古例定拟者,均面刺抢劫二字"。(281-17)再如有关特定地区之人,台湾无籍游民"若犯止枷杖,例应逐回原籍管束者,面刺逐水字样"。(281-13)

一类关于流放人犯。发遣人犯,"如从前面上原刺之字,与现犯事由相同者,毋庸重复叠刺。倘现犯事由各别,仍于左面上另行刺字"。(281-06)由烟瘴改发极边人犯,面上刺"烟瘴改发"四字。(281-09)道光四年(1824),尚统拟依"和诱知情拟军例"加一等发极边烟瘴充军,即被面刺"烟瘴改发"四字。② 新疆改发内地人犯,"面上刺改发二字。如应刺事由者,并刺事由",但"若犯事到官,年在七十以上、十五以下,及成残废者,仍照律收赎,毋庸刺字"。(281-12)

一类涉及一些特殊的犯罪情节。如对于强盗人命重犯、拒捕杀人窃盗并律应斩决者:"凡强盗人命重犯,拒捕杀人窃盗,并律应斩决,……情重难宥者,该督抚俱于具题之日,交按察使衙门先行刺字,然后递回犯事地方监禁。如系强盗,面上刺强盗二字;命案斩绞等犯,面上刺凶犯二字。"(281-02)强盗律本无刺字要求,据薛允升言,本例新增刺字是为了防止罪犯疏脱。③ 与强盗刺字有关的例文,还有强盗门下的"强盗自首"例(266-41):"未伤人之首伙各盗,……闻拿投首者,实发云、贵、两广极边烟瘴充军,面刺改遣二字。"

---

① [清]王有孚:《一得偶谈初集》,载杨一凡编:《中国律学文献》第三辑第4册,黑龙江人民出版社2006年版,第397页。

② [清]许槤、[清]熊莪纂辑:《刑部比照加减成案》,何勤华等点校,法律出版社2009年版,第488页。

③ 参见[清]薛允升:《读例存疑重刊本》第4册,黄静嘉编校,成文出版社1970年版,第726页。

对于抢夺、窃盗："平民犯抢夺,及窃盗初犯,计赃在徒罪以上者刺面。如窃盗初犯罪止杖责者,照律于右小臂膊刺字;再犯左面刺字,不得以赃少罪轻免刺。"(281-19)如是,则更改了窃盗律关于"初犯,并于右小臂膊上刺窃盗二字,再犯,刺左小臂膊"的规则,而要求徒罪以上者初犯亦刺面。本例最早的来源是康熙年间的《续增现行则例》,其道:"凡窃盗,停其臂膊刺字,应明刺面上。另户人仍于臂膊上刺字。"直到雍正三年(1725)方奏准附律,①但至乾隆五十三年(1788),该例一直置于窃盗门下而非后来的起除刺字门。如此则凡窃盗者(另户人除外)均刺面,不分初犯、再犯,亦不分罪行轻重(是否为徒罪以上),加重了原本律文的规定。

此外,与盗人参相关,盗田野谷麦门下有两条例文。其一,"凡旗、民人偷刨人参,……得参人犯,首从照例刺字"。(271-10)其二,"领票工人内,如有偷窃领票商人之参者,照刨参已得例,……于面上刺窃盗字"。(271-08)②又,盗园陵树木门 263-04 例:"凡旗、民人等在红椿以内,偷挖人参,……得参人犯,首从俱刺盗官参三字。"故而对盗参者刺"窃盗"抑或"盗官参",应看偷挖行为是否发生在红椿以内。

如若实践中发生"刺错"的状况,则负责之官吏将被追究责任。据载,刺字错误罚俸一个月,拿获贼犯不刺字罚俸九个月,应刺之犯不行刺字及刺字后滥准充当照知情故纵例参处。③又,"凡窃盗三犯曾经刺字者,如州县官不依律究拟,擅自轻纵,督抚指参照失出例议处,若不照赃究拟,并不依律刺字者,亦照失出例议处"④。实践中,乾隆三十一年(1766),盗犯毛三"左胳膊刺窃贼二字,右小臂刺窃盗二字"。按照窃盗律文,其左胳膊应刺"窃盗"字样,但被错刺为了"窃贼"。一字之差,时任之知县即被罚俸一个月。⑤此前一年,闫黑子等偷人烟袋小刀等物被获,本应刺臂,却"误行刺面,应将该犯面上之字起除,仍于臂膊上补刺","误行刺字之浙江司郎中书世德职名咨送吏部,照例查议",亦罚俸一个月。⑥

那么,这些重而又重的刺字刑的威慑效果如何呢?雍正八年(1730),江

---

① 参见马建石、杨育棠主编:《大清律例通考校注》,中国政法大学出版社1992年版,第715、724页。
② 该例系乾隆二十八年(1763)吉林将军恒鲁条奏定例,嘉庆六年(1801)改定。参见[清]薛允升:《读例存疑重刊本》第3册,黄静嘉编校,成文出版社1970年版,第688~689页。恒鲁之奏,见内阁大库档案,登录号100236-001。
③ 参见[清]佚名:"招解书",载郭成伟、田涛点校:《明清公牍秘本五种(第二版)》,中国政法大学出版社2013年版,第571~572页。
④ 《大清会典则例》卷26《吏部》,清文渊阁四库全书本。
⑤ 内阁大库档案,登录号015250-001。
⑥ 吏科题本,档号02-01-03-06127-011。

西按察使楼俨上奏批评281-19例:"有积惯、误犯之不同,并有被诱、诱人之各别。其积惯做贼者,挖孔、撬门,事事纯熟,潜行逆影,专以偷窃作生涯,且或诱人同行、驱使接赃,遇有觉追,彼先兔脱,故有为贼日久而不易犯者。至误犯、被诱之人,或年尚小,或本未为非,惟因贫苦无聊,资生乏策,一时偶萌匪念,并因误与贼匪认识,被骗同行做贼,方止一次,旋已被获到官。特以法无可宽,一体按律治罪、刺字,原无可议。然自此以后,该犯虽悔恨无地,意欲革面革心,无如颡已被文,乡党见而远弃,难以别业营生,无颜自立,不至仍入贼途不止。"在楼氏看来,加重刑罚本为强化威慑,却不料反倒促使"仍入贼途不止",于是建议,区分"积惯做贼者"与初犯、被诱、因贫苦而为盗者等"可悯"之人,稍为变通此例:"明实系从未做贼、初次行窃,及被诱初犯之人从宽,准照另户人例,仍于臂膊刺字,免其刺面,使其暂存廉耻,得以改悔前非。"①

但该奏折之朱批仅有"且后"二字,并未直接引起修例。此后乾隆八年(1743)修例的直接原因乃云南按察使张坦熊之奏:"审系初犯,罪止杖责者,照原律于右小臂膊刺字,再犯者照例左面刺字。"②修例采之,又经乾隆三十二年(1767)修并、嘉庆六年(1801)改定,以及乾隆五十三年(1788)移入"起除刺字"门,③最后成上文之例。嘉庆二十五年(1820),魏启"比照窃盗为从杖六十",即因罪止杖责而仅拟刺臂。④ 对比新旧例文可以发现,新例是原例与楼俨之建议的折中,即初犯全部刺面与初犯全部刺臂膊的折中——初犯按罪行之轻重,罪止杖责者刺臂膊,徒罪以上刺面。因此,楼俨之建议虽未直接引起修例,但亦有可能对之后张坦熊之条奏及律例馆的修例产生过间接影响。

如楼氏所指出,刺字重而又重之后可能反倒导致已不愿犯罪之人再次走上犯罪道路,而产生这样效果的重刑其实并不仅限于刺字。董仲舒即发现,当崇尚法家的暴秦之时,"刑者甚重,死者相望,而奸不息",甚而"群盗并起"。(《汉书·董仲舒传》)历史一再印证老子"法物滋彰,盗贼多有"(《道德经·五十七章》)的预言。西人也说:"在一个只依靠威慑力的社会中,犯罪就会多得像所有的人都得了精神病一样。"⑤其缘由者何? 老子早

---

① 宫中档奏折-雍正朝,档案号402016882。
② 马建石、杨育棠主编:《大清律例通考校注》,中国政法大学出版社1992年版,第715页。
③ 〔清〕薛允升:《读例存疑重刊本》第4册,黄静嘉编校,成文出版社1970年版,第772页。
④ 〔清〕许梿、〔清〕熊莪纂辑:《刑部比照加减成案》,何勤华等点校,法律出版社2009年版,第82页。
⑤ 〔美〕卜思天·M.儒攀基奇:《刑法——刑罚理念批判》,何慧新译,中国政法大学出版社2002年版,第115页。

就给出了答案:"民不畏死,奈何以死惧之? 若使民常畏死,而为奇者,吾得执而杀之,孰敢?"(《道德经·七十四章》)西人贝卡里亚的说法亦可在此做注脚:

> 严峻的刑罚造成了这样一种局面:罪犯所面临的恶果越大,也就越敢于逃避刑罚。为了摆脱对一次罪行的刑罚,人们会犯下更多的罪行。刑罚最残酷的国家和年代,往往就是行为最血腥、最不人道的国家和年代。……无论暴政多么殚精竭虑地翻新刑罚的花样,但刑罚终究超越不了人类器官和感觉的限度。一旦达到这个极点,对于更有害和更凶残的犯罪,人们就找不出更重的刑罚以作为相应的预防手段。[1]

第三节 有耻且格:宽和仁恕的教育矫正论

由于重刑威慑论的缺陷,各种可被归于教育矫正论的理论应运而生。首先,对于犯罪人,刑罚的"教育性寓于惩罚性之中,通过惩罚使犯罪人得到教育,从而产生自责与悔罪的心理,对本人的犯罪行为给社会造成的危害追悔莫及,表示认罪服法,改恶从善,根除犯罪意识"[2];其次,对于一般国民,唤醒和强化其"对法的忠诚、对法秩序的存在力与贯彻力的信赖",从而不愿犯罪。[3]

一、对犯罪人的教育矫正

西方针对犯罪人的教育矫正论亦是起源于功利主义思想。边沁认为"应当以尽可能小的代价防止犯罪",他发起的不列颠刑法改革大力倡导这一理论,还亲自设计了一个圆形监狱以践行理论。而让这一理论系统化的是李斯特,"把根据罪犯的人身危险性对罪犯进行矫正的任务提到了十分重要的地位"[4],并将刑罚方法分为三类:(1)矫正可以矫正和有矫正必要的犯罪人;(2)威慑没有矫正必要的犯罪人;(3)使不能矫正的犯罪人不再危害

---

[1] 〔意〕切萨雷·贝卡里亚:《论犯罪与刑罚》,黄风译,北京大学出版社2008年版,第62~63页。
[2] 陈兴良:《刑法哲学(第五版)》,中国人民大学出版社2015年版,第376页。
[3] 参见张明楷:《责任刑与预防刑》,北京大学出版社2015年版,第45、59页。
[4] 参见陈兴良:《刑法哲学(第五版)》,中国人民大学出版社2015年版,第379页。

第十二章 盗律刑罚根据:儒与法之间

社会(使之不能犯)。他指出,"习惯性地实施犯罪行为的犯罪人"亦即"习惯犯",是"因遗传的和后天获得的犯罪素质但尚没有完全无可挽回地失去自我的需要矫正者","这些刚刚滑入犯罪歧途之人在很多情况下还是可以被挽救的,但唯一的途径是严厉的和持续的管教","如果社会承担大部分责任,就有可能减少潜在的习惯犯"。[①]

儒家也可谓教育矫正刑的倡导者,"圣人假法以成教,教成而刑不施。故威厉而不杀,刑设而不犯"[②]。只是如前所论,儒家思考问题的出发点并非功利主义。儒家经典《周礼》载有"司圜"一职:"掌收教罢民,凡害人者,弗使冠饰而加明刑焉,任之以事而收教之。能改者,上罪三年而舍,中罪二年而舍,下罪一年而舍,其不能改而出圜土者,杀。虽出,三年不齿。凡圜土之刑人也不亏体,其罚人也不亏财。"(《周礼·司圜》)"罢民"者,"谓恶人不从化,为百姓所患苦,而未入五刑者"。对他们的处理方式是"弗使冠饰而加明刑焉,任之以事而收教之",亦即"上罪墨象、赭衣杂屦,中罪赭衣、杂屦,下罪杂屦而已",并"以版牍书其罪状与姓名,著于背,表示于人"。"不亏体"亦"不亏财",以唤起受刑者的耻辱心的方式来实现矫正,能改过者达到一定期限后予以释放,区别于罪重而入于"亏体""亏财"之旧五刑者。此与李斯特教育刑论"根据罪犯的人身危险性对罪犯进行矫正"的倡导可谓异曲而同工。

我国历史上广泛采用这类以唤起耻辱心的方式来实现对犯罪人教育矫正的刑罚。[③]据《唐律疏议》,后世之徒刑即源于此,"徒者,奴也,盖奴辱之"。笞刑原义亦类此,"笞者,击也,又训为耻。言人有小愆,法须惩戒,故加捶挞以耻之。……故书云'扑作教刑',即其义也"[④]。盗律罚则中的刺字刑同样也属此类,"古人屏诸远方不齿于人之意,所以示辱"[⑤],"盖以凶蠹之徒,率多怙恶,特明著其罪状,俾不齿于齐民,冀其畏威而知耻,悔过而迁善。……是所以启其愧心而戢其玩志者,意至深也"[⑥]。

因此对于能够改过自新之人,律例特设"起除刺字"之制:

[①] 〔德〕冯·李斯特:《论犯罪、刑罚与刑事政策》,徐久生译,北京大学出版社 2016 年版,第 31、35 页。
[②] 《盐铁论校注》(下),王利器校注,中华书局 1992 年版,第 420 页。
[③] 相关研究可参见赵晓耕、马晓莉:《从'耻辱刑'到'羞耻心'——漫谈在监狱矫正中唤起服刑人的羞耻之心》,《政法论丛》2005 年第 5 期。
[④] 《唐律疏议》,刘俊文点校,法律出版社 1999 年版,第 3~5 页。
[⑤] 〔清〕薛允升:《读例存疑重刊本》第 4 册,黄静嘉编校,成文出版社 1970 年版,第 767 页。
[⑥] 〔清〕沈家本:"刺字集序",载〔清〕沈家本:《寄簃文存》,商务印书馆 2015 年版,第 197 页。

> 凡盗贼曾经刺字者,俱发原籍收充警迹;该徒者役满充警,该流者于流所充警。若有起除原刺字样者,杖六十、补刺。(收充警迹,谓充巡警之役,以踪迹盗贼之徒。警迹之人,俱有册籍,故曰收充。若非应起除,而私自用药或火炙去,原刺面膊上字样者,虽不为盗,亦杖六十、补刺原字样)(281-00)

该律包含两层内容,一为严禁私自起除刺字,二为被刺字者须充警。先言严禁私自起除刺字。雍正二年(1724)上谕:"近闻刺字之犯,私自销毁者甚多,即属怙恶不悛之明证,且此等必有用药代为销毁者。嗣后如有私毁刺字之人,理应审明,若系本身私毁者,本律杖六十补刺,似属太轻。作何重治其罪,其代为销毁者,将代毁之人一并作何治罪之处,着妥议定例具奏,钦此。"刑部遵旨议准"嗣后窃盗等犯销毁刺字者,照理枷责补刺,并用药代毁之人,一并枷责",①定例曰:

> 凡窃盗等犯,有自行用药销毁面膊上所刺之字者,枷号三个月、杖一百、补刺。代毁之人,枷号二个月、杖一百。(281-01)

该例一方面加大对私自起除刺字行为的处罚,另一方面增加对帮助起除者的处罚。乾隆三十九年(1774),应受刺字之王二楼贿赂仵作王卓,让后者仅"用鞋帮子插针于左面鬓旁,刺了一下,又用煤炭磨水涂上混饰,并未深刻,该犯途间洗去煤迹,针孔长合,以至面无针痕"。负责本案的广西巡抚熊学鹏认为,王二楼这一行为与私自起除刺字无异,因此按本例将其枷号三个月、杖一百,并补刺。② 乾隆十七年(1752),章长(即周长)被发现私自起除刺字,但其又因窃盗赃至五十两以上拟绞监候,根据"二罪俱发以重论"(026-00)的原则,起除刺字"轻罪不议",不再处以枷号及杖责,仅补刺。③

以上为对"非应起除"者的处罚,那么如何方能成为"应起除"者呢?此即与本律的另一层内容——被刺字者须充警——有关。除了律文,本门尚有一条乾隆五年(1740)议定、道光十八年(1838)改定的例文(281-18)与此相关,且是进一步的规范,弥补了原先"未定年限,获盗亦未指明以若干名为断"④的缺漏:

---

① 《清会典事例》(九),中华书局1991年版,第744页。
② 宫中档奏折-乾隆朝,档案号403029407。
③ 内阁大库档案,登录号049434-001。
④ 《大清宣宗成皇帝实录》卷312,道光十八年七月。

> 窃盗刺字发落之后,责令充当巡警。如实能改悔,历二三年无过,又经缉获强盗二名以上,或窃盗五名以上者,准其起除刺字,复为良民;该地方官编入保甲,听其各谋生理。若不系盗犯,不准滥行缉拿。

《大清会典》亦有相关说法:

> 凡流徒以下刺字之犯,有安分悔过,及在配所原籍充警,能获盗者,准其报明官司,起除所刺之字,私起除者论如法。①

根据例文,起除刺字者必须满足三项条件,一是刺字乃因窃盗,二是"实能改悔",三是充警并缉盗满数,三项条件缺一不可。道光十八年(1838),张六请求起除刺字,但其并非因窃盗刺字且未能缉盗满数,因此尽管被认为已经改过,也仍未获准起除刺字。②

所谓"充警",即"收充警迹",其本于元制。明代律学家应檟说:"警:戒;迹:形迹也。其法于本家门首作木坊,上书'窃盗之家'四字,以彰其恶也。窃盗之人,既刺字于臂,以辱其终身,又警迹于家,以别于良民,凡此皆使人知惧,而不敢轻犯也。"③是以仅从示辱和威慑两方面来解说此制。不过王肯堂不同意此说:"或谓于门首立木牌,书写过犯之名,以警众者,于收充二字不合矣。"并纠正道:"警是巡警之意,迹踪迹之迹,谓充巡警之役,以踪迹盗贼之徒,盖以盗捕盗之法也。"④亦即认为"充警"不仅是示辱与威慑,而是更进一步,责令刺字之人巡警盗贼、以盗察盗。清代的律学家如沈之奇、薛允升、沈家本等均附议王氏之说。⑤ 那么,究竟哪种说法更符合律意呢?查《大明令》载:

> 凡窃盗已经断放,或徒年役满,并仰原籍官司收充警迹。其初犯刺臂者,二年无过,所在官司保勘,除籍,起去原刺字样。若系再犯刺臂

---

① 《大清会典》卷 69《刑部》,清文渊阁四库全书本。
② [清]祝庆琪等编撰:《刑案汇览全编·刑案汇览续编》第 12 卷,法律出版社 2007 年版,第 564 页。
③ [明]应檟:《大明律释义》,载杨一凡编:《中国律学文献》第二辑第 2 册,黑龙江人民出版社 2005 年版,第 198 页。
④ [明]王肯堂:《王仪部先生笺释》,载杨一凡编:《中国律学文献》第二辑第 4 册,黑龙江人民出版社 2005 年版,第 482 页。
⑤ [清]沈之奇:《大清律辑注》(下),怀效锋、李俊点校,法律出版社 2000 年版,第 648 页;[清]沈家本:《历代刑法考》(下),商务印书馆 2011 年版,第 840 页;[清]薛允升:《读例存疑重刊本》第 4 册,黄静嘉编校,成文出版社 1970 年版,第 771~772 页。

者，须候三年无过，依上保勘。有能拿获强盗三名、窃盗五名者，不限年月，即与除籍、起刺。数多者，依常人一体给赏。①

到了清代，本律小注明言："收充警迹，谓充巡警之役，以踪迹盗贼之徒。"前引清例、会典的说法也是如此，看来应榽之说不确。如此意义上的"充警"，一来给犯罪者立功自赎之机，开自新之路，也为已完成矫正、可以起除刺字提供了客观的鉴定标准；二来"以盗攻盗"，能起到弭盗之效。② 因此上引律学家们不吝用"良法""法之最善者"等溢美之词称赞这一立法，并批评其在实践中废弛、不实行的现象。

正是因为实践中能真正起除刺字的人并不多，刺字刑遭到不少批评：即便犯罪人已完成矫正，但因刺字尚在，无法复归社会，故常常被逼再次走上犯罪道路。如雍正年间的通政使司左参议魏绎指出："已经刺字贼徒，父子兄弟不相认，佣工者亦不敢佣，即抄化乞食，亦无人施舍，夜则四散隐僻之所，仍然为盗，以致盗案滋繁。"③乾隆四十五年（1780）起获的窃盗犯吴黑子亦称，其私自起除刺字乃因"胳膊上有字，佣工不便"④。沈家本说：

> 刺字……在立法之意，原欲使莠民知耻，庶几悔过而迁善。讵知习于为非者，适予以标识，助其凶横，而偶罹法网者，则黥刺一膺，终身僇辱。诚如《宋志》所谓，面目一坏，谁复顾籍，强民适长威力，有过无由自新也。夫肉刑久废而此法独存，汉文所谓刻肌肤痛而不德者，正谓此也。未能收弼教之益而徒留此不德之名，岂仁政所宜出此？⑤

法国大革命时期的著名革命家罗伯斯庇尔（Maximilien de Robespierre）在其名为"论羞辱性刑罚"的演讲中，用充满激情与煽动力的语言，阐述了类似的观点：

---

① 《皇明制书》第1册，杨一凡点校，社会科学文献出版社2013年版，第35页。
② 王元稘说："虞栩治朝歌三科，募士攻劫者为上，伤人偷盗者次之，不事家业者为下。贳其罪，使入贼中，而朝歌以平龚遂治。渤海曰，今将欲使臣胜之耶，抑安之也，唯缓之然后可治。单车独行抵郡，盗贼悉罢，古循吏、能吏之治盗贼，断不以多杀人为务。"该氏亦曾效仿此法，以盗治盗。参见[清]王元稘：《秉铎公牍存稿》，载《明清法制史料辑刊》第一编第35册，国家图书馆出版社2008年版，第220页。虞栩之事，见《后汉书·虞傅盖臧列传》。
③ 宫中档奏折-雍正朝，档案号402004903。
④ 军机处档奏折，档案号026855。
⑤ [清]沈家本：《寄簃文存》，商务印书馆2015年版，第4页。

耻辱污损人的心灵;一个人要是被判定应受轻蔑,他就不得不成为该受轻蔑的人。不能再指望受到自己亲友尊敬的人,能够指望什么高尚的感情和什么宽恕的行为呢?既然已永远丧失与品德相联系的一切优点,他就必定要到邪恶的享受中去寻求满足。

如果羞耻没有夺去他的全部力量,他会变得更加危险,他的精力会转化为仇恨和绝望,他的心灵会起来反对那种使他成为牺牲品的残酷的不公道的事物,他将成为压迫他的那个社会的隐蔽的敌人;如果他最后没有坏到该受他起初不该受的那种惩罚,如果法律将来不必去惩罚他居然犯了他的同胞们的这种野蛮行为促使他去犯的那些罪行,那还算幸运的![1]

革命家的目标,是废除这些"荒谬又野蛮"的制度,而作为大清中期朝廷命官的魏绎,没有也不可能有如此的激进思想,只是提出了一个缓和的方案——定"安插之法",以使"恶类不聚,并可化而为良",具体做法为:

> 其犯事人等,询明口供,若系各省州县,必须递解还籍,令各地方官出具收管,若系旗人,则发各牛录下给交本主,亦取收管。但此辈无归者多,有归者少,审其果无所归,则五城俱有栖流所房屋,兵马司及巡检等员收管,在内各戴脚绊一个,日间放出觅食,夜间必归于栖流所内,如夜间不到,即行严缉。遇冬季皇恩放饭之期,亦给一餐,栖流所多设土坑、几铺,量给柴薪,使其安歇避寒。其三年无犯者,许其去字去绊,复为齐民。[2]

另据《大清会典则例》记载,乾隆二年(1737)奏准:"从前火房不许容留刺字之人,以致此辈无处容身,嗣后各处火房,许前项孤身无业之人宿歇,仍照例设循环簿稽察。"[3]这一措施即可谓与魏绎之奏不谋而合。到了清末,沈家本奉旨考订刑律之时,已不再仅提这类缓和方案,而是直言废除刺字刑,"将刺字款目概行删除",代之以"收所习艺","按罪名轻重定以年限,俾

---

[1] 〔法〕罗伯斯庇尔:《革命法制和审判》,赵涵舆译,商务印书馆1986年版,第16页。
[2] 宫中档奏折-雍正朝,档案号402004903。
[3] 雍正十二年(1734)议准,五城及顺天府转饬各司坊官大宛二县令,各处火房设立循环簿,将逐日投宿之人详开姓名、住址、行业,十日一报,倘有行止可疑之人,即令呈报该地方官,询知住址,递回原籍安插,倘不据实呈报,将开设火房之人,照不应律责处,倘遇有患病受伤身死之人,并不具报者,照移尸律治罪,地方官不行察出,照失察例议处。参见《大清会典则例》卷150《都察院》,清文渊阁四库全书本。

一技能娴,得以糊口,自少再犯三犯之人"。①

刺字之外,盗律罚则中的加枷号以及锁带铁杆、石墩、巨石等附加刑,②如本著第九章表9-12所示,亦是为了"动其羞耻之心,令其悔过而知改"③。道光七年(1827),山东巡抚程含章指出,从实践的情况来看,这类附加刑比直接加重笞杖徒流死等主刑的止盗效果更好:

> 计自改例至今已阅十年,照新例加重拟军拟徒者,已不下万余名,盗风究未稍息。推原其故,一则匪徒恃其能逃,一则地方官缉捕不尽得力。检查档案,问徒者例无口粮,因无不逃之犯,问军者到配后,如不得所亦多逃回,改易姓名,另换地方,仍复肆窃为匪,再办再逃,案牍纷繁,于事未见有益。而地方官每办一案,自购线缉捕,以至解府解省发配须赔银五六十两至百余两不等。其在缺分稍优之州县,尚可勉力办理,而瘠苦之缺,即欲多办盗案,而力有不能,难保其不讳匿不报,抑或比捕不严,捕役窥见本官心意,往往纵犯不拿,此盗风之所以未见稍息也。

效果好的原因,即是这类附加刑可以使"该犯日与亲戚乡邻相见,因有以动其羞愧之良心,即乡里匪徒亦可借以触目警心,有所愧惮,而不敢为恶,而地方官既不须贴赔解费,又无脱逃处分,自必认真缉捕,严办示惩,庶盗风可冀渐息,较之拟军徒旋即脱逃徒繁案牍者,更为有益"。据该氏称,其"前官广东二十年,初到时,见贼盗繁多,甲于天下",尝试"将情重法轻者锁带铁枪石墩"之后,发现各地方官"乐其简便易行,认真缉捕",盗贼案件亦"因之渐稀,实已着有成效"。④

二、对一般民众的教育预防

积极的一般预防理论(对一般民众的教育预防)诞生于20世纪70年代末的德国。雅各布斯是这一理论的代表人物,而更早在黑格尔的理论中其

---

① [清]沈家本:《寄簃文存》,商务印书馆2015年版,第4页。樊增祥言:"罪犯习艺,即古人城旦鬼薪之意。"这一措施在樊姓治下的实施情况,可参见[清]樊增祥:《樊山政书》,中华书局2007年版,第398、423、438页。相关实践,还可参见[清]曹允源:《复盦奏牍》,载《明清法制史料辑刊》第一辑第35册,国家图书馆出版社2008年版,第469~482页。

② 对相关问题更细致的研究,可参见[日]铃木秀光:"锁带铁杆、锁带石礅与清代后期的刑事审判",黄琴唐译,载周东平、朱腾主编:《法律史译评》2013年卷,中国政法大学出版社2014年版,第284~326页;姜翰:"从非刑到常法:清代锁带杆墩源流考",《史学月刊》2022年第4期。

③ [清]黄六鸿:《福惠全书》,周保明点校,广陵书社2018年版,第206页。

④ 朱批奏折,档号04-01-01-0691-038。

实已能见到萌芽,其将"刑罚与民众对规范有效性的信赖之间建立了联系,认为刑罚的正当性在于保护民众对法秩序存在与贯彻效力的信赖、巩固民众的法意识、强化民众的法忠诚"①。这类一般预防之所以被冠以"积极"二字,在于其试图借助对民众"对法的忠诚训练所形成的社会教育学上的学习效果",以维持、强化民众"对法秩序的持续力与贯彻力的依赖",亦即"在法共同体面前宣示法秩序的不可侵犯性,据此强化国民对法的忠诚"。②

法家思想中亦有与此很类似的观念,一方面,通过"以法为教,以吏为师"的方法对民众进行"对法的忠诚训练":"圣人为法,必使之明白易知,名正愚知遍能知之。为置法官,置主法之吏以为天下师,令万民无陷于险危。故圣人立天下而无刑死者,非不刑杀也,行法令明白易知,为置法官吏为之师以道之,知万民皆知所避就,避祸就福而皆以自治也。故明主因治而终治之,故天下大治也。"(《商君书·定分》)另一方面,认为"法莫如一而固,使民知之"(《韩非子·五蠹》),由强调"一刑""必罚",维持、强化民众"对法秩序的持续力与贯彻力的依赖"。所谓"一刑":"刑无等级,自卿相、将军以至大夫、庶人,有不从王令,犯国禁,乱上制者,罪死不赦。有功于前,有败于后,不为损刑;有善于前,有过于后,不为亏法。忠臣孝子有过,必以其数断。守法守职之吏有不行王法者,罪死不赦,刑及三族。"(《商君书·赏刑》)所谓"必罚":"国之乱也,非其法乱也,非法不用也。国皆有法,而无使法必行之法;国皆有禁奸邪刑盗贼之法,而无使奸邪盗贼必得之法。为奸邪盗贼者死刑,而奸邪盗贼不止者,不必得。"(《商君书·画策》)原因何在?"不必得也,则虽辜磔,窃金不止;知必死,则天下不为也。"(《韩非子·内储说上》)在韩非子看来,必罚甚至比他所强调的重刑更为重要。西人贝卡里亚亦持类似观点,只是他反对超过必要限度的重刑,而韩非并不反对:

> 对于犯罪最强有力的约束力量不是刑罚的严酷性,而是刑罚的必定性,这种必定性要求司法官员谨守职责,法官铁面无私、严肃认真,而这一切只有在宽和法制的条件下才能成为有益的美德。即使刑罚是有节制的,它的确定性也比联系着一线不受处罚希望的可怕刑罚所造成的恐惧更令人印象深刻。因为,即便是最小的恶果,一旦成了确定的,就总令人心悸。③

---

① 参见陈金林:"从等价报应到积极的一般预防——黑格尔刑罚理论的新解读及其启示",《清华法学》2014年第5期。
② 参见张明楷:《责任刑与预防刑》,北京大学出版社2015年版,第59页。
③ 〔意〕切萨雷·贝卡里亚:《论犯罪与刑罚》,黄风译,北京大学出版社2008年版,第62页。

其实儒家也一定程度认同刑罚的"一般的积极预防"作用。孔子曰："刑罚不中,则民无措手足。"(《论语·子路》)孟子云："不以规矩,不能成方圆;……不以六律,不能正五音;……上无道揆也,下无法守也,朝不信道,工不信度,君子犯义,小人犯刑,国之所存者幸也。"(《孟子·离娄上》)荀子则往前更进一步,其论已与他的学生韩非子很相近:

> 刑一人而天下服,罪人不邮其上,知罪之在己也。是故刑罚省而威流,无它故焉,由其道故也。古者帝尧之治天下也,盖杀一人、刑二人而天下治。(《荀子·议兵》)

其"道"者何?诸侯"政法令,举措时,听断公",官人百吏"循法则、度量、刑辟、图籍,不知其义,谨守其数,慎不敢损益也",庶人方能"长生久视,以免于刑戮也"。(《荀子·荣辱》)"天下晓然皆知夫盗窃之人不可以为富也,皆知夫贼害之人不可以为寿也,……世皆晓然皆知夫为奸则虽隐窜逃亡之不由不足以免也,故莫不服罪而请。"(《荀子·君子》)

这类教育矫正刑论通过唤醒或维持犯罪人及一般民众的耻辱心、悔过感及规范意识以实现预防犯罪的目的,其旨在使犯罪人及一般民众不愿犯罪,而不同于威慑论之使得不敢犯罪,故可避免后者所存在的重刑化倾向等弊端。但其也遭到诸多质疑,如庄子即曾讲:"赏罚利害,五刑之辟,教之末也。"(《庄子·天道》)现代刑法学者详细分析了其中缘由:"预防刑论中的教育刑论、改善刑论,常常追求将犯罪人改造成伦理上高尚的人,从而导致以刑罚方法迫使行为人接受一定的伦理观念。然而,刑罚的消极作用相当明显,并非维护社会伦理秩序的理想手段。以刑罚教育行为人成为伦理上高尚的人,必然得不偿失。"[1]此说换用《论语·为政》中言,即若"道之以政,齐之以刑",则至多能达到"民免而无耻"的效果。

小结　礼、乐、刑、政,其极一也

为什么要对犯罪的人科处刑罚?目前刑法学界的主流观点是并合主义

---

[1] 张明楷:《刑法学(第六版)》(上),法律出版社 2021 年版,第 670 页。

（综合理论），①所谓"因为有犯罪并为了没有犯罪"，亦即同时承认报应刑、威慑刑、教育矫正刑的价值和作用，试图让其优势互补、弊害相克，发挥并合之优势。② 从本章的论述可以发现，中国传统时代的儒、法二家也均可被归入并合主义的范畴。自认"汉家自有制度，本以霸王道杂之"（《汉书·元帝纪》）的汉宣帝便曾言："狱者，万民之命，所以禁暴止邪，养育群生也。能使生者不怨，死者不恨。"（《汉书·宣帝纪》）只是对于刑罚的预防作用（目的），法家更重视重刑威慑论，而儒家偏向于教育矫正刑，如同来自西方的现代刑法学亦因偏重不同而有各种类型的并合主义。③

当然，尽管儒家承认刑罚的作用，但并不同于法家之迷信刑罚，以为刑罚是应对"因为有犯罪并为了没有犯罪"的唯一手段。在儒家看来，"徒法不足以自行"（《孟子·离娄上》），"必有关雎、麟趾之意，然后可以行周官之法度"④，"因为有犯罪并为了没有犯罪"不能仅仅依靠刑罚。从这个意义而言，儒家可谓一种综合程度更高的"并合主义"——"礼、乐、刑、政，其极一也"，力求综合发挥礼乐与刑政的效用，"礼以道其志，乐以和其声，政以一其行，刑以防其奸"（《礼记·乐记》）。如上文所论，报应刑的缺陷须预防刑（威慑刑、教育矫正刑）弥补，预防刑中的威慑刑的弊端待教育矫正刑克服，那么教育矫正刑的不足又该如何应对呢？"法能刑人而不能使人廉，能杀人而不能使人仁"⑤，应对这一问题即呼唤儒家这般更为综合的理论出场，因为其已非再用另一种刑罚可以解决。也正因为此，来自西方的现代刑法／刑罚理论通常止步于此，把接下来的问题留给犯罪学、社会学等其他学科解决，但传统中国并无这种学科界限，擅长用综合的方法看待问题、处理问题。

刑罚解决不了的，正是礼乐作用之处。一方面，"礼者禁于将然之前，而法者禁于已然之后"（《汉书·贾谊传》），清人发挥道："古今弭盗之术无他，治于既炽之日，不若治于未炽之先，绝于既萌之日，不若绝于未萌之先。"⑥刑罚的作用应主要发挥于犯罪已然之后，而在犯罪尚未发生之时，则

---

① 如今德国、日本及我国的主流观点都属这一理论，参见邱帅萍：《刑法目的论：基于近现代思想史的考察》，知识产权出版社2016年版，第111~112页。
② 参见张明楷：《责任刑与预防刑》，北京大学出版社2015年版，第79~86页。
③ 对并合主义各种类型的介绍，可参见张明楷：《责任刑与预防刑》，北京大学出版社2015年版，第72~74页；邱帅萍：《刑法目的论：基于近现代思想史的考察》，知识产权出版社2016年版，第112~116页。
④ [宋]朱熹：《四书章句集注》，中华书局2012年版，第280页。
⑤ 《盐铁论校注》（下），王利器校注，中华书局1992年版，第580页。
⑥ [清]陆陇其："弭盗策"，载来新夏主编：《清代经世文选编》（上），黄山书社2019年版，第149页。

礼乐方是预防犯罪的最好的方式，故儒家倡导礼乐之教而非法家之以法为教。西人贝卡里亚在这一问题上也能同意儒家："预防犯罪的最可靠但也是最艰难的措施是：完善教育。……教育通过感情的捷径，把年轻的心灵引向道德；为了防止它们误入歧途，教育借助的是指出需要和危害的无可辩驳性，而不是捉摸不定的命令，命令得来的只是虚假的和暂时的服从。"①孟德斯鸠也认为："有些国家轻视礼仪道德的力量，一味用严酷的刑罚治理国家，结果适得其反。刑罚的力量是有限的，刑罚可以把一个犯了重罪的公民从社会中清除掉，但是它无法把犯罪本身清除掉。如果所有的人都丧失了道德观念，仅有刑罚，能够维持社会秩序吗？"②

另一方面，从发挥的不同效用而言，吉同钧将礼乐与刑罚的关系形象地类比于医者之疗病：刑罚者急也，用于攻邪气方盛之时；礼乐者缓也，所以固本以维一线之元阳；"急则治其标，缓则治其本"③。《汉书·循吏传》说："治乱民犹治乱绳，不可急也；唯缓之，然后可治。"在儒家心目中，礼乐与刑罚均有其价值，只是一者快、一者慢，而快者只能治标，慢者方是治本之方。

惜乎"凡人之智，能见已然，不能见将然"(《汉书·贾谊传》)。后世统治者往往为了眼前利益无暇顾及长远，"古人先礼教而后刑法，后世则重刑法而轻礼教"④，"匈匈焉终以赏罚为事"(《庄子·在宥》)让刑罚有愈加繁复、严苛之势。晚近以来，我们又徒羡西人"良法美政"，以为只要有足够多、足够严厉的法律便可高枕无忧，一度忽略法治运行背后的道德伦理与礼乐文明基础，可行乎？岂非二过哉？

---

① 〔意〕切萨雷·贝卡里亚：《论犯罪与刑罚》，黄风译，北京大学出版社2008年版，第109页。
② 〔法〕孟德斯鸠：《论法的精神》(上)，许明龙译，商务印书馆2015年版，第119页。
③ 〔清〕吉同钧：《乐素堂文集》，闫晓君整理，法律出版社2014年版，第40页。
④ 〔清〕薛允升：《唐明律合编》，怀效锋、李鸣点校，法律出版社1999年版，第170页。

结　论

> 子为政，焉用杀？子欲善，而民善矣。
> ——《论语·颜渊》
>
> 子独不闻寿陵余子之学行于邯郸与？未得国能，又失其故行矣，直匍匐而归耳。
> ——《庄子·秋水》

第一节　法律的伦理性："礼之所去，刑之所取"

自西汉武帝"独尊儒术"，儒家的诸多伦理观念被逐渐写入律典，所谓"以礼入法"，遂使传统律典呈现鲜明的伦理色彩，形成"礼之所去，刑之所取，失礼则入刑，相为表里"（《后汉书·郭陈列传》）的局面。作为传统律典重要部分的盗律，也随处体现出这一特征，譬如本著第二章讨论的"一家人共犯罪只坐尊长"原则，第七章言及之发冢罪责随发掘程度而非所获赃值而加重，第十一章讲述之亲属代首等同于行盗者本人自首，等等。此外，由于前辈学者探讨较多故本著未专章研究之"亲属相盗"的问题，更是这一特征尤为直接并典型的体现。亲属相盗律（272-00）曰：

凡各居（本宗外姻）亲属，相盗（兼后尊长卑幼二款）财物者，期亲，减凡人五等；大功，减四等；小功，减三等；缌麻，减二等；无服之亲，减一等；并免刺。（若盗有首从，而服属不同，各依本服降减科断，为从各又减一等）若行强盗者，尊长犯卑幼，亦（依强盗已行而得财、不得财）各依上减罪；卑幼犯尊长，以凡人论。（不在减等之限）若有杀伤者，（总承上窃强二项）各以杀伤尊长卑幼本律，从（其）重（者）论。

若同居卑幼，将引（若将引各居亲属同盗，其人亦依本服降减，又减为从一等科之；如卑幼自盗，止依擅用，不必加）他人盗已家财物者，卑幼依私擅用财物论，加二等，罪止杖一百；他人（兼首从言）减凡盗罪一等，免刺。若有杀伤者，自依杀伤尊长卑幼本律科罪。他人纵不知情，亦依强盗（得财不得财）论。若他人杀伤人者，卑幼纵不知情，亦依杀伤尊长卑幼本律，（仍以私擅用加罪及杀伤罪权之）从（其）重（者）论。

其同居奴仆雇工人，盗家长财物，及自相盗者，（首）减凡罪一等，免刺。（为从，又减一等。被盗之家亲属告发，并论如律，不在名例得相容隐之例）

一言以蔽之，亲属间相盗，关系愈近罪刑愈轻，反之则愈重。这一立法的缘由，即是将儒家之礼入于法中，对此瞿同祖先生已有精彩论述：其目的在维护家族的和睦和亲爱，"凡属同宗亲属，不论亲疏远近，道义上都有患难相助的义务，理当周济。法律上虽无绝对的义务，也就对于因贫穷而偷窃财物的穷本家加以宽恕，认为与窃盗本无相恤义务的凡人不同，越是亲属关系亲近，则不容坐视，愈有赒急的义务，古大功同财，所以大功以上盗罪更轻"①。

但是，近代以降尤其"五四"之后，儒家倡导的"礼"或"伦理"开始被世人特别是知识分子大加诟病，怒斥其为"吃人的礼教"：

> 古来时常吃人，我也还记得，可是不甚清楚。我翻开历史一查，这历史没有年代，歪歪斜斜的每叶上都写着"仁义道德"几个字。我横竖睡不着，仔细看了半夜，才从字缝里看出字来，满本都写着两个字是"吃人"！②

霍韬晦先生分析道："鲁迅的寓意，要表达当时年轻人强烈不满的情绪，对传统非常厌恶。这情绪具有传染性，大家看过以后便受影响，无法再仔细思考传统是什么？忠是什么？孝是什么？忠孝为什么会变成吃人？中间有什么逻辑联系？有什么理由呢？大家只想着发泄，都没有人去考虑了。"③清中期以来，一系列的战败、割地、赔款，我们输得太惨，在救亡图存的紧迫压力之下，我们几乎来不及思考。事实上，正如贺麟先生所言："吃人的东西多着

---

① 瞿同祖：《中国法律与中国社会》，中华书局2003年版，第58~59页。
② 鲁迅：《狂人日记》，人民文学出版社2002年版，第5~7页。
③ 霍韬晦：《从反传统到回归传统》，中国人民大学出版社2010年版，第60~61页。

呢！自由平等等观念何尝不吃人？许多宗教上的信仰,政治上的主义或学说,何尝不吃人？"①霍韬晦先生继续道:"'五四'知识分子不断攻击'吃人的礼教'之类,便只是停留在文化表象,并只注意到一种僵化了的文化形式对社会所造成的恶劣影响,而不了解作为一种文化修养的另一方面的礼教的意义。"②余英时先生的观察很到位:近代以来的中国知识分子不是理智上的反儒家,而是在情感上敌视儒家,皆为情绪上的反儒,并未经过深思熟虑。③

那么,究竟何为礼？《礼记》言,礼也者,"理也",(《礼记·仲尼燕居》)"理之不可易者也"(《礼记·乐记》)。孟子说:"人之所以异于禽兽者几希。"(《孟子·离娄下》)人之所以为人,之所以不同于禽兽,即是因人知礼、行礼。人类的原始生命本是混沌、丑恶、幽晦的,"只有以理性中的德性之力,将生命加以转化、升进,使生命的冲动,化为强有力的道德实践,则整个的人生、社会,将随科学的发展而飞跃发展"④。从这个意义上言,礼不仅不会束缚人,反倒是将人从原始的动物性、"辅性"中超拔、解放出来,让人获得"正性"以及真正意义上的自由。⑤ 礼类似传统诗词中的格律,看似限制,实则顺应人"情感的自然需要",非此不能表达只有人类情感中才有的那种"来而复去,去而复来"的"缠绵不尽"。⑥

故《礼记·曲礼》又道:"鹦鹉能言,不离飞鸟。猩猩能言,不离禽兽。今人而无礼,虽能言,不亦禽兽之心乎？夫唯禽兽无礼,故父子聚麀。是故圣人作为礼以教人,使人以有礼,知自别于禽兽。"⑦礼从何处来？孔颖达疏云:"本其所起,在天地未分之前。"⑧此论未免玄远,然究其所旨,即如孟子之言,"仁义礼智,非由外铄我也,我固有之也"(《孟子·告子上》)。王阳明心学更是直指人心,道出"心即理,性即理","心外无理,心外无事"。⑨ 天理与人心本性同,礼本于天理,亦不外乎人心本性。

---

① 贺麟:《近代唯心论简释》,商务印书馆2011年版,第231页。
② 霍韬晦:《从反传统到回归传统》,中国人民大学出版社2010年版,第94页。
③ 参见余英时:《现代儒学的回顾与展望》,生活·读书·新知三联书店2012年版,第78页。
④ 徐复观:《论艺术》,九州出版社2014年版,第5页。
⑤ "正性""辅性"之说,参见冯友兰:《贞元六书》,中华书局2014年版,第103~105页。
⑥ 朱光潜:《谈美》,漓江出版社2011年版,第80~81页。
⑦ 《荀子·王制》亦有类似表述:"水火有气而无生,草木有生而无知,禽兽有知而无义,人有气、有生、有知,亦且有义,故最为天下贵也。"楼宇烈先生对此说有阐释:"这里的'无义'实际上指的是没有一种礼义,因为在中国古代,讲禽兽和人的区别,主要指禽兽没有礼义廉耻所确立的伦常关系。"楼宇烈:《中国的品格——楼宇烈讲中国文化》,当代中国出版社2007年版,第40页。
⑧ [汉]郑玄注,[唐]孔颖达疏:《礼记正义》(上),北京大学出版社1999年版,第1页。
⑨ [明]王阳明:《传习录注疏》,邓艾明注,上海古籍出版社2012年版,第34页。

结　论

　　《大学》"三纲领"之一的"亲民",程朱将其释为"新民":"革其旧之谓也,言既自明其明德,又当推以及人,使之亦有以去其旧染之污也。"①号称继承阳明心学大旗的熊十力先生在此处也赞同程朱之论,认为"新字意义极深远":

> 人之生也,形气限之。常易迷失其与万物同体之本性,而坚执七尺之形为自我。儒者谓之己私,亦云私欲。佛氏说为惑。……日新者,自明也,明明德也。自识本心,存养深而察识严,使真宰常昭,而诸惑永伏,庶几尽心则知性知天,还复其与万物同体之本性。②

礼以自新新人,新即还复本性,"恶人之心"不过是"失其本体"耳。③ 故"虽恶如桀、纣,终有本性发露时","人之陷于刑辟者,实自刑也"。④ 王国维先生评《红楼梦》曰:"赵姨、凤姊之死,非鬼神之罚,彼良心自己之苦痛也。"⑤儒家所倡导之"礼",源自天理,本于人心,是人本性自足、不假外求者,礼教不过是教人"反人道之正也"(《礼记·乐记》)。所以荀子说:"礼以顺人心为本,故亡于礼经而顺人心者,皆礼也。"(《荀子·大略》)试问,如此之礼,如何"吃人"? 能"吃人"者,是那些僵化了的以及被野心家篡改了的"礼",徒有"礼"之虚名,而实无"礼"之真价值,孔子所谓"人而不仁,如礼何? 人而不仁,如乐何?"(《论语·八佾》)王阳明对此早已有言:

> 圣贤教人如医用药,皆因病立方,酌其虚实温凉、阴阳内外而时时加减之,要在去病,初无定说,若拘执一方,鲜不杀人矣。⑥

孔子又曰:"可与共学,未可与适道;可与适道,未可与立;可与立,未可与权。"(《论语·子罕》)此处的"立",按杨伯峻先生之说,应解为"立于礼",

---

① [宋]朱熹:《四书章句集注》,中华书局2012年版,第3页。王阳明不赞同此说,认为"亲"字仍应作"亲"解,"说'新民'便觉偏了",但仍承认"说'亲民'便是兼教养意。参见[明]王阳明:《传习录注疏》,邓艾明注,上海古籍出版社2012年版,第6~7页。
② 王阳明认为此处"亲"仍应作"亲"解,熊先生指出,"夫作新民者,本乎同体。不待言亲,而亲固在其中矣。若由亲民,再说向新去,便费推演。圣人之言,何至若是"。参见熊十力:《读经示要》,中国人民大学出版社2009年版,第60~62页。
③ [明]王阳明:《传习录注疏》,邓艾明注,上海古籍出版社2012年版,第34页。
④ 马一浮:《马一浮先生语录类编》,四川文艺出版社2020年版,第194~195页。
⑤ 王国维:《〈红楼梦〉评论》,载王国维:《王国维文学论著三种》,商务印书馆2010年版,第11页。
⑥ [明]王阳明:《传习录注疏》,邓艾明注,上海古籍出版社2012年版,第1页。

"事事依礼而行"。① 孔子在强调"立于礼"的同时,更突出一个"权"字。《中庸》里也载有孔子之言:"君子中庸,小人反中庸。君子之中庸也,君子而时中;小人反中庸也,小人而无忌惮也。"朱子释曰:"君子之所以为中庸者,以其有君子之德,而又能随时以处中也。小人之所以反中庸者,以其有小人之心,而又无所忌惮也。盖中无定体,随时而在,是乃平常之理也。君子知其在我,故能戒谨不睹、恐惧不闻,而无时不中。小人不知有此,则肆欲妄行,而无所忌惮矣。"②孟子亦有言:"执中无权,犹执一也。所恶执一者,为其贼道也,举一而废百也。"(《孟子·尽心上》)阳明解道:"中只是天理,只是易,随时变易,如何执得?须是因时制宜,难预先定一个规矩在。如后世儒者,要将道理一一说得无罅漏,立定个格式,此正是执一。"③

后人不知"权"与"时",拘执一方,甚而有野心家以小人之心无所忌惮、肆欲妄行,篡改圣人礼法。宗白华先生说:"孔子死后,汉代以来,孔子所深恶痛绝的'乡愿'支配着中国社会,成为'社会栋梁',把孔子至大至刚、极高明的中庸之道化成弥漫社会的庸俗主义、妥协主义、折衷主义、苟安主义,……俗儒钻进利禄之途,乡愿满天下。"④敢问,如此造就的"吃人"之"礼",岂可往推诿于圣学哉?此亦如诗歌中的格律,"在经过形式化之后往往使人受拘束,这是事实,但是这绝不是格律本身的罪过",不能因噎废食。⑤

职是之故,将儒家之礼入于国家律典之中,"礼之所去,刑之所取",本无可厚非。⑥

西方在经历了中世纪对人性的极端压抑与束缚之后,遂走上另一极端——歌颂绝对的自由平等,反对"家庭精神"。如贝卡里亚对"家庭精神"

---

① 杨伯峻译注:《论语译注》,中华书局 2009 年版,第 94 页。
② [宋]朱熹:《四书章句集注》,中华书局 2012 年版,第 19 页。
③ [明]王阳明:《传习录注疏》,邓艾明注,上海古籍出版社 2012 年版,第 45 页。
④ "孔子好像预感到这一点,他所以极力赞美狂狷而排斥乡愿。他自己也能超然于礼法之表追寻活泼的真实的丰富的人生。"参见宗白华:《宗白华美学与艺术文选》,河南文艺出版社 2009 年版,第 151 页。
⑤ 参见朱光潜:《谈美》,漓江出版社 2011 年版,第 83 页。
⑥ 余英时先生说:"一部现代中国思想史,其中主要的篇幅大概都给了讲'变法''维新''革命''进化''进步''创造''启蒙'……之类的创新人物。至于唱反调的保守人物,能够列名其间已属不易,他们的思想则很难得到同情的了解。"参见余英时:《现代儒学的回顾与展望》,生活·读书·新知三联书店 2012 年版,第 2 页。苏亦工教授具体指出,诸如吴宓、陈寅恪、汤用彤、梅光迪、贺麟、梁漱溟等人都可算得上是中国文化的保守主义者,"惟此类保守派之'保守',并非抱残守缺,他们既不反对学习西方文化,也不反对改良或改革中国文化,但反对全盘废弃中国固有文化。……很可惜的是,在 20 世纪的中国,这些保守得不合时宜的声音始终显得极其微弱、渺小,根本无法因其时代的关注,而最终不得不湮没于一片'现代化''进步''革命'和'破坏'的刺耳声浪中"。参见苏亦工:《天下归仁:儒家文化与法》,人民出版社 2015 年版,第 503~506 页。

结　论

有颇为精彩的批判,将其看作与近代民主共和原则相悖的"非正义":

> 假定有十万个人或者有两万个五口之家,每个家庭中,包括一位代表着家庭的家长。如果按家庭进行联合,就意味着有两万个人和八万个奴隶;如果按人进行联合,就意味着有十万个公民,而没有一个奴隶。……前者要求驯服和畏惧,后者提倡勇敢和自由;前者只限于为少数非自由选出的家长谋福利,后者则将福利普及于人的每一阶层;前者强制人们不断为一尊虚无的偶像作出牺牲,尽管这偶像被称为家庭利益,而某些家庭成员却往往毫不受益;后者则教人在不违法的条件下为自己谋利益,或者通过奖励那种准备行动的热忱,激发人们为祖国献身。①

在这类思潮的影响之下,近代西方法律中的道德情感因素被不断剔除,成为独立自治的"理性王国"。法律经过"理性"的陶冶,剔除了传统的情感色彩,变得更加系统化、富有逻辑性和可操作性,这是众所周知的所谓近现代法制优势之所在。可是,这样的转变也日益显现出负面效应,"剔除了情感的确定之法,放纵了法律疏离常情与常识而成为纯粹技术理性的冷漠",渐趋成为脱离日常情理的理性条文、自上而下生硬推行的强制律令、远离民众生活的官方规则。② 如此意义上的"理性",如本著第十一章所言,只是一种"理智"而非真正的"理性"。我们这一百多年来从西方移植而来的,就是这样"理智"而不"理性"的法律。霍韬晦先生说:"自从民主、自由、人权以其神圣的姿态登上政治舞台,继而向上、向下发展,终于把人类数千年来建立的家庭文化的根基也挖掉了。人与人之间的关系完全平面化:表面平等、人人独立,实质上孤单。"③

孔子曰:"为仁由己,而由人乎哉?"(《论语·颜渊》)孟子言:"君子深造之以道,欲其自得之也。自得之,则居之安;居之安,则资之深,资之深,则取之左右逢其原,故君子欲其自得之也。"(《孟子·离娄下》)儒家之礼,实质是要让人还复本心、本性,"由己"而"自得"并"自强不息",建立在这样的礼之上的法,方能让人"中心悦而诚服也",否则就只是"以力服人者,非心服

---

① 〔意〕切萨雷·贝卡里亚:《论犯罪与刑罚》,黄风译,北京大学出版社 2008 年版,第 59~61 页。
② 参见高鸿钧、李红海主编:《新编外国法制史》(上),清华大学出版社 2015 年版,第 15、22 页。
③ 霍韬晦:《新教育·新文化》,中国人民大学出版社 2010 年版,第 33 页。

也,力不赡也"(《孟子·公孙丑上》)。可是我们如今的这套脱离道德人心、纯粹理智构建的现代法律制度,恐怕就有如是之虞。汤用彤先生悲叹:"呜呼,世乱道微,邪说横行,淫言杂作,人人失其天真,而流于放纵,自由平等之说遂成嚣张之习,不惧其无知识而惧其无定向,不惧其柔弱而惧其高明,不惧其不知天良而惧其弃天良于不顾,不惧其不识体用而惧其不反躬实践。"①

西人孟德斯鸠也看到,"礼仪在中国是绝对不能废弃的","中国人不单用礼制国,他们把宗教、习俗、法律和礼仪混合在一起,所有的这一切都可称之为伦理。在中国,有一个著名的伦理,那就是三纲五常。……当一个国家把道德礼仪抛弃的时候,便陷入混乱状态"。② 孟氏未曾料到,中国人竟主动放弃了礼仪道德,"不待外来学说之掊击,而已销沉沦丧于不知不觉之间"③。贺麟先生曾在西历1938年发表的《物质建设与培养工商业人才》一文中言:

> 不注重民族文化的背景,没有心理建设的精神基础,而提倡工业化,那就会使将来中国工业化的新都市都充满了市侩流氓,粗鄙丑俗,及城市文明之罪恶,而寻找不出丝毫中国文化的美德。④

实警世危言! 而其实相似的观念早在儒家先哲那里便已有之。荀子曰:"礼乐废而邪音起者,危削侮辱之本也。"(《荀子·乐论》)《礼记·乐记》道:"好恶无节于内,知诱于外,不能反躬,天理灭矣。夫物之感人无穷,而人之好恶无节,则是物至而人化物也。人化物也者,灭天理而穷人欲者也。于是有悖逆诈伪之心,有淫泆作乱之事。是故强者胁弱,众者暴寡,知者诈愚,勇者苦怯,疾病不养,老幼孤独不得其所。此大乱之道也。"思虑至此,秉钧、秉笔者能不思源寻策乎?

反观西方社会,宗教的传统似乎构成了与其"理智"而不"理性"之法律制度的平衡:《圣经》尚在生活世界统治着大多数西方人,国家社会的诸项法律、制度也不乏传统宗教精神的体现。伯尔曼(Harold J. Berman)即曾"驳难这样一种见解,它把法律价值主要归因于人的理性能力,归于人'发现'解

---

① 汤用彤:《汤用彤佛学与哲学思想论集》,南京大学出版社2009年版,第43页。
② 〔法〕孟德斯鸠:《论法的精神》(上),许明龙译,商务印书馆2015年版,第119页。
③ 语出陈寅恪:"王观堂先生挽词",载陈寅恪:《陈寅恪先生全集》(下),里仁书局1979年版,第1441页。
④ 贺麟:《文化与人生》,上海人民出版社2011年版,第39页。

结　论

决其问题的办法的能力。的确,我们的法律的许多基本原则是被发现的,而且确实是有意义的,我们应当为之非常欣慰;但是,它们是真实的,它们要求人们的拥戴,也是因为它们是西方人在保卫其信仰、使自己适应新的历史环境的斗争中为之奋斗并赢得胜利的那些原则"①。

　　那么,我们呢? 没有道德的法治能行么? 对于西人而言,道德教化是通过宗教进行的,但我们并没有那样的宗教形式,所以如果我们把礼乐教化抛弃了,"抽掉关于做人的道理和人际关系这方面的教化,而仅仅去学习西方近现代以来的,所谓张扬个性的表达",我们就会失去自己道德的防线,失去自己的根本。② 没有道德,没有根本,也就无所谓法治。那么,如"全盘西化"论者所鼓吹般,直接用西人的(宗教)道德代替我们自己的,又可行么? 如周作人宣称:"我觉得要一新中国的人心,基督教实在是很适宜的。"③金克木先生诙谐譬喻道:"我们中国从秦汉总结春秋战国文化以后,自有发展道路,不喜生吞活剥而爱咀嚼消化。中国菜是层层加工,而不是生烤白煮的,最讲火候。吃的原料范围之广,无以复加,但是蜗牛和蚯蚓恐怕不会成为中国名菜。……有的东西是进不来的,不管怎样大吹大擂,也只能风行一时。有的东西是赶不走的,越是受堵截咒骂,越是会暗地流行。"④邓广铭先生举佛教西来为例:"那位亲往西天取经的玄奘法师所传的唯识之学,却只有短时期的兴盛而旋即销歇,个中原因,即在于他不把唯识之学与中国原有的某种思想、学说相结合,而要完全保持这一学说在印度的本来面目(亦即全盘印度化),所以在中国就不能扎根久存。这正可以供全盘西化论者借鉴。"⑤熊十力先生更是直摘西人道德文化的缺陷,不仅不适于吾族,甚而也难谓西人之"真经":

　　　　吾先哲所谓万物一体,与性分内之至足,及超物之乐,西洋人似全不喻。只向外追求无餍。西洋科学虽发达,而无以善其用。彼惟不自见本性,故不能有合理之生活。科学发明,反为人类自毁之具。咎不在科学。人生毕竟还需要一种超智能的哲学,即《大学》"明明德"之学也。如欲根本改善人类生活,何可偏恃科学? 西洋宗教则依他,而不悟自本自根,其所宗仰而勉循之善行,非由自觉之发,故不免流于伪。凡

---

① 〔美〕伯尔曼:《法律与宗教》,梁治平译,中国政法大学出版社2003年版,第66页。
② 参见楼宇烈:《中国的品格——楼宇烈讲中国文化》,当代中国出版社2007年版,第192页。
③ 周作人:《周作人精选集》,北京燕山出版社2011年版,97~98页。
④ 金克木:《人生与学问》,陕西师范大学出版社2010年版,第21页。
⑤ 邓广铭:《师道师说:邓广铭卷》,东方出版社2013年版,第5页。

学校之巨师,与教堂之大德,皆与吾《大学》明明德之道,背道而驰。欲求有能自新其德,以新一世之民,恐难望于西洋人矣。①

《礼记·礼运》曰:"坏国、丧家、亡人,必先去其礼。"正本清源,我们只能是重新回归到中华文化中来,重现传统道德伦理的价值,尤其要从道德伦理的发端处——家庭道德——开始重塑,因为"道德不是形式,不需要以现代理性包装。道德须有立足点,这立足点也不在人权,而是人内心中的一点儿爱。爱谁?就是爱你最亲的人;从这里开始去扩阔你的爱心"②。此所谓"老吾老,以及人之老;幼吾幼,以及人之幼"(《孟子·梁惠王上》),推己及人,天下大同。

第二节 治盗之标:"王者之政,莫急于盗贼"

盗,是严重危害、威胁国家、社会秩序及民众切身利益的一类犯罪行为。《庄子·胠箧》载有一则著名寓言:

> 盗跖之徒曾问于盗跖曰:"盗亦有道乎?"跖曰:"何适而无有道耶?室中之藏,圣也;入先,勇也;出后,义也;知可否,知也;分均,仁也。五者不备而能成大盗者,天下未之有也。"由是观之,善人不得圣人之道不立,跖不得圣人之道不行。

"盗亦有道",那么止盗、治盗亦有道否? 据言,民间流传有"屏盗贼咒","于清晨日出时,向东方默念四十九遍,勿令鸡犬妇女见之",则"羁旅路宿,颇可预防":"七七四十九,盗贼满处走。伽蓝把住门,处处不着手。童七童七奈若何。"③此计是否果真"颇可预防"不得而知,但至少可以反映民众对盗行为的恐戒之心。除了这类迷信或言心理慰藉的办法,民间尚有一些更实在的防盗招数,如据说"粤人之防盗也,法至周密。巨室院中,皆有铁网,以防盗之由屋而下。墙垣至厚,均以净砖砌成,攻之不易。若典肆,则高其四周之垣堞,遥望之,直与城垣无异。四角有瞭楼,更夫守之。有警,则鸣锣以

---

① 熊十力:《读经示要》,中国人民大学出版社2009年版,第63页。
② 霍韬晦:《新教育·新文化》,中国人民大学出版社2010年版,第34页。
③ [清]梁章钜:《归田琐记》,于亦时点校,中华书局1981年版,第18页。

结　论

告。且有招募之勇力,持械守卫,日夕如临大敌焉"①。不过,面对凶悍的盗行为人,仅仅依靠民众的自卫肯定不足,真正有效的止盗、治盗之方,还须"肉食者谋之"。

古圣贤倡导以德礼而非刑杀治天下,孔子所谓:"子为政,焉用杀?子欲善而民善矣。君子之德风,小人之德草。草上之风,必偃。"(《论语·颜渊》)但正如王明德之言:"至礼变为刑,已非圣王意矣。然岂圣王所得已哉。"②虽则在理想上,德治胜于刑治,然而在现实中,难免"欲动情胜,诡伪日滋。强暴纵其侵凌,柔懦无以自立"③。《尚书·大禹谟》载大舜赞皋陶之语:"汝作士,明于五刑,以弼五教,期于予治。"《周易·象传》释"噬嗑"卦,"雷电,噬嗑;先王以明罚敕法";释"丰"卦,"雷电皆至,丰;君子以折狱致刑"。孟子曰:"以生道杀民,虽死不怨杀者。"(《孟子·尽心上》)如本著第十二章所言,儒家并不绝对排斥刑罚,而儒家之外对传统法制影响较大的法家更是强调刑罚乃至重刑的重要性,故而在治盗一事上,被二家铸造的历代王朝律典自《法经》迄于《大清律例》,两千余年间一贯秉承"王者之政,莫急于盗贼"的立法及施政方略。

清律与治盗有关之条文,除了本著正文部分主要论及的"实体性"者,尚有一些"程序性"规则,如《刑律·捕亡》中的"盗贼捕限"律(394-00):

  凡捕强窃盗贼,以事发(于官之)日为始,(限一月内捕获)当该捕役、汛兵一月不获强盗者,笞二十;两月,笞三十;三月,笞四十,捕盗官罚俸两个月。捕役、汛兵一月不获窃盗者,笞一十;两月,笞二十;三月,笞三十,捕盗官罚俸一个月。限内获贼及半者免罪。

  若(被盗之人)经隔二十日以上告官者,(去事发日已远)不拘捕限(缉获)。

该律对强窃盗贼案件规定了与其他类型犯罪不同的抓捕期限,并对期限内不能完成的捕役、汛兵、捕盗官等分别治罪。捕获盗犯之后,审理官必须详细鞫问:"某年多少岁,何处人,在何处遇着,何人起意,何人纠伙,同伙几人,何时何处聚齐,何人进院,何人执何器械,何人把风,④何人搜劫,何人伤事

---

① [清]徐珂编撰:《清稗类钞》第11册,中华书局1986年版,第5337页。
② [清]王明德:《读律佩觽》,何勤华等点校,法律出版社2001年版,第1页。
③ [明]刘惟谦等:"进大明律表",载《大明律》,怀效锋点校,法律出版社1999年版,第2页。
④ 据言,"盗之行劫也,……虑其家中人之出而呼号,或有兵警往捕也,则以数人守其宅之前后左右,曰把风"。[清]徐珂编撰:《清稗类钞》第11册,中华书局1986年版,第5296页。

主,或捆缚事主,是何物件,何处出水,有无驾押事主送路,何处俵分赃物,何人分得赃物,上盗器械,现存何处,赃物曾否花销,如何被捕役拿获,有无私刑拷打,逸盗何人,如今现在何处,有无行劫别案,做过几次强盗。"否则,"若不详情,草率具详,将来倘有翻变,则拔蛇难矣"。① 光绪年间任陕西按察使的樊增祥发现郃阳县上报的一件窃盗案件"事主与窃贼口供两歧",即批评"该令与幕友于疏防要案上行稿件随便点阅,漫不经心,实属粗疏玩忽之至",着"照指驳各节迅速禀候夺,并着同州府将记令严加训饬"。② 抓捕之后,例文(394-01)对审理的期限亦有严格规定:"凡审理……盗劫及情重命案,钦部事件,并抢夺掘坟一切杂案,俱定限四月。"③

这些严格的规定,实际上是对《周易》"旅卦"《象》所谓"君子以明慎用刑而不留狱"原则的遵循。清代无名氏撰之《审理盗案》说:"捕盗之法,贵乎迅速,迟则盗远赃消,百无一获。"④清初律学家周梦熊言:"民甚苦于盗贼,而官宜亟为剿除。"⑤同治年间的贵州道监察御史恩崇道:"访拿贼盗,乃地方官之专责,若抢劫之案不认真缉拿,则盗风日炽,民累日深。"⑥《大清会典》亦强调"必求其当以无累于民":

> 每遇情理庶狱恩旨,必将因事牵涉,拘系待质各犯,速行讯明省释。一切案件,俱令速为完结,以免拖累。凡地方官审理词讼,不得任意迟延,使民朝夕听候,以致废时失业,牵连无辜,小事累及妇女,甚至卖妻

---

① 此外,"略诱案件,须问明被诱之人,是何等人,因何熟识,如何相诱,是何月日时候逃走,有无衣物银钱带逃,谁家窝住,有无他人引道;诱逃之后,或自为奴婢妻妾,或卖与民人为妻妾子孙奴婢,转卖是何年月日,何人为牙保,自何人得银若干,有无别人分肥,窝留及买主、牙保是否知情;如系妇人,则应问其有无奸情。……老瓜贼,当问年貌,住址,年月日时,商谋同伙,起意行劫,掌持下手,谋害人数,何处何人刨坑掩埋,探望执械分赃多寡,何处被获,有无私拷,窝店窝主,赃物何存,曾否俵分花费。此老瓜贼不易之问也。开窑诱卖案内,当问年貌,籍贯,诱拐起初起意,同伙拐卖人数,卖银几何,在何时何处被获。此开窑不易之问也。"[清]佚名:"招解书",载郭成伟、田涛点校:《明清公牍秘本五种(第二版)》,中国政法大学出版社2013年版,第526、520、533、536页。吉同钧的总结尤为全面,参见[清]吉同钧:《乐素堂文集》,闫晓君整理,法律出版社2014年版,第152～157页。

② [清]樊增祥:《樊山政书》,那思陆、孙家红点校,中华书局2007年版,第96～97、101页。汪辉祖亦曾举一例,表明审理盗案之难。参见[清]汪辉祖:《病榻梦痕录》,梁文生、李雅旺校注,江西人民出版社2012年版,第21～22页。

③ 更详细的规定,参见《钦定大清会典》卷56,光绪乙亥刻本。

④ [清]徐栋辑:《刑名》,载杨一凡编:《中国律学文献》第三辑第5册,黑龙江人民出版社2006年版,第508页。

⑤ [清]周梦熊辑:《合例判庆云集》,载杨一凡编:《中国律学文献》第三辑第2册,黑龙江人民出版社2006年版,第217页。

⑥ 军机处档折件,档案号091887。

鬻子者。该管上司,不时查察,毋得徇庇。①

及时捕获盗贼、处理案件,一方面是让社会秩序尽快恢复常态,另一方面也是为了避免讼狱拖累民众。西人贝卡里亚也论及刑罚及时性的重要:"惩罚犯罪的刑罚越是迅速和及时,就越是公正和有益。"不过,该氏持这一观点的原因则有所不同:

> 刑罚的及时性是比较有益的,是因为:犯罪与刑罚之间的时间隔得越短,在人们心中,犯罪与刑罚这两个概念的联系就越突出、越持续,因而,人们就很自然地把犯罪看作起因,把刑罚看作不可缺少的必然结果。……只有使犯罪和刑罚衔接紧凑,才能指望相联的刑罚概念使那些粗俗的头脑从诱惑他们的、有利可图的犯罪图景中猛醒过来。推迟刑罚只会产生使这两个概念越离越远的结果。②

亦即,及时刑罚是为了让犯罪人感受到犯罪与刑罚之间的紧密联系,以起到震慑犯罪、预防犯罪的效用。在中国传统时代,虽则未见到对刑罚及时性这一效用的强调,但亦可以说,其在客观上或也可达致这一效用。只是,我们更关注的并非在此,而在于如何让民众尽快恢复正常的生活秩序。③ 从中亦可看出,在传统时代的立法者及思想家看来,缉盗之目的并不是缉盗本身,而是"安良善","欲靖地方,非严于治盗不可"。④ 儒家讲"刑期于无刑,民协于中"(《尚书·大禹谟》),故"如得其情,则哀矜而勿喜"(《论语·子张》),法家言"以刑去刑,刑去事成"(《商君书·靳令》),要均在此。

"程序性"条文之外,传统律典有关治盗的部分主要为"实体性"的,亦即有关盗行为的具体构成及罚则。传统律典的代表作《唐律疏议》上承《法

---

① 《钦定大清会典》卷56,光绪乙亥刻本。
② 〔意〕切萨雷·贝卡里亚:《论犯罪与刑罚》,黄风译,北京大学出版社2008年版,第47~48页。
③ 不过,清初名臣姚文然发现,过于严格的捕盗时限要求,可能会逼使相关人员讳盗,反倒不利于弥盗。讳盗的案件在实践中也确实并不罕见,李之芳亦曾言及此事。参见[清]姚文然:"请复盗案半获旧例疏";[清]李之芳:"严饬讳盗累民疏",载[清]贺长龄、[清]魏源等编:《清经世文编》(下),中华书局1992年版,第2267、2300~2301页。雍正皇帝也说:"州县有司因畏盗案参处,往往讳盗不报,或以强为窃,或以多为少,或贿嘱事主通同隐匿,以致盗贼肆无忌惮。"参见《大清世宗宪皇帝实录》卷14,雍正元年癸卯十二月。具体的讳盗案件,如咸丰六年(1856)发生的固安县知县席伊炳讳抢为窃一案,参见[清]张祥河:《张祥河奏折》,许隽超、王晓辉整理,凤凰出版社2015年版,第342~345页。
④ 《大清宣统政纪(附录)》卷53,宣统三年辛亥四月。

经》、汉律而来，向被论者奉为"得古今之平"，"上稽历代之制，其节目备具，足以沿波而讨源者，要惟唐律为最善，甚可贵也"，"故宋世多采用之，元时断狱亦每引以为据"。① 明律虽也因于唐，但按薛允升的说法，由于其"删改过多，意欲求胜于唐律，而不知其相去甚远也"，主要表现为"大抵事关典礼及风俗教化等事，唐律均较明律为重，贼盗及有关帑项钱粮等事，明律则又较唐律为重"。② 明代盗律对行为人的处罚，较唐代确颇有加重，如增入刺字之刑（第十二章）、从窃盗律中分出常人盗仓库钱粮律（第四章）。再如在强盗律中，不得财者，唐律仅徒二年，明律则加至杖一百、流三千里；得财者，唐律区分赃数多寡、是否持械、伤人杀人等分别定罪，严重至杀人者方斩，而明律则但得财者皆斩。③ 其他诸多方面的加重，前辈律学家已有详尽的逐条比对，兹不赘举。④ 到了清代，"清承明制"，不仅继承了明代这些较唐律"颇尚严刻"⑤的律文，还新增诸多例文，进一步加重对盗行为的处罚。

但其实，这一"重其所重"的现象并非自明代方始，其端倪在唐末业已显现。唐中期以降，天下纷扰，先遭安史之乱，又遇黄巢之祸。迨至唐室覆亡，五代十国迭替，南北分裂，战火频仍，中原涂炭，生灵遭殃，钱穆先生喟叹曰："民生其间，直是中国有史以来未有之惨境。"⑥《周礼·大司寇》言："刑乱国用重典。"其时之律典虽未有大变，但大量敕之类律外之法被颁行遵用，号称"得古今之平"的律典遂渐被束之高阁。唐后期武宗会昌元年（841）十二月十四日，中书门下奏云："禁严则盗贼屏息，闾里皆安，政缓则攘窃盗行，平人受弊。定其取舍，在峻典刑。"⑦刘俊文先生说："在整个唐后期，正是这种'峻典刑'的思想，指导着法律的调整。"⑧表现在与盗有关的法制及其实践方面，如宪宗元和四年（809）二月，京兆府奏："准建中三年（782）三月敕节文，当府界内捉获强盗，不论有赃无赃，及窃盗赃满三疋以上者，并准敕集众决杀；不满疋者，量事科决补充所由。犯盗人虽有官及属军等，一切并依此

---

① ［清］永瑢等：《四库全书总目》，中华书局1965年版，第712页。
② ［清］薛允升：《唐明律合编》，怀效锋、李鸣点校，法律出版社1999年版，"例言"第1页、第170页。
③ 《唐律疏议》，刘俊文点校，法律出版社1999年版，第386~388页；《大明律》，怀效锋点校，法律出版社1999年版，第140页。
④ ［清］薛允升：《唐明律合编》，怀效锋、李鸣点校，法律出版社1999年版，第505~566页；［清］沈家本：《历代刑法考》（下），商务印书馆2011年版，第834~840页。
⑤ 语出［清］薛允升：《唐明律合编》，怀效锋、李鸣点校，法律出版社1999年版，第170页。
⑥ 钱穆：《国史大纲》（上），商务印书馆1996年版，第519页。
⑦ ［宋］王溥：《唐会要》（中），中华书局1955年版，第714页。
⑧ 刘俊文：《论唐后期法制的变化》，《北京大学学报（哲学社会科学版）》1986年第2期。

结　论

例处分。"①强盗不再计赃论罪，无论有赃无赃一概决杀，并开窃盗入死之例，沈家本谓："治盗之重，以此为严矣。"②会昌元年（841）十二月，更有敕旨云："自今已后，窃盗计赃至钱一贯以上，处极法。抵犯者便准法处分，不得以收禁为名。"③如此将窃盗由赃满三疋处死，进一步改为赃满一贯即处极法。

到了五代时期，史载："是时，天下多盗，逢吉自草诏书下州县，凡盗所居本家及邻保皆族诛。或谓逢吉曰：'为盗族诛，已非王法，况邻保乎！'逢吉吝以为是，不得已但去族诛而已。于是郓州捕贼使者张令柔尽杀平阴县十七村民数百人。卫州刺史叶仁鲁闻部有盗，自帅兵捕之。时村民十数共逐盗，入于山中，盗皆散走。仁鲁从后至，见民捕盗者，以为贼，悉擒之。断其脚筋，暴之山麓，宛转号呼，累日而死。闻者不胜其冤。而逢吉以仁鲁为能，由是天下因盗杀人滋滥。"④治盗之法严峻至此，闻者骇然。宋代法制及实践即在唐末、五代重法之余絮下展开。虽然从律典来看，《宋刑统》基本照搬《唐律疏议》而来，盗律条文也几无变化，但宋代增入了唐、后周、北宋建隆现行敕条十七条成为执行法律的新依据，其中多属刑罚加重或滥施死刑者，⑤更在常法之外专立"盗贼重法"：先是宋仁宗首创"窝藏重法"，接着英宗别立盗贼"重法"，再经神宗朝的全面发展以及哲宗朝的加重严酷，"北宋统治者，已经到了屠杀之外别无他途的地步"。⑥再往后，"元兴，其初未有法守，百司断理狱讼，循用金律，颇伤严刻"，经世祖定《至元新格》、仁宗集《风宪宏纲》，英宗时始成较为完整系统的《大元通制》。⑦元代对唐、宋、金各代均有继承，亦颇有创新，正如薛允升之言，"尝阅《元史·刑法志》，亦间有明律相符者，知明律又承用元律也"⑧。唐明律之诸多差异，即因后者率多直接承袭元律而来，如增入白昼抢夺、盗贼窝主等律。⑨

---

① ［宋]王钦若等编:《册府元龟》第7册，中华书局1960年版，第7071页。
② ［清]沈家本:《历代刑法考》（下），商务印书馆2011年版，第158页。
③ ［宋]王溥:《唐会要》（中），中华书局1955年版，第714页。
④ ［宋]欧阳修:《新五代史》，徐无党注，中华书局2000年版，第218页。
⑤ 薛梅卿:《宋刑统研究》，法律出版社1997年版，第77～78页。
⑥ 关于宋代盗贼重法的发展，参见郭东旭:"论北宋'盗贼'重法"，《河北大学学报（哲学社会科学版)》2000年第5期。
⑦ 元代修律的过程，参见《元史·刑法志》，载《大元通制条格》，郭成伟点校，法律出版社2000年版，第362页。
⑧ ［清]薛允升:《唐明律合编·例言》，怀效锋、李鸣点校，法律出版社1999年版，第1页。
⑨ 除了本著各章论及者，有学者也介绍过部分其他相关问题，参见刘晓:"元代法律对后世的影响——以盗罪与奸罪为例"，《江西社会科学》2021年第11期。

第三节 治盗之本:"富之""教之"

治盗,原本为"安良善","非求伤民也"。但从上一节即可见,历代统治者常常忘记初衷,《唐律疏议》而后之律典及实践代有愈加严苛之势。薛允升言:

> 夫盗风之炽,必有所由,徒事刑法,窃恐未能止息。自严定新例以来,每年正法之犯,总不下数百起,而愈办愈多,其成效亦可睹矣。言事者,但知非严刑峻法,不足以遏止盗风,而于教化吏治,置之不论。舍本而言末,其谓之何?
>
> 世之治也,犯法者少。刑虽重,而不轻用。迨其后,法不足以胜奸,而遂立重辟,乃法愈重,而犯者愈①多,亦何益乎?且从前盗犯,各省必题准后,方行处决。近数十年以来,先行就地正法后,始奏闻者,比比皆是;且有并不奏闻者,而盗风仍未止息。重法之不能禁盗,其显然者也。兴言及此,可胜叹哉!②

诚哉斯言!盗风之炽,必有所由,岂徒事刑罚可以止焉?"是则法之重也,特治其标而已,焉能清盗之源哉"?③ 况且从历史现实来看,甚至还出现了"法愈重,而犯者愈多"的现象,连"标"也没能治住,正合了老子之预言,"法物滋彰,盗贼多有"(《道德经·五十七章》)。

有"远谋"的"肉食者",应是既能治标更能治本者。可是,何者方是治盗之本?《论语·子路》载:

> 子适卫,冉有仆。子曰:"庶矣哉!"
> 冉有曰:"既庶矣,又何加焉?"曰:"富之。"
> 曰:"既富矣,又何加焉?"曰:"教之。"

《孟子·梁惠王上》曰:

---

① 点校本作"逾",疑误。
② [清]薛允升:《读例存疑重刊本》第3册,黄静嘉编校,成文出版社1970年版,第622页。
③ [清]沈家本:《读律赘言》,载沈厚铎主编:《中国珍稀法律典籍集成》丙编第3册,科学出版社1992年版,第414页。

结　论

> 五亩之宅，树之以桑，五十者可以衣帛矣。鸡豚狗彘之畜，无失其时，七十者可以食肉矣。百亩之田，勿夺其时，数口之家可以无饥矣。谨庠序之教，申之以孝悌之义，颁白者不负戴于道路矣。七十者衣帛食肉，黎民不饥不寒，然而不王者，未之有也。

俗语道："饥寒起盗心，饱暖思淫欲。"治盗的根本之方，本著在第一章已指出，即如斯圣人之训，在较低层次上"养民""富民"，以应对"饥寒起盗心"，并在较高层次上"教民""亲民"，以避免"饱暖思淫欲"。

《管子·牧民》："仓廪实则知礼节，衣食足则知荣辱。"孔子赞管仲"如其仁，如其仁"，"民到于今受其赐"。（《论语·宪问》）养民、富民是治盗之道的第一步，也是治盗的物质基础。雍正九年（1731），广东巡抚鄂弥达发现韶州府常有瑶人行盗扰民，上疏曰："瑶山一带，荒土甚多，向因乏本耕作，以致旷废。应令该地方官查明，借给牛种，责令瑶目、瑶甲等督令瑶人尽力开垦，各安生理。所借牛种，酌量令其陆续缴还。"雍正帝也认可此论，朱批"似属是当"。① 本著第十一章亦曾论及，清代实践中不仅对自首之盗贼大幅度减免刑罚，还在减免刑罚之后给他们提供自新的机会和物质保障，以防止其自首后又因贫困复而为匪。这些实践都可谓不忘古训，深悟其道。

第一步养民、富民有了物质基础之后，教民、亲民的功夫亦须跟上。那么，何为教？何以教？法家也强调教，如本著第十二章所述，法家之教乃"以法为教，以吏为师"。这一教育政策也是法家"法治""刑治"治世方案的重要部分与前提。其或许确可在短时间内发挥效用，《荀子·强国》即记载有入秦境的见闻：

> 入境，观其风俗，其百姓朴，其声乐不流污，其服不挑，甚畏有司而顺，古之民也。及都邑官府，其百吏肃然莫不恭俭、敦敬、忠信而不楛，古之吏也。入其国，观其士大夫，出于其门，入于公门，出于公门，归于其家，无有私事也，不比周，不朋党，倜然莫不明通而公也，古之士大夫也。观其朝廷，其间听决百事不留，恬然如无治者，古之朝也。

荀子盛赞秦境"治之至也"，但继而话锋一转：

> 兼是数具者而尽有之，然而县之以王者之功名，则倜倜然其不及远

---

① 宫中档奏折-雍正朝，档案号402010067。

矣。是何也？则其殆无儒邪！故曰：粹而王，驳而霸，无一焉而亡。此亦秦之所短也。

秦室用法家之教、行法家之治，"自以为关中之固，金城千里，子孙帝王万世之业也"，可是不料"一夫作难而七庙隳，身死人手，为天下笑者"。看似无比强大的秦王朝，二世即亡，何以哉？《荀子》道"其殆无儒邪"，贾谊谓"仁义不施，而攻守之势异也"。① 二说无论是从理论上预言，抑或从历史事实中总结，均所指一致、所言甚是，法家的"教化"不过是"驯化"，其所能达到的"大治"，不过是短期、表面的死水微澜，是民众因慑于暴力而暂时的屈服。太史公评曰："可以行一时之计，而不可长用也，故曰'严而少恩'。"②秦以后历代统治者，基本都能汲取二世而亡的教训，至少在明面上不敢再宣称遵循法家。

法家的观念及制度为儒家所不齿。尽管《礼记·乐记》有言："礼、乐、刑、政，其极一也。"但孔子曰："道之以政，齐之以刑，民免而无耻；道之以德，齐之以礼，有耻且格。"（《论语·为政》）孟子言："善政不如善教之得民也。善政，民畏之；善教，民爱之。"（《孟子·尽心上》）儒家所倡者，乃温情脉脉、导民"有耻且格"的礼乐之教，而非法家般冷峻冰冰、逼民"免而无耻"的刑法之教。前者短期或难见效但可保长治久安，后者常能短期见效但崩溃亦速。朱熹引邹氏之言曰："自秦以来，不仁而得天下者有矣；然皆一再传而失之，犹不得也。所谓得天下者，必如三代而后可。"③儒与法，孰是孰非，高下立判。

礼乐之为教，亦与刑法之教之于法家类似，是儒家治世方案中的重要内容和前提。在儒家看来，"人生而静，天之性也"，无奈"感于物而动，性之欲也。物至知知，然后好恶形焉"，倘若"好恶无节于内，知诱于外，不能反躬"，则可能导致"天理灭矣"：

> 夫物之感人无穷，而人之好恶无节，则是物至而人化物也。人化物也者，灭天理而穷人欲者也。于是有悖逆诈伪之心，有淫泆作乱之事。是故强者胁弱，众者暴寡，知者诈愚，勇者苦怯，疾病不养，老幼孤独不得其所，此大乱之道也。

---

① ［汉］贾谊："过秦论"，载［清］吴楚材、［清］吴调侯选：《古文观止》（上），中华书局1959年版，第235～237页。
② 《史记》卷130《太史公自序》。
③ ［宋］朱熹：《四书章句集注》，中华书局2012年版，第375页。

结　论

为了应对之,"是故先王之制礼乐,人为之节"。"乐至则无怨,礼至则不争。揖让而治天下者,礼乐之谓也",如此便可达儒家心目中的治世。① 宗白华先生解说得很到位:"中国古代的社会文化与教育是拿诗书礼乐做根基,……以感情动人,潜移默化培养社会民众的性格品德于不知不觉之中,深刻而普遍。尤以诗和乐能直接打动人心,陶冶人的性灵人格。而'礼'却在群体生活的和谐与节奏中,养成文质彬彬的动作,步调的整齐,意志的集中。"②

至于如何推行礼乐之教,儒家也有自己的方式——身教,而绝不是法家之教及其后世践行者的"明刑弼教",试图用严刑峻法来强施教化(驯化)于民众。所谓"身教",徐复观先生说,"道之以德"即是"身教",指"为政者须以自己的生活作模范、作领导",③亦即孔子所言,"先之劳之"(《论语·子路》),"修己以安人""修己以安百姓"(《论语·宪问》)。对此,孔子还在多处有表述:

> 政者,正也。子帅以正,孰敢不正?(《颜渊》)
> 子欲善,而民善矣。君子之德风,小人之德草。草上之风,必偃。(《颜渊》)
> 上好礼,则民莫敢不敬;上好义,则民莫敢不服;上好信,则民莫敢不用情。(《子路》)
> 其身正,不令而行;其身不正,虽令不从。(《子路》)
> 苟正其身矣,于从政乎何有?不能正其身,如正人何?(《子路》)

《大学》有"三纲领":"大学之道,在明明德,在亲民,在止于至善。"所谓"亲民",程子言:"亲,当作新。"朱子然之并发挥道:"新者,革其旧之谓也,言既自明其明德,又当推以及人,使之亦有以去其旧染之污也。"④自明而后新人,熊十力先生云:

> 佛说有一众生未得度,则我不成佛,所见亦有与吾儒同者。但吾儒之言,切实不夸。必先有自明自新之实,而后可说作新民。以盲导盲,以醉扶醉,是率天下以胥溺而不知其惨也。世之自鸣先觉者,其不自残

---

① 以上引用,见《礼记·乐记》。
② 宗白华:《中国现代美学名家文丛·宗白华卷》,浙江大学出版社2009年版,第68页。
③ 徐复观:《儒家思想与现代社会》,九州出版社2014年版,第96页。
④ [宋]朱熹:《四书章句集注》,中华书局2012年版,第3页。

性命者几何哉？佛氏大乘有云：菩萨未自度，先度他。虽矫小乘之自利，而矫枉过直，弊亦随之。吾不忍闻此言也。①

儒家之教，首先是对统治者自己的要求，而非去强制驯化被统治者，《大学》所谓"君子有诸己而后求诸人，无诸己而后非诸人"。故古圣王有言："四海困穷，天禄永终"；"朕躬有罪，无以万方；万方有罪，罪在朕躬"；"百姓有过，在予一人"。(《论语·尧曰》)荀子说："闻修身，未尝闻为国也。君者，仪也，仪正而景正；君者，槃也，槃圆而水圆；君者，盂也，盂方而水方。"(《荀子·君道》)非得统治者有这些觉悟，方能"上老老而民兴孝，上长长而民兴弟，上恤孤而民不倍"(《礼记·大学》)。否则，"上无礼，下无学，贼民兴，丧无日矣！"(《孟子·离娄上》)将这些原则运用到治盗之上，则如吉同钧所论：

> 盗生于人君一念之贪，必先清心寡欲，用贤去邪，使在位无盗臣，然后私欲之源灭，廉耻之心萌，此不弭之弭，盗自潜移默化矣。②

儒家之外，《道德经》言："圣人在天下，歙歙焉，为天下浑其心。百姓皆注其耳目，圣人皆孩之。"(四十九章)具体而言止盗，则曰："不贵难得之货，使民不为盗；不见可欲，使民心不乱。是以圣人之治，虚其心，实其腹，弱其志，强其骨。常使民无知无欲。"(三章)又说："绝圣弃智，民利百倍；绝仁弃义，民复孝慈；绝巧弃利，盗贼无有。此三者以为文不足。故令有所属：见素抱朴，少私寡欲，绝学无忧。"(十九章)《庄子·则阳》云："古之君人者，以得为在民，以失为在己；以正为在民，以枉为在己。故一形有失其形者，退而自责。今则不然。……夫力不足则伪，知不足则欺，财不足则盗。盗窃之行，于谁责而可乎？"道家似乎不赞成儒家"富之、教之"的看法。确实，儒家要"富民"，认为"好货"无可厚非，道家则似径倡"无欲"。然而实际上，从其"实其腹"以及"甘其食，美其服，安其居"(八十章)的说法来看，此"无欲"乃"寡欲"，"去甚，去奢，去泰"(二十九章)之谓，与宋儒"去私欲"的说法相近，仍认可满足人必要生活保障的、正常范围之内的欲望——宋儒所谓"天理"。只是两家对何为"正常范围之内的欲望"的看法存在程度上的差异。

道家"绝圣弃智""绝仁弃义"的看法与儒家的"教民"也不一致。但其

---

① 熊十力：《读经示要》，中国人民大学出版社2009年版，第61~62页。
② [清]吉同钧：《乐素堂文集》，闫晓君整理，法律出版社2014年版，第40页。

实,一者,儒家之教乃礼乐之教,亦即主要是关于如何做人、如何与人相处的伦理之教,并不提倡"智巧",与道家"弃智""绝巧弃利"的主张不谋而合。二者,所谓"绝圣""绝仁弃义",亦并非真想全然拒绝,而是以退为进,拒绝的最终目的是得到——"民复孝慈",亦即并不绝对反对孝、慈、仁、义这些价值本身,只是不赞同儒家实现这些价值的方法,担心积极求仁反致不得仁。三者,道家之"绝""弃"并非只针对民众,而是要求统治者自己也"歙歙焉",如此方能"为天下浑其心","我无欲,而民自朴"。(五十七章)如此也与儒家以身作则的礼教内核异曲同工。更毋论《庄子·则阳》对"退而自责"的赞美,以及"盗窃之行,于谁责而可乎"的质问。郭象注:"当责上也。"成玄英疏:"夫知力穷竭,谲伪必生;赋敛益急,贪盗斯起:皆由主上无德,法令滋彰。夫能忘爱释私,不贵珍宝,当责在上,岂罪下民乎!"①如此则几乎就是对前引《论语》所载汤武之言的脚注。

当然,对于《大学》"三纲领"之一"亲民"的含义,王阳明与朱熹有不同的看法:"说'亲民'便是兼教养意。说'新民'便觉偏了。"王阳明认为"亲民"不当被解作"新民",因为"亲"实则包含了"新"的意涵在内并高于"新":

> "如保赤子""民之所好好之,民之所恶恶之,此之谓民之父母"之类,皆是"亲"字意。"亲民"犹《孟子》"亲亲仁民"之谓,"亲之"即"仁之"也。"百姓不亲",舜使契为司徒,"敬敷五教",所以亲之也。《尧典》"克明俊德"便是"明明德","以亲九族"至"平章""协和"便是"亲民",便是"明明德于天下"。又如孔子言"修己以安百姓","修己"便是"明明德","安百姓"便是"亲民"。②

如此,则是赋予统治者更高的要求和责任,不仅要自新、新民,还得成为"民之父母",做到"如保赤子","民之所好好之,民之所恶恶之","明明德"以"安百姓"。老子也说:"圣人无心,以百姓心为心。"(《道德经·四十九章》)儒、道相通,由此再次可见。

诚然,"王者之政,莫急于盗贼",儒家也向不否认刑政在治盗中的重要性,但是与刑政相较,我们的古圣贤有更高明手段。董子言:"夫万民之从利也如水之走下。不以教化堤防之,不能止也……古之王者明于此,是故南面而治天下,莫不以教化为大务。立大学以教于国,设庠序以化于邑;渐民以

---

① [晋]郭象注,[唐]成玄英疏:《庄子注疏》,中华书局2011年版,第471~472页。
② [明]王阳明:《传习录注疏》,邓艾明注,上海古籍出版社2012年版,第6~7页。

320

仁,摩民以谊,节民以礼。故其刑罚甚轻而禁不犯者,教化行而习俗美也。"(《汉书·董仲舒传》)若无这些养民、富民、教民、亲民的工夫,则再严密的律法、再残酷的刑罚也不过是"将为胠箧探囊发匮之盗而为守备"却反倒"为大盗积"(《庄子·胠箧》)。

"治盗之道"究何在? 不在刑,亦不在律,而在乎(统治者)厚德敛欲,并在此基础之上切实做到养民、富民、教民、亲民。

第四节 再造传统:从学步到自立

近代以降,整个传统时代的政治、经济、法制、伦理……全盘轰然坍塌,传统律典中的盗律乃至治盗之道也均在这一过程中退出了历史舞台,取而代之的是来自西方的所谓"现代"法制。

光绪二十八年(1902),清廷发布《决定修订律例谕》及《著派沈家本、伍廷芳修订律例谕》,决定"因时制宜"开馆修律,"著派沈家本、伍廷芳,将一切现行律例,按照交涉情形,参酌各国法律,悉心考订,妥为拟议。务期中外通行,有裨治理"。[①] 由于新的刑律一时难以产出,光绪三十一年(1905),沈、伍二人上《奏删除律例内重法折》,"请将刺字款目概行删除。凡窃盗皆令收所习艺,按罪名轻重定以年限,俾一技能娴,得以糊口,自少再犯三犯之人"。上谕准奏:"其刺字等项,亦著概行革除。"[②]同年,又有《修订法律大臣奏请先将例内应删各条分次开单进呈折(并清单)》,奏请删除盗罪项下的诸多例文。[③] 如此,便形成了在原有《大清律例》基础上删修的《钦定大清现行刑律》(1910)。与原律例相比,《现行刑律》中有关盗律的部分主要有三个方面的变化:其一,删除"起除刺字"律例以及各律例中有关刺字的规定。其二,废除单独的笞、杖刑,改为工作或罚金,徒刑及流刑之配杖径行删除。其三,一定程度减轻刑罚,如原律例窃盗一百二十两以上即绞监候,《现行刑律》改为五百两以上方绞监候,窃盗一百二十两仅流三千里,并增加窃盗二百两发极边足四千里安置、三百两发烟瘴地方安置、四百两发新疆当差的

[①] 高汉成主编:《〈大清新刑律〉立法资料汇编》,社会科学文献出版社2013年版,第3页。
[②] 同上书,第5~8页。
[③] 参见怀效锋主编:《清末法制变革史料》(下),中国政法大学出版社2010年版,第25~32页。

规定。①

此《现行刑律》仅为过渡时期的临时刑律,在其颁行前的1907年,即已诞生了西式的《大清刑律草案》。② 该案"仿欧美及日本各国刑法之例",完全打破传统律典的形式、结构与内容,将律典分为总则与分则,并将分则中的各罪按法益之不同而编排:"以直接有害国家存立之条件者居于首项(第一章至第八章),其害社会而间接以害国家次之(第九章至第二十五章),其害个人而间接害及国家社会者又次之(第二十六章至第三十六章)。"③既然是按照法益编排各罪,第三十二章"关于窃盗及强盗之罪"的"总说"指出:"本章之罪,专以不法移取他人所有之财物为自己或第三者之所有为要端,如现行律例之劫囚及略人、略卖人等不关乎财物者,又恐喝、欺诈之特种手段得无效之承诺借以取财物者,又发冢及夜无故入人家之特种之罪恶等,皆不在此章之列。"④该案将传统盗律中非为主要侵犯财产法益及采"特种手段"、犯"特种之罪恶"的罪名分出,仅留窃盗与强盗两项。

具体而言,关于窃盗者:

第三百四十九条

凡以自己或第三者之所有为宗旨而窃取他人所有之财物者,为窃盗罪,处三等以下有期徒刑。

第三百五十条

凡犯窃盗罪者,关于左列各款之一以上者,处二等或三等有期徒刑:

一、侵入现有人居住或看守之邸宅、营造物、矿坑或船舰内者;

二、结伙三人以上者。

若窃取御物者,处无期徒刑或二等以上有期徒刑。⑤

本罪不仅取代了《大清律例》中的窃盗律例,亦且涵盖盗牛马畜产、盗田野谷麦、共谋为盗等。而其中关于"窃取御物"的规定,又可被看作是盗大祀神御

---

① 参见怀效锋主编:《清末法制变革史料》(下),中国政法大学出版社2010年版,第346~366页。

② 此前还有1905年的《刑律草案》稿本,但此稿本仅有总则。参见黄源盛纂辑:《晚清民国刑法史料辑注》(上),元照出版有限公司2010年版,第3~34页。

③ 高汉成主编:《〈大清新刑律〉立法资料汇编》,社会科学文献出版社2013年版,第24、70页。

④ 同上书,第160页。

⑤ 同上书,第161~165页。

物、盗内府财物二律的后世留存。还在第361条有关于亲属相盗的内容：

> 于本支亲属或配偶者及同居亲属之间，犯第三百四十九条、第三百五十条、第三百五十七条之罪者，免除其刑。
>
> 于其余亲属间犯前项所指之罪者，须待告诉始论其罪。非亲属而于亲属为共同之犯，不用前二项之例。①

关于强盗者：

第三百五十一条

凡以自己或第三者之所有为宗旨，而用暴行、胁迫或使人昏迷，而强取他人所有之财物者，为强盗，处三等以上有期徒刑。

第三百五十二条

凡犯窃盗者，为防护赃物或图免逮捕或湮灭罪迹之故，临时用暴行或胁迫者，以强盗论。

第三百五十三条

凡用暴行、胁迫或使人昏迷，除第三百五十一条及第三百五十七条所揭外，得其余财产上不法之利益或使他人得之者，以强盗论。

第三百五十四条

凡犯强盗之罪，关于左列各款之一以上者，处无期徒刑或二等以上有期徒刑：

一、侵入现有人居住或看守之邸宅、营造物、矿坑、船舰内者；

二、结伙三人以上者；

三、于盗所强奸妇女者；

四、伤害人而未致死及笃疾者。

第三百五十五条

凡犯强盗之罪，关于左列各款之一以上者，处死刑、无期徒刑或一等有期徒刑：

一、强取御物者；

二、结伙三人以上在途行劫者；

三、在海洋行劫者；

四、因而致人于死或笃疾或伤害二人以上者。

---

① 高汉成主编：《〈大清新刑律〉立法资料汇编》，社会科学文献出版社2013年版，第171页。

结 论

第三百五十六条

　　凡犯强盗之罪，故意杀人者，处死刑或无期徒刑。①

从盗律中分出的恐吓取财与诈欺官私取财两种罪行，合并为第三十三章的"关于诈欺取财罪"第362条：

　　凡以自己或第三者之所有为宗旨，用欺罔或恐喝，使人以所有之财物交付于己者，为诈欺取财，处三等以下有期徒刑。

　　以前项之方法而得财产上不法之利益或使他人得之者，亦同。②

监守自盗也从盗律中移出，规定于第三十四章"关于侵占罪"第370条："凡在公务或业务之管有共有物或属于他人所有权、抵当权、其余物权之财物而侵占者，处二等或三等有期徒刑。"该条之"注意"道出监守自盗被移入其中的原因："侵占公务上管有他人财物者，即旧律之监守自盗。惟侵占自己管有物罪，究与夺他人持有以归于己者不同，故由贼盗分析于此章之内。"③

劫囚置入第十章"关于监禁者脱逃罪"第169条："凡盗取按律监禁人者，处二等至四等有期徒刑。"④尽管劫囚已不再为盗罪的一种，但在条文里仍保留了"盗"字。

略人略卖人变为整个的第三十章"关于略诱及和诱之罪"：

第三百三十二条

　　凡用暴行、胁迫或伪计，拐取未满二十岁男女者，为略诱罪，处二等或三等有期徒刑。

　　若系和诱者，处三等以下有期徒刑。

　　和诱未满十六岁之男女者，仍以略诱论。

第三百三十三条

　　凡移送自己所略诱之未满二十岁男女于外国者，处无期徒刑或二等以上有期徒刑。

----

① 高汉成主编：《〈大清新刑律〉立法资料汇编》，社会科学文献出版社2013年版，第166~169页。
② 同上书，第171页。
③ 同上书，第175~176页。
④ 同上书，第97页。

若系和诱者,处二等或三等以下有期徒刑。
第三百三十四条
　　凡以营利之宗旨,略诱未满二十岁男女者,处无期徒刑或二等以上有期徒刑。
　　若系和诱者,处二等或三等有期徒刑。
第三百三十五条
　　凡以营利之宗旨,移送自己略取之未满二十岁男女于国外者,处无期徒刑或一等有期徒刑。
　　若系和诱者,处无期徒刑或二等以上有期徒刑。
第三百三十六条
　　凡豫谋收受或藏匿被略诱、和诱之人者,照前四条之例处断。
　　若未豫谋者,从左例分别处断:
　　一、收受或藏匿第三百三十二条、第三百三十三条第二项及第三百三十四条第二项之被略诱、和诱之人,三等以下有期徒刑。
　　二、收受或藏匿第三百三十三条第一项、第三百三十四条第一项及前条至被略诱、和诱之人者,三等以上有期徒刑。
第三百三十七条
　　本章之未遂罪,罚之。
第三百三十八条
　　第三百三十二条及第三百三十六条之罪,须待告诉始论其罪。犯人与被略诱人或被和诱人为婚姻者,在婚姻继续之间,其告诉为无效。
第三百三十九条
　　以营利之宗旨犯本章之罪者,褫夺公权,其余得褫夺公权全部或一部。①

　　至于发冢,第二十章"关于祀典及坟墓罪"之"总说"云:"发掘坟墓,大率利其棺内财物,自唐以后俱列贼盗。然就广义言之,或挟仇示辱、或贪图吉壤、或指称旱魃,原因复杂,不仅财物一项。兹从各国通例,移辑本章之后。"②移辑后之条文如下:

---

① 高汉成主编:《〈大清新刑律〉立法资料汇编》,社会科学文献出版社2013年版,第154~157页。
② 同上书,第128~129页。

结　论

第二百五十一条

凡损坏、遗弃或盗取死体、遗骨、遗发或棺内所藏之物者,处三等以下有期徒刑。

若损坏、遗弃或盗取尊亲属之死体、遗骨、遗发或棺内所藏之物者,处二等以上有期徒刑。

第二百五十二条

凡发掘坟墓者,处四等以下有期徒刑。

若发掘尊亲属之坟墓者,处三等或四等有期徒刑。

第二百五十三条

凡发掘坟墓而损坏、遗弃或盗取死体、遗骨、遗发或棺材、内所藏之物者,处二等或三等有期徒刑。

若发掘尊亲属坟墓而损坏、遗弃或盗取死体遗骨、遗发或棺内所藏之物者,处无期徒刑或二等以上有期徒刑。

盗贼窝主律关于赃物的内容,被第三十五章"关于赃物罪"第375条取代:

凡受人赠与赃物者,处四等以下有期徒刑、拘留或三百圆以下罚金。

搬运、受寄、牙保或故买赃物者,处二等至四等有期徒刑。

犯前项之罪因以获利者,并科其所得价额二倍以下,价额以上之罚金。如二倍之数未达五十圆时,并科五十圆以下、价额以上之罚金。①

该案不再有夜无故入人家一律,但第十六章"关于秩序罪"第220条规定:"凡无故入人所居住或现有看守之邸宅、营造物或船舰,或既受要求而不退去者,处四等以下有期徒刑、拘役或三百圆以下罚金。"按照该条文后附之"沿革"及"理由",此即与夜无故入人家律"古今同此一理"。②

或许因为清廷一再强调新刑律须"中外通行",③这一部可谓"全盘西化"的草案各条后附之"沿革"说明却总是试图列出其在传统律典中的来

---

① 高汉成主编:《〈大清新刑律〉立法资料汇编》,社会科学文献出版社2013年版,第177~178页。
② 同上书,第116页。
③ "决定修订律例谕""著派沈家本、伍廷芳修订律例谕",载高汉成主编:《〈大清新刑律〉立法资料汇编》,社会科学文献出版社2013年版,第97、154~157页。

结 论

源。诚然,中西之别即便天壤,也总能找到一些相似或看起来相似的东西,毕竟俗语说"人类的心灵是相通的"。但是实际上,正如有学者所指出的,该草案"基本认同和遵循了西方近代法哲学的逻辑进路和价值判断,忽视并否定了中国传统法历史学的逻辑要求和价值存在"[①]。其无论从结构抑或内容而言,均可谓纯粹的西式,传统的盗律在历史的长河中已正式退场。

该草案之后,清廷又于 1910 年出台《修正刑律草案》、1911 年颁行正式《钦定大清刑律》,对上述条文有所修正,但基本只是一些微调,如精简措辞、加减刑度等,并未有大的、实质性的改变。民国时期的刑法在清末立法的成果之上继续发展。其中,1912 年《暂行新刑律》、1915 年《修正刑法草案》的相关条文与 1911 年《钦定大清刑律》几乎一致。到 1918 年《刑法第二次修正案》方有较大变化,又经次年《改定刑法第二次修正案》,1927 年司法部长王宠惠在此基础上编成《刑法草案》,并作《刑法草案与暂行新刑律之异同》一文,归纳出盗罪相关条文的几点主要变化及其原因:

> 三十七、《暂行律》私擅逮捕监禁罪,及妨害安全信用名誉及秘密罪两章,其侵害之法益,为个人之自由。而妨害秩序罪,略诱及和诱罪两章内,亦有侵害个人之自由者。故本案并为妨害自由一章。
> 三十八、窃盗及强盗罪,《暂行律》合为一章。但窃盗为侵犯财产罪,而强盗为侵犯财产及自由罪,其保护之法益不同。故本案分别规定。
> 三十九、抢夺行为,与强盗实有差别。故本案于强盗外,别标抢夺之名。又在海洋行劫者,为强盗加重之情节。故增海盗罪,科以较重之刑。
> 四十、《暂行律》诈欺取财章内,包含恐吓,殊未妥协。故本案分列两章。又诈欺罪章内,处理他人财产违背义务之罪,非必有诈欺之事。故本案于该章章名,增入背信字样。[②]

1928 年,南京国民政府在这些基础之上出台正式的《中华民国刑法》,再经 1933 年《中华民国刑法修正案初稿》、1934 年《中华民国刑法修正案》,

---

[①] 高汉成:"中国近代刑法继受的肇端和取向——以 1907 年大清新刑律草案签注为视角的考察",《政法论坛》2014 年第 5 期。
[②] 黄源盛纂辑:《晚清民国刑法史料辑注》(下),元照出版有限公司 2010 年版,第 1663~1664 页。

形成1935年的《中华民国刑法》。① 1949年后,该刑事规范继续在台湾地区适用,并经迭次修订,直到2010年又颁行新的规范。② 而在大陆地区,1979年的第一部《刑法》"较广泛地参考借鉴了前苏联的刑法立法","在马克思列宁主义、毛泽东思想指导下制定出来的,它是一部闪耀着马克思列宁主义、毛泽东思想光辉的刑法"。③ 其虽也号称"在很多方面保留了中国的特色",但此"中国特色"乃指"对根据地时期和建国之初刑法立法经验的总结"以及"当时我国社会主义现代化建设的需要",④因而也是几乎完全抛弃了固有法制,走上了纯粹西化或称"现代化"的道路。1997年出台的新《刑法》亦继续在此一道路上前行。

若对这些规则的外在表现形式做古今变迁的比较,从宏观来看,不可讳言,近现代在逻辑性、理论性上胜于传统。如本著在正文各章多次谈及(如第九章),清代盗律因越来越多的例文而愈加繁且杂,而这一问题不仅存在于盗律,整个清律都常被指摘,如沈家本言:"其始病律之疏也,而增一例,继则病例之仍疏也,而又增一例,因例生例,孳乳无穷。例固密矣,究之世情万变,非例所可赅。往往因一事而定一例,不能概之事事,因一人而定一例,不能概之人人。且此例改而彼例亦因之以改,轻重既未必得其平,此例改而彼例不改,轻重尤虞其偏倚,既有例即不用律,而例所未及,则同一事而仍不能不用律,盖例太密则转疏,而疑义亦比比皆是矣。"⑤确哉斯言,例文再多、再密,也饶不过世情万变,考虑再周至的法律也难免滞后性乃至缺陷、空白。

故近现代刑法一方面规定"相对确定的法定刑",赋予裁判者一定的自由裁量权以应对万变之世情。另一方面将刑法学的重心置于解释论而非立法论,亦即以解释的方式弥补法律必然存在的漏洞,而非一味批判现行法、擅提立法建议。⑥ 在这些观念之下,近现代刑法、刑法学愈趋富于逻辑性、理论性,让传统律典只能望其项背。不过,我们古老的传统哲学也一再提醒物极必反的道理,法典、法学过于追求逻辑性、理论性也可能产生缺点,那就是为理论而理论、限于形式逻辑不能自拔之后,忽视实践、罔顾人情,忘记法

---

① 清末民国历部刑律/刑法及修正案的具体内容,参见黄源盛纂辑:《晚清民国刑法史料辑注》,元照出版有限公司2010年版。
② 具体内容参见陈聪富主编:《月旦小六法》,元照出版有限公司2014年版,第陆-1~45页。
③ 高铭暄:《中华人民共和国刑法的孕育诞生和发展完善》,北京大学出版社2012年版,第10页。
④ 赵秉志:"中国刑法的百年变革——纪念辛亥革命一百周年",《政法论坛》2012年第1期。
⑤ [清]沈家本:"读例存疑·序文",载[清]薛允升:《读例存疑重刊本》第1册,黄静嘉编校,成文出版社1970年版,第60~61页。
⑥ 参见张明楷:《刑法格言的展开(第三版)》,北京大学出版社2013年版,第1~23页。

典、法学的目的是顺应人情、解决实践问题，而非拘泥于理论与逻辑本身，以致治标不治本，本末倒置。近年引起全社会广泛争议的诸多所谓轰动案件，如于欢案、张扣扣案、彭宇案等，其轰动之因、哗然之由，恐怕正在于此。① 传统盗律不注重理论，有时甚至存在明显的逻辑漏洞，即因其总是试图直面实践、周全人情，理论与逻辑不过是实现目的的手段（治标），而非目的本身（治本），故为了目的有时甚至不惜抛开手段。其中著例，如被律学家批评尤其不合逻辑的盗贼窝主与白昼抢夺二律（见本著第三、八章），以及乍一看便能发现逻辑混乱的盗贼自首规则（见本著第十一章），背后的原理即均在于此。

古今相较，具体一些而言，在各罪的分类、排列方式上，以法益为标准代替了依犯罪行为的性质。这一外在表现形式改变的背后，实质上是立法目的、立法任务乃至内在立法价值取向的变迁，由禁止某些性质的行为转变成了保护法益。古今的这一差异，看起来很像近现代刑法学中行为无价值论与结果无价值论之间的争议，前者关注行为对伦理规范或法规范的违反性，后者仅考虑法益侵害及其危险。② 但其实即便行为无价值论者，为了告别"道德主义的羁绊"，也逐渐放弃无视法益的做法，承认犯罪是违反行为规范并进而指向法益的行为，是"新规范违反说"和"法益侵害导向性说"的统一体。③

对于法益理论、概念的优点，学者所言已尽，即有利于立法与司法过程中合理控制处罚的范围，将没有侵犯法益以及侵害程度并不严重的行为排斥在犯罪之外，防止过罪化、保障谦抑性。④ 笔者也颇为认同法益理论、概念的这些优点。但是，法益这个概念本身，所谓"法所保护的利益"，以及与此相关的观念——包括刑法在内的所有法律的目的都在于"保护利益"是"不可动摇的真理"，⑤在传统时代的儒家、道家眼中，可能并不以为然。前已及，在二家看来，虽然"君子未尝不欲利"，一定范围内的利、欲（足食）无可厚非且实所必要，但是，"专以利为心则有害"，"利诚乱之始也。夫子罕言

---

① 参见谢晶："新瓶旧酒：传统文化融入司法的价值与路径"，《浙江大学学报（人文社会科学版）》2024年第1期。
② 参见张明楷：《行为无价值论与结果无价值论》，北京大学出版社2012年版，第24~25、47页。
③ 参见周光权："行为无价值论的法益观"，《中外法学》2011年第5期。
④ 参见张明楷：《刑法学》（上），法律出版社2016年版，第23页；夏伟："对法益批判立法功能的反思与确认"，《政治与法律》2020年第7期。
⑤ 参见张明楷：《法益初论》（上），商务印书馆2021年版，第198页。

利,常防其源也"。① 治盗的治本之方正在于敛欲,而此处却大张旗鼓地将"利益"当作唯一的正当性依据、作为内在的价值取向,甚至声称"离开了利益的正义,是一个空洞的概念"②。正如有学者所批评的,"西方法治理论一方面鼓励人欲膨胀,另一方面又以水来土屯的对抗性措施堵截过度的人欲"③。法益这个概念工具充其量能治标,殊难治本。

有意思的是,在来自西方的近现代刑法学中,不仅财产是刑法保护的"利益",生命、自由、身体、名誉、信用、贞操等等都是"利益"。而其实若放眼西人的整个法律世界,则可以看到,"现代西方两大法系——大陆法系和英美法系的核心概念——'权利',说白了,不过是合法获取货财之利的抽象表达而已"④。法益之于刑法如同权利之于私法,都是在"利益概念体系"之下分化而来的对应概念。⑤ 西人向来倾向于、擅长于把一切物、事、人都量化为财产,把一切物、事、人及其相互关系简单化、通约化为财产权的关系去处理,似乎离开了这一概念便不知所措。比如,他们认为"将精子视为财产令人不安,但不将其视为财产又不切实际"。还比如,他们会专门讨论尸体是不是财产:"如果尸体被盗,那该怎么办? 这不是盗窃行为,因为所谓的'窃贼'并未盗取任何人的财产。"他们也承认,"将身体称为财产似乎亵渎了人之为人的观念",但若"不将其称为财产则导致对尸体的亵渎行为没有任何法律上的惩罚",最终只能创造出一个妥协概念——准财产,"将身体称为财产和允许他人亵渎尸体这两种令人难以接受的极端中间的一种妥协",仍是脱离不了财产观。⑥ 显然,这一困境在包括清律在内的传统律典里便不会存在,因为传统律典不采"法益"分类法,不将"盗"限定为对财产法益的侵害。譬如有关尸体的问题,传统发冢律考量的不是尸体作为"财产"利益被侵害,而是考虑发冢行为违礼、背伦的程度,故而并不会出现那种"令人难以接受"的情况。

来自于西方的法律,或是纯粹的理智构建,或是源于西人的道德伦理,总之和我们自己的传统已几乎毫无关系。无根的中国人,花果飘零百余年,学步西人尚嫌不足,何暇回溯自己的历史与传统? 钱穆先生说:"近代的中

---

① 参见〔宋〕朱熹:《四书章句集注》,中华书局 2012 年版,第 202 页。
② 张明楷:《法益初论》(上),商务印书馆 2021 年版,第 198 页。
③ 苏亦工:《天下归仁:儒家文化与法》,人民出版社 2015 年版,第 5 页。
④ 苏亦工:"辩正地认识'法治'的地位和作用",《山东社会科学》2015 年第 12 期。
⑤ 参见夏伟:"对法益批判立法功能的反思与确认",《政治与法律》2020 年第 7 期。
⑥ 参见〔美〕斯图尔特·班纳:《财产故事》,陈贤凯、许可译,中国政法大学出版社 2017 年版,第 367~369、376 页。本书所讲的"财产故事",即西方历史上把一切物、事、人变成法律上的"财产"的故事。

国人,只因我们一时科学落后,遂误认为中国以往历史上一切文物制度全都落后了。"①汤用彤先生言:"自西化东渐,吾国士夫震焉不察,昧于西学之真谛,忽于国学之精神,遂神圣欧美,顶礼欧学,以为凡事今长于古,而西优于中,数典忘祖莫此为甚。"②在"现代化"的洪流巨浪中,我们一方面尽弃自身优势;另一方面因将西方全盘继受,故无论好坏,即便是自己历史上已经犯过的错误,也一并照单全收,楼宇烈先生谓之"自宫式的现代化"③。

如果说一百多年前开始的变法是我们迫不得已、来不及深思,那么,如今既然已不再有当年的内忧外患,那么是否应当对传统、对变法均重新做一番考量呢?上节已论,治盗之道,不在刑,亦不在律,在乎(统治者)厚德敛欲,并切实做到养民、富民、教民、亲民。若以此标准衡量清代治盗乃至整个传统时代治世法制与实践的得与失,则究其要处,得者有二,失者一也。

孟子曰:"徒善不足以为政,徒法不足以自行。"(《孟子·离娄上》)中国古人擅长礼乐与刑政的综合运用,于是传统时代一方面发展出较为发达的立法、司法技术(见本著第三、六、七、九、十章);另一方面又能不局限于成文法律的形式逻辑,把不成文的礼范畴内的伦理、情理等纳入进来,以矫纯粹逻辑之弊(见本著第二、五、八、十一章)。此得者之一也。得者之二,在综合运用礼乐与刑政的基础之上,又将源自人心本性的礼乐看做是比外在强加之刑政更高明的治世之方(见本著第一、十二章)。可是,"法之所用易见,而礼之所为生难知也"(《汉书·贾谊传》),后世统治者愈加重视刑政而忽视礼乐,让刑罚愈加繁复、严苛(见本著第十二章),甚至以刑罚之酷与民争利(见本著第四章),此其失也。但如今,从为政者到知识分子又一味片面强调"法治","不求复其与万物同体之本性,不务全其所以生之理"④,不修文德以身教,不思克己以富民,实重入自己已曾走过的歧途,二过也!

《周易》井卦初六爻辞:"井泥不食,旧井无禽";六四:"井甃,无咎"。革卦卦辞:"己日乃孚,元亨,利贞,悔亡。"黄道周申其义:"先王之法,一弊不修,必以所养人者害人。"《彖》传叹曰:"己日乃孚,革而信之;文明以说,大亨以正,革而当,其悔乃亡。天地革而四时成;汤武革命,顺乎天而应乎人:革之时大矣哉!"中国人从不盲目守旧,向来遵奉"穷则变,变则通,通则久"的道理,也自古善于向其他文化学习。张岱年先生说,厚德载物的精神使得

---

① 钱穆:《中国历史研究法》,九州出版社2012年版,第29页。
② 汤用彤:《汤用彤佛学与哲学思想论集》,南京大学出版社2009年版,第57页。
③ 语出楼宇烈:《中国的品格——楼宇烈讲中国文化》,当代中国出版社2007年版,第19、33页。
④ 熊十力:《读经示要》,中国人民大学出版社2009年版,第63页。

"中华民族对域外和少数民族的文化产生极浓厚的兴趣,大力搜索,广泛吸收。从名马到美酒,从音乐到舞蹈,从科学到宗教,无不兼容并包,其气度之闳放、魄力之雄大确实令人赞叹"①。汉末以降印度佛教在中土的流传、发扬甚而逼出宋明"新儒学"(Neo-Confucianism)的兴起,即是其中明证。

然而,学习什么?应如何学?学习是否意味着必须尽弃自我、邯郸学步?霍韬晦先生说:"我们不是要盲目维护传统,而是要继承传统,推进传统;世界没有一个民族,是抛弃自己的传统的。不管我们的传统有多少缺点,它仍然是我们的传统,仍然是我们民族的根。不能因为西方的科技进步,我们就尽弃自己所学。"②钱穆先生所言更切:

> 文化与历史之特征,曰"连绵",曰"持续"。惟其连绵与持续,故以形成个性而见为不可移易。惟其有个性而不可移易,故亦谓之有生命、有精神。一民族文化与历史之生命与精神,皆由其民族所处特殊之环境、所遭特殊之问题、所用特殊之努力、所得特殊之成绩,而成一种特殊之机构。一民族所自有之政治制度,亦包融于其民族之全部文化机构中而自有其历史性。所谓"历史性"者,正谓其依事实上问题之继续而演进。③

"人类文化贵能推陈出新,不当舍旧谋新耳。"④所谓"现代",只能是"传统"基础上"现代化"的产物,离开了"传统"这一主体,"现代化"根本无所附丽,其结果只能或"匍匐而归",或失掉文化自主、落入文化殖民地的窘途。对于这一点,其实西方人也不会反对。德国人萨维尼(Friedrich von Savigny)说,法律"乃为一个独特的民族所特有的根本不可分割的禀赋和取向",亦即所谓"民族精神的体现"。⑤ 美国人伯尔曼言:"我们的法律传统和宗教传统通过把我们与先于我们政治的和经济的意识形态(民主主义以及社会主义)的过去联结到为一体,也把我们与超越今天意识形态论争的未来联系在一起。……必须用来克服整体性危机的一个办法,就是恢复我们关于宗教与法律的相互作用在西方人历史上的各个时期如何使这两者皆重获

---

① 张岱年、程宜山:《中国文化精神》,北京大学出版社2015年版,第18页。
② 霍韬晦:《从反传统到回归传统》,中国人民大学出版社2010年版,第26页。
③ 钱穆:《国史大纲》(下),中华书局1996年版,第912页。
④ 钱穆:《师友杂忆》,生活·读书·新知三联书店2005年版,第333页。
⑤ 〔德〕萨维尼:《论立法与法学的当代使命》,许章润译,中国法制出版社2001年版,第7页。

新生的意识。"①土耳其宗教家法土拉·葛兰（Fethullah Gülen）道："盲目接受他人的文化与文明,妄想以此来实现生存与延续的人们,犹如挂满其他树种水果的树枝。他们不但欺骗自己,而且沦为他人的笑柄。……迟早有一天,这棵树就会被砍刀,用做木材。"②

《说文解字》释"古"字："故也,从十口,识前言者也。"③《周易》"大畜"《象》曰："君子以多识前言往行,以畜其德。"柳诒徵先生解说道："非甘为前人之奴也。积前人之经验,为吾所未经验之经验,其用始捷而宏也。"④荀子又进一步强调："循其旧法,择其善者而明用之。"（《荀子·王霸》）事实上,正如本著大部分篇幅所论证,我们的传统文化中尚有诸多在今天仍堪可取之处,就连对中国文化颇有微词的孟德斯鸠氏也不得不感慨："在历史上,中国有数次被蛮族征服,但是中国的法律并不因为被征服而丧失掉,中国的文化从来没有毁灭,它完整地保留下来,而且还征服了蛮族统治者。这些蛮族虽然从军事上征服了中国,但在文化上却被中国征服。不能不感叹中国文化的巨大魅力。"⑤只是孟氏未能看到,中国文化未遭蛮族征服,却几乎被自己主动抛弃。清季以降,吾国家民族渐次经历器物、制度、文化之西潮洗礼,⑥陈寅恪先生所谓"赤县神州值数千年未有之巨劫奇变"也!⑦ 未来之路何处去？窃以为,陈先生在 20 世纪 30 年代给冯友兰先生《中国哲学史》所作的审查报告中已经指明：

> 其真能于思想上自成系统,有所创获者,必须一方面吸收输入外来之学说,一方面不忘本来民族之地位。此二种相反而适相成之态度,乃道教之真精神,新儒家之旧途径,而两千年吾民族与他民族思想接触史之所昭示者也。⑧

---

① 〔美〕伯尔曼：《法律与宗教》,梁治平译,中国政法大学出版社 2003 年版,第 67 页。
② 〔土耳其〕法土拉·葛兰：《智慧珠玑》,宗教文化出版社 2013 年版,第 86~87 页。
③ 〔汉〕许慎撰,〔清〕段玉裁注：《说文解字注》,上海古籍出版社 1988 年版,第 88 页。
④ 柳诒徵：《国史要义》,商务印书馆 2011 年版,第 109 页。
⑤ 〔法〕孟德斯鸠：《论法的精神》（上）,许明龙译,商务印书馆 2015 年版,第 119~120 页。
⑥ 笔者赞同苏亦工教授的判断："器物阶段得大于失,效果最好；制度阶段得失参半,效果一般；文化阶段,失大于得,效果最差。"参见苏亦工：《天下归仁：儒家文化与法》,人民出版社 2015 年版,第 75 页。
⑦ 陈寅恪："王观堂先生挽词",载陈寅恪：《陈寅恪先生全集》（下）,里仁书局 1979 年版,第 1441 页。
⑧ 陈寅恪："审查报告三",载冯友兰：《中国哲学史》（下）,重庆出版社 2009 年版,第 464~465 页。

结　论

可是至如今,法制近代化的历程已经一百多年,我们仍在与自己本来驾轻就熟的阳关大道背道而驰、愈行愈远,可悲可叹矣! 幸而令人欣喜的是,近年党和国家提倡的"中华优秀传统文化的创造性转化与创新性发展",并强调其中的"中华法律文化精华",期待能真正开展、落实,成为推动各项制度与实践改革、自新的原动力和价值风向标。

《大雅·文王》云:"周虽旧邦,其命维新。"吾中华民族数千年之文化命脉,经这百余年的步履蹒跚,"虽无嬴秦坑焚之祸,亦必有梁元文武道尽之忧",此可为大惧者矣。① 明道先生曰:"先王之世,以道治天下,后世只是以法把持天下。"②圣学犹在,生民望道,吾国家民族之精神命脉必得延续、光大,并注定历万世而长存常新!

---

① [清]张之洞:"劝学篇",载吴剑杰编:《张之洞卷》,中国人民大学出版社 2014 年版,第298 页。
② [宋]朱熹、[宋]吕祖谦:《近思录》,上海古籍出版社 2000 年版,第 96 页。

主要参考文献

一、档案文献及史料

《内阁题本》《朱批奏折》《录副奏折》，中国第一历史档案馆藏。

《明清内阁大库档案》，台湾"中央研究院"藏。

《清代宫中档奏折及军机处档折件》，台北"故宫博物院"藏。

《唐律疏议》，刘俊文点校，法律出版社1999年版。

《宋刑统》，薛梅卿点校，法律出版社1999年版。

《大元通制条格》，郭成伟点校，法律出版社2000年版。

《大明律》，怀效锋点校，法律出版社1999年版。

《大清会典则例》，清文渊阁四库全书本。

《大清律例》，田涛、郑秦点校，法律出版社1999年版。

《清会典事例》，中华书局1991年版。

《清实录》，中华书局1987年版。

[清]贺长龄、[清]魏源等编：《清经世文编》，中华书局1992年版。

[清]吉同钧：《大清律例讲义》，法部律学馆付印，光绪戊申本。

[清]吉同钧：《大清现行刑律讲义》，栗铭徽点校，清华大学出版社2017年版。

[清]蒋楷：《大清律讲义前编》，宣统庚戌三月印本。

[清]蒋良骐：《东华录》，齐鲁书社2005年版。

[清]雷梦麟：《读律琐言》，怀效锋、李俊点校，法律出版社2000年版。

[清]全士潮、[清]张道源等纂辑：《驳案汇编》，何勤华等点校，法律出版社2009年版。

[清]沈家本：《寄簃文存》，商务印书馆2015年版。

[清]沈家本：《历代刑法考》，商务印书馆2011年版。

[清]沈之奇：《大清律辑注》，怀效锋、李俊点校，法律出版社2000年版。

[清]王明德：《读律佩觽》，何勤华等点校，法律出版社2001年版。

[清]吴坤修等编撰：《大清律例根源》，上海辞书出版社2012年版。

[清]徐向先：《大清律讲义》，光绪丁未仲冬初版。

[清]许梿、[清]熊莪纂辑：《刑部比照加减成案》，何勤华等点校，法律出版社2009年版。

[清]薛允升：《读例存疑重刊本》，黄静嘉编校，成文出版社1970年版。

[清]薛允升:《唐明律合编》,怀效锋、李鸣点校,法律出版社1999年版。
[清]姚雨芗原纂、[清]胡仰山增辑:《大清律例刑案新纂集成》,同治十年刻本。
[清]赵尔巽等:《清史稿》,中华书局1976年版。
[清]祝庆琪等编:《刑案汇览全编》,法律出版社2007年版。
[清]徐珂编撰:《清稗类钞》,中华书局1986年版。
《朝阳法科讲义》,陈新宇点校,上海人民出版社2013年版。
陈聪富主编:《月旦小六法》,元照出版有限公司2014年版。
《大清法规大全》,考政出版社1972年版。
《明清法制史料辑刊》(第一、二编),国家图书馆出版社2008、2014年版。
法学教材编辑部《外国法制史》编写组:《外国法制史资料选编》,北京大学出版社1982年版。
高汉成编著:《〈大清新刑律〉立法资料补编汇要》,中国社会科学出版社2016年版。
高汉成主编:《〈大清新刑律〉立法资料汇编》,社会科学文献出版社2013年版。
怀效锋主编:《清末法制变革史料》,中国政法大学出版社2010年版。
黄源盛纂辑:《晚清民国刑法史料辑注》,元照出版有限公司2010年版。
来新夏主编:《清代经世文选编》,黄山书社2019年版。
刘海年、杨一凡主编:《中国珍稀法律典籍集成》,科学出版社1992年版。
刘俊文:《唐律疏议笺解》,中华书局1996年版。
马建石、杨育棠主编:《大清律例通考校注》,中国政法大学出版社1992年版。
邱汉平编著:《历代刑法志》,商务印书馆2017年版。
杨一凡、田涛主编:《中国珍稀法律典籍续编》,黑龙江人民出版社2002年版。
杨一凡、徐立志主编:《历代判例判牍》,中国社会科学出版社2005年版。
杨一凡编:《中国律学文献》,中国社会科学出版社2010年版。

二、研究专论

陈宝良:《中国流氓史》,上海人民出版社2013年版。
戴顺居:《明代的强盗案件:判牍中反映的民间社会治安问题》,乐学书局有限公司2005年版。
古承宗:《刑法分则——财产犯罪篇》,三民书局2018年版。
郭建:《中国财产法史》,复旦大学出版社2018年版。
巨焕武:"清律中的监守自盗罪",《政大法律评论》第45期,1992年。
巨焕武:"清律中的恐吓取财罪",《政大法律评论》第38期,1988年。
黎宏:《刑法学(第二版)》,法律出版社2012年版。
李克非:"盗窃罪的立法沿革与比较研究",《政法论坛》1997年第3期。
林山田:《刑法各罪论(修订五版)》,北京大学出版社2012年版。
林山田:《刑法通论(增订十版)》,北京大学出版社2012年版。
刘柱彬:"中国古代盗窃罪的产生、成立及处罚",《法学评论》1996年第6期。

刘柱彬:"中国古代盗窃罪概念的演进及形态",《法学评论》1993年第6期。

苏亦工、谢晶等编:《旧律新诠:〈大清律例〉国际学术研讨会论文集》(第一卷、第二卷),清华大学出版社2016年版。

苏亦工:《明清律典与条例》,商务印书馆2020年版。

苏亦工:《天下归仁:儒家文化与法》,人民出版社2015年版。

苏亦工:《西瞻东顾:固有法律及其嬗变》,法律出版社2015年版。

孙向阳:《中国古代盗罪研究》,中国政法大学出版社2013年版。

王绍玺:《窃贼史》,广西民族出版社、上海文艺出版社2000年版。

王志强:《清代国家法:多元差异与集权统一》,社会科学文献出版社2017年版。

张明楷:《侵犯人身罪与侵犯财产罪》,北京大学出版社2021年版。

张明楷:《刑法分则的解释原理(第二版)》,中国人民大学出版社2011年版。

张明楷:《刑法学(第六版)》,法律出版社2021年版。

张伟仁辑注:《清代法制研究》(辑一),(台湾)商务印书馆1983年版。

郑秦:《清代法律制度研究》,中国政法大学出版社2000年版。

三、译作及外文著作

《德国刑法典》,徐久生译,北京大学出版社2019年版。

《俄罗斯联邦刑法典》,黄道秀译,北京大学出版社2008年版。

《苏俄刑法典》,北京政法学院刑法教研室1980年印。

《新译日本法规大全》(第2卷),李秀清点校,商务印书馆2007年版。

《最新法国刑法典》,朱琳译,法律出版社2016年版。

〔日〕铃木秀光:"论清代嘉庆、道光时期的盗案裁判",李冰逆译,《法律史评论》第11卷,2018年。

〔日〕森田成满:"清代命盗案件的法源与推论的结构",蔡玫译,《法史学刊》第1卷,2007年。

〔日〕森田成满:"清代刑法中的盗窃罪",载张世明等主编:《世界学者论中国传统法律文化:1644—1911》,法律出版社2009年版。

〔意〕贝卡里亚:《论犯罪与刑罚》,黄风译,北京大学出版社2008年版。

张凌、于秀峰编译:《日本刑法及特别刑法总览》,人民法院出版社2017年版

William C. Jones, "Theft in the Qing Code", *American Journal of Comparative Law*, Vol. 30, Issue 3 (Summer 1982).

后　记

> 浴乎沂，风乎舞雩，咏而归。
> ——《论语·先进》
> 饱食而遨游，泛若不系之舟。
> ——《庄子·列御寇》

万籁寂无声，只有霜华伴月明。独坐寒灯待雪夜，往事历历，忽而生出几许"流光容易把人抛"的惆怅。客居京城转眼十七载，寄寓军都山麓/小月河畔也已六度春秋，处在"而立"至"不惑"的中点，搁笔四顾心茫然。

这本小书在博士论文的基础之上增修而成。清华园的四年时光，简单纯粹、斑斓多姿，每日烹茶读书、游泳散步，乐以忘忧，发愤不足未曾忘食，迷迷糊糊便也算毕业了。工作之后，教学、杂务、疫情虽曾一度让人兵荒马乱，好在很快安顿下来，回到熟悉的节奏，"莫思身外无穷事，且尽生前有限杯"，补上新近的思考，终于有了这本小书。敝帚自珍，这是我学术生涯第一个十年的见证。一路走来，孤光自照，优劣与好歹对自己而言都已不再重要，唯知表里俱澄澈，浅斟低唱，悠然心会，妙趣实难与君说。

十年来，最感谢的自然是业师苏亦工教授。承蒙老师不弃，把眼高手低的我收入门下，做人、做事、做学问——悉心教诲，引我窥孔门圣道与华夏文明之博美，领我跨出功利、浮躁的小我世界，渐渐悟出一点孔颜之乐与自强不息的深意。资质平庸又懒惰贪玩，作为当之无愧的老师最不省心的弟子，未来之路，唯不忘师恩师训，继续低调做人、勤勉做事，温柔敦厚、宜室宜家。

感谢清华大学让我体验了国内最好的学习环境。在这里，高鸿钧教授也是我的恩师，教我沉醉中学之时勿忽西人所长，导我学术之外生活世界的玄妙智慧。在这里，我有机会旁听了多位著名教授的课程，为自己薄弱的法学、史学基础知识好好补了课，毕业论文选题、写作中的诸多灵感、问题意识直接来源于此。感谢开题、预答辩、答辩会上徐立志教授、张中秋教授、聂鑫教授、陈新宇教授、王洪亮教授、鲁楠师兄对拙稿的提点与有益修正意见。

后 记

感谢苏门温暖的同门情谊，从近春园到畅春园，从故宫到北海，从保定府到大同古城，我们在学术上相互砥砺，在生活中相亲相爱。感谢法博12班同窗诸君，犹忆你们的家乡美食，怀念我们在一起的风花雪月夜。感谢海盐实践团的小伙伴们，杭州、嘉兴、宁波、绍兴，曾记否？那些夕阳残照、海上明月里的歌声、萤火、小龙虾。

感谢中国政法大学的知遇之恩，在我面临"毕业即失业"窘境之时提供宝贵的留京工作机会和一流学术平台。感谢法学院、法律史研究所的各位前辈老师、同侪学友，让我能在如今"内卷"异常的学术大环境之下，拥有一方温馨、宽松、自由的小环境。感谢逸夫楼和后院的"塑料"姐妹、挚友们，如今聚会渐少，但那些煮过的红酒、扮过的耶诞树、夸大其词的八卦、夜夜笙歌的欢笑将永远装点我们的青春。

在拙著写作过程中曾赴台湾大学和东京大学分别游学数个月，一面搜集资料，一面行万里路。感谢陈惠馨教授、黄源盛教授、高见泽磨教授对我学术、生活各个方面的提携和帮助。

拙著各篇章的初稿已先后以单篇论文的形式在数本刊物上发表，写作靠偶得，发表凭缘分，感谢各位编辑老师和外审专家细致而微、切中肯綮的修改建议，更感谢不吝惠赐珍贵版面。拙著的正式出版感谢国家社科基金后期资助项目立项、结项各阶段评审专家的鼓励和指正，感谢商务印书馆编辑老师的推荐和辛苦编辑，感谢胡静仪、刘浩田、杨馨宁、杨景程、陈劭颖诸学棣襄助校对文字，感谢师妹王华石女士为封面设计建言献策。

这十年的成长和拙著的写作，还曾得诸多师长、学友以各种方式指教、斧正，未免挂一漏万之失，不再一一具名，在此团揖，一并谢过！

当然，能完成学业、顺利工作，家人是我最大的底气。感谢父母的爱与牵挂，感谢用并不丰厚的工资为我童年时光准备的乐器、天文望远镜和整墙图书，感谢倾尽全力支持、呵护女儿的一切梦想、任性与好奇心。这些年还要感谢表姐贺露露，这座通都大邑里唯一血脉相连的亲人，妹儿何其幸运，喜乐哀愁都有姐姐相伴。

"万古长空，一朝风月"，在茫茫天数和琐碎人事的裹挟之下，这场修行能否真正逃过虚妄与颠倒？军都小月，今夕何夕，我相人相，如焰如幻。转眸物非人也非，本来无雨亦无晴。

谢 晶

壬寅冬至于军都山麓墨香斋